The Time
Traveller's
Guide to
Restoration
Britain

漫游复辟时期的英国

〔英〕伊安·莫蒂默 著

邢春丽 夏历 译

商务印书馆
The Commercial Press

Ian Mortimer

The Time Traveller's Guide to Restoration Britain:
A Handbook for Visitors to the Years 1660—1700

© 2017 Ian Mortimer

Published by arrangement with Georgina Capel Associates Ltd., through The Grayhawk Agency Ltd.

Simplefied Chinese Translation Copyright © 2022 by The Commercial Press

据 The Bodley Head 出版社 2017 年英文版译出

谨以此书献给我的儿子，奥利佛·莫蒂默
感谢他在我创作此书时每周陪我公园跑步

跑步教会我们很多，幸福不等同于知足
我希望你的人生幸福，但我更希望你知足常乐

（上图）查理二世，约翰·迈克尔·莱特作品。查理作为君主的能力很容易被低估，尤其是他的私生活丑闻不断。然而，他在政治上的变通促使君主复辟得以实现，他对艺术和体育事业的资助也使英国的社会生活有了很大的改观。

（右图）詹姆斯二世，彼得·莱利爵士作品。詹姆士是伟大的资助人，高贵的王子，但却是一位失败的君王。他执意对天主教派采取宽容政策，继位仅仅四年，原本忠诚于他的民众都反戈相向。

来自布拉干萨的凯瑟琳王后。她的遭遇令人同情,虽嫁与查理二世为妻,丈夫却公开豢养情妇。根据《宪法》规定,她的首要任务是孕育王位继承人,却一直未能如愿。一次大病令她精神错乱,康复后她问:"孩子们怎么样了?"结果却得知自己从未生过任何子嗣。

威廉三世,奥兰治亲王,查理二世的侄子。1688年,英国民众纷纷拥戴他为新教捍卫者,反抗他的表兄詹姆士二世。

女王玛丽二世,詹姆士二世的女儿,威廉·威辛作品。玛丽与丈夫威廉三世共同执政,直至1694年去世。

芭芭拉·维利尔斯,卡斯尔梅因夫人,克利夫兰公爵夫人。查理二世返回英国后的第一位情妇,后来又成为本书中提到的其他几位绅士的情妇。

路易斯·德·凯鲁瓦耶,朴茨茅斯女公爵,继奥林斯女公爵之后自法国来到英国,因尽忠国王而受封为女公爵。

内尔·格温,在国王的情妇中算不上最有风情的,但是却颇受国王宠爱,在伦敦也深得民心。老实说,应该是她的性格魅力使然。

在复辟时期,伦敦在英格兰的核心地位胜过历史上任何其他时期。这是大火之前从泰晤士河南岸看到的伦敦盛景。

据佩皮斯日记所载,他在泰晤士河南岸亲眼目睹了这场"可怕血腥的邪恶之火"将伦敦城区吞噬殆尽。

考文特花园，伊尼戈·琼斯为贝德福德伯爵设计，堪称英国城镇规划的典范之作。花园四周环绕着典雅的拱廊和精美的宅邸，中央广场在1670年前后成为一个大型的市场。图中黄色的出租马车游客付费即可乘坐。

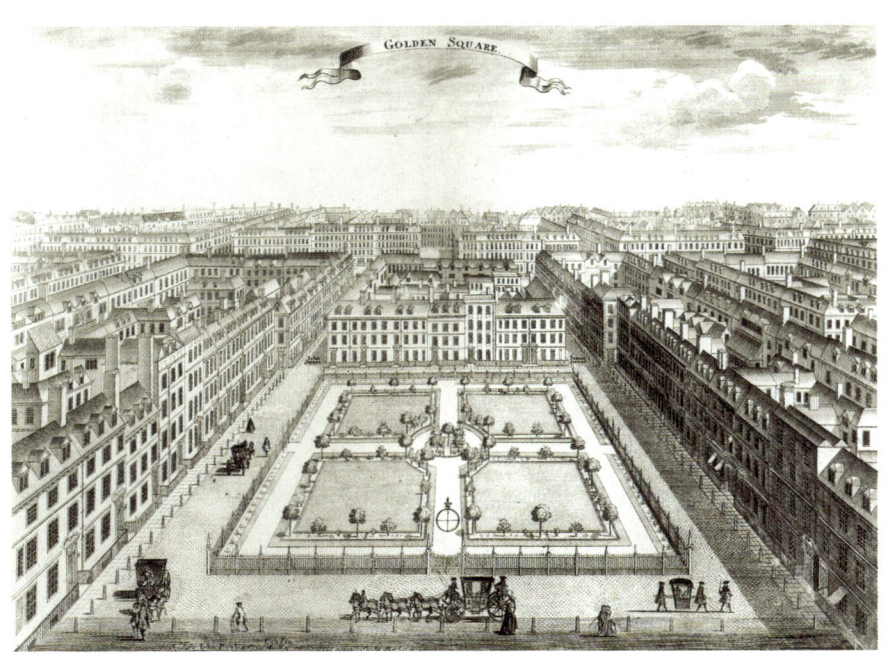

黄金广场，17世纪70年代建成，伦敦城向西扩建时像这样整齐对称的广场比比皆是。

迈克尔·达尔绘制的乔治·鲁克爵士，他外套配马夹的着装堪称17世纪90年代的经典设计，是下一世纪英国绅士们的着装典范。

芒戈·默里勋爵，全身着装为17世纪90年代苏格兰的格子呢面料。约翰·迈克尔·赖特画作。

布里奇特·霍姆斯是一位皇室"不可或缺的女性"，活到百岁高龄。该图为1686年她95岁时身穿工作服的画像。约翰·莱利画作。

安·德维尔·卡佩尔夫人，迈克尔·达尔作品。她身穿精美的礼服，引领17世纪90年代的着装时尚。

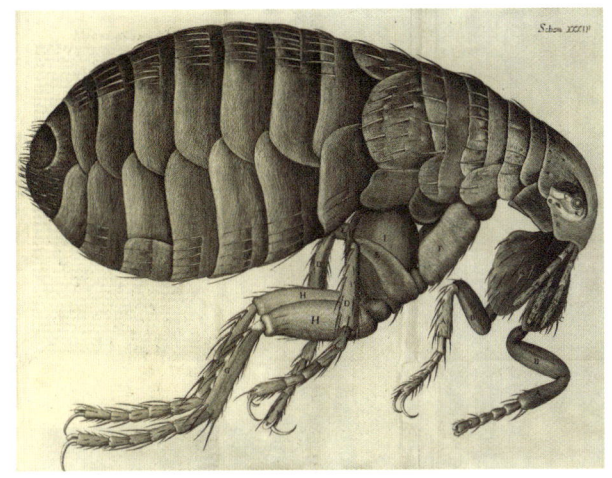

罗伯特·胡克的《显微图谱》1665年出版时引起轰动。胡克本人绘制的跳蚤图片宽18英寸,首次向世人展现了人们无法想象的崭新的显微世界。

(右图)不难想象,在没有麻醉的时代,牙疼会带来怎样的痛苦,但疼痛本身还不是最可怕的。那一时期,6%的城市人口死于蛀牙引起的脓肿。

(下图)现存最早的支票,1659—1660年期间由克莱顿和莫里斯的银行开具。复辟时期金融业经历了一系列变革,从证券交易所到铸币、火灾保险,以及英格兰银行的成立。

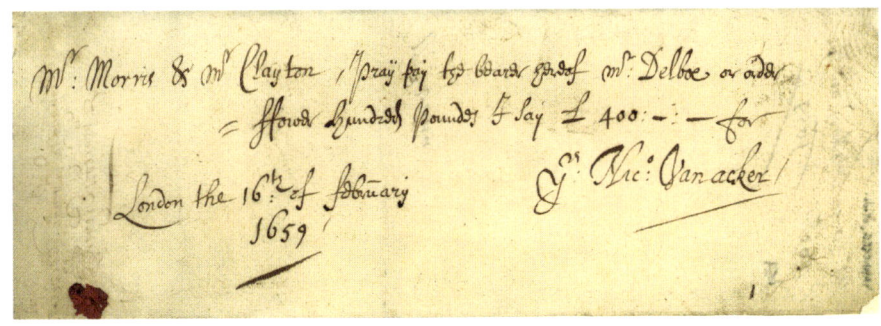

泰晤士河在 1683—1684 年的长霜期冰冻三尺，坚实的冰面成为开设集市的场所。这是迄今为止英国历史上最寒冷的一个冬季。

巴斯的国王浴池。不论是饮用、沐浴还是受洗，社会各阶层的生活都与水结下不解之缘。然而，正如佩皮斯所言，公共洗浴场所传播疾病的能力可与温泉矿物质的治愈效果相匹敌。

（左图）处死叛徒的过程因男女而异。男犯被推上断头台，施以绞刑，未断气前割断绳子，剖腹砍头，身体剁成四块，如图所示。女犯则只绑在柱子上施以火刑。

（下图）泰特斯·奥茨因1678—1681年间散播与天主教阴谋相关的恐怖言论而获罪。35人无辜受到牵连。当他本人受审时，刑罚包括罚款、终身监禁、残酷的鞭笞以及每年枷刑示众。图中是1687年熙熙攘攘的人群在威斯敏斯特厅外面围观执行枷刑的场景。

密德赛斯郡白赛姿镇新建的一处高雅的乡间别墅，精致的马车与之相得益彰。扬·希伯瑞兹 1696 年创作。

位于诺福克郡斯科尔村的"白鹿"旅馆，旅馆的标志可追溯到 1655 年，上面镌刻着盾形纹章、《圣经》故事、天使、牧羊人和古典神话中的人物。当乘坐马车旅行逐渐普及后，酒店的生意也愈发兴隆起来。

克拉伦登府，由罗杰·普拉特设计，建在伦敦西区的皮卡迪利大街之上。尽管约翰·伊夫林盛赞其为"英格兰最独具匠心、最实用大方、最优雅别致、最宏伟壮观的宅邸"，却在竣工仅 16 年后的 1683 年惨遭拆除，最后片瓦无存。

德比郡的查茨沃斯庄园于 1686 年由德文郡伯爵着手重建。不仅宅邸本身卓尔不群，花园和喷泉也令人叹为观止。

（左图）格林林·吉本斯的木雕技艺精湛娴熟，可谓前无古人后无来者。这是他的代表作之一，存放在萨塞克斯郡的佩特沃斯庄园。

（下图）印花棉布——精心设计、颜色鲜艳的手绘和染色棉布——17世纪由印度开始传入英国，深受富人喜爱，主要用于制作软垫、床幔和类似的帐帘。

（下图）这只座钟看上去"与时俱进"，这么说一语双关：一方面，它从设计上忠实于托马斯·汤皮恩的钟表制作工艺；另一方面，又在17世纪60年代之前的钟表基础上有所创新，并不像早期的钟表那样只有一个表针。这款座钟可在整点和每一刻钟报时。

安东尼奥·贝利奥被许多人誉为"最精湛的画手",尤其是他在伯利庄园天界厅的画作,可谓出神入化。如图所示,巨幅画作令人震撼,走进房间的每一个人都肃然起敬。

即使富人的餐桌上也有很多动物部位让人看着无法接受。酒可能更符合你的品位。17世纪60年代法国人开始酿造精美的红葡萄酒,英国人不惜高价进口。

（左图）爱德华·巴洛出身贫寒，13岁开始海上生涯。最为神奇的是，他读书写字绘画无师自通。他用日记写下了自己传奇的一生，这是他的"萨姆森"号帆船，1694年遭遇飓风。

（左下）威廉·丹皮尔是第三位航海环游地球的英国人——而且是先后三次环游世界。他有强烈的猎奇心，集探险家、作家、收藏家、商人于一身，还能客串一下海盗。

（右下）中国学者沈福宗，1687年到访英国，戈弗雷·内勒画作。同年，在沈的帮助下，法国人柏应理将孔子的著作介绍给西方。

玛丽·比尔（左上）自称为英国第一位职业女画家，倒也不为过……那么阿芙拉·贝恩（右上）则可以自诩为英国第一位职业女作家。贝恩的画像刚好由比尔绘制。

（右图）罗切斯特伯爵有胆有识，思如泉涌，但过于粗俗：在花花公子的黄金时代，他就是个极品纨绔。他的行为和诗歌都太过惊世骇俗，但并不是单纯的自由主义——有助于去除清教教义的残留。

两位伟大的日记作家：塞缪尔·佩皮斯（左上）和约翰·伊夫林（右上），皆为戈弗雷·内勒的画作。在所有的文学体裁中，记载自我意识的艺术在这一时期达到巅峰，这两位作家功不可没。

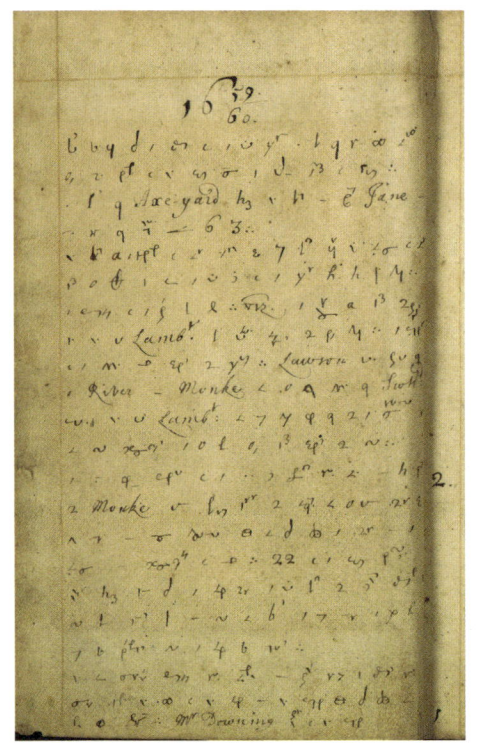

此页出自该时期一部伟大的文学精品，塞缪尔·佩皮斯的日记，以速记体书写，用这种方式那些赤裸写实的文笔才可以逃过妻子和仆人们的眼睛。

目 录

致谢 i

引言 1

第一章 伦敦城 9
第二章 伦敦之外 31
第三章 社会阶层 56
第四章 精神风貌 94
第五章 生活必需 152
第六章 衣着 190
第七章 出行方式 218
第八章 居住条件 246
第九章 饮食烟酒 268
第十章 卫生与健康 301
第十一章 法律与混乱 333
第十二章 休闲娱乐 358

后记 419
注释 425

致　谢

　　此书得以成稿，我要对几个人表达谢意。首先，要感谢乔格·汉斯金和斯图亚特·威廉姆斯以及他们在 Bodley Head 出版社和 Vintage 出版社的团队。作者在很多事情上都依靠出版社——大多数人认为主要体现在印刷及销售推广方面——但我们也非常需要出版社的鼓励、信心和耐心，尤其是耐心。你们一直是我坚实的后盾，我非常感激。

　　我也要感谢我的代理人乔治娜·卡佩尔，感谢她的建议和公关。我还要感谢我之前的代理人，联合经纪人公司的吉姆·吉尔，本书最初是由他出面洽谈出版合同，然后将合同及最初的几章转交给了称职的人。感谢曼迪·格林菲尔德的文案编辑和艾莉森·雷的校对工作。

　　一如既往，我非常感激我的妻子索菲。有了她的爱和陪伴，我才能心无旁骛，伏案钻研，并能随心所欲地穿越在 17 世纪末和 21 世纪之间。此情相欠，百年难还。

伊恩·莫蒂默
德文郡莫顿汉普斯德
2016 年 11 月 12 日

引　言

> 心灵是一个特别的地方，在那里可以把地狱变成天堂，把天堂变成地狱。
>
> 约翰·弥尔顿，《失乐园》，第1卷，254—255行

在英格兰王朝复辟后的第一个夜晚，你躺在羽毛床垫上，会发现周围静得出奇。要是在17世纪90年代，你也许能听到楼下会客室落地钟的报时声。但此刻是17世纪60年代，你可能只会听到女佣小心翼翼上阁楼睡觉时楼梯发出的咯吱声，或者门外守夜人经过时引起的狗吠声。夜间教堂的塔钟每到整点都会报时，隔着百叶窗也听得到回荡在朦胧星光中的钟声。除了这些可谓是万籁俱寂。你可以像许多人那样让夜灯慢慢熄灭，透过床帐你能看到些微的光亮。如果不放下幔帐，你会看到室内木质镶板在烛光的映照下闪闪发亮。亚麻布铺设的桌上，摆着梳妆镜和套梳，你清晨在桌前整理妆容，女佣为你梳理头发，为即将到来的一天做好准备。但这里有个问题：这一天到底会有什么事情发生呢？

就算你来自现代，能够回到1660年到1700年那一时期，你可能还是掌控不了此刻的命运。这40年可谓动荡无比。从对一个君主的狂热崇拜，到动用武力赶走他的继任者，人们会亲身经历这一切。国外战争肆虐，国内暴动频发；一些弱势宗教群体遭受迫害，另一些却得到了极大的包容；贸易延伸到远东地区，不列颠海岸的瘟疫消失。最为重要的是，理性和科学思维的地位有了显著提升。许多行业更加职业化，伦敦成为国际都市，中产阶级瞬间崛起，他们

生活考究，追逐时尚品位。这个时代造就了许多天才，包括英国历史上最伟大的建筑师克里斯托弗·雷恩、最伟大的英国科学家艾萨克·牛顿、最伟大的日记作家塞缪尔·佩皮斯。最伟大的作曲家亨利·珀塞尔、最伟大的木雕家格林林·吉本斯和最伟大的钟表匠托马斯·汤皮恩在这一时期崭露头角。同一时期，彼得·莱利和戈弗雷·内勒在绘画界如日中天，约翰·弥尔顿和约翰·德莱顿的诗歌成就登峰造极，还涌现了一大批耀眼的男女演员和剧作家，包括托马斯·奥特维、阿芙拉·贝恩、威廉·康格里夫。不要忘记科学界还有三位天才，罗伯特·博伊尔、罗伯特·胡克和埃德蒙德·哈雷，如果没有牛顿，他们的成就会位列榜首。这是一个革新的年代，茶叶、咖啡、巧克力、异域水果、美酒和各种新药得以引入。大型宅邸以巴洛克风格修建，屋内摆满了最新流行的印度纺织品、中式家具和陶瓷。还有一点同样重要，这也是英国立宪的伟大时代，这一时期最有影响力的英语哲学家约翰·洛克的思想在《权力法案》中逐渐被接受，对君主的权力起到了限制作用。因此，不论你在17世纪末的哪一年来到英国，即将开启的一天都会让你惊异不已。

这些社会变革对当地土生土长的居民来说都已经眼花缭乱了，你这个来自现代的访客对17世纪家庭生活的基本常识一无所知，更会感到无所适从。你早餐会吃什么？衣服上的虱子跳蚤搞得浑身发痒怎么办？你用什么刷牙？你一觉醒来，外面手推车和马车轧在鹅卵石路上的声音听起来很奇怪；街上小贩、去市场或教堂的行人相互打招呼的声音也让你感到陌生。拉开房间的窗帘，透过小窗格中那凸凹不平、有些变形的玻璃，你看到街上女士戴着软帽，绅士戴着假发，用各种夸张或者不正式的方式相互致意。你对这个社会毫不熟悉，该怎样生活下去呢？

这本书将会为你提供17世纪晚期的日常生活指南。你会了解穿衣和饮食习惯，哪里是最佳娱乐场所，花销如何，以及乘坐什么交通工具。你将学会如何对付虱子并给牙齿保洁，尽管17世纪的方法会让你有些难堪。你会发现,"漫游系列"的总体方案是从个人视角近距离观察过去,而不是像传统历史那样主要强调客观性和距离感。因此你本人已经进入了故事的核心地带。过去在某些人印象里可能"闭塞、落后、恶劣、残酷、贫瘠",而在另一些人看来却是金碧辉煌、奢侈繁华,但是仅仅听闻这一切无法与近距离观察生活相提并论,尽管你需要借助想象。

然而,在我们去1660—1700年间的不列颠旅行之前,需要了解几点关键信息。首先,你应该明白为什么我们用"复辟"这个词语描述这一时期。它代表着1660年君主制的回归,之前按照日记作家约翰·伊夫林所说,是"将近20年最为血雨腥风的动乱时期"。这场动乱始于1642年查理一世的王党部队和奥利弗·克伦威尔领导的议会军之间发生的对抗。利害攸关的问题是谁在英格兰拥有无上的权力。人民必须按照上帝的旨意服从拥有神圣权力的专制君主吗?还是他们可以通过议会实施自我管理?这是政治领域最为深远的问题之一,一场辩论根本无法得出答案。之后的四年中战事连连,先是克伦威尔和议会领导的人民军得以胜出。1646年4月,接连的败仗促使国王到苏格兰避难。几个月后,苏格兰人拒绝提供庇护,将他作为囚犯送给英国议会。1648年爆发了短期的二次内战之后,保皇派失利,查理一世被控叛国罪,审判结果罪名成立,于1649年1月30日在白厅被斩首示众。几天后君主制和上议院被废除。英格兰、威尔士、苏格兰和爱尔兰宣布成立共和国——"自由联邦的国家"——正式将议会确立为不列颠群岛的最高权力机构。

这一时期议会由清教徒的意识形态所主导,其突出特点是一整套严苛的宗教道德观凌驾于古老的国家传统和习俗之上。大主教和教堂法庭均被废除。这些极端事件中最具代表性的就是1650年的《通奸法案》。按照规定,任何通奸者都要处以绞刑。1654年,德文郡比迪福德市的理查德·邦迪之妻,苏珊·邦迪,怀上了另一个男人的孩子,在埃克塞特巡回法庭审判中,通奸罪名成立,被判处死刑。她以有孕为由申辩，获准继续监押狱中，直到孩子出生。然后才对她执行了绞刑。[1]

真正可怕的是很少有人对这种"公道"表示质疑。实际上，国家上上下下各级法官希望更多道德上有失检点的人被处死，而不是更少。17世纪50年代很可能是中世纪以来英格兰最富有宗教性的十年了——"最富有宗教性"指的是社会完全由基督教信仰所控制，比其他任何时期都更倾向于惩戒人们的亵神行为。如果你可以选择17世纪旅行的目的地，而且不信清教，我强烈建议你避开英格兰共和国。

时过境迁，当权阶层也会生老病死，政府的极权制度迟早会失去民心。英格兰共和国的覆灭也因而成了大势所趋。经济动荡加速了它的消亡，这使得人们开始质疑清教主义是否是真正合理且神圣的选择。当1658年克伦威尔去世时，政府负债累累，保皇派和共和派都认识到宗教极权主义是他们共同的敌人。接下来又是一段动荡时期。1659年10月11日，约翰·伊夫林在他的日记中写道："现在军队封锁了议会。我们国家没有了政府；一切都混乱不堪；没有法官，连形式上的都没有，只有军队，他们还意见不一。万能的上帝啊，救救我们吧，让一切安定下来！"其他人在日记中也有着类似的恐慌情绪。10月14日，在埃塞克斯郡，厄尔斯科恩的清教牧师拉尔夫·乔斯林这样写道："听说……军队……干预了议会。我们的罪过使我们濒临毁灭。"11月20日他又写道："人民感到极大的不满；目前军队制定法律强加于我们，上帝为我们大家制定共同的律法吧。"在接下来的12月，伦敦的理发师托马斯·鲁格在日记中提到他的同胞"情绪动荡不安，都悲痛万分……现在要由刀剑和一群剑客来统治了，这些人被称为安全委员会"。

乔治·蒙克，苏格兰的军队指挥官，开始干预这场危机。他广受尊重，在爱尔兰与苏格兰的战役中以及第一次英荷战争（1652—1654）的海上战役中功劳赫赫。他私下会见流亡到法国的查理一世的儿子及继承人，查理王子，然后将得以幸免的最后一任当选的国会议员召集到威斯敏斯特。1660年5月1日，议会成员一致赞同让王子登基。5月8日即宣布为查理二世，25日在多佛登陆。1660年5月29日，30岁生日那天，他骑马带领队伍穿过伦敦街头。这对二人而言都是英勇的决策：蒙克将军冒着被视为共和国叛徒的风险，查理王子回到了议会将其父亲推上断头台的国家心情也很难放松。但是当时的共识是英格兰共和国没有任何其他的继承人，只有一个人权力得到广泛认可并能超越宗教和世俗的派系之争，才有机会将国家重新统一起来。

要理解人们拥护查理二世登基，需要明白，人们只是害怕再次爆发内战，法律和秩序再次陷入混乱。别忘了像苏珊·邦迪那样的受害者。国王不仅象征着稳定和统一；他也代表着摆脱压迫重获自由（至少在初期阶段如此），以及宗教极权主义的终结。蒙克将军透露，在议会赞同邀请查理王子执政的同一天，王子签署了一项声明，现在称为《布雷达宣言》。这份文件承诺对所有内战和英格兰共和国期间反叛王子及其父亲的罪行予以宽恕（签署查理一世死刑执行令的人除外）。王子还承诺那一时期的所有土地都可买卖；允许宗教自由；给付军饷欠款，征召已退役军士为国王服役。十几年来，英国人首次看到了希望的前景。

国王的回归使人们重拾旧日珍视的传统及娱乐。人们期待着五月节能够再次围着五月柱翩翩起舞，盼望着去剧院、举行赛马及参加其他清教徒禁止的娱乐活动。他们期盼着大主教和上议院可以迅速恢复。既然未来国王已经承认了自己的非法后裔，毫无疑问他会废除《通奸法案》。因此"复辟"不仅仅指的是王室的回归，它也意味着法律条文、古老制度和传统习俗的恢复。在英国历史上，大多数开启新历史阶段的重要日期本身都没有多大真正的价值，不过是代表着一个君主的离世和另一个君主的继任。然而，1660年却大不相同，它对日常生活产生了巨大的影响。在英国历史上，可能唯一可与之相提并论的历史转折点就是1066年了。

复辟时期的开端先介绍到这里，它又是何时终结的呢？

一些历史学家用"复辟"一词专指17世纪60年代，查理二世回归后的几年。伟大的日记作家塞缪尔·佩皮斯无意间对此产生了影响，他把1660年至1669年之间那段时间描绘得栩栩如生，那十年吸引了几乎所有人的目光，让人忽略了17世纪的后几十年。与之相反，文学评论家把17世纪90年代和18世纪头十年的英语剧作称为"复辟喜剧"：从文体上看，它们以影射两性关系、诙谐的讽刺和放荡享乐观而著称，这些都是1660年之后英国社会的缩影。因而复辟时期没有广为接受的终点。我选择该世纪最后一年作为结束点有几个原因。首先，整个时期都明显地对放任自由的精神推崇备至，尽管在17世纪90年代这一倾向有所减轻。其次，在1689年詹姆斯二世的女儿玛丽和她的丈夫威廉统治时又开启了另一阶段的"复辟"。再次，17世纪最后30年很少有关于普通民众的记载。我们对那一时期的日常生活的了解几乎全部来自佩皮斯，他的影响如此之大，除了学术巨著，你很难找到描写17世纪末英格兰的书籍，除非是关于1688年"光荣革命"和伟人传记的。但是佩皮斯之后的生活也一样值得研究，我们迄今为止对其给予的关注远远不够。

从地理上看，英格兰国王的权力在这段时间得到了充分的扩张。1660年，查理二世统治着不列颠群岛、法国的敦刻尔克港，还有"种植园"，也就是新世界的英国领土。当年这些领土包括北美洲东海岸的几处小范围的殖民地，分布在马萨诸塞湾、新普利茅斯、康涅狄格、罗德岛、弗吉尼亚、马里兰、新斯科舍和纽芬兰；还包括西印度群岛的牙买加、利瓦德群岛和巴巴多斯。到1700年，种植园进一步扩大，包括北美洲面积大幅增加的13个殖民地，以及西印度群岛的大部分地区。此外，国王还统治着漫长的印度海岸线（包括孟买和加尔各答），以及非洲西部海岸线的一部分。毫不夸张地说，大英帝国可以追溯到这一时期，尽管当时还没有这个称呼。然而，这本书面向的是那些有意到不列颠群岛中最大的岛屿大不列颠一游的旅行者。它不涉及1662年出售给法国的敦刻尔克；或者1660—1684年间由英国统治的地处北非的丹吉尔市。它也不为希望到17世纪的爱尔兰旅行的游客提供指南。书的重点在大不列颠岛上人口最为密集的国家英格兰，但是也兼顾17世纪晚期苏格兰和威尔士的文化元素。在这方面有一点需要牢记，联合王国还没有实现：虽然威尔士自1536年就已经受英格兰王国管辖，但英格兰和苏格兰直到1707年才合并为一个国家，即使两个王国由一个国王统治。这本书所涉及的这段时期，苏格兰在政治上仍然保持独立，有自己的法律体系、议会、货币、语言和文化。

在你踏上复辟时期的不列颠岛之前，最后需要记住的一个要点是天气。一定要穿上保暖的衣服。17世纪的不列颠正处于小冰河世纪，冬季严寒刺骨、庄稼歉收、食物短缺。1675年被称为"没有夏季的一年"，绝非夸大其词。[2] 1683年12月至1684年2月的长霜期是有史以来最为寒冷的三个月。据《伦敦公报》报道，泰晤士河从1月2日到2月20日一直处于结冰期；肯特郡的地表冻土深达三英尺，南部丘陵地带"沿海超过一英里范围内的海域结冰"。[3] 有温度计的绅士们忙着在自己庄园的楼梯上和图书馆里测量，发现即使室内温度也大大低于零度。放在卧室角落的提水壶里的水、农场的牛奶和杂货店墨水盒中的墨水都已结成了冰。全国境内覆盖着皑皑白雪，耀眼而孤寂。水车停止了转动；轮船静卧在港湾里，船索在寒光中闪烁，却毫无用武之地。

为了保暖，你蜷缩在英格兰复辟时期的羽毛床上，摇曳不定的烛光在你眼前晃动，此刻你大概在思考自己的处境吧。我想再对你多说几句。一位很有威望的历史学家曾经声明"在伊丽莎白女王和安妮女王执政之间那段时期，英国社会的变化没有对英格兰产生革命性的影响"。[4] 我相信等你读完这本书，再与《漫游伊丽莎白时期的英格兰》进行对比，你会有完全不同的结论。伊丽莎白逝世于

1603年，安妮于1702年登基，在这两个日期之间的那些年里发生了翻天覆地的变化。我们可能会把"将近20年血雨腥风的动乱时期"称为"英国革命"，但实际上其后的几十年依然动荡不安。在这一时期，迷信逐渐被破除，个人主义得以强化，职业化程度加深，科学认识更加深刻，这一切都是名副其实的巨变。事实上，不列颠民族有史以来经历的最为深远的变化有一些就发生在1660年至1700年之间。这一时期，中世纪世界最后的余音消失殆尽，淹没在现代社会日渐嘹亮的号角声中，你认为理所当然的理性主义逐渐演变为主流的思维模式。

但不要仅凭我的一面之词。请你继续读下去。眼见为实。

第一章

伦敦城

1661年6月2日，星期日，大雨倾盆。如注的雨水在泥泞的小巷里积成水洼，从排水口溢出来顺着鹅卵石铺就的马路中央奔流。大多数人都已做完礼拜回到家中，一边吃着晚饭，一边透过雨幕望向窗外，雨点噼里啪啦地敲打着窗户，城市教堂的钟声在沉闷的午日回响。零星还有几人仍在风雨中赶路，他们缩在完全湿透的帽子和斗篷下，朝着房屋悬空的骑楼下面大步跑去。他们跑近后打量了你一眼：这些绅士为了保护自己的盛装，侧着肩膀使劲往墙边拱，挤得你只能挪到一边。一辆马车疾驰而过，轮子颠簸在凹凸不平的石头铺就的路面上，带起水洼中的水四处飞溅。一只流浪狗匆忙躲避。不过即便知道天气恶劣，你也有充分的理由四处走走，因为此刻你能够看到城市最清晰的样貌。平时有太多马车和行人遮挡你的视线。这还没算上空气污染。有时屋顶笼罩着一层烟雾：它模糊了你的视野，也笼罩着城里每座教堂的石雕。今天虽然房檐上都滴着水，但至少你能清清楚楚地看到它们。

当你穿行在伦敦城中心地带时，你意识到城区简直就是一座栩栩如生的博物馆。市民们并非自觉保存古老的建筑，而是不愿意将其拆除。几乎所有映入眼帘的建筑都非常古老。在你的东侧是伦敦塔，曾是诺曼王朝和金雀花王朝国王的船尾城堡，现在是存放弹药和武器的库房，也用于关押高级别罪犯。塔的背面是城墙，最早由古罗马人建造，后来城墙经过多次修补，现在大多数地方的城垛高度仍能达到18英尺。在城墙内，建于中世纪的大街小巷纵横交错，盘绕在古老的房子和教堂之间。有些街道非常狭窄，两辆马车无法同时通过；有些小巷挤得连一辆车的宽度都不够。泰晤士街是整个城区最繁华的大道，最窄的地方仅11英尺宽，这里经常堵得水泄不通。

许多房屋都有几百年的历史，橡木板材历经岁月的侵蚀，已色泽灰暗、伤痕累累。墙上的老鼠洞也和房子一样历史悠久，充满生机。原来的房产翻修后安装了玻璃窗，但基本的风格保持不变，二层比一层突出大约18英寸，三层又比二层突出大约12英寸，山墙朝向街道。在狭窄的小巷里，三层的住户伸出手就能够到另一侧住在同一层的邻居。这些突出的骑楼遮挡了大部分光线，即使在最为晴朗的日子小巷里都幽暗无光；像今天这样的天气更是漆黑一片。在主街上仍屹立着古老宏伟的石头庄园，现在大厅里安装了壁炉用于取暖，并用砖砌起了高高的烟囱。然而，即使是四层、五层和六层高的成排别墅也有60年到100年的历史。另外，如果你走进这些昏暗的小巷，走不了几步你就会发现，在这些摇摇欲坠的宏伟大楼后面，隐藏着年代更久的建筑，被胡乱地分成了廉租公寓，毫无计划可言。这边的房间搭厨房上，那边的房间则搭在客厅上，这些建筑中很多都曾是修女和修士曾经修行的修道院。甚至原来的马厩也改建成了房屋。正如你亲眼所见，伦敦的发展不是拆除重建，而是考虑人民需求的变化，循序渐进，不断改善。

即使你非常熟悉21世纪的伦敦城，在这里你能辨认出的地标可谓少之又少。伦敦塔可能基本上跟现在相差不大，但其他建筑在现代已经完全改头换面。卡农大街南侧是古老的地标伦敦石，它是由石灰岩搭建的方尖碑，用铁索加以固定。有人会告诉你这是国王路德建造的；其他人则会告诉你它在罗马不列颠时期用于测量所有地标与都城之间的距离。再往北是康希尔，在那里你会看见斯坦达德大水渠，为附近的居民供应用水。来到大街北侧，映入眼帘的是一座精美的古老建筑，四面是拱廊，中间是方形庭院：这就是皇家交易所，1571 年由托马斯·格雷沙姆爵士建造，由伊丽莎白女王命名。拱廊上方的壁龛里陈列着自诺曼征服以来所有国王和王后的雕像，你可以一睹他们的风采。有时你会听到人们把皇家交易所这块占地四分之三英亩的建筑看作是全世界最有价值的地方，当然是因为这里进行的交易，但是在一个阴雨的礼拜天下午，它看起来更像是一座阴森森的墓碑，在雨声中尤为寂寥落寞。附近是城中一处用于行刑的颈手枷，交易违规者会被拷在此处示众；今天它也同样湿漉漉的，静默地立在那里，眼见着水洼积水四溢，漫流过交易所的庭院。

一切都显得那么古老——从七座中世纪的城门，到大权在握的各大行会的制服礼堂，以及 1411 年建造的市政厅本身。在主要交易场所奇普赛德大街上，你会看到一些极为精致的商人和金器商的宅邸，但这些也已有将近百年的历史。在城区南端，屹立在泰晤士河畔的建筑也同样庄严肃穆。如果你将视线暂时从河上川流不息的船只上移开，望向水面上方，就能发现入眼之处，尽是古老沧桑的墙面和屋顶。这里是伦敦的第二处皇家要塞，颓败的贝纳德城堡，15 世纪重建，16 世纪初改建。沿河岸前行，是历经风雨、涂满沥青的商人库房，40 年来他们的船只不断卸下一箱箱的货物，有弗吉尼亚的烟草，也有东印度群岛的香料。如果是工作日，大雨也无法阻断奎因希瑟码头上三架木制起重机装卸大桶大桶的葡萄酒，但是今天是礼拜天，它们都纹丝不动。沿着河畔再往前走上一段距离，是斯蒂尔亚德（Steelyard），汉萨同盟的商人们在过去的七个世纪里一直将这里作为贸易中心。它们现在已经失去往日雄厚的经济实力，这些古老的建筑也变得衰败不堪。

河畔最为显眼的建筑就是伦敦唯一的一座桥，建于 12 世纪。桥长 910 英尺，连接了伦敦城区与它南部郊区萨瑟克，再往南可至肯特郡、萨里郡和萨塞克斯郡。19 座桥洞个个都有自己的名字，比如"女王锁""小窄道""石头锁"和诙谐有趣的"肠子锁"。这些桥洞建在船形的分水桩或桥墩上面，湍急的河水从洞中奔涌而过。从桥边马路两侧绵延的房屋里可将这汹涌壮观的景象一览无余。桥的南端是中世纪的门楼，仍能看见二十几具头颅——这些是叛徒的遗骸，放在那里以警世人。[1] 在桥北端，房屋之间有一块空缺，这是1633年的大火造成的。具有讽刺意味的是，现代对伦敦桥最为重要的改变竟是桥最近的一片空地。[2]

慢慢你会发现几乎找不到17世纪的建筑。在大火吞噬的房屋遗址上会有零星几处新建的房屋，但是城墙内三分之二的建筑都是中世纪时期的，剩下的几乎全建于伊丽莎白时期。莱瑟赛勒大礼堂（Leathersellers' Hall）建于17世纪20年代的门廊别具一格。丹麦后宫，女王的皇宫，由皇家鉴定师伊尼戈·琼斯设计，新添了一些精致的建筑：皇家寓所套房，新的马厩和马车房。除此之外，城区中心地带罕有建于1600年以后的建筑。17世纪伦敦城墙内最重要的一处建筑是在圣保罗大教堂西端增建的120英尺宽、由科林斯式细柱撑起的门廊。这也出自伊尼戈·琼斯之手，但看起来与庞大的教堂建筑格格不入，教堂高高耸起的铅灰色屋顶在雨中显得幽暗恐怖，极具哥特风格。琼斯的作品和教堂正厅的砖石结构形成了很大的反差。一百年前，闪电击中了塔楼，随后的大火致使塔尖坍塌；如今还没有重建。在教堂被煤灰熏黑的石墙脚下的大型支墩之间建起了商店和售货亭。如果走进去观察，会发现门廊的柱子并非完全竖直的，有时倾斜角度超过6英寸，尽管它们直径达11英尺，看起来坚固无比。几百位伦敦达官贵人将柱子之间和墙上都占得满满的；其中有埃塞雷德二世、冈特的约翰、尼古拉斯·培根爵士、弗朗西斯·沃尔辛厄姆爵士、菲利普·西德尼爵士、克里斯托弗·哈顿爵士、约翰·邓恩和安东尼·范戴克，很多因事故或故意损毁已面目模糊。大部分损坏都是内战造成的，当时大教堂被用作马厩，养了800多匹马——这象征着克伦威尔军队对传统宗教的蔑视。同时唱诗班的座位、大主教的座椅和管风琴也遭到了破坏，还在地板上挖出了锯木坑。1666年一个委员会到现场勘察大教堂，希望对其进行改建和翻修——克里斯托弗·雷恩最初提议在整座建筑上面加装一个巨型巴洛克式圆顶——但委员们悲哀地发现，这座古老的建筑已不堪重负。

这就是伦敦的心脏地带：成堆的古老建筑历经改建扩建，很多已破败不堪，在岁月的侵蚀中摇摇欲坠。然而，如果你走出城墙来到城郊就会惊叹于城墙内外的巨大反差。首先，你走过古老的库房和围绕着弗利特渠周边摇摇欲坠的木制房屋时得捏着鼻子。当你从桥上走向弗利特河对岸时，你会看到形形色色的垃圾漂浮在涨起的水面上："肉铺的地脚货、粪便、内脏、污血、淹死的小狗、发臭的鲱鱼，都沾满了污泥，还有死猫和大萝卜缨子。"[3] 沿着弗利特街继续往西走，当你快走到德鲁里巷尽头时就会进入一片我们现在称其为伦敦西区的地带，在这里你会发现周围都是高高的前脸平齐的房屋，由精美的棕红色方砖建造而成，沿街一面安装了高高的玻璃窗。窗户之间有古色古香的精致圆柱。门框向内凹陷，上面装着华丽的顶棚，阳光可透过门上方的玻璃板照进门厅。整条街建筑高度整齐划一，10套或12套别墅看起来更像是一座大型宫殿，而不是各自独立的某位绅士和"能人"（那个时代用来称呼往上层发展的人士）的私人寓所。像今天这样的雨天这些房檐上也不会滴雨，因为它们有檐沟和雨水管，会将雨水引到外面的街道上。还有，同样需要强调的是，街道本身也不再垫鹅卵石和砂石，而是用砖石铺就。路面中间还微微拱起，这样雨水就不会在路中央形成一道沟渠，而是流入两侧与地势稍高的路面相邻的水沟里。

这里，在伦敦旧城的边缘，高雅的别墅区逐渐形成。

这种转变因何而生呢？其中一个很简单的原因就是伦敦人口的大幅增长。在1550年，有5万伦敦居民。到了1600年，则变成4倍，达到20万人。在其后的50年里又几乎翻倍，增长到大约37万5千人。1650年开始又增加了十分之一，现在是1661年，已经达到约41万人。但是人口增长只能说明住房的需求不断增加；这仍无法解释建筑质量的变化。此处你需要了解英国君主的态度，他们住在斯特兰德大街尽头的白厅。伊丽莎白女王禁止城区向德鲁里巷以西方向扩建，那里到皇宫大概有一英里多的距离。她的继承人也同样想将所有的房屋建设控制在先前开发好的区域内。他们最终未能达成所愿——部分原因是他们允许持有德鲁里巷以西土地所有权的贵族购买处女地的施工许可证，还有一部分原因是现在认为这些新落成的精美建筑可以增强"民族荣耀感"，这样就不属于法律限制的范围之内。[4] 换句话说，这一地区的新型房屋只要给富人居住就不算违法。但是这些新兴建筑越来越逼近白厅，皇室对此也愈发担忧，就不断发布公告，规定每套房子的楼高、楼宽、墙体厚度，应该怎样与左邻右舍保持一致，整体看起来赏心悦目。这就使成排的新屋看起来不太像孤零零的别墅，更像是连为一体的宫殿：国王和他们的大臣更喜欢环绕在身边的是格调高雅的建筑，而不是毫无规划的供社会底层居住的贫民窟。

　　主要的看点是考文特花园广场。这里的建筑与旧城的木制房屋风格迥异，如果你觉得自己走进了另一个国家，都情有可原。映入眼帘的首先是宽敞平整的广场，四周环绕着三层的豪宅。南边是贝德福德府，威廉·拉塞尔在伦敦的宅邸，他是第五代贝德福德伯爵，1631年他父亲委任伊尼戈·琼斯负责广场的设计工作。在西侧你会看到教区教堂，也是由伊尼戈·琼斯设计的，还有两处正面用砖镶砌的别墅，由第四代贝德福德伯爵建造。北侧和东侧格调高雅的宅邸是由一批私营地产商开发的，正面都有20英尺高的拱廊。鉴于第四代伯爵为申请建造广场许可证向国王支付了2000英镑，建教堂花去了4000多英镑，又花了4700英镑建造他的三处宅第，你该明白考文特花园缘何会在1661年成为高档建筑的典范。[5] 旧城中心地带的所有住户肯定都巴不得跟能居住在此地的富豪们沾亲带故。

　　考文特花园标志着不列颠现代城市规划的开端。它为城市西部和北部的许多高端开发项目提供了灵感。没有人再建带骑楼的木制房屋；大家都想建正面平齐的砖砌房屋，外面是宽敞的街道，有下水道和整洁的檐沟，阳光充足。人字屋顶已经过时——人们希望屋顶上有科林斯式或爱奥尼亚式柱子和栏杆。最重要的是，那些有钱人希望生活在一个和谐的广场上。在霍尔本附近，哈顿勋爵将哈顿花园建造成一条漂亮的一侧是高档别墅的街道。更引人注目的是在林肯律师公会广场和大皇后大街最新开发的地产项目，都是由威廉·牛顿负责建造的。荷兰艺术家威廉·谢林科斯1661年访问伦敦，他将林肯律师公会广场描述为"法律专业所在的林肯学院后面的一个大广场。广场四周有许多精致的宫殿式住宅，高高的院墙后都带有前院；带石柱和双门的入口达70个之多，许多贵族住在那里"。[6]几年后，一位佛罗伦萨贵族洛伦佐·马加洛蒂乘坐托斯卡纳大公柯西莫三世的火车旅行时，也尽是溢美之词，称林肯律师公会广场"就建筑规模和风格统一而言是伦敦最大、最漂亮的广场之一"。[7]如果你的建筑能同时让荷兰和佛罗伦萨人——两大基督教世界最为高雅和讲究的民族——赞不绝口，你就制造了轰动效应。

因此，实际上有两个伦敦：旧城和新城。旧城主要包括古城墙之内和紧邻大门之外的地区，以及位于泰晤士河南岸的萨瑟克郊区。伦敦新城将旧城围在中央，从东北部的斯皮塔福德延伸到哈顿花园——包括西奥巴德路南部的新式建筑，一直到皮卡迪利大街。但是新城的范围并没有到此为止：如果你在新城边缘走走，就会看到大量的建筑都在施工过程中。南安普敦广场（更为大家所熟知的名字叫布鲁姆斯伯里广场），由南安普敦伯爵于1660年建造，目前正在开发成为一座高级住宅广场。尽管现在仍然可以看到"通信线路"——在内战期间建造的保卫伦敦的马蹄形防御工事——新的街道建成后很快就会消失。在城池的西南角，白厅和威斯敏斯特宫依然保持着中世纪的风格，你不禁会想，它们在这场已涌到城墙下的建筑大潮中还能坚持多久，是不是迟早会被吞没。

大雨一整天都没有停歇。塞缪尔·佩皮斯从他伦敦塔北侧希兴里（Seething Lane）的家里看着窗外的倾盆大雨。

他在海军部任书记官，这是管理层的重要职位之一。他前途无量，对许多领域都颇感兴趣，包括科学创新。然而，他已经花了几个小时与数学仪器制造商拉尔夫·格雷特雷克斯品葡萄酒，吃凤尾鱼，这会儿已经对讨论杠杆的数学特性颇为厌倦。他现在希望雨停，那样客人就可以离开了。但如果你下星期四再来拜访他，如果天气晴朗、阳光明媚，你会发现他心情转好，正坐在他的屋顶阳台上和邻居威廉·佩恩爵士边弹琉特琴边喝葡萄酒。在那个阳光灿烂的日子里，伦敦古城会呈现出另一面，与你刚刚体验的阴雨天完全不同。

虽然炎热意味着家庭几乎不需要烧火取暖，但城市周边许多工业用火让空气中充满了呛人的煤烟味。刺鼻的气味不仅仅来自煤炭燃烧，来自河边和城区的制革厂和漂洗厂的有毒烟雾更让人感到恶心。主街上散发着马粪的气味。小巷里还飘着人应急留下的尿骚味。白天随着气温升高，这些气味会逐渐被地窖里粪坑的恶臭所覆盖。鸽子从老房子屋檐下飞出来，它们的粪便在木桩上留下了白色条纹。老鼠在木桶后和大木箱上下四处觅食。垃圾工牵着马车走家串户，收集腐烂的厨余垃圾。清道夫的工作主要是清空私家粪坑，带着装满粪便的马车穿行在街道上。羊群牛群被驱赶到屠宰场和肉类市场，那里的粪便和鲜血更是让街道臭气熏天。

你可能会说，穿越伦敦旧城的多感官体验跟在中世纪毫无二致。事实上，由于人口的增加，情况更加触目惊心。此时此刻的人口是14世纪晚期的十倍，这意味着绵羊和牛的数量也是十倍，人类排泄物也达到了十倍。这种过度拥挤感不仅仅是当地居民造成的：成千上万的人每天进城做生意或娱乐——去市场，参加博览会，或者在剧院里看戏。结果，不论走到哪里，都是人满为患，牲畜成群。

请驻足倾听伦敦大街上的声音。每天有大批动物被带入这座城市宰杀，仅牛的数量就有3000多头。当这些动物从大街上经过或在牲畜棚里等待宰杀时发出的声响可谓惊天动地；被屠宰时发出的悲鸣更是声嘶力竭，令人胆战心寒。接着便是2000多辆客运马车铁轮转动的声音，还有成千上万辆手推车和载重马车从古街的鹅卵石路面上碾过的声音，以及铁匠和烛台匠锤击金属的声音。当太多客运马车拥塞在一处、互不相让时，就会交通瘫痪，你会听到马车夫们扯着嗓门互相指责。你肯定不会错过赶着粪车的清道夫，粪车上的铃铛和响亮的耙齿拍打声宣告着他们的到来。你也无法忽略那些大呼小叫地聚集在街头观看斗鸡或摔跤比赛的人们，赌注高时尤为热闹。如果再加上100多个教堂传出报时的钟声，街头摊贩在熙熙攘攘的人群中高声叫卖的声音——"鲭鱼，两条四便士，四条六便士"，"鲽鱼，来买我的鲽鱼"，"修补煎锅"——还有楼上的住户大声召唤街上的摊贩，他们将半截身子伸出窗外，以引起摊贩的注意。你可以看到，旧伦敦不仅拥挤不堪、臭气熏天，更充斥着各种噪音，震耳欲聋，让你无法思考。

如果你想逃离喧嚣，有专为休闲目的建造的花园和公园。这是城市新增的文化元素：一百年前，市中心是主要的也是唯一有诱惑力的地方，如果你需要接触大自然，可以到田野漫步。那时只有在乡间别墅修建花园的绅士们才会想到去体验园林生活。但如今伦敦人越来越感到需要远离拥挤的街道，哪怕是暂时离开也好。那些有钱人会坐上马车，要么去海德公园，要么去田野漫步，或者像其他时髦的马车一样，绕着城边闲逛。如果你徒步出行，可以漫步去圣詹姆斯公园，在那里可以沿着榆树成荫的小路远足，沿着颇负盛名的玛尔小径散步，同时观赏附近如玉带般的运河上的水鸟。在北面，在圣詹姆斯宫殿之外，你会发现一片林地，人们来此看鹿，这里有一天会变成格林公园；公园南面是鸟笼道，这里是皇家鸟苑。另一处时髦的去处是乘船去沃克斯豪尔的新春园。园中小径在花圃中穿插交错，人们或徜徉在小径上，或在小屋旁休憩，屋中提供葡萄酒或啤酒，尽管售价很高，依然排着长队。在这个季节，你可以到那里漫步，采集些玫瑰或石竹，然后搭乘摆渡船回到城里，当船停靠到最近的"台阶"或小码头时，请手脚并用，攀爬上岸，然后你就可以步行回家了。

在傍晚时分，伦敦将变得完全不同。骚动逐渐平息，天色渐渐转暗，交通也不再拥堵。在公共花园里，身份尊贵和洁身自好的人们纷纷离去，暮色朦胧中映出一些不大体面的人影。如果晚上在圣詹姆斯公园的高大榆树间散步，你将进入一个不同的世界。罗切斯特伯爵、诗人约翰·威尔莫特描述道：[8]

> 在夜深人静的榆树荫下
> 抢劫、强奸和乱伦不断。
> 这片藏污纳垢的树丛
> 形形色色的娼妓活跃其间，
> 伟大的淑女、侍女和苦力，
> 拾荒者和女继承人相继出现。
> 车夫、牧师、勋爵和裁缝，
> 学徒、诗人、嫖客和狱卒，
> 还有侍应生和纨绔子弟在此相逢
> 男盗女娼，颠倒阴阳。

海德公园也有类似的事情发生。在17世纪末，威廉三世非常担心他车外会发生不可告人的勾当，就命人沿着现在的练马林荫路安装上了300盏油灯，照亮他回肯辛顿宫的路。[9]在城内，家家门上都燃起挂好的灯笼。一些交易场所，如利德霍尔市场，开放时间很晚，会点上蜡烛以照亮出售的肉类。在其他地方，大街上会有执勤的守夜人提着灯笼在封闭的商店门前和落下百叶窗的房屋外面来回巡逻。只有午夜时分路灯才允许熄灭。之后，你就基本上看不到什么灯光了，只有客运马车自带的灯还有光亮，或者小伙计举着点燃的火炬给狂欢至深夜的绅士们照明。除了在史密斯菲尔德市场还有些商户借着火炬的光亮彻夜营业,一直到黎明时分,城市有几个小时归于黑暗,万籁俱寂。

这一切应该会基本上让你明白,为什么人们对伦敦的印象大相径庭。对于那些出生在这里的人们而言,伦敦不只是一个城市,它承载着生命的所有内涵。它是宗教,是神话,是法律,也是传统。它是一场伟大的实验,让人们去探索各自的生活方式,因而也就包含着生命中所有美好和邪恶的东西。问任何一个伦敦人对自己城市的印象,他会告诉你这里是所有城市之花。理查德·纽科特绘制新的伦敦地图(1658年出版)时指出,伦敦是"欧洲最负盛名、最辉煌的城市,不仅历史悠久、根基雄厚,而且集尊荣、财富和美丽于一身"。约翰·布里多尔在他的《瑞吉斯摄影》(1676)中说,伦敦"是全英格兰的典范或缩影,是大英帝国的核心,是英格兰王室所在"。[10]游客对这一说法也欣然接受,很大程度上是因为伦敦的规模不可小觑。光是泊靠在泰晤士河岸的船只数量就令人惊叹不已,估计在不同时间有1400到2000艘不等。但访客也表达了负面评论。大多数人认为,庞大的白厅不仅是欧洲最大的宫殿,也是最丑陋的宫殿。洛伦佐·马加洛蒂承认,世界上没有哪个城市拥有如此多的精品店,但他也认为伦敦的大部分公共建筑都平庸无奇——除了伦敦塔、白厅的宴会厅(伊尼戈·琼斯设计)、威斯敏斯特厅和圣保罗大教堂。在他看来,拥堵不堪的伦敦桥使这座文艺复兴城市的形象大打折扣。法国绅士米松在英国度过一段时间,他把伦敦旧城的房屋描述为"世界上最为丑陋的东西……仅仅是由木头和石膏堆砌而成,窗户狭小不堪"。[11]而且,让人意想不到的是,一些英国作家也对大都市的状况满腹牢骚。丹尼尔·笛福将弗利特描述为"恶名昭著的脏水池,令人恶心厌憎"。[12]约翰·兰宁更为全面地描述了这座城市令人难堪的一面。

很明显,尽管投入了大量的人力物力去清洗街道,但是状况却每况愈下，在夏日里尘土飞扬、臭气熏天，阴雨天又泥泞不堪，蜂拥入城的客运马车将污秽不堪的泥巴带到城里，经雨水冲刷进公共的下水道、河道，继而流入泰晤士河。下水道严重堵塞，公共河道（尤其是霍尔本水渠，原来非常便利）现在变得毫无用处。而且，这座城市最令人烦恼的是，泰晤士河本身，尤其是在泰晤士桥往上河段，日常的通航都几乎无法保证。在通往城市的道路两侧，几乎全天都被一些推车占据着，它们只运走大街上一小部分的污泥（或者说，粪便），却极其嘈杂，在运往公共垃圾堆（粪堆）时不慎遗撒了一路，路面肮脏几乎无法通行，又因靠近城市，散发出的恶臭不仅刺鼻，还会传播疾病，让乘客无法忍受，也破坏了城郊的氛围，这里原本是最赏心悦目的地方，一起风，就会把夹杂着恶臭的水汽刮到伦敦内城，有时会增加感染的几率。[13]

你不禁会想，伦敦真正需要的是一个大型外科手术，将它那颗衰老、心律不齐、功能减退的心脏切除，用一颗崭新的、精心设计的心脏来代替它。

伦敦大火

1666年9月2日星期日凌晨，家住布丁巷的皇家面包师托马斯·法里纳清晨被浓烟呛醒。他看见火苗已沿着楼梯迅速地蔓延上来，唤醒了儿子、女儿和女佣，告诉他们从楼上的窗户爬出去。女佣因恐高拒绝了，坚持要留在房子里。他只好带着孩子们沿着屋顶的边缘走到邻居家，逃过一劫。女佣则成为伦敦大火的第一个受害者。

三个小时后，在城市另一边的希兴里，塞缪尔·佩皮斯和他的妻子被他们的女仆简·伯奇叫醒了，她告诉他们从自己房间的窗户看到了一场大火。佩皮斯穿上睡衣，到女仆房间去看了看，但却认为火势不大，于是就回去睡觉了。当他早上 7 点起床时，简告诉他，300 多间房屋一夜之间化为灰烬。这引起了他的注意。佩皮斯出了家门，走到河边，从那里地势较高之处向桥的方向望去，桥北边的街道上"漫无边际的大火"沿河岸迅速蔓延，[14] 一直烧到斯蒂尔亚德。人们正在奋力从屋中抢救货物，拖到河边，把它们扔进船里。佩皮斯步行穿过街道，看见男男女女急匆匆地带着他们的贵重物品来到最近的教区教堂，人们坚信这些石头建筑不会被烧毁。他注意到，穷人都尽可能留在家里，直到火势逼近他们才跑到最近的河岸台阶上，试图爬上小船。佩皮斯发现，鸽子同样不愿意离开房子，而是在窗户和阳台上方盘旋，直到火势烧到它们的翅膀无法飞行，掉落地面。

伦敦人对火灾已司空见惯——佩皮斯在他的日记中提到了另外 15 起火灾，但像这样的弥天大火他们却从未见过。干燥的天气、强劲的东风，再加上储存在地下室和后院用来冬天御寒的木柴，又发生在夜深人静之时（在人们醒来之前火势已经颇具规模），这一切都使控制火势的工作难上加难。政府的自满无济于事。伦敦市长托马斯·布拉德沃斯爵士反应太慢，以至于不得不下令动用火药炸掉大量房屋进行隔离。但最根本的问题是建筑本身的结构。太多旧式的木制房屋建在狭窄街道和小巷两侧，密密麻麻，首尾相接。此外，当木屋燃烧时，由内向外倒塌，火焰向四面八方蔓延。在河边有木制结构的仓库，里面装满了油、沥青、焦油、树脂、大麻、绳索、白兰地以及类似的可燃材料，这些货物之间几乎没有空隙。最终形成了一张火焰毯，迅速向周边蔓延，顷刻间吞噬了许多条街道。托马斯·文森特牧师回忆道：

> 火势肆虐中咔嚓声不绝于耳，仿佛有 1000 辆铁战车从石头路面上碾过；如果睁开双眼从街道上房屋缝隙中观察蔓延而来的大火，你可能会看到有些地方一整条街瞬间被火焰吞噬，仿

佛从对面的窗户中射出了无数巨大的熔炉，它们折叠缠绕在一起，形成一张巨大的火网，席卷了整条街道。你还会看到房屋在巨大的轰隆声中一个接一个地坍塌，从街道的一端蔓延到另一端，周边变成一片露天的废墟。[15]

9月2日黄昏时分，佩皮斯登上一只小船，想从河上观察火势，但被热浪和四处飞溅的燃烧物逼退。他把小船停靠在安全的河岸边，然后向一处酒馆走去，从那里定定地望着燃烧的城市。正如他后来所说：

> 天色越来越暗，[火]蔓延得越来越远，我们站在城市山顶，目力所及之处，角落里、教堂和房屋之间的塔尖上，到处都是火苗，不似平常火炉里那般温暖宜人，而是最为可怕血腥的邪恶之火……我们在山上一直待到天黑，只能看到连成片的大火，呈拱形，从桥的一头到另一头绵延了大约一英里长。眼前的情景让我悲痛不已。教堂、房屋，一切都笼罩在火海里，火舌肆虐，房屋倒塌时发出的声音惊心动魄。[16]

第二天，9月3日，星期一，约翰·伊夫林从河南岸向外眺望，他写道，

> 整个天空都被映得通红，就像燃烧着的炉子的顶部……上帝保佑，永远不要让我再见到这一幕，上万家房屋被火海吞噬！火焰肆虐，雷鸣般的断裂声，女人和孩子的尖叫声，慌乱的人群，倒塌的塔楼、房屋和教堂，就像一场可怕的风暴。[17]

如果你和佩皮斯或伊夫林一起在河岸上，你也会看到，河水里散落着珍贵的财物，人们将其扔进水中免得被毁，船上挤满了人，

他们紧紧抓住自己的家具、乐器、毯子、钱柜和银器。整个城市的数十座教区教堂的塔楼和尖塔都被巨大的火焰裹挟，空中燃烧的碎片四处飞溅，一切都化为灰烬；有些地方，温度接近1700℃。[18] 处于大火中心的正是这座城市最大的建筑——圣保罗大教堂，它已有将近600年历史，历经伦敦城的每一场灾难仍屹立不倒。现在，铅从教堂的屋顶开始熔化，顺着墙壁流下来，漫到了伟人的坟墓。巨大的石柱在高温下开裂。伦敦古代荣耀的纪念碑摇摇欲坠。

有些人告诉你火灾需要四天就可自行熄灭；其他人则坚持说大火会持续五六天。然而，几个月之后，地下室里的一些材料仍在继续阴燃，遇到空气就会突然产生明火。佩皮斯发现整个冬天地窖里烟雾不断；最后一次出现这种情况是1667年3月16日，距引发火灾已有六个多月。[19]

火势得到控制后，废墟更让人触目惊心。15岁男生威廉·塔斯韦尔描述了9月6日早上前往大教堂路上所见到的一幕，当时大火仍在燃烧：

> 星期四，日出后不久，我设法走近圣保罗大教堂。地面非常炙热，几乎要烧焦我的鞋子，热气灼人，要不是我在弗利特大桥上停下来休息一下的话，我肯定会因体力极度透支而虚脱晕倒。调整呼吸之后，我竭尽全力向圣保罗教堂走去。现在大家可以想象当时的情景多么让人震撼：铸造教堂大钟的金属已经熔化；墙壁严重毁坏；周围的大石头轰然崩塌，接连滚落到我面前，几乎把我砸死……有件事我忘了说，我还在圣保罗教堂的东墙附近发现一具尸体，已经被火焰烤成人干：外皮完好，肉已干瘪，色泽焦黄。这是一位衣衫褴褛的老婆婆，逃到此处避险，以为火焰不会烧到她。现在她的衣服已经烧焦，连四肢都烧成了焦炭。[20]

继塔斯韦尔之后，约翰·伊夫林第二天穿过城区：

我今天早上徒步从白厅出发，一直走到伦敦桥，途中穿过面目全非的弗利特大街、圣保罗教堂旁边的路德门山、奇普赛德、交易所、毕晓普斯盖特、阿尔德门，又经过莫菲尔德、康希尔等地，走得极其艰难，手脚并用爬过还在冒烟的垃圾堆，还经常辨认不出方向：脚下的地面太热，甚至烧坏了我的鞋底……在我返回时，看到华美的圣保罗教堂现在已是一片惨不忍睹的废墟，感到唏嘘不已……铅、铁制品、大钟、板材，等等都熔化了；精巧的梅塞尔教堂、华丽的交易所、基督教堂庄严肃穆的结构，所有其他公司的大厅、华丽的建筑、拱门和入口都被夷为平地；喷泉毁坏殆尽，几近干涸，仅存的水在沸腾翻滚；在地下酒窖、水井、地下城形成的深坑以及以前的仓库里，火势仍未熄灭，冒出的黑烟中夹杂着恶臭。在五六英里的路程中，我看不到任何一堆木头幸免于火灾，连石头都所剩无几，大多已煅烧成雪白色的粉末。

这会儿在废墟上行走的人们仿佛置身于一片凄凉的沙漠之中，或者更确切地说，像是自己生活的城市遭到凶残的敌军蹂躏扫荡，成为一座废城；到处是可怜的动物尸体、床具和其他可燃物发出的恶臭……我只能选择最宽阔的街道，那些狭窄的巷道已无法穿行：地面和空气、烟雾和火热的蒸气依然炙热无比，我的头发几乎被烧焦，我的脚难以忍受［疼痛］。原本狭窄的街道上堆满了垃圾；要不是一些教堂或大厦的废墟上还残存着标志性的塔楼或尖顶，人们根本无从辨别方向。[21]

火势减弱，人们开始查看到底破坏有多严重时，发现整座城市从塔楼到圣殿教堂、从泰晤士河一直到北部城墙全都被摧毁。除了大教堂外，有87座教堂和6座小教堂已变成废墟或完全坍塌。52家同业协会的大厅已经不复存在，皇家交易所、海关大楼和4所监狱（许多囚犯在火灾期间逃离）也难逃厄运。伦敦石已支离破碎，最大的碎片也不过两英尺长。受灾地区面积达 436 英亩；至少有 13200 所房屋化为灰烬。虽然这只占城市面积的五分之一，但这里却代表公民的骄傲和遗产，是城市管理和贸易交易的最为重要的中心。大火导致 8 万人无家可归。然而，令人惊讶的是，几乎每个人都在四天内找到了避难所。

尽管在 9 月 6 日（星期四）和 7 日（星期五）会看到一无所有的人们暂时栖息在通往伊斯灵顿和海格特地区的道路两侧的帐篷里，但是在下一周的星期三前他们都撤离了该地区。临时教堂和营业场所迅速搭建起来。当然，房地产价格和租金迅速攀升，但人们可以共享房间和房屋。有些人试图在他们以前的住地建造小砖棚，但迫于冬季来临和安全原因许多人很快又搬走了。请注意，原来的教区巡逻在灾难时期停止工作：如果你在夜间受到攻击，没有拿着火炬的警察来援助你。当佩皮斯天黑后乘坐马车从废墟中穿过时，会拔出佩剑，严阵以待。[22]

伟大的重建工程

这场大火已经震惊世人，伦敦的重建则更加引人注目。在五天内烧毁木制结构的旧城比在五年内建造一座新城要容易得多。实际情况正是如此。在火灾发生后的两周内，约翰·伊夫林和克里斯托弗·雷恩分别为这座城市的布局制定了新的规划。雷恩的计划在伊尼戈·琼斯对考文特花园的设计工作中可见一斑——在大教堂和皇家交易所这样的大型公共建筑物附近修建广场，然后再铺设宽阔的街道将它们连接起来。伊夫林的计划同样包含许多广场，但它形状更规则，围绕方形和矩形的街区排列。然而，由于土地所有权产生的问题，这两个计划都被束之高阁。事实证明，财产法是几个世纪以来最持久和最稳定的因素之一：人们相信没有人可以简单地从他们手中夺走土地。他们现在最不能接受的就是被迫放弃他们原来的家园，他们中许多人除此之外已一无所有。此外，政府无力以市场价格购买所有废墟。还有许多其他法律问题使问题复杂化。比如，那些依靠租金过活的人，许多房东仍然要求租户付款，即便大火已经摧毁了他们的房屋；在过渡时期，那些迫切需要一个新的营业地点或者与亲属共用房间的人不能等到政府筹集足够的资金购买他们的土地。出于各种原因，城市尽快重建是最佳选择，这意味着需要避免土地征用造成的漫长的法律斗争。原来的街道布局保留下来，仅仅新建两条马路：国王街和皇后街，穿过城区从市政厅直通泰晤士河。

废墟很快变成了忙碌的蜂巢，工人们推倒残垣断壁，拆掉烧剩的木料，用推车将石头运走以便在其他地方派上用场。11月底拆除工作已经完成。同业协会很快重建起来，三个大厅在1668年年底建成。皇家交易所于次年重建。至于圣保罗大教堂，尽管雷恩建议将其拆除，但国王坚持要恢复其原貌。1668年春季，进行重建工作时，中殿墙局部倒塌，暴露了残存结构的弊端。国王得知此消息后，重新考虑大教堂的重建工作，7月他决定让雷恩起草计划建造新的大教堂。有趣的是，雷恩早已跃跃欲试。旧圣保罗教堂遗骸的拆除工作于8月开始。被拆除的中世纪的石块用于弗利特渠，既疏通了河道，又提高了那里的地面高度。

正是这个时期，规范伦敦建筑质量的标准取得了新的成果。通过的法案规定可建房屋有四种不同类型，所有类型房屋必须用砖或石头建造，屋顶覆以瓦或石板。最小的一类建筑是带阁楼和地窖的两层楼层，可建在小巷里，每层高度应为9英尺。从小到大，第二类建筑是三层楼房加阁楼，可建在街道和主路以及面向泰晤士河的道路上，底层和二层高度应为10英尺，三层为9英尺。第三类建筑是四层房屋，"门面很高，房间小巷引人注目"，从底层开始每层高度分别为10英尺、10.5英尺、9英尺和8.5英尺；[23]并且一条街道上的所有房子屋顶线高度要保持一致，房子之间要相毗连。第四类建筑是"为有杰出成就的公民和他人建造的宅邸",但高度仅限于四层。威廉·牛顿开发设计的林肯律师公会广场的高品质特征并没有完全实现;大多数房子在高墙后并没有前院,高昂的建筑成本意味着大多数建筑在屋顶上放弃了立柱和栏杆。但该法案鼓励设计和建造经济实惠的高质量住宅。到1667年年底,开发商已建成650座宅邸。第二年,又建成1450座。最终,在13200座建筑的原址上新建了8000座:房屋数量减少是因为所有后院的廉租公寓都被拆除了。此外,拓宽了街道,建造了排水渠道。雷恩于1670年开始重建教区教堂:仅在那一年他就设计了17座教堂,最终完成了51座教堂。他还设计了新的巴洛克大教堂,1696年已经可以在那里做礼拜了,但整体工程直到1710年才完工。大火纪念碑位于布丁巷,由克里斯托弗·雷恩和罗伯特·胡克设计,于1676年完成。

在重建旧城的同时,郊区的范围也在持续扩大。在伦敦塔东面,不断建造小型房屋供工人居住:在沙德韦尔,每英亩土地上建造的房子多达50所。[24]在城西和城北,为富人建造了新房。亨利·杰明,圣奥尔本斯伯爵,于1665年开始建造圣詹姆斯广场,他的乡间别墅艺术设计精美奢华,堪称17世纪70年代伦敦最豪华的府邸,他因此颇以为傲。在北面的皮卡迪利大街上,17世纪60年代建造了三座豪宅。1667年理查德·博伊尔,伯灵顿伯爵,购买并建造了伯灵顿府(它更为人熟知的名字是英国皇家学会),由皇家测量师约翰·德纳姆爵士设计。沿着同一条街继续向西,克拉伦登伯爵爱德华·海德正在建造克拉伦登府,由罗杰·普拉特设计,普遍认为这是伦敦最精美的府邸。再往西,是巨大的伯克利府,由休·梅为伯克利勋爵建造,于1666年竣工。莱斯特广场、苏豪区广场和黄金广场都是在17世纪70年代建造的,同时还在广场之间铺设了街道。德文郡广场的建造始于1678年。红狮广场和海洋广场(后来被称为威尔克罗斯广场)是17世纪80年代建造的,那十年里还有许多建筑项目,负责人尼古拉斯·巴本有一个非常奇特的中间名——如果耶稣基督没有为你而死说明你被诅咒（这个名字是他的清教徒父亲强加给他的，父亲名叫赞美上帝·巴本）。具有讽刺意味的是，巴本的中间名正是他同时代的许多人内心的真实想法，因为他最初在民辛巷的建筑项目因地基薄弱而坍塌，他未经所有者同意就要拆除房屋，引发诉讼。他显然并不是唯一不道德的开发商。1682年，乔治·唐宁爵士负责建唐宁街——这一开发项目建造的房屋结构极不牢固，仅剩下四栋房屋，在之后的几百年里还需要频繁地重建。想想那些必须住在那里的穷人该有多么可怜。

公平地说，巴本在伦敦建造了许多结构坚固的房屋，例如斯特兰德大街、法庭巷和红狮广场沿线的建筑。更值得肯定的是，他在17世纪70年代首次提出为房屋设立保险以防范火灾。1680年，他重提这一倡议，成立了名为"房屋保险办事处"的股份公司。很快，它就有了许多竞争对手，包括"房屋免受火灾损失互助会"（成立于1683年），以及名称更为直白的"保护房屋、寝室或房间免受火灾损失的善款捐赠"公司（成立于1696年）。[25]在支付了押金和捐款后，会在房屋墙壁上贴上金属牌匾，以证明你已投保，在火灾发生时保险公司会派消防员扑救减少你的财产损失。当然，如果你还没有捐款，或者没有证明捐助的牌匾，他们就会站在旁边看着你的房子烧成灰烬。

火灾保险是伦敦人非常需要的，因为他们使用蜡烛有些大意。如果你没见到1666年的伦敦大火，1672年1月你还机会目睹皇家剧院被烧毁的情景。位于希兴里的海军办公大楼，包括佩皮斯自己的宅邸，于1673年1月不幸失火，还连带烧毁了30所房屋。同年，沙德韦尔的一场大火烧掉了大约100幢旧屋。在1676年5月26日，星期五，在泰晤士河南岸的萨瑟克区又爆发了火灾。就像之前它的"大火老兄"一样，这场火也发生在晚上，也在一个狭窄的小巷里，到处都是古老的木制结构房屋，极其拥挤。第二天晚上10点火势被控制，624所房屋化为灰烬。私家宅邸也经常被烧毁。亨格福德府

（现代查令十字火车站的原址）于1669年一场大火中烟消云散。戈林府1674年也遭受了同样的命运；后来被阿灵顿府（后成为现代白金汉宫的南翼）所取代。由罗伯特·胡克设计的宏伟的蒙塔古庄园，蒙塔古公爵在布鲁姆斯伯里的府邸，在1686年也惨遭大火，化为灰烬。第二年布里奇沃特府的火灾更为悲惨，不只宅邸被火焰吞噬，布里奇沃特的两个儿子和他们的老师也在火灾中丧生。

所有与皇宫贵族府邸相关的火灾中最令人震惊的是两场吞没白厅的大火。1691年4月，一位女仆在取蜡烛时懒得找刀割开捆在一起的蜡烛，就决定用蜡烛将捆绳烧断，接下来就不假思索地扔掉了烧断绳子的蜡烛。伊夫林在日记中这样描述，"今晚，一场突如其来的可怕的大火烧毁了白厅石头画廊之上的所有建筑物，一直延伸到水边，从已故朴茨茅斯女公爵的公寓开始。为了取悦于她，这所公寓已经被拆除并重建不下三次！"后来发生的火灾更为可怕，1698年1月，一名荷兰洗衣工在炭火前晾衣服然后忘得一干二净，残存下来的"欧洲最大、最丑陋的宫殿"在这场火灾中被彻底烧毁。只有伊尼戈·琼斯设计的大宴会厅和门楼得以幸免。米开朗基罗和贝尼尼的雕塑作品在大火中烧毁，由霍尔拜因绘制的亨利八世画像和许多其他无价之宝都毁于一旦。当然该为此次火灾负责的洗衣女工也难逃厄运。[26]破坏非常彻底，使开发商能够在旧宫殿的广阔场地上建造更多的房屋和办公室，还配套修建了庭院、保龄球草坪和花园。

因新建和重建工作，城市可以容纳的人越来越多，人口以惊人的速度不断增长。1660年至1700年间，居住在城市东部较贫困教区的人数增加了一半以上，从约5.9万人增加到9.2万人。[27]在西部，圣马丁教堂的时尚教区人口增长更为显著，从1660年的1.9万人增至1685年的6.9万人。[28]总的来说，整个伦敦1660年有41万人口，1670年为约47.5万，到1700年则增加到57.5万。这一人口数字高于巴黎（48.8万），比罗马（12.5万）的四倍还多，几乎是都柏林的十倍（6万）。[29] 此外，伦敦现在的英格兰人口占比约为11.4%（相比之下，1600年只有5%），如果再加上通勤人员和游客——将牲畜送入城市的附近村庄农民、前来观光的游客，以及从全国各地来到市中心参加法庭庭审或办理金融业务的人——首都的地位就显得更为重要。至少有六分之一的英国人会在首都度过一段时间。

这一切使得伦敦在国家事务中占据主导地位，尽管其统治地位有时并不是所有人都能欣然接受。在1670年至1700年间，伦敦的人口规模是紧随其后的英格兰十大地区人口之和的4.2倍。领先如此之多，绝对是史无前例和震惊世界的。当时的差距后来也无法企及（在现代世界只有1.63倍）。[30] 伦敦城的首要地位不仅仅是一个数字问题。在这一阶段的大部分时间里，英格兰只有三个地方可以出版书籍——牛津、剑桥和伦敦——其中，大部分在伦敦印刷。这里也是所有报纸的印刷地、议会所在地、股票市场交易场所和银行总部所在地。如果你想见国王，你需要到皇宫来，皇宫设在伦敦。如果一个富人去世时在不只一个教区留下了价值5英镑的货物，那么他的遗嘱执行人将不得不来伦敦为遗嘱作证。出于各种原因，伦敦吸引了来自全国各地的人。到1700年，伦敦对英国相当一部分人来说至关重要。

这种主导地位和频繁的事务往来意味着伦敦越来越多地成为人们生活的放大镜，展现出他们的关键特征。它使富人更加富有，使穷人更加贫困，贪心者更加贪得无厌；它让富有诗意的人充满梦想；它也令孤苦伶仃的人悲伤绝望。在这里，好奇的人可以大胆尝试，贪吃的人不必有任何节制，酗酒的人可以贪杯买醉，赌徒们可以孤注一掷，外向的人会炫耀卖弄，腼腆的人则退缩不前。简而言之，它是英国精神的巨型放大镜，是你开启英国复辟之旅的绝佳场所。然而，尽管厌倦伦敦就几乎等同于厌倦生活（这是下个世纪约翰逊博士的名言），但它仅仅是大不列颠岛上的一小部分。

游客大人，您的马车已备好。

第二章
伦敦之外

17世纪末期最有趣的事情之一是人们对英国乡村的看法与现代大相径庭。在外骑马时，他们不会驻足山顶引缰惊呼："哦，多么美丽的景色啊！"他们不会像我们一样把自然与美丽联系在一起。17世纪90年代，古文物收藏家拉尔夫·托雷斯比在英格兰北部各处旅行时，从未表达过对所见风景的赞赏。来到英格兰著名的湖区温德米尔湖，他只是简单评价它是"英格兰最大的湖泊"。登上哈德诺特山，他认为山脉"可怕""危险"，山谷中的河流"在某些河段险恶无比"。[1] 西莉亚·法因斯，一位三十几岁就游遍整个英格兰的勇敢女性，同样提到"某些荒山地势险峻，乱石丛生，令人望而生畏"。[2] 1698年游览温德米尔湖时，她记录了她了解到的所有农庄权益和习俗，当地人如何做面包等，但丝毫没有流露出被当地美景所打动的迹象。她密切关注了河流和其他水道——只是因为它们盛产鱼类，可提供饮用水，能推动磨盘；她从未提到湖泊如何秀丽或山峰如何峻伟。对兰开夏郡的黑石崖（Blackstone Edge），她的评价是，这里"因悬崖绝壁而闻名于英格兰，两侧山崖皆陡峭险峻、阴森可怖；周边一片荒芜……着实令人生厌"。[3] 她下山后重回罗奇代尔时，称赞这里既"漂亮"又"整洁"。以上大致反映了17世纪大多数英国人对环境的看法。如果它看起来经过精心打理而且树上果实累累，人们就会认为它是美景，对它赞不绝口；但如果它是天然的，通常还带有某些原始的意味，那它就"令人生厌"。

这种态度也能在人们评价以绘画形式呈现的景观时体现出来。除了作为肖像画的背景，英国艺术家的风景画作品真是难得一见。这类画作屈指可数（罗伯特·阿加斯、罗伯特·罗宾逊和罗伯特·斯特雷特各有几幅），而被誉为英国风景画奠基人的理查德·威尔逊直到1713年才出生。在极少数场合，你有幸在某豪宅的走廊里见到一幅颇具代表性的自然风景画，一般都是荷兰或法国艺术家的创作。事实上，英国人不能客观地看待乡村，因为他们的生活一直以来就与田野、树林、篱笆和乡间小道密不可分。他们觉得没有必要去赞美或复制大自然，因为它就在他们身边。他们觉得家畜和野山的图画一点也不迷人。一幅描绘奶牛站在泥泞田野里的画作能有什么欣赏价值呢？

托雷斯比和法因斯的不同凡响不在于他们对自然美景的无视，而是因为他们竟会冒险去这些地方。这本身也暗示着人们对乡村的态度正在发生改变。还有一个迹象也能说明这一点，大地主们委托低地国家①的艺术家为他们的庄园作画渐成一种时尚。扬·希伯瑞兹1674年来到英格兰，他是众多荷兰和佛兰德斯风景画派画家之一，他们靠给英格兰乡间别墅和土地绘制"肖像"谋生。这些艺术家自然而然以当地风景为背景来衬托作品主题。前文提到的威廉·谢林科斯也是这种画派的艺术家。他登上埃塞克斯一座小山的山顶后，描述呈现在眼前的"风景正对着泰晤士河对岸的肯特郡，是迄今为止在英格兰所见的最为精美绝伦的景观"。[4]后来他住进阿诺德·布拉姆斯爵士的宅院，称自己置身于"绝美的山谷之中"。[5]

问题是，为了欣赏到景色之美，需要有所参照——要与不具吸引力的景色相比。然而到目前为止，当英国人环顾四周，他们只是

---

① Low Countries，对欧洲西北沿海地区的荷兰、比利时、卢森堡三国的统称。——译者注

看到了数英里的田野和树木。与陡峭的山岭相比，旁边的一片玉米地可能看起来很美，除此之外，一切仿佛都是上帝早已安排好的。然而，城镇的人口越来越密集，人们也慢慢体会到乡村景色可以令人心旷神怡。每当你参观某所乡下房屋时，比如位于林肯市的伊丽莎白·曼比家装饰典雅的宅院，那里的"秀色"顿时会让你眼前一亮。[6] 与此同时，城市的乌烟瘴气避无可避，人们开始对乡间的空气格外向往。约翰·伊夫林不仅在他的《伦敦雾霾纪实》(1661)中抨击伦敦的烟雾，而且还倡议为了保持身体健康有必要经常到乡下走走。宗教作家约翰·班扬也有同样的想法。他写道，"谁不愿意摆脱弥漫城市的恶臭和雾气去城外呼吸馨香的空气呢？"似乎人们第一次睁开眼睛看到了身边的美景——或者，至少有些人如此。

这就是17世纪人们看待乡村的态度。但是呈现在你面前的景象是什么样子？

让我们从英格兰王国开始，这一时期威尔士公国已正式并入英格兰（苏格兰将单独讨论）。毫无疑问，王国的地貌千变万化。从北部的丘陵到东部的沼泽，从人烟稀少的威尔士山脉到肯特郡和萨默塞特郡干涸的沼泽。总的来说，南部比北部富裕，东部比西部富裕。威尔士被归为特别贫穷之地：三分之一的民众挣不到足够的钱支付壁炉税。这些地方的农业也无法简单地一概而论。在肯特郡，沿着托马斯·巴斯克维尔的足迹行进，你将穿过大片的樱桃园、梨园和苹果园以及壮观的啤酒花公园。如果你旅行穿越多塞特郡，可能会发现自己被淹没在羊群的海洋中：据说仅在多切斯特6英里范围内就有30万只；1660年，全国范围内的绵羊数量超过1200万只，而且增长迅速。[7] 一些工业也表现出区域性差异。在德文郡和康沃尔郡的许多河流上，你会听到从厂房里传出沉重的锤击声，在那里水轮机驱动着巨锤将锡矿石砸碎，然后进行熔炼。煤炭开采主要集中在伯克郡、什罗普郡以及诺丁汉郡和达勒姆郡等。其他工业则比较分散，例如，羊毛布料的加工处理遍及英格兰各地。同样，在所有地区都能发现林区管理得井然有序：修剪下的灌木用于提供燃料、修建围栏和打造马车。护林员修剪橡树和山毛榉；木材用于建造房屋和船只，树叶用作动物饲料，树枝用作燃料。在大多数郡，成堆的柳树和桤木用泥炭覆盖，慢慢烧制成木炭——用于锻造、酿造和火药制造等乡村工业。虽然单凭直觉，你可能认为制造炸药不可能像修葺茅屋和编制篮子一样被看作是一种乡村工艺，但当你想到，为安全起见，制造火药的场所需要隔离，墙壁要厚实，屋顶不能太重，环境又要潮湿，你可能就会明白为什么这些工厂位于偏远的地区。

为了能够了解英格兰和威尔士当时的农业特点，17世纪统计学家格雷戈里·金用图表形式对1695年做出的预测很有参考价值。据他测算，王国国土总面积的7/13用于农业。当时英格兰和威尔士的面积分别为50350平方英里和8015平方英里，所以，农田面积就是31427平方英里，即2000多万英亩。[8]其中大约一半是耕地，一半是牧场或草地。总面积的1/13（约290万英亩）是人工林场和灌木丛林；另外1/13是森林、公园和公共场所；还有3/13是荒野、沼泽、山地和不毛之地。剩下1/13的四分之一是道路，另外四分之一是水道，其余的一半是已开发的土地：房屋和其他建筑，加上附属的花园、果园和教堂墓地等。任谁看来，乡村都有待进一步开发。但这并不意味着土地未得到充分利用。格雷戈里·金估计75%的人口在乡下和农村生活和工作，这些人口中大约80%从事农业工作。[9]总的来说，1695年英格兰的人口约为506万，这意味着乡村人口密度为每平方英里75人。[10]威尔士人口要少得多，约40万人，包括城镇在内，总的人口密度为每平方英里约50人。鉴于你更习惯于现在的人口密度——英格兰每平方英里1112人和威尔士每平方英里390人，你会觉得那时家家都显得人丁单薄。

当你漫步英格兰乡下时，会注意到很多田地都是"敞开的"，即没有被树篱或栅栏围起来。但其数量正在迅速减少。几百年来，英格兰的村民共同管理着这片土地，将其划分为两块、三块或更多块几百英亩的大块田地，然后再以弗隆①为单位细分成面积更小的条状地块，以便每个自耕农②或佃农都能在每个大块田地中有几块条田。而且，村民在公用田地上具有一定的放牧权，并定期出席庄园法庭来监督整个庄园的管理。以这种方式管理的土地被称为"敞田"。但现在这些大块田地越来越多地被分割，并用树篱、围墙和栅栏彼此隔开。这个过程始于中世纪，当时庄园领主为了养殖产羊毛的羊群，开始把未充分利用的耕地改作牧场，但从1600年开始，这一势头才迅猛发展起来。事实上，17世纪的圈地行为明显多于其他时期：英格兰整个面积的大约四分之一被圈占，在1630年到1680年间，种植树篱和修建围墙的规模史无前例。[11] 到1634年，伯克郡139个教区中只有19个被完全圈占，但到了1700年该郡三分之二的土地仅供其所有者使用。[12] 威尔特郡经历了类似的情形，17世纪初期大部分土地是敞开式的，但到了末期大多数被圈了起来。有些区域一开始就没有敞开式的田地：肯特郡、萨塞克斯郡的部分地区、康沃尔郡和柴郡。在这些地方，唯一未被圈占的地方就是佃农具有放牧权利的公田。1700年，英格兰40个郡中只有11个仍然是以未被圈占的耕地为主。[13] 总之，在整个17世纪，英格兰保留下来的"敞田"比例从大约55%缩减到23%。[14]

你可能会问："那又怎样？"大块田地、小块田地真的有什么不同吗？是的，确实如此。你经常会听到现代人问："为什么现在大部分乡村土地被少数人占据？"部分答案与大规模的圈地息息相关，还有当时"占有"一词的含义。17世纪初，英格兰和威尔士的大部分土地都归贵族和土地乡绅所有，但在土地没有被圈起来之前，他们不能随意支配。他们的佃户具有使用权。"敞田"庄园里几乎每个

---

① furlong，英制长度单位，1/8英里，220码。——译者注
② 也可直译为"约曼农"。——译者注

住户都会有几条耕地。即使他只能耕种一两英亩，但他仍然有权在公田上放牧一定数量的牲畜。在一些地方，他有权使用在休耕土地上放牧的、集体所有的牛，在他的那几条耕地上拉犁。庄园里的男人、女人和儿童都会参与劳动以求获得好收成。他们还有权从灌木林和树林中砍伐木材并采摘水果，或者在大块田地里捕鸟，还能在某些地方的河流中捕鱼。更重要的是，庄园领主不能简单地驱逐他的租户，任意支配土地，因为租户的财产受保护，一般通过公簿持有制协议或租赁契约体现，每份协议可以沿袭到两代或三代。换句话说，没有圈起来的庄园基本上相当于让某一群体可以实现自给自足，庄园领主的"所有权"仅仅意味着他可以从中获得更多的收益和对所产生的争议进行裁决；并不表示他可以随意支配这些。因此，这种从大块田地到小块田地的变化代表了英格兰社会的巨大转变。这意味着土地的控制权从地方的社群转移到土地所有者手中。

那么，为什么会这样呢？

土地所有者经常会告诉你主要原因是效率问题，不只是大块田地，还有公田和草地通过圈地都可以大大提高生产效率。在没有圈地的庄园，有大量畜群的佃户更希望多占牧场，于是那些只有少数牛羊的佃户就会没有足够的牧草。当所有田地都按公田进行管理时，人们不愿种植新的树木。他们很乐意砍伐木材，却不积极进行林木的补种，因为他们明白会有其他人从中得利。因此，以树木夹杂灌木形成的树墙来圈地是件好事。对于可耕种土地来说，随着施肥方法的改进，整块的大块田地不必再每隔一年休耕一次；然而，当大多数佃农一直在他们的小块条田里劳作而且习惯了传统的耕作方式时，改变起来非常困难。最后，必须往返于不同地方耕种自家的条田非常低效；如果它们都在一个地块上，那么耕种起来就省事儿得多。

赞成"敞田"和乡村社群文化的人在捍卫旧的生活方式方面也有不少说辞。耕田种地养活了一大批没有其他生存技能的人。作为庄园的长期佃户，他们的租金很便宜，而且法律上规定不能随意加租。集体耕种对不太富裕的租户有利，他们可以使用像耕牛之类的公共财产。于是，较富裕的佃户在很多细微方面可以帮助相对贫困的佃户。对于"敞田"耕种阻碍创新的观点，村民们指出可以改变一下：他们可以选择让特定的弗隆而不是整块田地休耕；可以引进不同的春季作物或将耕地转化为草地以利于畜牧养殖。[15] 当然，每户所有的条田分散在不同的大地块并非一无是处：在雨水充沛的季节，低洼处的条田可能会被淹没而高处的则排水恰到好处；当雨水较少时，低洼处作物的收成可以弥补高处田地里作物枯萎造成的损失。更重要的是，尽管每隔一年让一大块田地全部休耕可能看起来很低效，但如果在这块地里放牛的话，也算是发挥了作用。最后一点，如果村民完全不参与对土地的管理，那他是什么呢？仅仅就是个体承租人罢了。那么维系忠诚、社群团结和相互尊重的所有纽带都将会变为简单的金钱交易。

这是一场针对英格兰核心利益的斗争。正如你所料，大局已定。显而易见的是，圈地确实比敞田更有效。旧式的集体耕种可能会在一定程度上进行创新，但根本无法与完全个体所有相提并论。为土地施肥的新方法，如种植芜菁和苜蓿来补充土壤的营养（理查德·韦斯顿爵士在17世纪40年代从佛兰德斯引入），或采用"德文郡施肥法"（把植被烧成灰烬并挖坑深埋，最先在德文郡推广）——更方便在圈地上推广，而不适用于大块田地中的个人条田。这些优势最终会全部叠加起来，使耕种更加经济有效，确实想要改良土地的农民愿意为此支付更高的租金。最后且十分重要的一点是，如果土地领主可以圈围土地（通过协议或通过议会法案），他们可能会取消所有那些惯常的租约和廉价租金，代之以市场价格来出租土地。

这意味着利欲熏心的庄园领主应该对英国乡村的转型及其完全所有权负责。然而，与他们中的一些人聊天会让你明白这种判断是片面的。当未被圈围的庄园遭遇歉收或严冬时，只有几英亩土地的小农户可能就无法维持生计。有些农户会放弃耕种自己的土地，而选择干些体力活儿谋生；其他人就离开了庄园。这样，庄园的管家不得不把多出来的条田重新分配给其他佃农。长此以往，随着恶劣天气的延续，土地就集中到少数人手里。不久，留下来的农民希望他们所有的土地都在同一个地方，以便于播种、施肥和收割。于是，规模较大的佃户也慢慢燃起了对圈地的愿望，而不仅仅是庄园领主。当圈地运动最终发生时，土地最少的农民被迫离开土地。贫困农户自己围起来的两三块小型圈地不足以维持其家庭生计——特别是当他不能再无偿使用公用的耕牛、草地、公田、柴草，无权再捕获野生动物、鸟类或鱼类时。地多和地少的农民不再采用相同的耕作方式，地多的农民不再去帮扶地少的，地少的农民最后被迫卖掉田地。典型的例子是，你的庄园最初有六七十个佃农集体劳作，突然间减少为二十几个农民独立耕种，他们再雇用二三十个帮工往返于这些田地之间。其他没有被雇用的人别无选择，只能前往最近的城镇去寻找工作。

改良土地的动力也逐渐从其他方面重塑乡村形象。新圈定的田地边界被设计为笔直的直线；因此，你可以轻松地将它们与中世纪时期古老的树篱区分开，这些树篱从来都不是直的。同样，在中世纪敞田盛行时，人们居住的村庄都是围着中间的一片绿地修建起一组小屋。那时，对于这些地区的农民来说，住在孤零零的农舍中并不常见。现在，随着集体耕种模式的结束，农民的所有田地都集中到一个地块，他们居住在自己土地的中间位置合情合理，因为他们可以照看饲养的动物。因此，在广阔的乡村地带建造了许多新的农舍。通往这些新住宅的道路自然而然修得笔直，从高速公路可直达农家庭院，与在德文郡、康沃尔郡、肯特郡和萨塞克斯郡等地见到的蜿蜒曲折于古老树篱间的道路完全不同。至于村庄里的旧农舍，它们往往被改建成乡村帮工的成排茅舍。

因为不能再使用公用耕牛，农民便开始组建自己的犁马队。这样使用成本更低、更快、更方便，尽管仍然可以不时看到耕牛，但数量在迅速减少。与此同时，英格兰的马匹数量在1660年至1700年期间几乎翻了一番。[16]伦敦人口大规模增加导致对肉类和乳制品的需求持续不断地增长。为了保证出售时新鲜，肉品必须未经屠宰运输，而乳制品也需要快速送达，所以在首都周围的乡村建立起大型的封闭农场。对肉类持续增长的需求，加上大量新增圈地，意味着到17世纪末羊的数量增长到超过1700万只——相当于王国中每个人拥有超过3只羊。[17]在英格兰北部，农民们开始第一次种植土豆。在其他地方，从大约1670年开始，能够看到大面积种植的芜菁，捣碎后作为牛饲料。[18]

乡村在其他方面也发生了戏剧性的变化。如果你冒险进入诺福克郡、剑桥郡和林肯郡的沼泽地，会发现面积约达30万英亩的一大片湿地逐渐被抽干。佩皮斯的数学家朋友拉尔夫·格雷特雷克斯设计了一种发动机，可以将水抽到又深又直的沟渠中。[19]1670年，约翰·伊夫林曾前往大沼泽区（Fens）参观一套风车和水泵。他评价这片开垦的土地特别肥沃，而且沼泽地抽干后也改善了该地区蚊虫肆虐的现象。你会认为这样的成果会受到广泛欢迎，但是，与圈地一样，对一些人来说是进步而对另一些人则恰恰相反。斯罗德斯人对此就持悲观态度。这些生活在水道和沼泽地的人，希望保持他们独立、半水栖的生活方式——割芦苇、钓鱼和捕食。于是，他们破坏水泵、风车和水坝，希望水再次淹没土地。即使在17世纪，也无法做到皆大欢喜。

并非英格兰和威尔士的每个地方都在经历着农业变革。在西南半岛，田地已经被圈起来几百年了。每年，大量的红色德文牛被驱赶着，像"红色的潮水"般沿着深巷前往达特穆尔的夏季牧场。在这一带地区，你会看到很多人所住的房子或小屋都是用泥土或黏土与稻草混合制成土坯后建造而成，有时还会掺上动物的毛发，再用茅草做屋顶。茅草一般只能维持大约30年，之后就需要更换，但在德文郡只有最顶层被换掉，于是一层又一层的茅草铺在用秸秆做成的底层之上。所以，该郡很多屋顶上茅草的厚度和宽度达六英尺高，从屋檐上耷拉下来，让整个房子显得丑陋不堪。在达特穆尔周边，你仍然能见到许多长屋——中世纪花岗岩建筑，长屋的一端饲养家畜，另一端作为农民全家起居之用，人和家畜在同一屋檐下，从同一扇门进出。

英格兰北部偏远地区的景观也没有太大变化。例如，在坎伯兰郡，乡下人仍然住在自己租的房子里，院里养着5头猪和6只鸡。他饲养的其他家畜——也许是10头奶牛和大约50只羊——都安置在小块田里或者"圈养"在农舍附近。秋天，你会看到南下的苏格兰牛群形成的一股"黑色潮水"，在卡莱尔出售并在低地越冬，来年再被转售给更往南的牧场主，或被宰杀并腌制后在船舶商店出售。燕麦和大麦（bigg，一种粗壮的大麦）是这里种植的主要作物，主要是因为它们耐寒。这里的房子很多是单层的"黏土箱子"，以曲木为框架，周围用黏土、稻草混合制成的土坯修建而成，以茅草做屋顶。有时候，整个社群的人聚在一起一天就能为一对新婚夫妇修建这样一间房子。[20] 其他房屋是单层石头建筑，屋顶用石板覆盖，冬天寒风肆意拍打在上面。这些房子原来的名字叫作"农家城堡"——做了加固的农舍，为了抵御苏格兰入侵者，他们前不久还南下掠夺过牛群。在高地上，你偶尔会见到石头搭建的棚子，农民驱赶畜群长途跋涉时可以临时歇脚，或者牛仔照顾放牧的牲畜时居住。1698年，西莉亚·法因斯前往卡莱尔时，途经坎伯兰郡并这样描述那里的房子：

> 这些可怜的小屋都用清水墙搭建而成，只是把石头堆砌在一起，用同样的石板做屋顶。很少有烟囱或根本就没有烟道，里外都没有涂抹灰泥。乍一看以为它们是专门用来喂养牲畜的

房子或畜牲棚，不会想到是用来居住的。它们很分散，这里一处，那里一处……住在里面一定非常寒冷，这也表明这里的人有些懒惰。[21]

我猜这里的居民对最后那句评语会有自己的看法。

城镇、自治市镇和城市

前文曾提到，格雷戈里·金估算英格兰和威尔士75%的人口居住在农村和乡下。这个数字值得推敲一下，因为路过他描述为城镇的一些定居点时，你可能会认为它们更像是乡村。有些地方的居民只有400人，住在大约80间房子里。究其原因，将定居点称为城镇的理由不在于其规模大小，而是要有集市。同样，城市不一定就是繁华的地方。如果它有大教堂就可以称为城市，不管它有3万居民，如诺威奇，或3000人，如伊利，抑或只有几百人的威尔士城市圣大卫。1693年英格兰城镇总数为614个（包括22个城市），威尔士为66个（包括4个城市）。[22] 提到"自治市镇"，可能是以下几种情况之一：由市长和市政议员管理的市镇，当地有一人（或两人）在威斯敏斯特担任议员，传统上就称为"自治市镇"的定居点。英格兰共有202个议会自治市镇，威尔士有13个。[23] 请注意，并非所有议会自治市镇都是城镇。有些聚居形式有所不同，是从中世纪保留下来的，没有多少居民。老塞勒姆遗址（Old Sarum）根本没有人住——在现代人看来是"只剩下一些断壁残垣的废墟"——但仍然占有两个国会议员席位。[24] 敦威治也选派两名国会议员，但这一曾经繁忙的港口在1677年时集市已经变成了一片汪洋。

关于较大的城镇，1670年，英格兰约有68万人（占当时总人口的13.6%）居住的城镇规模在5000人以上。这意味着超过86%的人口生活在你（不是格雷戈里·金）认为是乡村的地区。到 1700 年，这一数字仅略有下降，为 83%。按照这一标准，威尔士在整个复辟时期都是百分百的"乡村"：没有规模达到 5000 人的城镇。最大的聚居区雷克瑟姆，1700 年只有大约 3500 居民。[25]

英格兰人口规模 5000 以上的城镇[26]

城镇（1670）	人口数量	城镇（1700）	人口数量
伦敦	475000	伦敦	575000
诺威奇	20000	诺威奇	30000
布里斯托尔	20000	布里斯托尔	21000
约克	12000	纽卡斯尔	16000
纽卡斯尔	12000	埃克塞特	14000
科尔切斯特	9000	约克	12000
埃克塞特	9000	大雅茅斯	10000
切斯特	8000	伯明翰	8000—9000
伊普斯维奇	8000	切斯特	8000—9000
大雅茅斯	8000	科尔切斯特	8000—9000
普利茅斯	8000	伊普斯维奇	8000—9000
沃切斯特	8000	曼彻斯特	8000—9000
考文垂	7000	普利茅斯	8000—9000
金斯林	7000	沃切斯特	8000—9000
曼彻斯特	6000	贝里圣埃德蒙兹	5000—7000
坎特伯雷	6000	剑桥	5000—7000
利兹	6000	坎特伯雷	5000—7000
伯明翰	6000	查塔姆	5000—7000
剑桥	6000	考文垂	5000—7000
赫尔河畔金斯顿	6000	格洛斯特	5000—7000
索尔兹伯里	6000	赫尔河畔金斯顿	5000—7000
贝里圣埃德蒙兹	5000	金斯林	5000—7000
莱斯特	5000	利兹	5000—7000
牛津	5000	莱斯特	5000—7000
施鲁斯伯里	5000	利物浦	5000—7000
格洛斯特	5000	诺丁汉	5000—7000
		牛津	5000—7000

续表

城镇（1670）	人口数量	城镇（1700）	人口数量
		朴茨茅斯	5000—7000
		索尔兹伯里	5000—7000
		施鲁斯伯里	5000—7000
		桑德兰	5000—7000
		蒂弗顿	5000—7000
城市总人口	678000	城市总人口	850000
英格兰总人口	4980000	英格兰总人口	5060000
伦敦人口占比	9.5%	伦敦人口占比	11.4%
其他城市人口占比	4.1%	其他城市人口占比	5.4%
总的城市人口占比	13.6%	总的城市人口占比	16.8%

徜徉在大都市的街道上，很多事情会让你想起首都。以埃克塞特为例。像伦敦一样，它是一个内河港口且发展迅速，但没有因面包师的失误而被烧毁，所以更像旧时的伦敦城中心地带，而非首都新的贵族广场。它有一座中世纪的桥梁和一座中世纪城堡，古老教堂上的两座尖塔高高耸起，俯瞰其他所有建筑，包括城市的中世纪市政厅。城市的大街小巷都不宽阔，沿着小山进入城市中心，会看到大多数街巷仍然有中央排水沟，而且是鹅卵石路面，未经铺砌。厚厚的石墙高约 13 英尺，环绕着城市的大部分地区，五个坚固的石门仍然可以起到保护进出通道的作用。小胡同泥泞、狭窄、昏暗，两侧老房子的骑楼会从上方遮挡巷道。这里的胡同有些甚至比伦敦的还要狭窄和昏暗，因为它们修建于中世纪，那时德文郡内部的交通运输更多是使用驮马而不是马车，所以人们在规划较为窄小的道路时很少会考虑是否适合轮式交通工具通行。像许多其他城镇和城市一样，埃克塞特的私人住宅主要都是中世纪和都铎王朝时期的木制框架结构：在城中游览时，你会注意到很多凸木和横梁上面雕刻有图形装饰——可能是摩尔人的头部、狮鹫或独角兽等。[27] 城中有一个交易市场，在那里可以找到销售优质商品的店铺。还有专门为商人提供的第二个交易市场，设在大教堂回廊的废墟中，布料贸易

商和生产商每天都会在这里交易两次，就像在伦敦的情形一样。[28]市场依然设在城镇的中心，所以你会闻到街上屠宰动物的血腥味儿和渗入地窖的污水臭味儿，还能听到街上小贩的叫卖声，看到人们排队等着从南街最高处的供水管道取水，这种情景类似于伦敦康希尔的斯坦达德（Standard）。

当然，埃克塞特还保留着老式旅馆：从南街著名的熊旅馆（Bear Inn）到郊外只有一两张备用床的不起眼的小客栈，算起来大概有几十家。1669年，当大公柯西莫三世来到埃克塞特时，他的全体随行人员都住在镇上最好的新新客栈（New Inn），位于高街，有40间客房，这家旅馆从大约1445年建成以来一直被称为"新新客栈"。在那里，他亲切接见了郡里的贵族，洛伦佐·马加洛蒂记载了他对埃克塞特的印象。他将这里描述为"一座小城"（尽管埃克塞特是王国中第七大城市）。他详细记录了载重300吨的轮船可以航行到托普瑟姆，这是附近的一个小镇，商人从此地用驳船把货物经运河送往埃克塞特码头。羊毛布料（像粗呢和哔叽等）的贸易范围之广给他的印象尤为深刻，它们被送往全世界——西印度群岛、西班牙、法国、荷兰、意大利和中东地区。至于公共建筑，他对大教堂、主教宫殿、古城墙和旧城堡赞赏有加。[29]但他没提及任何其他建筑。毫无疑问，对他而言这里最富有吸引力之处在于："一条又宽又直的大街几乎从正中间将城市一分为二，街上到处是高档商店，这里是最好最繁华的地段。"[30]在埃克塞特，和伦敦一样，马加洛蒂的真正兴趣在于购物。

所有这一切都会让你想起大火前的伦敦旧城的中心地带。但是当你环顾四周，会发现变化在悄然发生。古老的大教堂院落被赋予了新的、时尚的功能，类似于伦敦圣詹姆斯公园的步道。"大教堂广场的夏季步道美不胜收，掩映在树荫下，树木排列成行，就像在荷兰经常看到的一样。"马加洛蒂写道。[31]如果你从南门出城后向东望去，会看到一条条街道上尽是正在修建的精美房屋。紧邻你右侧的三栋建筑是富有的商人刚刚建成的,住宅两层,最上面的一层是阁楼;临街的山墙两端以古建筑风格呈现,方形的木制框架结构,并用板条和石膏填充。但它们比都铎式建筑风格的房屋更宽阔,有高大的砖砌烟囱,而且前缘是平的,不会延伸到街道上。这些都是新增房屋的典型风格,为适应城市不断增长的人口而建。随处可见精美的砖砌建筑,看上去与众不同,新颖别致,且舒适度高。马格达伦路上有一个完美的例子:一座三层高的豪宅,1659 年为托马斯·马修修建。[32] 最初,该建筑所用的砖块是作为荷兰商船的压舱物进口来的。直到 17 世纪 90 年代,在城东的圣西德维尔教区开设了新砖厂后,才修建了更多砖砌房屋。1698 年西莉亚·法因斯到此游览时,这一切给她留下了美好的印象:"埃克塞特是一座修建得非常精致的小镇:井井有条的贵族式街道,大量贸易有序进行。"[33]

埃克塞特的面积只有伦敦的 2%。虽然有很多与首都相同的特征,但它也有诸多不便之处。

它没有皇家宫殿,很少有贵族成员在此居住。因此,它的繁荣很大程度上依赖于其经济活力而非显赫的社会地位——即使托斯卡纳大公一直留在新新客栈。西莉亚·法因斯游览埃克塞特时,对哗叽的很多细节进行了深入研究,描述了当时将羊毛用驮马带入城镇的送货队伍是怎样"沿着公路密密麻麻"的壮观景象,以及羊毛如何被送到漂洗工厂。她以赞许的口气提到用驳船运送货物途经的水道正在进行升级,以便海船可以直接抵达城市。她描写了码头最近如何扩建,可接受额外的业务,并且用红砖修建起美观的新海关大楼,其底层可以用来卸货。"哗叽是主要产品,"她写道,"诺威奇主要生产聚酯、白棉布和锦缎,埃克塞特主要生产哗叽——生产和销售数量非常惊人……"[34] 17 世纪的人们对城镇的看法也与我们不同,就像他们对乡村的看法一样。

并非所有老城镇都会经历同等的机遇。虽然少数(像诺威奇)的增长率甚至高过伦敦,但很多城镇的发展一直处于停滞状态。它们的规模往往受制于当地的风俗习惯和约束性贸易规定,比如禁止所有"外来"商人。实际上,有些地方看起来似乎一成不变。托马斯·巴斯克维尔游览到莱斯特时,评论道,

> 这现在是一座散发着恶臭的古城,坐落在一条毫无生机的河上,大部分居民都是技工(即精纺精梳工人和服装商),打扫和清理街道是为了应付第二天早晨管理人员的检查,街上臭水坑里的水在清扫时被搅动,我经过所有街道时都几欲作呕。[35]

另一方面,曼彻斯特在纺织行业的实力正在快速增强。伯明翰则因其金属加工业而强劲增长。同期发展迅速的其他大城市还包括:查塔姆,以造船厂为依托;利物浦和朴茨茅斯,依靠大西洋转口贸易;桑德兰,借助其港口发展盐业加工、染料生产和玻璃铸造;蒂弗顿,靠蓬勃发展的羊毛贸易;诺丁汉,得益于羊毛贸易和针织类产品。在另一个受益于繁荣的大西洋贸易的普利茅斯港口,马加洛蒂指出,很多男性受雇于铅和锡的出口工作,因此平时"只能看到妇女和儿童——因为男人们都在海上"。[36]这些城镇作为典型的例子向你展现了一幅工业上的喧嚣画面,此时全国各地因经济发展都面临着挑战和机遇。

除了这些规模在5000人及以上的大城镇外,英格兰还有大约50个2000居民的城镇;威尔士只有雷克瑟姆、布雷肯、卡马森、哈弗福德韦斯特和斯旺西可以归入此类。[37]这些城镇也正面临着一系列的机遇。其中很多城镇还在沿袭着老市镇的发展模式。林肯市的人口从大约3500人稳步增长到4500人,居民数量因贸易种类繁多而迅速增加。[38]卡莱尔,一座位于英格兰与苏格兰边界处的小城,约有3000人口,因两个王国停战而获益巨大,几个世纪以来所遭受的持续围困显然已告一段落(后来在1745年仍会遭到围困,但不要提前告诉他们)。在阿比大街新增了一些漂亮的砖石结构建筑,

包括1689年修建的图利别墅,为未来的卡莱尔主持牧师而建。当西莉亚·法因斯九年后到此地游览时,她提到了一些"典雅"的建筑,如大臣的宅邸"由石头建成,非常宏伟,正面五扇窗的窗框装饰精美"。[39] 在这段和平时期,像什罗普郡的拉德洛这样的小镇发展得则逊色一些。它只是刚刚从1646年开始的长期围困中恢复。冲突之前,其人口为2600人;到1660年降至1600人。透过摇摇欲坠的城墙断壁,在老式木制结构建筑之间,你会看到一个繁荣的集市,但几乎没有城市扩建的迹象。到1700年,这个城镇仍然只有2200位居民。[40]

如果你想参观这个时期最能代表经济活力的城市,需要去参观西海岸的新港口。康沃尔郡的史密斯威克非常有代表性。17世纪初,这里除了属于基利格鲁家族的庄园别墅和潘登尼斯城堡(亨利八世修建的沿海防御工事)之外一无所有。基利格鲁随后开始修建港口,并将其命名为法尔茅斯。1660年,彼得·基利格鲁爵士获得了在法尔茅斯开设集市的授权,还修建了一座监狱和两家旅馆。四年后,这里有了200多所房屋。17世纪70年代,基利格鲁修建了海关大厦码头。此后,随着不列颠海外利益日益增多,港口吞吐量增加,这里的经济增长非常迅速。从1688年开始,法尔茅斯被认为是开往印度、西印度群岛和美洲等不列颠海外领土的官方货船发货点。到1700年,这里共有350座房屋,人口接近1500人。[41]

更令人印象深刻的是位于坎伯兰郡的一个叫作怀特黑文的小渔村,与西莉亚·法因斯描绘的"可怜的小屋"相距不远。当洛瑟家族1631年买下它时,这里只有九间茅草屋。然而,从那一刻开始,洛瑟家族之于怀特黑文就像基利格鲁家族之于法尔茅斯一样。克里斯托弗·洛瑟爵士修建了港口,把当地开采的煤出口到爱尔兰,他的儿子约翰爵士在1660年获得了在那里开设集市的授权。约翰爵士规划的定居点道路笔直,呈网格状分布;他修建了一座教堂和其他公共建筑,并在很多方面为北部工业建设工厂小镇提供了样板。

1685 年，这里的人口约 1000 人；1700 年大约为 3000 人——短短 15 年间有了巨大的增长。[42]

如果你善于统计，便可以从以上数字计算出英格兰和威尔士的绝大多数城镇——大约有 650 个——居民少于 2000 人。事实上，如果排除人口为 5000 人及以上的城镇，1700 年所有其他城镇的平均人口规模只有 810 人，或约 200 个家庭——按现代来看，勉强算是一个村。[43] 然而这些城镇都有自己的公共建筑、服务设施和商品集散地。每个地方都以市场为核心。威廉·谢林科斯在他对布伦特福德的描述中巧妙地表达了这层意思。"因为是星期二，当地通常的集市日，大量的商品被运到市场上，很多来自邻近村庄的人们兜售他们的商品或补充供货。"[44] 尽管马加洛蒂可能会说阿克明斯特"除教堂之外毫无可取之处"，西莉亚·法因斯骑行经过里士满（一个约有 1400 人的小镇）时可能说它看起来像一个"悲惨的、支离破碎的小镇，到处是腐烂的残枝落叶，就像一个被遗弃的地方"，但是，不得不承认，这种定居点是国家基础设施的重要组成部分。[45]

以莫顿汉普斯特德为例，我正在此地编写本书。该镇坐落在德文郡达特穆尔的边缘，17 世纪 60 年代时城镇人口约 700 人，另有 1000 人居住在教区周边零星分布的山地农场里。整个荒野没有一条正规的公路，只有一条铁轨；然而，在这个小镇，你能看到集市场所、集市十字形建筑、城镇教堂，从 1672 年开始，还能看到长老会教堂。主要的市场交易在星期六进行，该镇周围的不同地方还有分散的市场，包括卖肉的屠宰场、黄油市场、苹果市场和玉米市场。每年有两次贩卖家畜的定期集市，一次定在 7 月，另一次在 11 月。在圣灵降临周之前的星期六，还会举办另一次规模浩大的家畜交易集市。在我写作地点马路对面的教堂里，一名男教师在教当地的男孩们读书、写字。附近是小镇的铁匠（从这里我就能听到他的锤子敲击铁砧的叮当声）。距离教堂不远处是一座救济院，建于 1637 年，可以为 16 个穷人提供住宿。从 1662 年开始，镇里有了一位常驻的执业医生；到 1700 年，有了两位常驻医务人员，都是有执照的外科医生。有了几家小酒馆供应食物和饮料，一家新建的旅馆为游客提供住宿。由于地势陡峭、道路坑洼不平，轮式交通工具从没有到过这里——货物都是用驮马运上来的——正因为如此，这个小镇对于这片广阔地区的人们来说更为重要，因为这里成为当地出售产品和获得供给的中心。于是，每当集市日，乡下人从七英里外赶到这里，这意味着这座小镇除了自有人口之外，还能接纳来自这一区域的大约 7000 人。[46]

最后，所有城镇都同样面临着一件事，以 F 字母开头的灾难。火灾不只侵袭过伦敦。1659 年 4 月 25 日，整个索思沃尔德几乎被烧成平地，至少 238 所住宅受灾，另外还包括市政厅、集市用房、监狱、粮仓和仓库等。1688 年 3 月 1 日邦吉一场大火过后，200 间房屋被毁，只有市政厅和菲利斯客栈完好无损。1683 年 3 月 22 日，纽马克特镇一半被烧毁。除此之外，还有 1665 年的罗温顿（肯特郡），1681 年爱丁堡附近的普雷斯顿菲尔德，1687 年滕布里奇威尔斯（后来被称为潘蒂莱）的步行街，1689 年的圣艾夫斯（亨廷顿郡），1689 年莫珀斯的 30 间房屋，1690 年比尔斯韦尔斯的大半个城镇。无论你身在何处，都随处可见火灾构成的威胁。人们就是不肯吸取教训。每年的 9 月尤其危险。1675 年 9 月 20 日，北安普敦的大火烧毁了 700 间房屋——超过了该镇房屋总数的四分之三。1681 年 9 月 12 日，威尔士的普雷斯廷镇 72 间房屋消失。1694 年 9 月 5 日，沃里克的 150 间房屋化为灰烬。如果你 9 月去旅行，应该把这些日期牢记在心。掌握一些关于如何在住所自救的知识，如果遇到危险情况可能会派上用场。托马斯·巴斯克维尔在火灾后的几周里游览北安普敦时，他记录道：

> 在大致算是小镇正中的地方，我发现一所房子孤零零地矗立在那里，周围相当一段距离内的所有其他房屋都被烧毁，而

这所房子仅仅在上面几层散落着一些车床和石膏工件。这是一家小旅店,用一位鞋匠临终遗言做成了标牌:"我在整个镇上寻找好啤酒,终于在这里找到了。"我对这里能得以保存感到奇怪,于是下车去向旅店老板探究小旅馆用了什么有效的方法才得以幸免。[他]告诉我,在一些朋友的帮助下,将几大桶啤酒从地窖里吊上来,对冷却房屋里热得发烫的地方非常有效,从而最终保住了旅店。[47]

这确实是不列颠消防史上最伟大的事件之一。镇上的其他地方已经一片火海(大概也包括其中一些人自己的家),这些酒鬼不仅不肯放弃他们的城镇,还勇敢地用啤酒与大火战斗——竟然还赢得了胜利。

苏格兰

苏格兰的地形有别于英格兰或威尔士。除了苏格兰高地比边境南部的所有地区明显多山之外,人口规模也要小得多——约120万人——因此更加分散。[48]包括岛屿在内,苏格兰的面积为30420平方英里,人口密度仅为每平方英里41人。这只是略低于威尔士。然而,与威尔士不同,苏格兰有几个超过5000人的大城镇。大多数人口居住在这个王国的中央腰部位置(格拉斯哥、爱丁堡以及它们之间的地区)或东海岸的港口。凭借这些大型定居点和占主导地位的首都——爱丁堡,苏格兰更像英格兰而不像威尔士。

让大多数人铭记在心的是苏格兰的原始生态环境,特别是高地由绵延数英里无人居住的沼泽、荒地和山脉组成。即使在低地圈围的土地也相对较少,因为建造围栏的木材稀缺。原生态的自然环境适合很多当地动物的生存。一些地方仍能见到野猫。如果运气好,你也许会瞧见一头濒临灭绝的不列颠狼,最近一次拍摄到它们的踪影是在1690年。[49]然而,你不必惊讶,并不是每个人都认为遇到野生动物是件好事儿。事实上，大多数人只有在有机会杀死它时才会觉得这是一件幸事。

"贫瘠"和"野蛮"是描绘苏格兰最常用的两个形容词。这些年里没有哪个国王到访过他们的北方王国。很少有英格兰人去那里。1682年，佩皮斯在约克公爵的陪同下坐船到达爱丁堡，并游历了斯特林、林利斯戈和格拉斯哥，尽管他称赞格拉斯哥"美景和贸易都卓尔不凡，远胜于在苏格兰曾看到的任何〔其他〕地方"，他补充道，"每个苏格兰人（男人和女人）骨子里都对人抱有恶意，即便他们摆出最好的姿态都令人生厌，这种恶俗如此普遍，连那些最有教养的人都无法避免。"[50]另一位英国有名望的旅行家所描述的苏格兰平民的房屋"土墙破旧不堪，只有屋顶的茅草勉强能看；然而，这些穷困的人对自己茅草屋的惨状却视而不见"。[51]1698年，在上帝庇佑下，西莉亚·法因斯跨过了边境，但进入苏格兰后只走了几英里就震惊不已，食物难以下咽，当地妇女衣不蔽体（或赤身裸体），房屋处于原始状态，于是她转身以最快地速度逃回英格兰。[52]

苏格兰在很多方面都还未摆脱中世纪的状态。在现代人眼中当时的苏格兰几乎没有开化的迹象，许多地方都能让我们联想到那种天然的污秽之地。高地仍然零星分布着领主城堡或皮尔塔，因为16世纪的苏格兰国王在镇压贵族的私人武装方面远不如英格兰国王成功。66个城镇或皇家伯格[①]仍然由那里的教堂和收费管理处控制——后者是当地的行政和司法中心，在那里收取通行费、召开议会及开庭审理案件。1689年废止主教统治之前，苏格兰仍有14座中世纪教堂。其中大多数都是规模相对很小的建筑，位于居民不足1000人的伯格，就像在中世纪时一样；只有三个（格拉斯哥、爱丁堡和阿伯丁）位于大的定居点。[53]大多数乡下人居住在"屯子"（touns）里：一起在地里劳作的四到十个家庭组成的聚居区。[54]这些屯子里的居

---

① 伯格是享有特权的自治市或城市中的自治区域。——译者注

民按照一种称为"朗瑞格"(runrig)的农业模式来耕作——定期将屯子的"内场"耕地按条块分配给佃农,共同使用远离屯子的"外场"来放牧畜群或种植耐寒作物,如燕麦。这些屯子还有公共的放牧场地和夏季牧场上的牲畜圈棚。在海岸和咸水湖附近,人们用捕鱼来贴补农事。

经济上开始有了一些创新的迹象。在苏格兰的南部和西南部,一些屯子专门饲养羊。[55] 因专业化造成的人员过剩使农民从自给农业转向商业,促进城镇或"伯格"经济发展,这也导致大量的人口迁移越发频繁。人们驱赶畜群从高地到低地出售,或者反方向运送粮食。年轻的男男女女从乡村进入伯格,寻找机会当学徒和仆人。

正是这些大型定居点,尤其港口,表现出的经济增长活力最为强劲。格拉斯哥在过去的 400 年一直稳步增长,到 1700 年,其人口数量已达到 15000 人,成为边境以北第二大城市。[56] 1668 年,城镇议会购买了纽瓦克的土地,以便修建深水港来促进贸易,将其命名为格拉斯哥港。尽管这样产生的效益缓慢,但与大西洋贸易的增长叠加起来,为格拉斯哥未来两个世纪的惊人增长埋下了种子。在东海岸,最大的港口群——珀斯、丹地、阿伯丁和利斯(爱丁堡的属地)——长期以来一直因为它们出口的鲑鱼、煤炭、亚麻、食盐、牛肉、羊毛、粗布和皮革等而获得欧洲大陆的认可。[57] 现在它们也开始进口奢侈品,像来自英格兰的精美布料和来自波尔多的葡萄酒。由于王国的繁荣,1691 年至少 6.6% 的苏格兰人口居住在 5000人以上的城镇——相比来看,英格兰(伦敦除外)只有 5.4%。[58]虽然苏格兰似乎绝大多数地区是贫瘠的荒野,但总体来说,在城镇化方面它与英格兰不相上下。

苏格兰城镇中最值得骄傲的是爱丁堡。1700 年其人口(包括利斯)就达到了 40000 以上,轻松成为大不列颠的第二大城市。它的增长一定程度上因为它是一个王国的都城,而非是地区的首府,尽管皇权统治在几乎整个 16 世纪只能覆盖到零星领土。事实上,自

1542 年以来的大部分时间里，苏格兰土地根本就没有国王进行统治，这凸显了爱丁堡的重要性，因为苏格兰政府官员无需再像中世纪时那样跟随着国王在其统治范围内巡查和游历。摄政者、议员、大臣及其家庭都扎根在爱丁堡。因此，苏格兰贵族在城里为自己修建了坚固的石头房屋。商人们也开始以崭新、更加引人注目的房子来展示他们不断增长的财富。例如，格拉德斯通祖屋由一个商人重建之后，改成前脸平齐的六层联排别墅，底层有连廊相连合为一家商店，比伊尼戈·琼斯为考文特花园设计的连廊还早 20 年。商人们为他们的贸易公司修建了引人注目的、崭新的大厅，如牛门（Cowgate）的裁缝大厅。这座城市里所有重建的建筑中最富有代表性的无疑是建于 17 世纪 30 年代的议会大厅，苏格兰议会在此召开会议。

1660 年苏格兰人热烈庆祝恢复帝制后，爱丁堡进一步成为全国关注的中心。最高兴的不只是贵族和商人，还有新崛起的专业人士或"有能力的人"。爱丁堡皇家内科医师学会成立于 1681 年，同年建立了律师档案库。到 1690 年，爱丁堡有 200 多名律师，33 名内科医生和 24 名外科医生。[59] 希里奥特医院 1659 年开业，位于一座华丽的塔楼内，与城中大多数贵族房屋不规则的砖石建筑形成鲜明对比。在苏格兰国王的教父罗伯特·迈伦的监管下，涌现出一批高贵典雅的建筑，其中最主要的是位于市中心的迈伦广场和位于皇家麦尔大道上的迈伦法院。荷里路德宫，苏格兰国王的宫殿，由迈伦和威廉·布鲁斯爵士于 1671 年沿着帕拉第奥大道进行了改建。1675 年铺设了从科米斯顿泉到城里的供水管线，井口和水池是由迈伦和布鲁斯设计的。苏格兰银行创建于 1695 年，为苏格兰企业提供贷款。1685 年，成立了古老的詹姆斯国王学院，也就是后来我们所熟知的爱丁堡大学的前身。[60]

渐渐地，爱丁堡自身演变为最不同寻常的存在：一个没有国家元首居住的首都城市。

漫步在这座城市的街道上，有两点会让你记忆深刻：当地的恶臭和建筑物的高度。关于第一个，城市法规中明令禁止礼拜日不能堆放、收集垃圾和粪便。这没有什么不好——只是你仍会在其他六天里看到清道夫推着他们的手推车穿过街道。于是，你会发现一桶桶腐烂的鱼头和骨头、肉皮和内脏、血腥的亚麻、尿液和粪便放在街上等待收集。夏季的几个月问题尤为严重，因为高温加速了桶内东西的腐烂，而且城市周边的溪流干涸，无法用水清洗这些垃圾。一位来自柴郡的游客记录了对爱丁堡的印象："这里的人邋遢和肮脏得无以比拟⋯⋯他们的房间、大厅和厨房都有一股令人生厌的味道，而且气味儿非常强烈，每当进入他们的房屋都会感到刺鼻难闻。"[61] 另一位游客回忆道，"这种气味让人难以忍受，我们在街道穿行时不得不捂住自己的鼻子。"相比之下，格拉斯哥闻起来有玫瑰一样甜香的味道。"因为视觉上的愉悦，空气的甜香，城中花园和果园的赏心悦目，所以它超越了所有其他地方。"一位游客在1669年写道，印证了几年之后塞缪尔·佩皮斯类似的评价。

　　关于建筑物，城中大多数房屋高六七层。有些是11层、12层或13层。其他类似于公寓大厦巨大的绝壁平面，中间的楼梯塔楼突出到街道上。你能看到议会广场周围最高的建筑物。如果你更熟悉伦敦新建的四层住宅，那么比较起来，这些建筑看起来就像摩天大楼。事实上，爬上十几层楼梯去拜访住在大厦顶部的人，你可能会感到有点紧张。毕竟，没有火灾逃生装置。一旦出现最坏的情况怎么办？

　　1700年2月3日，星期六，大约晚上10点，最糟糕的事情真的发生了。紧挨着议会城围后面的一处小庭院周边的建筑物发生了火灾。这些建筑高15层，普遍被认为是爱丁堡最高的建筑；里面住的大多是律师。邓肯·福布斯在写给他哥哥的一封信中提到了那场大火：

　　　　它一直持续到当天的11点，是我见到过最猛烈的大火，虽然我曾看到过伦敦被大火吞噬的场景。最简单估算，300 到 400 个家庭［房屋］被烧毁；爱丁堡所有值得骄傲的建筑消失殆尽；从牛门到高街全被烧毁，几乎连两块堆砌在一起的石头都找不到。除了很多贫穷和富裕的家庭外，专员、议会主席、会议法院院长、银行行长、大多数上议院议员、律师和文员［的房屋］都被付之一炬……几乎没有人员丧生，即使有的话，他们也没人有勇气或能力从这场大火中挽救这些建筑，水箱中连一滴水都没有。一万人清理着从天而降的垃圾，但毫无头绪，真正专业的人员连 20 人都不到。这些高达 10 到 14 层的巴别塔轰然倒地的情景震骇人心……交易市场、议会城围下面的金库和煤窖仍在燃烧。这场灾难发生的情景，无需多言，也许是上帝迁怒于我们，我看不到代祷者。[62]

福布斯有一点说的不准确。爱丁堡的骄傲没有"消失"。事实上，就像伦敦一样，它的辉煌才刚刚开始。这座城市为未来一个世纪苏格兰启蒙运动提供了源源不断的动力。此外，从灰烬中还得到了一个意外的收获。1703 年，爱丁堡热衷慈善的人士创建了一家"灭火公司"——由此他们建立了不列颠第一支市政消防队。[63]

第三章
社会阶层

1695年，格雷戈里·金试图计算王国未来的人口规模。这一想法非常前卫：在过去，人们不会相信这种事情还可以预测；他们认为自己完全按照上帝的旨意行事。然而，金仔细分析了过去的数据并得出结论，英格兰和威尔士的人口将从他所处时代的550万人增加到1800年的642万人，1900年的735万人和2000年的828万人。[1]他进一步预测说，到2300年，人口将达到1100万的上限；它不会超越这个界限，原因很简单，因为王国没有足够的土地来养活更多的人。这是一个精彩的分析：观察敏锐，论据充足，并进行了充分论证。唯一的不足就是数据完全错误。人口在1820年就会达到1100万，而不是2300年。在撰写本书时，人口几乎是金所说的绝对最大值的五倍。

那个时代最好的统计学家怎么会犯这样的错误呢？

不言而喻，金未能考虑到未来200年农业发展带来的结果。他也不可能预见到机械化产生的影响。因此，他无法设想到人类最终将如何克服人口增长的因素。然而，他也确实考虑到了多个制约因素。他知道出生率约为1/28，而自然死亡率为1/32，因此每年英格兰出生的人会增加2万人。与此同时，他计算出疾病和饥荒平均每年夺走4000人的生命。另外，每年有3500人在不列颠的战争中丧生，而由于工作危险会导致2500名海员遇难。至于美洲和西印度群岛的种植园，每年会有1000名英国人死亡，不包括奴隶的伤亡人数。所有这些负面因素加起来，人口增长平均每年远远低于

2万人。

如你所见，金的错误不仅仅是因为他没有预见到未来的创新，还有一个原因就是他假设所有这些限制因素持续不变。事后看来，我们知道不是这样，但在1695年，这种乐观的态度根本毫无理由。在过去的45年里，英格兰人口一直在下降。在1650年，人口达到523万。到1660年，减少到514万；十年后，又降至498万。此后，降幅减少，在1680年降到493万的低点后，一直保持在这一水平，直到1690年。[2] 仅在17世纪的最后十年，它才振作起来，恢复到506万。但是17世纪90年代的英格兰并不能代表整个欧洲——甚至无法代表整个英国。在1696年至1699年，北欧的大部分地区都遭受了饥荒，使人口锐减。苏格兰在1695年拥有约120万人口，其中十分之一在17世纪的最后四年中死亡或移居（许多人前往波兰）。[3] 法国同样失去了十分之一的人口——约200万人。虽然英格兰和威尔士没有遭受同样的重创，但格雷戈里·金估计人口将会有所增加确实风险太大。

1680年当你走在街上时，你会发现与我们自己的时代相比，这里有更多的年轻人。15岁以下的儿童占人口的30%（而现代世界为17.6%）。至于老年人，不到10%的人口年龄在60岁或以上（在现代世界，这一比例为23%）。具有讽刺意味的是，在一个儿童死亡率非常高的社会中，儿童在总人口中占比却很高。他们根本没有机会长大。婴儿死亡率高于21%；在现代世界中，只有0.4%的儿童在出生后的第一年死亡。如果把1岁到14岁之间死亡的儿童加起来，得到的统计数字会让你胆战心寒：在英格兰出生的所有孩子中有37%没有活到15岁。[4]

因此，复辟时期的英国已婚妇女必须生育四次以上才能使人口处于稳定。[5] 这一要求确实有点儿过分，特别是有些女性结婚相对较晚。虽然法律规定，女性12岁、男性14岁就可以结婚，但这种情况并不多见。查理二世在他的两个私生子14岁时为他们娶了12岁的女孩。[6] 约翰·伊夫林的妻子玛丽，结婚时12岁，比她的丈夫小14

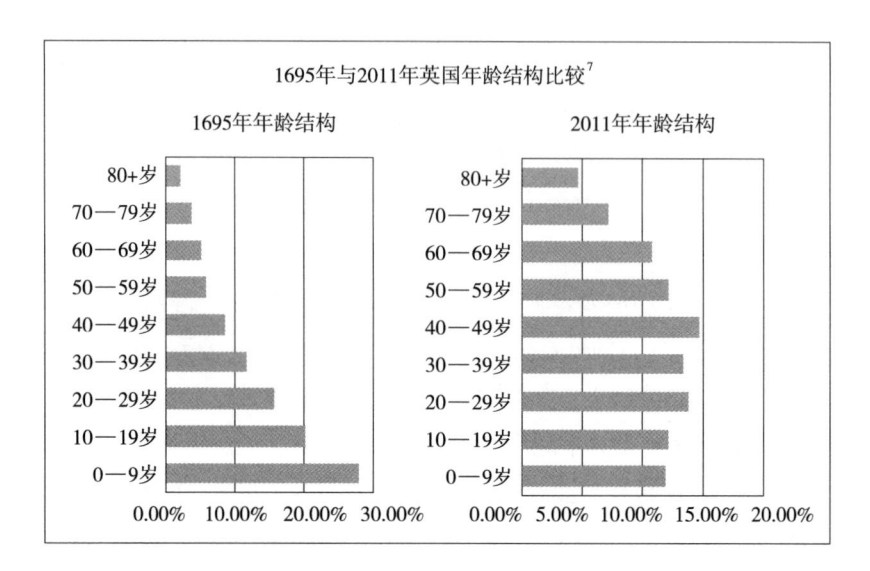

1695年与2011年英国年龄结构比较[7]

年龄段	1695年年龄结构	2011年年龄结构
80+岁		
70—79岁		
60—69岁		
50—59岁		
40—49岁		
30—39岁		
20—29岁		
10—19岁		
0—9岁		

岁；塞缪尔·佩皮斯的妻子伊丽莎白在1655年与这位22岁的未来日记作家结婚时还未满15岁；但这些都是特例。绝大多数女性直到20多岁时才结婚：女性的平均年龄为24岁，男性为28岁。然而，尽管结婚很晚，但许多妇女勇挑扩大人口规模的重担，有些妇女生育了十个或更多孩子。爱丽丝·乔治，在牛津做女仆，30岁才结婚，但生育了15个孩子，还有三次流产。[8]生下这么多婴儿当然是件危险的事——每一次怀孕，而不仅仅是第一次——都是生死攸关的问题。弗拉明夫人芭芭拉于1675年4月因生第15个孩子难产而死。[9]但即使你是成年男性，也不要沾沾自喜。两性的平均预期寿命大约是33岁——远远低于现代世界人均寿命的一半，比之前一个世纪的平均寿命还少五年。

综上所述，在这个社会你会遇到一些上了年纪的人，显然60岁在他们看来就已经很老了。1675年1月26日，埃塞克斯郡的厄尔斯科恩校长拉尔夫·乔斯林在日记中写道，"在我进入60岁的第一天，感觉自己变成了一个老人。"[10]约翰·伊夫林也同样意识到60岁是人生的一个重要转折点。他在1680年10月30日写道，"我现在到了人生的第60年；我开始更加严肃地审视我的一生，从上帝那里寻求心灵上的平静。"[11] 三年后，他开始关注那些年龄非常大却仍然健康能干的老人，比如他的教母凯特利夫人，现在"已经86岁高龄，仍然性情活泼，身体健康，她的视力并未下降，而且面色红润，在外人看来不会超过50岁"。[12] 你肯定能猜到他在想什么：如果她在86岁仍能这般活跃，我也一样能做到。碰巧的是，约翰·伊夫林一直活到85岁高龄。

拉尔夫·乔斯林也是一位日记作家，他开始从健康的老年人身上寻求安慰。他去看望了88岁的维尔夫人。他惊讶地指出"她的感官依然灵敏"。[13] 维尔夫人一直活到90岁。令人伤心的是，乔斯林本人只活到66岁，但他仍然比查理二世多活了12年。当西莉亚·法因斯在莱斯特的一座教堂从伊丽莎白·海里克的坟墓旁经过时，不禁驻足思索：这位女士活到了97岁，生前见到自己的后代多达140人。西莉亚本人去世时还差几周80周岁。[14] 安妮·克利福德夫人直到86岁去世的前一天还在写日记，去世前还愤怒地皱起眉头。哲学家托马斯·霍布斯活到91岁；琉特琴演奏家托马斯·梅斯活到93岁；收藏家汉斯·斯隆爵士也同样活到了93岁。然而，与一些人相比，所有这些人都是小巫见大巫。1681年，爱丽丝·乔治，一位30岁结婚并怀孕18次的女人，告诉哲学家约翰·洛克她已经108岁了，她的父亲活到83岁，她的母亲一直活到96岁，她的外祖母活到111岁。[15] 之后她本人又活了11年。在那段时间，许多人到她在牛津的家中拜访，在那里她反复炫耀她的特技——无需戴眼镜就能穿针，让那些将高龄与视力不佳和双手发抖联系起来的人惊愕不已。1691年有人给她画像，当时她已经120岁高龄。她让1661年在威廉·谢林科斯家花园炫耀的那位老人黯然失色：他自称当时才114岁。[16]

社会等级

人们常说，社会财富可以用金字塔来代表。复辟时期的英格兰自然也不例外。在金字塔底部，有许多家庭每年仅靠不到20英镑勉强维持生计。在他们之上，人口中不到一半的人每年收入30英镑以上。接下来，大约8%的人收入在60英镑以上；再往上，大约3%的人收入在150英镑以上；在最上层，0.1%的人年收入超过600英镑。

格雷戈里·金将不同群体按收入依次排序，让现代人对当时的社会阶层有了大致的了解。

格雷戈里·金的收入估算表，1688[17]

家庭个数	等级、身份、称号和资格	每个家庭的人数（包括仆人）	每个家庭的平均年收入（英镑）
160	世袭的贵族	40	2800
26	教会贵族	20	1300
800	准男爵	16	880
600	骑士	13	650
3000	准骑士	10	450
2000	外贸商（较大）	8	400
12000	绅士	8	280
5000	高级行政管理人员	8	240
8000	外贸商（较小）	6	200
10000	律师	7	140
5000	低级行政管理人员	6	120
40000	自由持有农（较大）	7	84
2000	高级教士	6	60
16000	科学和艺术界人士	5	60
5000	海军军官	4	80
4000	军官	4	60
140000	自由持有农（较小）	5	50
8000	低级教士	5	45
40000	店主和零售商	4½	45
60000	工匠和手艺人	4	40
150000	农夫	5	44

续表

家庭个数	等级、身份、称号和资格	每个家庭的人数（包括仆人）	每个家庭的平均年收入（英镑）
50000	普通水手	3	20
35000	普通士兵	2	14
364000	劳动和外出打工者	3½	15
400000	茅舍农和贫农	3¼	6½
30000	无业游民、吉普赛人、小偷、乞丐	1	2

金特别热衷于区分那些提升国民财富平均值的人——年收入超过30英镑的人——以及那些拉低财富均值的穷人。不少于84.9万个家庭（62%）属于后一类，还有3万流浪汉、吉普赛人、小偷和乞丐。因此，这张图表在某种程度上表明社会财富分配不平衡。但是，金的数字只与收入有关；如果要考虑资本所有权，你会发现大多把持在最富有的1%的贵族和士绅手中。但即使这样也还无法反映出真正的社会差异。因为别人如何对待你，取决于你的地位，而不是你的财富。金融财富会有盈亏，但你在社会中的地位却是固定不变的，由你的家庭背景和成长经历确定，而这也正是其他人最想了解的方面。一位受过良好教育且人脉很广的士绅即使因鲁莽赌博或不明智投资而失去所有资金，仍然可以出入某些娱乐场所，而农夫即使有钱也不允许跨过这些场所的门槛。同样地，一个来自一个古老的士绅家庭的寡妇，即使住在县城某商人的出租房里，仍然会因拥有盾形纹章以及侄子在海军委员会任职而向人夸耀，某些地方会非常欢迎士绅家庭出身的寡妇，对商人的妻子则勉强接纳。事实是，在划分社会等级时，我们不仅要考虑财富，而且要考虑反映政治影响力的社会阶层、家族历史和社会关系、服装、礼仪、教育和出生地。钱只是区分穷人和富人及有影响力人士的众多因素之一。

这一切都指向阶级问题——此时此地，英国人非常热衷于谈论地位问题。当然，没有官方的"体系"可参照：主要是感知问题，人们的看法开始转变。人们意识到新的阶级正在兴起：富裕、时髦的城镇居民。他们拥有大量的可支配收入、充裕的休闲时间，对自己身份的痴迷以及对新奇事物的喜爱。在巴黎，他们已经开始自诩为资产阶级，这一称呼源自1670年莫里哀创作的戏剧《贵人迷》。事实上，塞缪尔·佩皮斯就是此类人的典型代表，他追捧时尚，痴迷金钱，喜欢结交权贵。作为一名海军官员，佩皮斯与其他多数伦敦人不同——但这不是重点。虽然资产阶级的队伍中充斥着各种职业和背景的人，但他们有很多共同之处，尤其是趋炎附势和精致的自我意识。因此，除了职业需要一个新的类别来描述他们的生活方式。"阶级"一词被引入英语。托马斯·布朗特在他1661年编纂的《注释词典》第二版中收录该词，对该词解读非常有用，[18] 专门用来描述一群"程度"类似的人。然而，这个术语的真正价值在于"阶级"不仅可用来描述有共同点的人，还是男性和女性把与他们没有任何共同点的人区别开来的完美方式。

"资产阶级"和"阶级"等术语在此期间尚未广泛使用。因此，你应该尽量使用复辟时期人们能够理解的那些术语，例如"公民""学位"和"分类"。丹尼尔·笛福确定了七类不同的人：[19]

　　显贵之人，他们的生活精彩纷呈；
　　富有之人，他们的生活应有尽有；
　　中产阶层，他们的生活舒服惬意；
　　手工业者，他们辛苦劳作但无所追求；
　　乡村百姓和农民之类，他们的生活了无生气；
　　穷人，他们勉强度日；
　　境遇凄惨之人，他们食不果腹，捉襟见肘。

这七类人比格雷戈里·金划分的26个收入群体更为简洁，本节将以此为基础讨论人们的社会地位。

显贵之人

"显贵之人"不仅财力雄厚,而且是两个王国中地位最高的人。这一阶层包括贵族——所有通过世袭继承有权参加英国和苏格兰议会的领主,以及英格兰、威尔士和苏格兰主教——以及享有准男爵爵位或个人被授予爵士称号的绅士。这些头衔颇受敬重,被赋予明确的法律权限。例如,除享有参加议会的权利之外,贵族被起诉时还有权要求由贵族成员审判,并且不能因债务而被监禁。1676年,除了26位英国和威尔士主教外,还有11位英国公爵(最高爵位)、3位侯爵、66位伯爵、11位子爵和65位男爵——共有156名世俗领主。[20]苏格兰的贵族等级与此类似,只是人数较少:1676年只有4个非皇室成员的苏格兰公爵。因此,"显贵之人"相对来说是一个小群体。根据格雷戈里·金的说法,在英格兰,所有领主、主教、爵士和骑士的人数仅为1586人,约占总人口的0.03%。然而,整个群体的平均收入超过每年1000英镑,他们手中把持着相当于多半个英国的地契。有些领主富可敌国。纽卡斯尔公爵亨利·卡文迪什的年收入为11344英镑;第二任白金汉公爵乔治·维利尔斯在17世纪60年代后期每年的收入约为19000英镑。即使这样也满足不了他们的穷奢极欲。纽卡斯尔公爵在1691年去世时,欠下的债务高达72580英镑。白金汉公爵也将大部分财产挥霍殆尽,所以在1671年,他将剩下的钱财交给信托机构,以换取每年5000英镑的固定津贴。第五任贝德福德伯爵,1694年被封为贝德福德第一任公爵,对自己的收入就要精心得多,他年轻时的收入在10000英镑到14000英镑之间;由于善于经营管理,到1700年他去世时,他的收入已经上涨到每年20000英镑左右。[21]

从格雷戈里·金按收入划分的表格中你可能还会注意到一点,那就是单户人家对理解社会秩序非常重要。通常会听到领主和女士们使用"家庭"一词来形容他们这一户人家,其中包括所有的仆人和孩子,这样会让你感受到他们大家庭的关系亲密融洽。毫不奇怪,贵族拥有大部分仆人，地位最高的显贵之人自然拥有最多的仆人。对他们来说，即使离开房子或去厕所也需要工作人员。格雷戈里·金给出的每户平均40人的数字掩盖了一个事实，一些公爵和伯爵的薪水册上有80或90人。在一些公爵和伯爵的家庭中，主事仆人还有自己的仆人。大多数每年收入1000英镑的骑士和爵士雇用20到30名员工，工资约为200英镑。在沃本修道院，贝德福德伯爵向40多名员工支付600至700英镑的工资。[22] 其中包括一个由十几名侍者组成的队伍，他们着装是清一色的"绒面毛呢，配以橙色内衬"——这是奢侈浪费的标志，反映了笛福所说的显贵之人"生活多姿多彩"的真正含义。

正如你所期望的那样，显贵之人拥有最好的一切，特别是那些有形和持久的东西——最好的艺术收藏品、最棒的图书馆、最高档的成套家具和最有价值的房屋收藏。是的，房屋收藏。显贵之人中许多人继承了一连串乡间别墅。博福特公爵在1680年有12处；诺福克公爵有10处。虽然其中许多都无人居住，有些已经废弃——潮湿的城堡不再适合贵族家庭居住——但它们仍然证明了房产所有者拥有至上权威。不知疲倦的安妮·克利福德夫人，最终成为威斯特麦兰伯爵的继承人，她的领地有五座城堡：她修缮所有城堡并居住在那里，自豪地提醒每个人该地区是她祖先的个人封地。这类人中大多数至少拥有两栋房产：伦敦府邸和乡间别墅。当他们从一处搬迁到另一处时，一整户人家（或其中的大多数人）会将所有东西打包并陪同前往。在16世纪60年代，如果你拜访位于考文特花园南侧的贝德福德府，恰巧贝德福德伯爵不在家，你会发现除了管家、看门人和园丁之外，再无他人。当主人全家离开后，你在一个大房子里穿过一个个房间，踩在地板上的脚步声在你耳边回响，这一情景会令你感到毛骨悚然。

富有之人

当我们把"富有之人"作为一个群体时，我们谈论的是两种人。首先，利用自己的才能赚钱的人；其次，继承大型房产并获得数百英镑租金的人，无论他们本人是否有才能。你可能会感到惊讶，在英国复辟时期，在这两者中，那些没有才能的人却被赋予了更高的地位。

让我们从第二种人说起，即没有封地的绅士。根据格雷戈里·金的说法，此类人中包括众多的绅士和乡绅（乡绅是有权佩戴徽章的绅士），平均收入分别为 280 英镑和 450 英镑。实际上，那些称得上"富有之人"的财富规模也大相径庭。最顶端是几十个可以买得起两三个准男爵爵位的乡绅；最底部是将土地出租给别人耕种的自耕农，附近的乡亲们称之为"绅"，因为他们无需动手干活；他们的收入可能低至每年 100 英镑。格雷戈里·金的 15000 名绅士和乡绅中约有 10% 每年享有 1000 英镑或更多。这些人更像是土地产权公司的负责人，而不是个体：他们去世时，他们的继承人只需接管庄园的管理工作。但是，无论他们的收入是 100 英镑还是 10000 英镑，他们都被正式承认，作为殷实的自由民，他们有权投票给县议员。

在靠自我奋斗成为"富有之人"的群体中，商人积累的财富最多。最为令人惊叹的例子要算是休·奥德利，他在 1605 年以 200 英镑起家，1662 年去世时家产高达 40 万英镑。他建立如此庞大财富的励志故事还写成了一本引人入胜的书；塞缪尔·佩皮斯一直对积累个人财富非常上心，1663 年 1 月他还购买了一本来读，可惜没有发现可借鉴之处。[23] 奥德利主要是个放债人，因此只能算在"富有之人"之列，永远不会成为"显贵之人"。

从较低阶层进入较高阶层也有一定途径。一个非常富有的人可以通过迎娶家道没落的名门之后或者借钱给国王来实现。那些选择后一种途径的人会获得骑士封号，甚至有时获封准男爵。准男爵罗伯特·维纳，出生在沃里克一个不算有钱的人家，在男孩子中排行第三，但到了 1672 年，国王欠他 40 万英镑的巨额资金。准男爵约翰·班克斯出身于梅德斯通，现居住在林肯律师公会广场最豪华一侧的宅邸里；当约翰·伊夫林 1676 年拜访他时，他的资产约为 10

万英镑；1699 年去世时，资产已达到 18 万英镑。[24] 伊夫林认为斯蒂芬·福克斯爵士和约西亚·蔡尔德爵士更加富有；斯蒂芬爵士留下了价值 172024 英镑的地产，约西亚爵士的财富可能更为可观。[25] 如果知道斯蒂芬爵士不过是威尔特郡一位普通乡绅的第七个儿子，你更会钦佩不已；约西亚爵士起家时不过是为海军服务的酿酒师。所有这些故事都表明，有才能的人确实有机会步入豪门望族的圣殿。话虽如此，即使是善于交际和慷慨的金融家也无法摆脱靠生意赚钱的耻辱。乔治·唐宁爵士将他们戏称为"骗子、吸血鬼和敲诈勒索者"。[26] 人们更看重那些因祖先为中世纪国王浴血奋战并将对手砍死而发家致富的人，而不是那些靠放贷这样的野蛮行径而赚取钱财的人。

当然，财富是一个相对的问题。可以公平地说，由于每年只有三分之一的人有 100 英镑或更多钱可以支配，绝大多数人认为任何收入达到两倍的人都属于"富有之人"。一些显然属于这一类别的人已经从商人的行列攀升到更高的地位。塞缪尔·佩皮斯就是一个很好的例子。他没有乡村房产或私人收入——他是伦敦裁缝和洗衣店女工的第五个孩子——但是，由于玛丽·罗宾逊夫人留下 500 英镑遗产用于资助贫穷的伦敦男孩们接受良好的教育，他是其中之一，并由此考取剑桥大学。此外，他的表叔（舅）是爱德华·蒙塔古，这是一个可以派上用场的家族关系。蒙塔古拥有一个乡村庄园，每年从他的国务委员和海上将军办公室获得 2000 英镑的额外收入。更重要的是，连查理二世都很赏识他，1660 年他回到英格兰时给了他诸多荣誉：国王封他为桑威奇伯爵并任命他为锦衣库大臣、枢密院秘书和王国的海军中将。离开大学后不久，佩皮斯在蒙塔古家族任职，大约五年后，他的雇主利用在法庭上的影响力为佩皮斯谋得海军部书记官的职位，年收入 350 英镑，如果加上津贴和贿赂还能有更多收入。因此，这位裁缝的儿子踏上了"富有之人"的阶梯，最终，在詹姆斯二世统治时期被晋升为海军部门的首席执行官。任何读过佩皮斯日记的人都知道，他肯定有足够的财力让"生活多姿多彩"。如果用葡萄酒、女人和歌声在生活中的地位来衡量一个年轻人是否真正富有,那么在英格兰很少有人能与塞缪尔·佩皮斯相媲美。

中产阶层

英格兰的"中产阶层",包括大约 23.8 万个家庭,其中约有 130 万人住在大户人家,或有亲缘关系,或是住家仆人。他们中大多数是拥有和耕种自己土地的自耕农,以及购买多栋房屋作为投资的富庶市民。其余的是受薪的军队和海军军官,或者当代人口中的"专业人士"——那些自称担任天职的人——牧师、内科医生、外科医生和学校教师。他们的从业范围如此之广,意味着这是所有人中最多样化的群体。他们的共同点在于有收入可供支配,依靠自身能力维持生计,不像"显贵之人"和"富有之人"那样有社会关系或金融安全网络。正如格雷戈里·金的图表所示,大多数人的收入在 50 英镑到 100 英镑之间。

由于专业化程度提高,此类别的变化速度快于其他所有类别。几个世纪以来,医生们一直在为富人看病,只有在 17 世纪才有足够多的医生,让大多数普通人逐渐习惯支付诊费并按照医生开好的处方去药店拿药。同样,自 13 世纪以来,大多数城镇都有语法学校教授拉丁语,但直到现在他们才开始聘用专家讲授希伯来语、希腊语和数学。因此,需要越来越多的专业教师。苏格兰的情况也一样,1646 年法案规定,每个社区都应该有一所学校。此外,这个时代的革新产生了许多新的行业——银行、保险、统计、钟表、工程、报纸新闻、测量,等等。整个复辟时期的一大特点就是专业人士的崛起和"中产阶层"地位的相应提升。

手工业者

格雷戈尔·金的收入层级表中包括 10 万户依赖小生意或制造业的商人家庭。其中绝大多数是城镇居民,提供的服务通常可以追溯到中世纪。在大多数小城镇，男人做生意的方式比较随意，通常在家中经营。然而，在较大的城市就会比较正式，允许某些人迎合市民，并防止陌生人与他们竞争。

像埃克塞特这样的城市通过公会商人系统控制手工业者，公会由市法院管理。商贩要成为行业协会的成员和城市的自由人需要学徒期满，或缴纳会费，抑或证明自己有权子承父业。他宣誓效忠于王室、市长和执政官。此外，他承诺缴纳税款，不在市法院之外的任何地方起诉同胞，并遵守所有附则。然后，他就可以自由地在城市范围内从业交易，还可以参与城市市长及其两名议员的选举。实际上，市政当局不再竭力阻止非自由民身份的交易者。经营旅馆、酒馆和食品店的商贩很少获得城市的自由民身份，但他们拥有独立的认证系统。然而，如果你自己是一名商贩，你会希望成为相关公会的成员。如果你想了解这个城市的各种贸易往来，那么自由民名单将让你一目了然。

埃克塞特自由民名单，1659—1699 年

序号	行业	自由民数量	序号	行业	自由民数量
1	哔叽缩绒工	289	14	泥瓦匠	55
2	杂货商	144	15	金匠	53
3	裁缝	129	16	衣料商	52
4	士绅	127	17	箍桶匠	45
5	绸缎商/批发商	117	18	药商	39
6	鞋匠	104	19	船用杂货商	38
7	屠夫	76	20	理发师	36
8	细木工人	75	21	五金商	31
9	织布工	66	21	锁匠	31
10	木匠	61	23	啤酒酿造商	29
11	面包师	60	23	男装用品商	29
12	丝绸纺织工	57	25	石匠	23
12	梳羊毛工	57	26	刀匠	22

续表

序号	行业	自由民数量	序号	行业	自由民数量
27	马具匠	22	58	梳子制造商	3
28	皮革商	21	58	铺路工	3
29	手套商	20	58	饰针制造商	3
30	铁匠	18	58	哔叽纺织工	3
31	锡镴匠	16	58	烟草零售商	3
32	布商	15	58	烟草切割工	3
33	毛毡工	13	64	医疗理发师	2
33	油漆匠	13	64	制篓工	2
35	制革工	10	64	装订工	2
35	烟斗匠	10	64	黄铜匠	2
35	装饰工	10	64	棉纺工	2
35	精纺工	10	64	律师	2
39	书商	8	64	染布工	2
39	帽商	8	64	制箭商	2
39	镶玻璃工	8	64	修枪匠	2
39	亚麻布制造商	8	64	仪器制造商	2
39	缝衣针制造商	8	64	女帽商	2
39	雪橇制造商	8	64	小商贩	2
45	药剂师	7	64	零售商	2
45	文具商	7	64	公证人	2
45	葡萄酒酿造商	7	64	外科医生	2
48	厨师	6	64	埃克塞特港口检验员	2
48	袜商	6	64	制表匠	2
48	管道工	6	64	羊毛商	2
48	箱包制造商	6	82	铸钟匠	1
52	制角工	5	82	砌砖工	1
52	乐师	5	82	雕刻匠	1
52	书记员	5	82	梳头工	1
52	洋铁匠	5	82	甜食商	1
56	印刷工	4	82	验尸官	1
56	（蒸馏法）酿酒商	4	82	医生	1

续表

序号	行业	自由民数量	序号	行业	自由民数量
82	腰带匠	1	82	鞋匠	1
82	酒铺掌柜	1	82	丝绸染匠	1
82	灯笼匠	1	82	肥皂商	1
82	鞣皮匠	1	82	车工	1
82	麦芽制造商	1	82	理羊毛工	1
82	水手	1		总计	2089
82	粉刷工	1			

如果你把这个名单与伊丽莎白时代埃克塞特整理的类似名单进行比较（参见《漫游伊丽莎白时代的英格兰》），你会看到三代人的变化有多大。如今，哔叽缩绒贸易占比很大。这个被称为"缩绒工"的群体在一百年前的名称叫"打褶工"，其中有57人被接纳为城市自由民，这使其成为埃克塞特的第三大贸易。那时候没有"印刷工"，也没有任何蒸馏工；没有砌砖工、肥皂制造商、糖果制造商、制表商、烟草商或杂货商，很少有丝织工。规模最大的队伍由商人组成，他们的队伍中包括现在被称为"杂货商"的手工业者。

这种对城市手工业者给予正式认可的制度听起来非常官方，但实际上条条框框掩盖了一系列问题。首先，手工业者根本没有足够的报酬。一男子育有6个孩子，即使他每周工作6天，一年50周（允许圣日和圣诞节休假），每天赚20便士，或每年25英镑，其实很难让孩子们吃饱穿暖，接受教育。令人沮丧的事实是，几代人的工资一直在下降，实际上，他们的工资还不到15世纪中叶的一半。[27]当时是工匠的黄金时代，有手艺傍身的人报酬都比较丰厚，不会因养活不了家人而忧心忡忡。现在，地方行政长官确定了最高工资，而不是最低工资，限制男性和女性的收入。例如，贝德福德郡1684年规定，一位木匠师傅每天的报酬应该是1先令4便士（每周8先令或每年约20英镑），如果雇主提供饭食，他的工资应该减少到10

便士（每周 5 先令，每年 12 英镑）。但这些规定仅适用于工时均为白昼的夏季；从 9 月中旬到 3 月中旬，标准应分别降至 1 便士和 8 便士，这样木匠全年的收入仅为 17 英镑 10 先令。这些是木匠师傅的工资；当他学徒期刚满时，每天工资限额是夏季 1 先令，不提供饭食，冬季则只有 10 便士（每年 13 英镑 15 先令）。如果你拒绝，希望涨工资，你很可能会失去工作并锒铛入狱。1677 年，威尔特郡布匹小镇特洛布里奇的一群工人在一位小提琴手带领下在街上游行，他们每天工作 12 小时，要求工资从每周 6 先令提高到 6 先令 6 便士，也呼吁镇上的所有人加入他们的游行。带头人阿伦·阿特金斯遭逮捕入狱，在接下来的季审法庭受审。[28]

手工业者面临的另一个问题是房价问题。你可能认为这是现代世界面临的一个特别尖锐的问题——因为熟练工人的生活成本过高，根本无法在受雇的市镇和大城市生存。在 17 世纪后期也是如此。看看他们的账簿，很快就会发现笛福宣称手工业者"无所追求"，是值得商榷的。如上所述，我写这本书的地点位于埃克塞特以西 13 英里一个名为莫顿汉普斯特的小镇上。我的房东是一位名叫托马斯·马登的织布工，他的房子位于市中心，距离墓地一箭之遥。作为织布工，他在 1692 年的生意还算不错：他年收入大约 25 英镑，可以养活妻子安妮、两个孩子（他们已经埋葬了另外三个）和一个仆人。这些工资刚好够支付所有账单。但有一个问题：这个房子不归他所有，他只有房子的租契，是他现已去世的岳父在 50 多年前签订的。该租约条款规定，租约在指定的第三人死亡后到期。碰巧的是，指定的三个人都已经去世。托马斯和他的家人没有被驱逐的唯一原因是他岳父去世前，又花钱将他唯一在世的女儿也就是托马斯妻子的名字加到了租约里。安妮在 1692 年已经 51 岁，全家必须面对这样一个事实：她可能时日无多。她去世后会发生什么？托马斯将失去他的工作场所，大人孩子都将无家可归。托马斯因此与他房东的管家商议，签订了新租约。这将花费他 102 英镑的巨款。[29]他还能有什么选择呢？不一定老能遇上合适的房屋。所以用"辛苦劳作"来描述像他这样的手工业者再恰当不过。只能像托马斯这样未雨绸缪，提前为必将到来的困难时期做好规划，才能养活全家。

乡村百姓和农民

　　托马斯·马登面临的问题也困扰着与他类似的乡村人，但农民受影响程度却不尽相同。最重要的不同在于农民为自己工作还是仅仅受雇于某个农夫。如果是后者，那么即使最好的年景都会度日艰难，还有可能降为社会底层，成为永久的穷人。与手工业者一样，这一时期的农业工资还不到15世纪的一半，尽管与17世纪初的最低点相比要高一些。1684年，男性干草翻晒工的工资规定为每天10便士，如果提供饭食，则为6便士。女性做同一份工作的工资是每天6便士或3便士。但是，干草翻晒工作是一种季节性活动，冬季没有这种工作，也没有报酬。收割工作也大致相同：男工夏天收割每天可以赚取1先令6便士（不提供饭食），女工可以赚10便士，但同样冬季没有工作。每家都必须寻找力所能及的工作，多打几份零工，比如缝纫和洗涤，以及自己种植草药和蔬菜。这些人很少能像他们的祖辈那样经常吃到肉类。但即使是有20—50英亩耕地的富裕农民生活也会面临危机。他们耕种的土地是出租或租赁的，其中部分土地需要休耕时，若剩余土地收成不好，可能不足以支付租金或很难维系到签订下一轮租约，许多农民会因此陷入贫困。

　　让我们刨根问底，看看在这一时期严冬对英国的经济到底有什么影响。如果作为农夫，拥有一个相对较大的封闭式农场，占地面积40英亩，并且土地肥沃，赶上好年景时每英亩产出18蒲式耳的小麦，然后，每英亩预留4蒲式耳的种子以备下一轮种植，庄稼的收成大概是560蒲式耳或70夸特，这值多少钱呢？如果赶上大丰收的年头，例如1688年，每夸特的价格可能低到20便士，你最后能获得70英镑。在你向三个农场工人支付了18英镑的夏季工资之后，你手中还剩余 52 英镑。可能你自己家里也需要一部分谷物，因此并不能全部出售。除最重要的租约之外，还有一些租金要支付。牲畜可以用于犁地，其粪便还可以给土壤施肥，因此还需要留出一些花费用于饲养家畜。此外还有教区房产税和其他税赋。这还没有考虑是否有必要让一些土地休耕，以恢复肥力。如果每年只耕种 40 英亩土地的一半，那么税前总收入约为 26 英镑。但请记住，现在说的可是丰收年。如果这一年歉收会发生什么？想象一下，一半的土地休耕，8 月的大雨毁了你一半的作物：你的土地每英亩的成收只有 9 蒲式耳，你需要留下其中 4 蒲式耳作为明年的种子。即使每夸特能卖到 2 英镑的高价，你的总收入也只有 31 英镑 5 先令。按照较低标准支付农场工人 12 英镑的工资，再支付租金并留出足够的费用来喂养犁地的家畜，如果还能剩下 15 英镑用于全年开支已经算是很幸运了。

当然，损失一半的作物还不算最糟糕的情况。你可能会失去一切。

你很快就会发现乡下人精明、节俭，而且谨小慎微。他们必须如此。他们一生都被英国天气左右。但与市民和手工业者相比，他们确实有一大优势：他们至少可以吃自己的劳动果实。即使灾难来袭，一季粮食因霜冻或洪水而损失一半，剩余粮食至少可以让这个绝望的家庭生存下去。与之相比，农场工人可没这么幸运。

出于这个原因，你会在谷仓和农舍里看到一袋袋的谷物和一堆堆的奶酪。以 17 世纪 80 年代早期的埃塞克斯郡瑞脱镇的斯基格斯农场为例。[30] 农舍基本上是楼上三个房间，楼下三个房间，再加上一些扩建和附属建筑。家当价值 259 英镑——奢侈品包括诸如银匙、银碗、银碟、一本《圣经》、几张地毯和一把枪。农场主埃德蒙·斯泰恩显然家境富裕。但他拥有的每件物品——每件家具、银器、所有农具和工具、厨房里和商店里的一切——总计价值约 40 英镑。他的绝大部分财富都是食物。有些被储存在麻袋里——小麦价值 34 英镑，黑麦 24 英镑，燕麦 16 英镑，大麦 18 英镑——奶酪室还有价值 3 英镑 10 先令的奶酪；他剩下的财富在田野里吃草，在猪圈里撒欢。农民就是这样应对不可预测的天气。笛福描述乡下人"生活了无生气"再恰当不过。他们的生活方式有很多不确定因素，使他们无法过上惬意的日子。

穷人

这个群体的生活水平已低于贫困线。格雷戈里·金的收入排序表明确指出，60% 的人口生活处于或低于这个水平。正如现代术语"上层阶级"无法体现"显贵之人"和"富有之人"二者的细微差别一样，现代术语"工人阶级"也无法区分生活收支平衡的工人、生活拮据的劳力、贫穷的仆人、穷人、赤贫和靠救济生存的人。

让我们从这类人中收入最高的成员开始：普通水手。他们一年中大部分时间都在国外，即使家里有孩子要养活。许多水手根本不结婚。如果一名水手没有房子，他所有的财产全部存放在船上，他就不必支付任何租金、地产税或税费。在船上，伙食很好，而且有人买单——特别是在海军服役的话。还有不定时但数目不菲的奖励，例如捕获敌人船只可获得奖金，或者在一个港口购买货物然后在另一个港口出售赚取利润。因此，每年收入 20 英镑的单身海员可能会比许多手工业者和农民的境遇更好——只要他避免被巴巴里海盗俘虏，不介意经常打上一仗，也很乐意在夜间攀登船索，因为他的船可能会被太平洋 50 英尺高的海浪困住，称它为"太平洋"实在是名不符实。还有一个小问题，就是从甲板上落水的概率是十六分之一……因此，要不是被逼上绝境，一般不会想要在船上度过一生。你遇到一些水手，他们辗转于各个港口之间，并告诉你，他们喜欢在海上航行。如果他们告诉你选择这个行业的境况时，你会明白其中原因：几乎所有人都出身赤贫。

以爱德华·巴洛为例。你可能没有听说过他，但他可以称得上是惊涛骇浪中的塞缪尔·佩皮斯。他在曼彻斯特附近的普雷斯特维奇长大,有两个兄弟和三个姐妹。他们的父亲是一名农民,年收入仅为 8 到 9 英镑。收入如此微薄无法供妻子和六个孩子吃穿——孩子们也知道这一点。他们的家人不去教堂,因为他们的父母买不起衣服;人们认为衣不蔽体者不适合进入上帝之家。因此,爱德华 12 岁时,就找了份工作。他在煤炭运输公司干了一阵子,每天赚取两到三个便士。他非常节俭,积攒下足够的钱给自己买了一套衣服,这样他就可以实现夙愿,星期天去教堂做礼拜。接下来,他当过学徒"漂白工"(美白纱线);他利用业余时间放牧牛群,筑篱挖沟。他吃不饱,工资低,还常挨打,他放弃了学徒生涯,13 岁时途步至伦敦寻求赚钱机会,当时口袋里装着两先令。他去找在城里当仆人的姐姐,虽然她无法帮助他,但她建议他去萨瑟克他们叔叔的啤酒屋当帮佣。结果也是历尽艰辛。他的婶娘经常指责他在为客人提供啤酒或烟草时欺骗她。爱德华只能去马厩干活,以避免遭到这种指责。他的叔叔经常打他——有一次仅仅因为他在未经允许的情况下去泰晤士河边看搁浅的鲸鱼。他心情沮丧,这时一个"骗子"接近他,说能为他提供一份报酬丰厚的海上工作。事实上,这种人会把受害者"拐带"走,一直到牙买加才让他们上岸,在那里把他们当作契约仆人(没有人身自由的无偿劳动者)出售。值得称道的是,他的叔叔将他从这样的命运中解救出来,最终安排爱德华到"纳斯比"号上给士官长的大副当学徒,"纳斯比"号是爱德华·蒙塔古的旗舰,蒙塔古是塞缪尔·佩皮斯的表叔(舅)和赞助人。在海上工作 15 年后,他的工资是每月 25 先令(每年 15 英镑)。[31] 他余生的大部分时间都在海上度过,自己学会认字,还用一本皮革装订的大开本书记日记,历经多次沉船事故或其他灾难,每次他都想方设法将其保存下来。

如果你是"穷人"之一,但不是水手或士兵,那么你可能在农场做帮工或在别人家里帮佣。正如我们刚才所见,农民完全依赖庄稼收成。歉收年可能会导致无法得到报酬，适逢食品价格涨到通常水平的两倍之时，你和家人将不得不靠豆类或土豆泥生存，用燕麦或橡子粉制作面包。出于这个原因，特别是如果你未婚，受雇为绅士家庭的住家仆人会让你生活境况相对好一些。但要注意"受雇"在这里是一个相对的术语——有时仆人多年都没有报酬。他们还经常受到殴打。根据当时的标准，塞缪尔·佩皮斯并不算是一个残酷的人，但他打过他的仆人。1660年，他用扫帚打了一名女仆，因为她房子布置得不尽人意。第二年，他鞭打了一名男仆，因为他愚蠢地把火药和火柴放在了同一个口袋里。他还捆过一个年幼男仆的耳光，仅仅因为他把斗篷斜搭在肩膀上。[32] 女仆还会受到某种程度上的骚扰，无论她们是否情愿。在某些人家，主人的儿子和男性访客会对地位低下的女仆动手动脚，他们知道这很安全，因为如果女仆胆敢投诉他们的放荡行为，只会导致自己失去信誉，丢掉工作。如果你想知道住家女仆的生活什么样，那就想想灰姑娘每天不分昼夜地清洁、刷洗、洗涤和抛光，还得为经常虐待你并迫使你与他发生性关系的男人梳理头发上的虱子。

正如你所料，这种穷人遭受大规模剥削已司空见惯，他们可获得的经济回报微乎其微。格雷戈里·金的详细笔记显示，大约有15万至20万名住家佣人每年的工资为3英镑或更高，但有3万至40万名住家仆人的收入不及于此。[33] 通常每年2英镑加上食宿即可雇用家庭女佣、乳品女佣或洗衣女佣。管家通常可以赚6英镑或更多；男厨师4英镑；女厨师约2英镑5先令。门房和车夫赚3英镑或更多。[34] 童佣的收入要少——通常不付分文——因为他们在学徒期间。著名的吝啬鬼罗伯特·胡克在1672年每年向他的管家内尔·扬支付4英镑，其中包括她提供的性服务；她的继任者仅获得3英镑。[35] 拉尔夫·乔斯林每年向他的女仆支付2英镑10先令。[36] 佩皮斯在1662年每年支付他的女仆简·伯奇3英镑，并且认为这个价钱请女佣可以称得上出价很高。第二年，他以每年4英镑的价格为厨师聘请一位女帮手,并称"我第一次付这么多钱"。[37] 尽管小费可能会增加仆人的收入,但很少有人给自己的仆人小费。在 1663 年的一场宴会后,佩皮斯和他的客人各自给他的厨师 12 便士,但这主要是因为他们自己把屋子搞得乱七八糟。[38]

所有这些都说明了为什么英国复辟时期没有"仆人阶级"。贝德福德伯爵的管家和地位卑贱的杂役之间存在着天壤之别——伯爵管家受过良好教育,受到尊重并且每年薪金 40 英镑,还加上食宿,而杂役经常受到虐待且每年只能赚到 2 英镑。两人都是仆人,但管家却稳居笛福区分的社会阶层的第三位——中产阶层——而杂役则属于第六类,"穷人"。如果不是因为她的食宿由她的主人提供,那么她就会降到最后一类。笛福说这类人"勉强度日",一点儿也不为过。

境遇凄惨之人

不要忽略境遇凄惨的人。他们不容忽视——因为他们无处不在。当约翰·伊夫林于 1677 年访问伊普斯维奇发现没有乞丐纠缠时,感到震惊,他在日记中评论道,"这出人意料。"[39] 但是,他补充说,这不是因为镇上没有乞丐,而是因为"地方法官严令"禁止乞讨。令人悲痛的事实是,"境遇凄惨之人"还不在少数。在 17 世纪 90 年代的德文郡,大约五分之一的人口属于这一类别,依赖于微薄的救济金。

由于这种现象无处不在,地位高的人定期讨论贫困问题。为什么存在穷人?他们问。为了社会的利益,他们应该怎么做?他们在不伤及自身利益的情况下应该为这些境遇凄惨的人做些什么呢?

丹尼尔·笛福回答了第一个问题。他认为极端贫困存在两个原因:伤残和犯罪。伤残由于家中有人生病或因事故导致肢体残缺或视力丧失,人们最终成为身无分文的乞丐或小偷。犯罪是由于有些人过于奢侈、懒惰或不肯干活谋生导致的行为。正如他所说:

我们的穷人普遍存在懒散的毛病；没有什么比英国人先努力工作，赚够了钱之后就四处闲荡，或者喝得酩酊大醉，直到身无分文，甚至还可能为此举债这种现象更常见了；如果在英国人酒兴正酣时问他想要什么，他会诚实地告诉你，他要喝到分文不剩，然后去上班赚钱。[40]

如你所见，笛福不认为工时不足会导致贫困。他宁愿责怪穷人让自己陷入困境。作为一个工作狂，他并不是唯一一个用懒惰指责穷人的人，以推卸自己应该承担的责任。但"责任"是一个没有实际意义的问题。谁应该为穷人承担责任？

起点是1601年的《贫困人口法案》，该法案指派教区监督员对有偿付能力的家庭征收费率，以支付教区贫困人口的救助费用。（苏格兰在1649年颁布了类似的法案。）身体强壮的人将为其安排工作；孩子们被当作学徒，他们服务的雇主为他们提供膳食；体弱者得到庇护并获得食物。到17世纪末，英格兰每年筹集超过40万英镑用于援助穷人。[41]大部分善款以现金形式支付，每人每周6至12便士，寡妇得到的最多。监督员还付钱给专业医务人员，用于治疗患病的穷人。该制度受到辖区政策的制约：如果外来的穷人到教区寻求帮助，会跟他面谈并被把他送回出生地，那里的监督员有责任照顾他。尽管采取了这些措施，一群流窜的窃贼和乞丐仍然对孤立的农村房屋和居民造成威胁。因此，一些地方采取措施追查盘问所有外地人，如果他们不能给出来此地的正当理由，就将他们交给当地地方治安法官。[42]很少有人像汉尼拔·巴斯克维尔那样热衷于慈善事业（前面提及的旅行者托马斯·巴斯克维尔的父亲）。他在自己伯克郡的宅院中为流浪汉建造了一个大规模的宿舍，在后门放了一个小铃铛，这样任何乞丐有需要时都可以召唤仆人帮忙。汉尼拔将其收入的四分之三用于救助穷人。[43]

除教区贫困救济制度外，当局采用两种新策略来帮助那些无法养活自己的人。一种是上面简要提到的契约仆人制度。这需要你同意法律文件（"契约"）中规定的条款，即你将在"种植园"（西印度群岛或美国）作为仆人工作四年，无人身自由。你需要绝对听从新雇主的命令，一切事情都要服从他的安排。他们为你支付移民费用和食宿费，当约期结束时，允许你在这个新的国家免费定居。它比奴隶制稍有进步。从好的方面来说，一些被判处死刑的男子有机会选择成为"契约劳工"而免于行刑。但遵纪守法的穷人面临着一个问题，不法分子会利用这个系统。有些孩子被绑架，作为契约仆人出售并被送往种植园——他们从此再未能找到回家的路。

另一种是劳动救济所。这个词可能会让你不寒而栗，但它通过提供工作解决贫困及因贫困导致的饥饿。此外，正如许多人所说，工作具有治疗作用，可以保护你免受"闲散和放荡"的伤害。[44] 第一家劳动救济所是克伦威尔统治时期由伦敦穷人公司建立的。1662年的《定居法案》允许在首都及其周围建立官方的劳动救济所。1665年，商人托马斯·弗明在伦敦设立了一个私人劳动救济所，教三岁以上的孩子阅读和纺织。请注意，这里只收容孩子：弗明对成年穷苦人的看法甚至比笛福更加极端——在他看来，他们出身于"地狱郊区"。[45] 虽然其他劳动救济所也纷纷效仿，但直到17世纪末，它们才成为一种正规的救助穷人的手段。布里斯托尔的第一家劳动救济所建于1696年，到18世纪就比较常见了。到1712年，英格兰有14个城镇拥有功能齐全的劳动救济所。尽管听起来不容乐观，但对于许多人来说，这标志他们的生活水平可以比笛福所说的"食不果腹，捉襟见肘"那一类向上提升一步。

优先问题

看到上述的等级制度，你会感到血脉贲张，想要声讨社会不公，这完全可以理解。但这只是你身上现代性的标志。英国复辟时期的大多数人只能逆来顺受。他们意识到，对他们大喊大叫的人并非针对他们个人，只是因为他们出身低微。与此同时，每个人都能感受到比自己地位更高和更低的人如何看待自己。一个手工业者和一个同等级别的农民在城镇中相遇时可能地位相当，但如果手工业者比农民更富裕，并且穿着得体，就不会做出相互平等的样子。在这一时期，巴结奉承和卑躬屈膝跟咳嗽和擦伤一样自然。学徒很少会直视自己的主人。在教堂里，即使你认为在上帝眼里你和其他来膜拜的人是平等的，也不要认为你可以坐在任何地方：长椅是专用的，根据社会地位分配。即使在家庭内部，座次也分等级，因此年长的女儿在家庭中的座次优先于年幼的女儿，除非她的弟弟在她之前结婚，在这种情况下，优先顺序是相反的。塞缪尔·佩皮斯谈到了这样一个故事：当肯特伯爵的年轻继承人作为绅士仆人侍奉贝德福德伯爵时，收到一封信说老肯特伯爵去世了。由于肯特伯爵比贝德福德年长，根据优先原则，贝德福德伯爵乖乖地从座位上站起来，向新任肯特伯爵鞠躬，邀请他坐在自己刚刚坐着的主位上，在接下来的用餐过程中作为仆人侍奉新伯爵。[46]

  与其他生活领域相比，地位对于婚姻最为重要。你的掌上明珠是否年龄相当并不重要（有时伴侣结婚时年龄会相差三四十岁）；他或她是否同样有魅力也不重要。重要的是未来伴侣是否具有一定的社会地位。总的来说，"显贵之人"相互通婚。公爵可能会迎娶一位没有爵位的骑士或准男爵的女儿，但是很少会在"显贵之人"的行列之外寻求结婚对象，除非他自己原本出身低微，如阿尔比马尔公爵，蒙克将军（17世纪40年代，被囚禁在塔楼时，勾引他的仆人，后来娶了她）。绅士的女儿和领主的儿子结合可能会备巨额嫁妆，但只有当地位相当时，金钱才会成为讨论因素。当妻子建议将女儿嫁给一个富商时，桑威奇伯爵勃然大怒，他宣称"如果女儿不能嫁给一个绅士，他宁愿看到她背包沿街乞讨"。[47]在结婚这件事上，爱情很少有发言权。1675年，一位年轻的绅士詹姆斯·格雷厄姆爱上了美丽的多萝西·霍华德，邓达斯勋爵的女儿，也是伯爵儿子的遗媚。格雷厄姆先生请约翰·伊夫林为他出面说合。伊夫林同意这样做"更多是出于怜悯而不是认同，因为虽然年轻绅士出身还可以，但地位上仍然相差很大"。[48] 感谢伊夫林的三寸不烂之舌，格雷厄姆先生最终赢得了这位女士的青睐。然而，当涉及他自己的家庭时，伊夫林很难忽略等级差异。当吉尔伯特·杰拉德爵士来拜访他，为自己的儿子求娶伊夫林的女儿时，伊夫林得知吉尔伯特爵士的财产来自纽卡斯尔附近的煤矿后感到极为震惊，他拒绝了这门婚事。[49] 这种担忧也影响了"中产阶层"；对他们来说，婚姻所代表的财富更是一个棘手的问题。在1662年，塞缪尔·佩皮斯的兄弟汤姆爱上了一个女人，他没有丰厚的收入，女方父母最初仅提供200英镑的微薄嫁妆。佩皮斯劝说他的兄弟拒绝婚事。女方父母凑了400英镑，但佩皮斯坚持要500英镑。女方和佩皮斯之间经过冗长的谈判，没能达成一致。最后关系终止，让汤姆心碎不已。[50]

国王

对英国复辟时期的不同社会阶层有所认识之后，是时候了解整个社会最顶层的人物了。这个时期，英格兰和苏格兰的王国共有三位统治者：查理二世（1660—1685）、詹姆斯二世（1685—1688）和威廉三世（1689—1702）。虽然威廉与他的妻子玛丽二世（詹姆斯二世的女儿）共同执政，直到她1694年去世，但议政时二人并不平等：权力只归威廉所有。因此，这三位男性成为皇室的核心，维系着整个社会结构。

有一点很重要，我们从一开始就要认识到国王不是"平等者中的首席"：他在精神和时间方面都具有独特的卓越性。他是英格兰教会的最高领袖，由于这种半神圣的地位，他影响了该国每个人的生活。例如，由他任命管理人民宗教和道德生活的主教和大主教。不允许任何人诅咒国王——无论是在私下还是在公共场合。甚至想象他的死都是叛国罪。他可以赦免任何违反法律的人。他的前身是英格兰的封建领主——整个国家名正言顺的主人，领主和高级教士只是帮他们管理土地——虽然封建制度在1660年被正式废除，但君主制得到了永久性补助金，由纳税人承担。下议院的一个委员会决定每年拨付120万英镑，用于维护皇室和国家政府。考虑一下我们刚刚讨论过的收入，从贝德福德的2万英镑到女服务员2英镑的收入，就可以看到国王远远超出社会正常的参数范围。此外，他拥有授衔的权力：能够赋予人头衔，使他们成为贵族；能够任命男性担任地方法官，负责在各地执政；可以召集和解散议会。他是武装部队的总司令。

他可以在任何法庭起诉任何人，然而他自己却凌驾于法律之上。他本人不可能犯罪——唯一的例外是叛国罪，查理一世就是明证。

但没有人提及这一点。

从理论上讲，查理二世与他父亲的统治基础相同。实际上，他拥有的权力要小得多。没有人可以逃避革命已经发生的事实（以内战的形式），而查理一世也无力阻止对他的审判。因此，一条默认的法则就是国王不能违反人民意愿自由地制定政策。1662年和1672年证明了这一点，当时查理二世试图为所有人提供宗教宽容，最终被迫放弃。还有一次发生在1688年，詹姆斯二世推行的宗教政策极其不得人心，他最后只能逃之夭夭。至于威廉三世，他被迫接受1689年的《权利法案》，这进一步限制了王权。因此，这三位国王掌握的权力都比不上查理一世。但是，从行政角度来说，他们比他更强大。这不是因为他们可以质询议会，而是因为他们越来越多地与议会合作。从查理二世统治初期开始，国王理政时需听从"内阁"大臣的建议，"内阁"一词得名于大臣们议事的私人房间，国王本人通常也会参加他们的会议。他还偶尔参加上议院的辩论。简而言之，随着议会权力的壮大，国王也越来越强大。

复辟时期的三位国王

查理二世经常被称为"快活的君主"，他喜欢赌博、情妇、赛马和所有奢侈的生活。在法国绅士米松笔下，他"比敦刻尔克、英格兰和宇宙中任何国王都更贪恋女性、安逸和欢愉"。[51] 但这种戏谑的描述掩盖了一个谨慎、多谋、务实的幸存者形象，他唯一不可动摇的原则是永远不要冒被赶下王位的危险。面对灾难，他情愿牺牲一位大臣作为替罪羊。正如哈利法克斯勋爵所说，他"与大臣的关系与他与情妇的关系一样，利用他们，却不爱他们"。[52] 他的情妇无疑会赞同，尽管查理与其中两人关系甚密——卡斯尔梅因夫人（为他生育四个子女）和内尔·格温（为他生育两个子女）。可悲的是，他的葡萄牙妻子，布拉干萨的凯瑟琳，未曾为他诞下一儿半女，她一再流产导致丈夫变本加厉在公开场合拈花惹草，她也只能徒增其辱。

查理是一位有文化修养的人——对音乐、艺术、戏剧、科学和技术都颇有造诣，对海事事务也博学多识。他对解剖学尤为着迷，参与过人体尸体解剖。1663 年，在得知一匹马排出了四块巨大的肾结石之后，他每天都要命令检查这匹马的粪便，以获得更多的例子。[53] 在政治方面，他是个两面派。1670 年他暗地里向法国国王承诺，将皈依天主教。但是，他知道如果公开这样做，会引起英格兰的另一次革命，15 年后临终时他才履行了他的誓言。他以不讲信誉著称，这并不奇怪。罗切斯特伯爵写墓志铭嘲讽他：

这里躺着我们的君主，国王
他的话无人敢信
虽一向出言谨慎
行动却从不负责任。

对此，国王的答复是："我的言语是我自己的，而我的行动倚赖我的大臣们。"——回答得诙谐，但又一次表明他随时会推卸责任。

也许查理作为国王的最大政治赌博是支持他的弟弟詹姆斯作为

他的法定继承人,因为众所周知詹姆斯已经皈依天主教。那是一场旷日持久的政治斗争。1679年至1881年的所谓排外危机使英国现代政党初具雏形。那些希望将詹姆斯排除在王位之外并限制王权的人,被称为辉格党——"辉格"一词是俚语,用于讥讽那些狂热的反天主教的苏格兰牧民。与他们正面对立的是那些打算维护王权的人,被称为托利党——这是对爱尔兰天主教盗贼的讥称。辉格党视教皇为幽灵,他们烧毁他的肖像;托利党的回应则是提醒人们警惕克伦威尔政府的极端主义。最终,国王和托利党获得了胜利。1685年2月6日查理去世时,王位在没有反对的情况下由詹姆斯继承。到他去世时,查理已经成功地创造了一种富有、活力、多彩、负责,不失神秘感和威严的君主身份。他是君主制发展的伟大创新者之一。

詹姆斯二世没有他哥哥的政治判断及智慧。最糟糕的是,他缺乏实用性和灵活性。他对君主制的看法是"必须要么更绝对,要么彻底废除"。绝对主义,是统治英国国教的天主教徒,也是教会的官方首脑面临的一个重大问题。

在他的一生中,詹姆斯逐渐沉迷于这样一种观念,即恢复英国天主教信仰是他的职责。他在1660年之前在法国长期流亡,这使他相信天主教是唯一真正的宗教。他深爱的第一任妻子,克拉伦登伯爵的女儿安妮·海德,于1669年皈依天主教;不久之后,詹姆斯自己也秘密地做了同样的选择。1671年安妮去世后,他决定将自己的信仰公布于世:1672年圣诞节,他拒绝与他的国王哥哥一起参加圣餐。第二年,他公开承认已皈依天主教,并于9月与摩德纳公国信奉天主教的公主玛丽结婚。之后国王和托利党在排外危机行动中取得胜利,这更加增强了詹姆斯的信念——上帝的天意指导他在英国恢复天主教。即使英国人民反对,他仍坚定不移地推行他的政策。

在詹姆斯二世统治之初是受人民拥护的。在苏格兰,由阿盖尔伯爵领导的暴动被苏格兰人击败。在英格兰，由蒙茅斯公爵（查理二世最年长的私生子）领导的叛乱于1685年7月6日在塞奇莫尔战役中被击败。但此后他的受欢迎程度开始下降。战争之后是血腥的巡回审判，詹姆斯拒绝赦免任何一个被判处死刑的人，变得臭名昭著，失去民心。他专横地给议会施压暂停反天主教立法，拒绝接受牛津大学麦格达伦学院研究员的选举结果，并将七位主教囚禁于伦敦塔，这一切强调了新教徒面临的危险。公平地说，詹姆斯希望对所有宗教一视同仁完全出于真心。但他不能接受的是，新教徒普遍将这种宗教宽容看作是鼓励天主教的借口，他们认为天主教教义在《圣经》中没有规定，是异端邪说。因此，他妄自尊大，强行实施宽容政策是他垮台的原因——不得不承认，这是一件颇具讽刺意味的事。

詹姆斯二世的统治不足四年。他无法相信自己的女儿玛丽和她的丈夫奥兰治的威廉王子（也是他的侄子）将以捍卫新教的名义入侵英格兰，结果他错失时机，没能采取相应的军事措施。1688年11月5日威廉在托贝登陆，然后向埃克塞特进发，在那里设立总部。当地的士绅纷纷投靠他。詹姆斯二世开始在索尔兹伯里集结军队，但所有迹象表明，天意并不钟情于他。令人难忘的是，他连续流鼻血，严重到无法摆出戏剧性的英雄姿势。他的参谋官建议他撤退到伦敦。12月11日，他试图逃离该国，但他在法弗舍姆被认出并被带回伦敦。当威廉王子要求詹姆斯离开首都时，他顺从地去了罗切斯特，从那里辗转逃到法国。

如果你在1689年年初到访英格兰，你会发现英格兰和苏格兰都没有国家元首。奥兰治的威廉被认为是两个王国和平的唯一保障者，这一点很重要。1658年至1660年法律和秩序的崩溃让所有人忧心忡忡，不知道威廉回到荷兰会发生什么。议员召集议会，讨论继承问题，国会议员决定邀请威廉执政，但有四个条件。首先，他必须同意联合君主制，与他的妻子同时登位，以便继承不会中断（尽管实际的权力只属于威廉）。其次，他必须接受新的效忠誓言。再次，他必须遵从《权利法案》，该法案概述了对君主权力的限制条件。最后，他必须承认，如果玛丽去世后他再婚的话，他的妻妹安妮的子女比他任何继任子女都将优先享有王位继承权。

威廉三世与他的祖父查理一世执政基础截然不同。他必须听从议会两院的一项声明，其中规定未经议会同意，国王不得废止任何法令、征收赋税或在和平时期保有军队，也不能对其臣民处以过高的罚款或施加"残忍和罕见的惩罚"。此外，国王必须允许新教徒此后可以携带武器进行自卫，允许他的臣民向他请愿而不必担心受到迫害，保证选举自由，允许议会言论自由而不让发言人在任何法院承担责任，并定期召集议会。从1689年开始，议会每年召集，从1694年起每三年选举一次。

历史学家将1688年至1689年的事件称为"光荣革命"。有时你会听到现代评论家对此表示质疑，认为由于未发生流血事件，所以不够激进，不能称之为真正的革命。然而，当你看到整个复辟时期政府从接近专制主义到君主立宪制的转变时，除了"革命"之外，很难想出一个更好的词来形容它。

妇女

正如各阶层之间存在巨大的不平等一样，两性之间的地位也天差地别。这导致的性别歧视严重到你根本无法理解。对此人们毫不避讳，也不加掩饰。从哈利法克斯侯爵对自己女儿的建议中可见一斑：

> 首先你必须制定一个基本的总体原则，那就是两性之间并不平等，为了世界经济更好发展，男性作为立法者被赋予更多的理智……我们秉性不同，所以我们的缺陷可以互补。你们女

性需要我们的理智规范你们的行为,我们的力量保护你们的安全;我们男性则需要你们的温柔来软化和取悦我们。[54]

不应该将这种态度与仇恨女性的厌女症相混淆。有很多男人深深爱着他们的妻子(妻子同时也深爱他们),然而这些男人仍在苛责他们的伴侣并殴打她们,心里还往往认为这是在为伴侣着想。此外,你需要意识到并非所有女性都认为两性之间更加平等是可取的,更不用说可能了;许多人认为女性应该从属于男性,因为这是事物的自然顺序。即使是一些受过良好教育的女性也持这种观点。例如,露西·哈钦森夫人,她翻译拉丁文散文和诗歌,本人也是一位女诗人,她为丈夫写传记,也有一本自传。她正是那种你期望能为女性伸张正义的人。相反,她坚持认为自己在智力上不如男性。[55] 这是英国复辟时期性别歧视令人震惊之处:对女性的偏见是如此根深蒂固,以至于很多女性都非常赞同。

英国女性的法律地位与之前几个世纪的情况大致相同。简而言之,丈夫是户主,也是妻子和未婚女儿的主人,拥有她们所有的财产。爱德华·张伯伦在《英国现状》(1669)一书中对此阐述得非常精辟,"如果有任何商品或动产被送给已婚妇女,都会立即归其丈夫所有。未经丈夫许可,她不能租借、放置、出售或赠送任何东西。"[56] 即使她的衣服也不属于她。不经丈夫允许,妻子不能借钱,也不能立遗嘱。她们不可以违背丈夫的命令让其他人进入他们的婚后住所。如果妻子逃离丈夫,他有权进入别人的领地将她拖回家。丈夫可以肆无忌惮地殴打他的妻子,只要不会致命。如果她拒绝与他发生关系,他就有权强迫她。无论对丈夫进行哪种指控,她都不能在任何法庭上做反面证词。因此,如果她现场抓住丈夫跟另一个女人发生关系,她不能在法庭上就他的通奸作证。诸如此类。在17世纪的英国,可以确定的事情很少,但有一点可以肯定:如果夫妻之间存在分歧,那依照法律女人就是过错方,尽管她实际上是正确的。

法律为日常关系提供的框架比法律本身对婚姻的影响要大。一个"好女人"不是一个以自然方式行事的人，而是一个压抑她本能的人。正如一位作家所说，一个女人"可能不会违背上帝的意愿，但如果她的丈夫要求她，她必须违背自己的意愿做许多事情"。[57]在塞缪尔和伊丽莎白·佩皮斯之间的关系中，你会反复看到这一点。1663年1月9日，伊丽莎白给她的丈夫大声朗读一封信，上面发泄着她的不满（她已经给了他一份副本，但是他没有阅读就烧掉了）。这封信充满了悲伤，控诉他离家上班时，自己生活孤寂，无人陪伴。佩皮斯感到震惊的是，她竟然将对自己家庭生活的批评写到纸上，很有可能被其他人读到。他不仅撕掉了她刚刚读过的那封信，而且还没收了一大捆她一直以来收藏的信件，包括他早先给她写的情书，强行从她手中夺走，还当面将信件撕毁，妻子泣下如雨。[58]他完全有权利这样做，这一点无关紧要。在同一天晚些时候写日记时，他对自己的行为表示后悔，这也不重要。重要的是法律完全认同丈夫对妻子的这种行为，才使得他有恃无恐，毫不让步。单纯的分歧升级为对个人的羞辱。你肯定为伊丽莎白感到不平：与这样的人一起生活简直是压抑人性，他认为自己完全正确，认为自己完全有理由对你发怒，尽管他后悔给你造成伤害。

对妇女的普遍偏见（不同于对待妻子）同样令人沮丧。一个女孩很难获得拉丁语教育，因此按照当时的标准，大多数女性都没有受到良好的教育。即使她们由私人教师教授，她们也不能上大学或获得专业职位，例如律师或校长。如果女性从事医学实践，她不可以收取服务费。女性不能成为国会议员或地方法官；她们也不能成为一个城镇的自由民——她们无法当选市议员或市长。她们也不能投票选举议员。即使一位女性本身就是公爵，她也不能入选上议院。即使出身高贵，领主的女儿必须袖手旁观，看着她的每一个弟弟继承父亲的遗产，有时还包括家族旁支的男性，最后自己才有机会继承。安妮·克利福德夫人是坎伯兰第三代伯爵唯一幸存的女儿，她必须等待她的叔叔和堂兄（第四任和第五任伯爵）死后，才能拿回她父亲的遗产和祖先的城堡。与此同时，她必须忍受两次不愉快的婚姻。惩罚泼妇的方法是将她们绑在两根长梁末端的刑凳上，浸入池塘或溪流中，整个社区的人们都会前来观看，再加上他们的冷嘲热讽，会将耻辱感无限放大。应该指出的是，言辞过激的男性却不会遭受这种惩戒。

尽管如此，你会听到人们说"如果有进入英格兰的桥梁，那么欧洲所有女性都会跑到那里"；或者"在某些事情上，英国的法律高于其他国家，对女性如此有利，仿佛女性参与了投票"。[59] 鉴于上段文字，这里需要解释一下：比如伊丽莎白·佩皮斯，如果在海峡上架起一座桥梁，她可能会考虑逃往完全相反的方向。部分答案可以在洛伦佐·马加洛蒂的文章找到：

> 伦敦的女性在身材或容貌方面都不逊色于男性，她们都有健硕的身形，黑色的眼睛，浓密的浅色头发，衣着极为整洁。她们本身的缺陷是牙齿，一般来说，都不是非常白。她们生活在国家习俗所赋予的所有自由之中，摒弃了其他国家对妇女极其严苛的因循守旧的习俗。无论是单独还是有人陪同，她们随心所欲地出现在任何场合；而那些较低阶层的人甚至经常公开露面参加球赛……她们不会轻易坠入爱河，也不会对男人投怀送抱，但一旦被爱情俘虏，她们会爱得如醉如痴，可以为心仪之人奉献自己的一切；如果被抛弃，就会陷入极度绝望和痛苦之中。她们的穿衣风格非常优雅，完全追随法国时尚，她们偏爱昂贵的衣服（即使是社会最底层的女性也会衣着光鲜）更甚于珍贵的珠宝，珍珠是她们唯一花销较大的首饰，因此，珍珠在英格兰受到追捧，需求量很大……英国人在家里对自家女性极为尊重，女人在家里掌管一切，对男人极具威慑力。[60]

在这里，马加洛蒂超越法律条文，观察女性的实际生活。在他看来，英国女性比她们在意大利的表姐妹们拥有更大的自由，对自己的丈夫管控更严，她们丈夫对她们是又敬又怕。塞缪尔·佩皮斯和伊丽莎白夫妇之间的关系也属于这种模式，妻子有更大的自由。塞缪尔允许他的妻子独自留在娱乐场所，尽管他可能因担心妻子移情别恋而醋意大发。1662年的一天，他冒出勾引女仆的想法，但又马上打消，"因为害怕女仆很忠心，会拒绝并告诉我的妻子。"后文并没有说这会导致什么后果。[61] 1668年10月25日，他刚把手伸进女仆的裙子，就被妻子撞个正着，正如他在日记中承认的那样，"我的手在她的裙下"。[62]佩皮斯夫人对此绝不会姑息。她无言的愤怒使她自视清高的丈夫浑身不自在，只能低声下气地祈求原谅。几个星期之后，妻子终于宽恕了他，或者，如他所说，"于我而言，世间之悲哀，莫过于此"。

有些方面，法律和习俗保护妇女。例如，如果一个男人长时间在国外旅行归来发现他的妻子已怀有身孕，他必须把孩子当作自己的孩子抚养长大，即使他已经离家一年以上。[63]同样，如果一个女人在结婚时已怀有身孕，丈夫就会被认定为孩子的父亲，如果是男孩，将成为他的继承人，无论是不是亲生父子。法律对女子的保护非常坚决，就算已婚妇女有叛国行为，也会被认定因丈夫唆使而被判无罪。一个女人通过结婚自动获得她丈夫的级别——所以，如果丈夫是领主，她就会成为夫人——但是如果婚前的级别比她丈夫更高，则不会贬降啄食顺序；公爵的女儿即使嫁给单纯的商人也保留了她作为"女士"的地位。至于国家的习俗，更是有所不同。在家事上，妻子是丈夫的右手。笛福宣称，"一个勤俭的男人，如果足够精明，会老老实实把他的收入带回家里[并]将其交由妻子管理……"。[64]尽管离婚几乎不可能，一般情况也不允许再婚，但是夫妇可以选择正式分居，在这种情况下，法院会裁定丈夫需向分居的妻子支付赡养费。1677年，宗教法庭命令弗朗西斯·斯罗克莫顿爵士在与妻子分居时期每年向她支付 300 英镑。[65] 除了这些正式条文之外，旧习俗还赋予妇女许多其他权利，现代人会觉得匪夷所思。法国绅士米松告诉我们：

> 我有时会在伦敦街头碰到一位妇女，拎着一个男性装扮的稻草人，头上插着硕大的角，身前挂着一只鼓，身后跟着一群暴民，手里拿着钳子、格栅、煎锅和炖锅，叮叮咣咣发出极为刺耳的噪音。我问这是在做什么。他们告诉我，女人因为丈夫指责自己给他戴绿帽子而将丈夫痛打一顿，而那个无辜遭受通奸指责的邻居则通常会举行这个仪式。[66]

从赡养费和戴绿帽的人插大角这些事情上，可以看到为什么许多男人生活在妻子的淫威之下。

你可能会问，对于女性来说境况是变得更好还是更糟了呢？在法律上，少有的明显改进之一是，从 1691 年开始，允许女性与男性以相同的方式申请神职人员的恩典。如果是初犯，许多重罪她们都可以免于被判绞刑（见第十一章）。除此之外，境况改善与否在很大程度上取决于地位。如果嫁与贫穷的农民为妻，生活必然变得越来越糟。首先，这个群体中的每个人都发现世道艰难，食物价格攀升，工资微薄。除此之外，圈地运动对乡村妇女的社会地位产生了特别不利的影响。在 16 世纪，更多的妻子可以与丈夫肩并肩在大片田地里干活。而现在，她们失去了自己的土地，也丧失了捡拾木柴和放牧的权利，丈夫被迫离家寻找有偿工作，妻子留守在家，除了自己分内之事，还要完成原本丈夫承担的一切。所有现金都由丈夫赚取（因此在花销上有了更大的发言权），妻子的角色越来越多地成为无偿的苦差。妻子不再是合作者和家庭金库的共同贡献者，而成为主要的仆人。

"中产阶层"的女性面临的问题有所不同，她们的问题是教育困难。在这个专业化的时代，人们越来越期望他们的医生和外科医生能够获得某种资格，最理想的是拥有医学学位。自学成才的女性越来越多地被视为二流的从业者，仅适用于儿童疾病和轻微病症的咨询。经验变得不那么重要；教育和资质变得更为重要。主教只给外科医生或校长颁发执照，没有受过正规教育的女性无法获得。对资质的要求意味着男性对所有职业都造成冲击，包括女性占据绝对优势的助产士行业。

富有的女性却因清教徒道德观逐渐瓦解而获益最为明显。法院对富有女士的放荡行为更为宽容，允许她们有各种情人，这在1660年之前简直无法想象。有创造力的女性开始寻求迄今为止不被许可的自由。从1661年开始，不再禁止女性出现在伦敦舞台上，许多女演员因而富庶起来。那些擅长绘画的女性现在可以靠它来谋生，而在过去，英格兰清教徒根本不允许女性创建画室。女性更容易出版自己的戏剧、诗歌和小说作品。富有的女性可以参与伟大的建筑项目，比如伊丽莎白·威尔布拉姆亲自监督建造韦斯顿园，这是她丈夫在斯塔福德郡的宏伟庄园。妻子还可以承继她们丈夫的账户和商业利益。[67]在这一时期，贵族女性赢得的另一项自由是旅行，西莉亚·法因斯就是一个例子。在内战之前，女性很少独自离家远行。冲突导致许多保皇派家庭远走国外，四处流亡，许多女性发现从旅行中自行学习的乐趣，此后针对她们独自远行的禁忌逐渐被破除。

总的来说，大多数女性都有一段艰难时期，但这并不像法律所暗示的那样片面。事实上，有些人认为职业女性是你能遇到的自我满足感最强的人。5月的一个晚上，多萝西·奥斯本在家附近的公共用地散步：

> 那里有许多乡下女孩放牧牛羊，她们坐在树荫下唱着民谣……我和她们攀谈，发现她们不需要任何理由就感觉是世界

上最快乐的人。交谈时,女孩们不停地东张西望,只要瞥见自己的奶牛钻进了玉米地,就一溜烟跑走了,仿佛她们脚后跟上长了翅膀一样。这种情况非常常见。[68]

尽管有诸多不利因素,性别歧视、对穷人的偏见、分娩死亡率和因贫困经受的磨难,你依然会怀疑这个时期的女性并不一定没有现代世界的女性快乐。

第四章

精神风貌

你相信巫术吗？你相信上帝吗？你对两个问题都无需做出肯定的回答，但如果你相信巫术或上帝的存在，也许会有些帮助。迷信和宗教在很大程度上决定了 17 世纪的思想和行为。然而，如果你的回答是否定的，你会发现更容易理解在某些社会领域中处于萌芽期的科学观。这一时期的变化可谓是天翻地覆。英国最后一次将施巫术者处以死刑是在 1685 年；而 1687 年，英国皇家学会则刊发了艾萨克·牛顿的《自然哲学的数学原理》。从因忌惮巫术而置巫师于死地到现代科学的奠基之作得以发表，不过间隔了短短两年时间。当然，这并不意味着人们前一刻还在小心翼翼地提防飞行的扫帚，而下一刻就忙不迭地计算太阳对地球施加的引力。事实上，迷信的人基本上终生都不会改变想法；其实是年轻一代质疑父辈的陈腐观念而将其摒弃。同样地，你也不要认为 1687 年出现的富于理性、基于证据的思想是全新的。尽管牛顿万有引力定律的灵感可能源于一棵树，但他并不是第一个拷问蓝天的自然哲学家（或用现代术语来说，科学家）。而你探访的这个时期之所以如此与众不同，是因为它是社会的转折期——当时大多数人不再恪守陈旧的迷信思想，转而崇尚依据科学方法推断真相。

17 世纪下半叶其他一些社会领域也发生了变革。我们前面已经提到了教育和医生行业从业余到职业的转变。虽然军队建制在复辟之前就已开始发生显著变化，但直到 1660 年之后才有了常规的新型专业化军队。

　　正是在这一时期,国家首次建立了一支常备军,海军军官的选拔和晋升依据是功绩而不是社会地位。在建筑领域,也正是在这一复辟时期,建筑师和专业开发商纷纷追随伊尼戈·琼斯,设计房屋、教堂、街道和广场时摒弃了传统的建筑风格。肖像画、戏剧和体育运动也都在这一时期发生了具有分水岭意义的变化,这一点我们将在第十二章中得窥全貌。政治思想在这一时期也发展到了巅峰。社会不再过分关注谁是合法的统治者,重要的是统治者的所作所为,以及他是否对自己的臣民负责。在宗教领域中,人们越来越认识到,他们不能指望仅仅通过《圣经》所述来了解世界起源,必须要走到外面的世界中亲自探究。因此,宗教失去了往日的权威地位,不可否认它为科学探索注入了活力,物理学、化学、植物学、天文学、数学、统计学、显微镜学和经济学领域的发明层出不穷地涌现。

　　人们被一种强烈的好奇心所驱使——如孩童般的求知欲——这是时代精神的真实体现。人们环顾四周所处的环境,就好像他们刚从一个黑暗的洞穴里出来一样。他们以类似的惊奇感审视着自身。复辟时期的男男女女会自己打开《圣经》,从字里行间探索上帝对他们每个人的不同旨意。他们对自己作为个体的兴趣愈发浓厚。事实上,他们比以往任何时候都更多地相信自己是独立的存在。在过去的集体生活和农业社会中,很少有私生活,人们认为自己是一个更大群体中的一员——教区、十户区、庄园、百人区或城镇公会——但此刻他们的自我意识与我们现代人相仿。在这个伟大的时代,记日记蔚然成风。每个人都是自己世界的中心,而此前大多数人的身心是以上帝的旨意为主导的。

　　这些年来,社会的许多方面都发生了根本性的变化,这意味着你在这个国家四处游历之时,切勿妄下论断。例如,在1682年,如果你乐观地预测哈雷彗星将重现于这个国家的乡村地带,这可能会让当地人惊愕不已。相反,如果在1699年,即使在伦敦某豪华庄园的舞会上宣布某人是个女巫,很可能只会看到人们迅速换个舞伴而已。正如大火之前伦敦分为内城和外城一样,英国社会也有两面——旧式英国和新式英国,但它们之间没有明显的地域划分。相反,英格兰、威尔士和苏格兰都是思想、态度和偏见荟萃之地,断不可一概而论。

迷信和魔法

你可能会以为,在海上漂泊了16年之后,爱德华·巴洛定会对那些自称能驱魔念咒的人嗤之以鼻。毕竟这个男人曾航海周游日本、印度尼西亚、中国、非洲和巴西,全世界什么光怪陆离的动物都见识过,比如狮子、豪猪、大象、犀牛、鸵鸟、巨嘴鸟和猴子。他认真观察,把这些动物描述得活灵活现。然而,他毫不怀疑,是他的船友在挪威卑尔根港欺骗妇女,欠下一屁股债,惹怒了她们,才会在古德温暗沙遭遇大风暴。[1] 他的迷信再次证明,每个人都有自己的信仰体系,通过这个体系来理解世界——尤其是面对未知事物之时。

迷信,不论大小,都无孔不入。法国绅士米松指出,一些英国人会特意留着从疣中长出的毛发,作为幸运的象征。伦敦的大多数商人特别在意早上收到的第一枚硬币:他们会亲吻它,吐上点儿口水,然后放进口袋里,希望给自己带来好运。[2] 市政官和法官之流听到魔鬼幻化成猫或喜鹊去拜访女巫的故事时,即使乾坤朗朗,心中都会惴惴不安。虽然拉尔夫·乔斯林是牧师,但他很有信心,魔鬼是一头公牛,会将他的教众顶进河里。[3] 在有些地方,人们还有这样一种说法,一个人被谋杀后,如果尸体被凶手触碰到,就会流血。1666年,在奥克尼地区,就曾将四名死因可疑的男性尸体挖掘出来,以便让所有的嫌疑人触碰他们腐烂的尸体,然后由当局检查是否会流血(奇怪的是,没有任何出血的迹象)。[4] 即使是受过教育的男人,在神志清醒时也受鬼的影响。皇家学会会员约翰·奥布里在1696年出版了一本书，书中证实凶兆、前兆、梦境、幽灵、虚无的声音、敲门声、不可见的攻击、预言、魔法、移形换位、水晶球里的幻景、与天使的交谈、神谕和各种预见力都切实存在。[5] 从 1662 年 3 月到 1663 年 4 月，市政官约翰·蒙佩森在威尔特郡蒂德沃斯的寓所，每天晚上都会听到有敲鼓的声音，扰得人心神不宁。每当缥缈的鼓声传到房间之时，蒙佩森的孩子们就会吓得魂飞魄散。[6]

最常见的一种迷信就是通过解读某些事件来预测未来。某地风暴肆虐可能是灾难即将降临该地的先兆。鲸鱼搁浅或双头小牛诞生也有类似的解释。听到地震摧毁了士麦那古城和地中海其他地方的消息之后，有着科学思想的伊夫林认为这些一定是更大灾难的先兆。他写道："全能的上帝将保佑他的教徒和所有拥护他的民众，直到灾难结束。"[7] 每年秋天你都可以买到便宜的历书，为你预测下一年的运势。所有人都相信准确地分析算命天宫图能预测未来。其他急于预知未来的人会求人看手相或找吉卜赛算命师。1663 年 8 月，一个吉卜赛女人提醒佩皮斯当心名叫约翰和汤姆的男人，他们在一个星期之内会找上他，并向他借钱。不久之后，他果真收到一封信，由他弟弟约翰·佩皮斯之手转交给他，是他们的兄弟汤姆写的，信中说想借 20 英镑。令佩皮斯——英国皇家学会的未来主席——印象深刻的是，这个预言结果竟是"如此真实"。[8]

说到与健康相关的迷信，连这片土地的最高统治者也无法免俗。1663 年 10 月，王后高烧不退，生命垂危。最后万般无奈之下，她的医生只能抓住最后一根救命稻草：把活鸽子放在她脚底。[9] 最后女王竟奇迹般地康复了。这跟鸽子到底有多大关系，谁也说不清楚。王室宣称自己拥有治愈病痛的魔力，这一说法也不容小觑。自中世纪以来，英格兰国王一直被认为有能力治愈瘰疬——结核病的一种（又称"国王的邪魔"）。查理二世热衷于维系这一传统说法，主要是因为治愈该疾病的仪式强调了王权的神圣。仪式还邀请专人到现场见证他通过触摸治愈此疾病。瘰疬患者依次从王座前两条护栏之间穿过。他们一个接一个地跪下,国王触碰他们的两颊,神职人员会在一旁高声宣布:"国王触碰你,上帝医治你。"然后给他们每人分发一枚缎带包裹的金牌。这一切究竟是否有用,仍颇受争议。圣托马斯医院的外科医生霍利尔先生告诉人们,国王的触摸不起任何作用。[10]然而,每年人们还是会蜂拥而至,希望得到国王的触碰。1684年,申请治病入场券的现场人满为患,有几人竟被活活挤死。[11]你可能会猜测,人们之所以如此疯狂,是因为金牌值钱,跟国王的"治愈"魔力毫无干系 ——你有可能说到重点了。法国绅士米松在仪式过后指出,"真正的病患都交给医生救治,而那些仅仅冲着奖牌而来的人不需要任何其他药方。"

国王并不是城里唯一的奇术师。事实上,在复辟时期你可以拜访历史上最杰出的英国信仰治疗师之一:瓦伦丁·格雷特拉克斯先生,他也被称为"安抚者"。他出生于爱尔兰的一个英国地主家庭,他完全不像平常碰见的那种江湖骗子。起初,他还很谦虚地试图阻止人们谈论他拥有的魔力。但是,当他开始通过揉搓或抚摸方式来治愈他人的时候,他开始声名鹊起。人们从英格兰和爱尔兰专程赶来拜见他,这其中包括科学家约翰·弗拉姆斯蒂德,他可是未来的皇家天文学家。神职人员试图阻止他,一方面是因为他具有神奇的能力,另一方面是因为他也能治愈瘰疬,这本应该是只有国王才能做到的事情。但这些狂热的人可不在乎质疑的声音。国王听闻格雷特拉克斯的超能力,邀请他到皇宫一展身手。当然这是个阴谋,这次他抚摸患者,没有效果。但是在他的追随者看来,一次失败抹杀不了他多次的成功,而格雷特拉克斯本人也是第一个承认自己的手并不总是起作用的。那些证实他确实能够奇迹般治愈病患的人中包括当时著名的医师托马斯·西登纳姆和最伟大的科学家之一罗伯特·博伊尔,后者曾目睹其60多次治疗过程。[12]格雷特拉克斯1666年返回爱尔兰,但每隔几年会回到英格兰,多次治愈病患直到1683年去世。如果你想为迷信在不列颠群岛盛行不衰寻求一个简单的解释,那么广为传颂的格雷特拉克斯的触摸魔力就是最好的证明。

巫术

这个世纪一边对奇术师的仁善之举顶礼膜拜,另一边却把巫术打入罪恶的深渊。你已经错过了硝烟弥漫的反神秘主义高潮期:大多数涉及巫术的起诉和行刑都发生在1590年到1660年之间。[13] 但尽管如此,你还是要记住,在整个复辟时期,巫术仍然是成文法中明确规定的一项犯罪行为:它远不止那些怪异神秘的民间信仰。在英格兰和威尔士,法律上对巫术的处罚是判绞刑。在苏格兰,女巫会被勒死并焚烧。1685年,爱丽丝·莫兰德成为英格兰被判处死刑的最后一个女巫,但是即使是在这之后,你也不是绝对安全的:《巫术法案》直至1736年才被正式废除。在苏格兰,这类悲惨事件一直持续到1727年,那一年最后一个女人因为同村人怀疑她会巫术而被全身浇上沥青,活活烧死。

定义巫术的主要法案分别在1604年由英格兰和1563年、1649年由苏格兰颁布。《英国法案》取代了先前的一项立法,规定任何召唤恶灵的行为,或是出于巫术目的挖出他人尸体的行为,或是任何形式实施巫术而导致他人死亡或伤残的行为,都被视为重罪。任何被认定有罪的人将处以死刑。且这一立法也禁止相对无害的巫术,譬如让女巫帮忙寻访丢失物品的下落,或是诱使某人做出"情感越轨"之事等。一旦女巫被发现有以上这些行为,以及任何导致牲畜死亡的行为,都将入狱监禁一年。如果是第二次被认定有罪,即使只犯上述一项轻罪,女巫也会被绞死。苏格兰的法律略有不同。正如他们所说的:"不应该给任何一个女巫留下苟延残喘的机会。"任何被认定有罪的巫师将被绑在火刑柱上烧死,包括通灵师——即使他们不过是召唤亡灵,并未造成多大伤害,也绝不姑息。[14]

很快你就会发现，法律的实施无论是从地理上还是时间上，差别都很大。一般来说，越为偏远的地区，当地人相信女巫的可能性越大，在这些地区抓捕和审判女巫的做法更为普遍。但威尔士则是个例外。在 1563 年至 1735 年间，威尔士地区仅报告了 34 起巫术案件。[15] 在英格兰部分倾向于相信巫术的地区，对巫术指控的数量并非持续增长，而是像得了妄想症一样突然爆发过几次。如果你在 1661 年至 1662 年、1677 年至 1678 年间造访苏格兰，要格外小心，因为那时正值对女巫进行大规模搜捕之时。在 1660 年至 1700 年间，被指控实施巫术的男女总计 1000 多人，大约是边境线以北地区所有被控告人数的三分之一。[16] 在此期间，英格兰人不太倾向于控告巫师。尽管英格兰在 1563 年至 1735 年之间审判巫师的次数与苏格兰大体相当，但绝大多数都发生在 1660 年之前。

那么，对巫术的审讯会是什么样的呢？可能最为人们所熟知的就是女巫伊索贝尔·高迪的自我忏悔案。她是苏格兰北部奥尔德恩村一位农夫的妻子。1662 年，她所在地区教会的牧师亨利·福布斯指控她试图用巫术迫害自己。面对牧师亨利·福布斯和苏格兰法官，这位女巫四次自愿认罪。她解释说，15 年前她和一个邻居正外出散步时遇到一个魔鬼。魔鬼在她的肩膀上打上了魔鬼标记，当邻居紧握自己的双手时，魔鬼就从标记上吸血，然后将血喷到魔鬼手上，再淋在她头上，以魔鬼的名义为她洗礼并赐名为"珍妮特"。再见面时，这个女巫就允许魔鬼与她共交。她发现魔鬼"身体黝黑，毛发浓密，身体冰冷"，脚趾分叉。魔鬼重重地压在她身上，他的那个部位硕大无比——让一般男人望尘莫及，而且他的精液流淌进她身体里时就像"春日井水"般寒冷彻骨。后来，她加入了一个女巫集会，恶魔会在众目睽睽之下和在场的每个女巫交欢，丝毫不觉羞耻。参加集会的女巫们曾在奈恩的墓地里挖出了一个未受洗礼的孩子尸体，然后将尸体剁碎，把尸体碎末与她们的手指甲和脚指甲以及谷物和甘蓝叶充分混合，配成"药剂"后撒在某个对手的粪堆上，用来杀死他的庄稼。在过往甚密的恶魔协助下,"珍妮特"破坏他人的收成,毁掉他们的牛奶。她还承认曾把自己变成野兔、寒鸦和乌鸦。她和集会的其他女巫曾闯进富人的住处,吃掉他们的食物,喝掉他们的酒,酒足饭饱后就用她们的尿液将酒桶装满。她和其他参加集会的女巫骑着稻草或扫帚飞行时,曾用魔鬼送给她们的特制精灵箭将人射死。她恨福布斯,但却谋杀未遂,因此她请求魔鬼再让她尝试一次。然后她和其他女巫就用蟾蜍肉和内脏对他施咒。她们还制作了一个泥人并放在火上炙烤,企图用来杀死当地领主的男性后代。为达目的,她们还呼风唤雨。如此云云。[17]

高迪似乎愿意承认一切她能想到的与巫术相关的行为。综合来看,她好像在嘲笑牧师和法官们,他们竟然会相信那些胡言乱语。然而,她的同谋被捕后,口径与她一致——从接受魔鬼的洗礼,到与魔鬼之间的放荡行为,再到射精灵箭。我不知道她到底有没有被施以火刑——我询问过的人也都不太清楚。如果是,我也不会感到惊讶:在当时,很多妇女都因为更轻的罪责而被施以火刑。1661年,伊索贝尔·弗格森妮因与魔鬼通奸而被捕,当时魔鬼附身在她房东同父异母的哥哥身上,而此人在她被捕后立刻逃到了爱尔兰。人们在她身上发现了魔鬼的标记。而她认罪后被处以火刑——不过,根据当时的苏格兰法律,行刑时对她实施了人道主义,在柴堆的火苗蔓延到她身上之前,先将她勒死。[18]

同一时期,在英国东南部的大都市,人们对巫术的指控相对就少得多。那里的人们只是怀疑巫术,并小心防范。绅士米松说,人们会钉牢马蹄铁,以防女巫靠近自己,"必须承认,虽然人们会在谈笑间说起这件事,但对此,人们并不能真正做到完全不在意"。[19] 在西南部的偏远地区,人们对巫术仍深信不疑。这里与500英里以外的奥尔德恩一样,很多人仍坚信童话,同样地,他们还相信,一些老巫婆能够化身为猫或鸟。[20] 1661年,威廉·谢林科斯冒险来到康沃尔,他战战兢兢地说,自己听说这个地区仍有女巫和男巫。[21] 此外,还有很多人会现身说法，告诉你他说的并不是假话。

1682年，三位来自比迪福德的老妇人苏珊娜·爱德华兹、坦珀伦斯·劳埃德和玛丽·特伦布尔斯指控被实施巫术。作证指控她们的人名叫多尔卡斯·科尔曼，她说，有一次她因体内有刺痛感去看比尔医生。比尔医生只草草看了一下就打发她，他对此也无计可施，因为她被施了巫术。多尔卡斯说，后来她终于想明白她是如何被施了巫术的，那都是因为苏珊娜·爱德华兹。因为当她遇见爱德华兹的时候，她发觉自己会不自觉地想爬向爱德华兹，并想用她的指甲来吸血——这显然是唯一能够破除女巫符咒的方式。格雷斯·托马斯指控说自己会感觉到刺痛是由特伦布尔斯引起的。80岁的坦珀伦斯无力招架法庭上的种种质疑，最终承认自己的确通过反复针刺一块皮革而引发刺痛感。进一步的审讯以及关于她们恶行的谣言彻底击垮了她们的防线。坦珀伦斯承认，自己受化身为小黑人的魔鬼驱使掐了格蕾丝·托马斯，她还与魔鬼有过性行为。经过检查，在她的阴部附近发现两只乳头，每只大约一英寸长。法院判定，这些绝对是魔鬼的标志。在这样的启发下，苏珊娜·爱德华兹也承认她见过化身为小男孩的魔鬼，并在这种伪装下从她的乳房吸血，还和她发生性关系。被指控用巫术伤害了另一个女人的玛丽·特伦布尔斯也在诱导之下坦白说，自己遇到了化身为狮子的魔鬼，他用力吸她的血，她因疼痛而大声尖叫。此后的指控更是离谱：这些女人来无影，去无踪，杀死过一个女人，让奶牛不再产奶，让船只沉没。坦率地说，面对这一股脑的恶毒、无厘头的指控，换作任何其他人都会感到不知所措，这些女人也就只能照单全收。镇长认为她们有罪，把她们带到埃克塞特面见法官，法官裁决指控成立。1682年8月25日，这三个人被处以绞刑。

针对上面所发生的一切，可以推断出巫术并非像有些人所说的那样无处不在。然而，在巫术盛行的乡村地区，其影响危险而可怕。即使在埃克塞特，英国最大、最繁荣的城市之一，执掌法庭的伦敦巡回法官也坚持以法律制裁巫术。这与行为和信仰毫无关系，只与别人对你的看法和联想息息相关。由此引发的后果着实令人不安。在现代社会，我们会假定真理就是可以与周围所有的人共享的东西。比如，人类不可能变成猫或者寒鸦，这种观点对你我而言都是毫无异议的。然而，17 世纪的情况却并非如此。很多人认为自然法则对我们的影响方式不同：女巫可以做我们做不到的事情。因此，对于世界运行的真实规律既有可能众口一词，也有可能众说纷纭。当谈及巫术时，你认为的真理是否能让大多数人信服仍未可知。

宗教

如果你认为复辟时期的社会宗教氛围不如之前浓厚，绝对无可厚非。1612 年英国最后一个异教徒——爱德华·怀特曼被活活烧死，到复辟时期已过去多年，政府也于 1677 年废除了实施这种酷刑的法律。强制去教堂做礼拜的次数逐渐减少。有时佩皮斯不带妻子独自去教堂。有些地区，甚至认为穷人不应该去教堂听布道。富人越来越希望因衣着光鲜而受到瞩目，而不愿意总是看到与自己相比不够幸运的人。由此看来，那些去教堂听布道的人并不一定是为了净化灵魂。不只佩皮斯一人在听布道时眼睛喜欢停留在女士身上。当托马斯·巴斯克维尔去雅茅斯的荷兰教堂时，他注意到"人们每天下午都要去听祷告，在那里可以看见优雅的女士们"。[22]

尽管以上种种，还是有很多迹象表明：宗教信仰依然强大。你只要想到詹姆斯二世因为晋升天主教徒而失去了王位，就会意识到宗教信仰对许多人来说仍然是最重要的，而这也绝非没有先例。1661 年，议会出台《市政法案》，要求在英格兰地方行政机关任职的每位公职人员都必须获得在过去 12 个月内参加过圣公会布道的证明，并宣誓效忠国王，承认其在精神事务上的至高无上地位。1672 年，当查理二世尝试推行所有宗教信仰自由时，遭到新教教徒的强烈反对，他最终只能颁发《宽容宣言》，允许不信奉国教的教徒在得到许可的建筑中进行布道，天主教徒则在自己的家中做礼拜。当国王在次年被迫接受《宣誓法》时，即使朝着宗教信仰自由迈出的这一小步也被扼杀了。《宣誓法》要求每一位政府官员必须宣读三道誓言：效忠王室；国王在精神事务上至高无上；天主教变体论的教义不正确。这一法案使国王的弟弟失去了职务。若连国王和公爵都无法阻断民间宗教信仰的思潮，普通人又怎么能做到呢？据报道，1697年，一个名叫托马斯·艾肯黑德的苏格兰学生嘲笑《旧约》是"以斯拉的寓言"，宣称基督在埃及学了魔法，所以能创造奇迹。在一个寒冷的夜晚，托马斯·艾肯黑德和朋友小酌了几杯，然后开起玩笑说："如果地狱真像《圣经·以斯拉记》讲的那样温暖，我真想去那儿取暖。"他的朋友竟然告发了他，害他被捕入狱，受到审判，最终被判处死刑。他痛心疾首，苦苦求饶说自己才年满18岁，望教会念在初犯，饶他一命。但是当本案提交给苏格兰教会的长老们之后，他们敦促尽快行刑，以儆效尤。就这样，在宣判他死罪的教会长老们监督下，这个年轻人被绞死在爱丁堡城墙之外。

　　1660年以后，教堂四分五裂，宗派分支林立，这也许是信仰充满活力的最明显标志。1676年，爱德华·张伯伦把所有他听过的教派名字都一一罗列出来，包括长老派、独立派、再洗礼派（又称浸礼派）、贵格派、第五王国派、浮嚣派、亚当派、唯信仰论派、安息日派、完全成圣派和爱之家派。张伯伦希望这些在克伦威尔时代如雨后春笋般涌现的基督教宗派分支能够尽快消失。[23] 马加洛蒂和法国绅士米松对英国不信奉国教的信徒数量之大也同样感到不可思议，他们把这些教派的名称补充到了张伯伦的清单里。其中包括马格尔顿派，信徒是洛多威克·马格尔顿的追随者，他们信奉上帝耶稣合一，上帝即是耶稣；佛提尼亚派，他们认为上帝和耶稣毫不相关，彼此独立；以及亚流派、布朗派、反教义派、赫德灵顿派、塞奥瑞-琼尼特派、寻求派、等待派、里夫派、男爵派、威尔金森派、千禧年派、亚米钮派、索齐尼派、奥利金派、平等灵修派、昆特主义派、门诺派和自由主义派。[24] 如果进一步调查，他们还能罗列出更多宗派名称。

从理论上讲，以上这些小教派本应该在1662年消失，当年颁布的《统一法案》要求每个人都要诵读新版《祈祷书》。而事实上，这些小教派并未解散。超过2000名不同意见的神职人员被驱逐出英格兰教会，主要是因为他们反对复辟时期的主教统治。在苏格兰，270名牧师被迫离职，被驱逐的苏格兰神职人员迅速举行了一系列的"秘密集会"——非法宗教会议。苏格兰进入了一段血腥的宗教迫害期，直到1689年苏格兰议会废除主教拥立苏格兰长老会才结束。如果当时的社会更加世俗化一些，那么边境两边的神职人员就会耸耸肩接受《统一法案》。他们的信众也会接受新版《祈祷书》。但反对国教的牧师和他们的追随者是心灵相通的：他们认为自己的宗教比遵守法律条文更重要。17世纪90年代，仅在英格兰，不从国教的牧师在布道时拥有的信众就已超过20万——超过成年人口的10%。[25] 如果复辟时期的社会看起来信仰不像之前那么虔诚，那仅仅是因为这一时期紧随几个世纪以来宗教氛围最为浓厚的英格兰共和国时期。

有鉴于此，关于英格兰复辟时期的宗教，建议你牢记四个基本忠告：

1. 社会的宗教色彩并未减少，只是神学介入的渠道越来越世俗化。人们不再期盼他们的祈祷能够被上帝直接回答，他们越来越相信上帝会通过其他个体做出回应。因此，一旦生病，人们不再期盼奇迹，但他们可能会在心里祈祷上帝能够通过医生的诊治治愈疾病。当然，诊病医生拥有圣洁无瑕的灵魂，这点显得尤为重要。而这通常意味着，他需要与患者有共同的宗教情结。大部分敬畏上帝的人都不认为一个无神论者能够对他们有所帮助，无论他的医术有多高明。

2. 切记其他基督教信众未必是你的朋友。并且，如果你不是基督教徒，那可能一个朋友都没有。

3. 每周日去参加一次布道是个不错的选择。要是不去，人们难免窃窃私语。如果一整月都不去教堂，就可能被怀疑是天主教徒并因此被逮捕。[26] 遇上这种情况，你需要即刻让牧师开具一个证明，以证明自己最近在安立甘教堂参加过圣餐仪式。最安全的做法就是去教堂做礼拜。佩皮斯并不是一个严格意义上的宗教信徒，但他通常会去两次：一次是早上，去教区教堂；一次是周日晚餐后，他会选择一个教堂。

4. 认真选择宗教派别。要想确保安全，就坚持信奉英国国教。将1662年的《祈祷书》紧扣在胸前，告诉每个人你鄙视天主教、贵格派教徒和无神论者，诅咒教皇，赞美君主，并且在每年的1月30日将查理一世作为殉身的烈士来纪念。这样你就能避免落入宗派陷阱。然而，如果你不信仰国教，也不能接受与新教教徒一起做礼拜，就认真阅读下面的复辟时期激进宗派简略指南——以辨别哪些信仰只是不合时宜，哪些肯定是危险的。

复辟时期激进教派简要指南

狂热分子。在现代社会，我们都遇到过这样一些人，他们对世界末日即将来临深信不疑，并敦促他人忏悔自己的罪行。复辟时期就有他们的先驱，普通市民称他们为"狂热分子"。佩皮斯在1663年11月25日星期二写道，"人们街头巷尾都在谈论一些狂热分子，说他们如何描绘世界末日即将到来，而下周二就是那一天——然而，无论末日何时到来，上帝对我们所有人都同样眷顾。"[27]

第五王国派。这个教派认为，基督即将回归人间，他们必须为丹尼尔预言的第五君主制做好准备，到那时犹太人会皈依基督教，土耳其人将走向毁灭，基督将再次在荣耀中统治地球。这些人不赞成查理二世回归，甚至不愿意看到英国国教的复辟。1661年1月6日，他们在一个名叫詹姆斯·文纳的酒商领导下，拿起武器，在伦敦街头发动了叛乱。当训练有素的民兵组织与他们对峙并要求知道他们为谁服务时,他们回答:"耶稣王!"并开火。接下来是为期两天的小规模冲突,双方各有大约 20 人遇难。

贵格派。在 17 世纪 60 年代,贵格派是最遭人憎恨和受到最严重迫害的不信奉国教的宗派。他们被称为"最不可救药的罪人""异教徒""危险种群""狂热主义的载体""阴险卑劣的宗教改革残余分子"和"哗众取宠的伪君子"。[28] 他们拒绝缴纳什一税,拒绝宣誓效忠,而且拒绝像一般人那样对社会上层表达敬意,最终既激怒了神职人员,也激怒了富人。最令人震惊的是,他们允许女性在会议上发言。由于人数众多,他们比第五王国派更具威胁性。他们的创始人乔治·福克斯在 1647 年才开始布道,他多次入狱,每次服刑期都很长,然而到了 1660 年,英国贵格派教众已超过 3 万人。1662 年,颁布了《贵格法案》,规定拒绝宣誓效忠是非法的,并禁止小教派五名及以上教众集会。在任何一家监狱,你都能看到表情严肃的贵格派教徒被关押在那里。1663 年 8 月,仅在一天时间内就有 100 名贵格派教徒在萨瑟克被捕。1668 年,一群贵格派教徒在伦敦建造了一个集会场所:如果你加入他们不屈不挠的抗争,就会被逮捕,每次布道都要支付 10 英镑罚款。直到 1689 年颁布《宽容法案》之后,你才能顺利参加这种集会。[29]

无神论者。因为它缺少组织和领导,无神论并非作为一个分支教派而存在。若非如此,它将会取代贵格派成为最令人深恶痛绝的宗教组织。马加洛蒂认为无神论者是:

> 盲目的深渊,也是加尔文异端邪说最为猖獗的代表。宣扬加尔文主义的教授们不相信上帝存在;也不相信复活日会到来;否认灵魂会永垂不朽;坚信一切都是偶发事件;作为自然的产物,他们只遵循自己的偏执观念,不为将来,只活在当下。[30]

这或许是你能听到的对无神论者最礼貌的赞赏。大多数人都对无神论者极为厌恶,任何有关它的讨论都被视为禁忌。1698年,议会通过一项法律,规定任何否定基督神性的行为都是违法的,从而在法律的层面上否定了无神论和自然神论(认为上帝仅以造物主的身份存在,不会干预世间俗事)的合法性。显然,如果你属于两个阵营中的任何一个,根据1673年的《宣誓法》,你都无法宣读最高权威誓言。然而,如果你为了获得公职而恶意宣誓,你将会犯下伪证罪。你根本赢不了。即使是天才也帮不了你。1691年,科学家埃德蒙·哈雷就因有人谣传他不相信上帝而与牛津大学萨维尔天文学教授的职位失之交臂。想当无神论者而又不影响前途的办法或是腰缠万贯,或是极富感召力,或二者兼备。爱招摇炫耀的罗切斯特伯爵公开宣称自己是无神论者没有问题,但是对于一个卑微的手工业者或农民来说却行不通,邻居们见到他会纷纷躲避。

长老会、公理会、独立派、一神论派和浸信会。如果你是这些教派的信众,情况就会简单一些——但也不容乐观。向来有一个基本假设:所有不从国教者骨子里都是共和党。1662年,许多温和派长老会神职人员被赶出教会,在接下来的十年中他们一直都保持低调;1672年,他们才得以重新获得传教许可证,与他们的情形相同的不从国教者总计有1500名之多。那些更为激进的神职人员会更加不为当局所容忍,面临更残酷的迫害。一神论派创始人约翰·比德尔一生大部分时间都戴着镣铐度过,直至1662年去世时仍被监禁。

1661年,在怀特查珀尔的布尔斯泰克巷做礼拜的所有第七日浸信会教众都被逮捕,关入纽盖特监狱;传教士约翰·詹姆斯被判最高叛国罪,在泰伯恩执行绞刑,死后开膛分尸。约翰·班扬作为独立的公理会信徒,受到第五王国派的强烈影响,复辟时期的前12年一直在监狱中度过。如果他愿意,他可以获得自由——前提是停止传教——但是他拒绝了。怀着一腔怒火,他写了42本宗教书籍,主持非法的秘密集会,1676年再次被捕入狱。

总而言之,除非你真正明白你在做什么,否则最好不要在1689

年的《宽容法案》颁布之前，试图加入任何非国教组织。这些组织都很危险。如果你发现自己受到感召，想加入他们的行列，或者看到你的孩子们与他们为伍，那么有一点你可以感到安慰。至少他们不是罗马天主教徒。

罗马天主教

不列颠王朝复辟时期，你如果是一个罗马天主教徒，就最好放聪明一些。因为这一时期不列颠的天主教徒还不足整个国家人口的0.5%，你在这里会格外引人注目。这段时期天主教徒长期遭受大肆恐吓和政治迫害。不可以去离家五英里外的地方；可能无法接受教育；不能上大学；买东西时必须付双倍税费；按照天主教仪式举办婚礼需要交100英镑罚款。信奉天主教的物理学家或者外科医生拿不到就业许可。同样，如果律师是天主教徒，他们也无法在法庭上代表客户，《市政法案》(1661)和《宣誓法》(1673)禁止天主教徒担任公职。如果你觉得这样已经糟糕透顶，下面的情形更加令你无法想象。

1678年，爆发了一场名为"主教阴谋"的反对天主教的恐怖袭击。一位名叫泰特斯·奥茨的天主教皈依者向当局告密，说英国天主教正密谋杀害查理二世，扶持他的弟弟詹姆斯登上王位。国王亲自审问了奥茨后发现他是个诡计多端、自私自利的两面派，于是下令将其逮捕，但是议会却因担心确有其事而推翻了国王的决议，他们赐给奥茨一队巡警，命令他务必找到所有可疑的天主教密谋者。当人们发现埃德蒙·戈弗雷爵士兼大法官（奥茨曾向他检举了几十个参与密谋的人）被人勒住脖子并被自己的剑刺死时，公众反对天主教徒的情绪愈发高涨。几支训练有素的巡警队随时待命。成百上千把"戈弗雷"匕首销售一空，圣公会的教徒就靠这些匕首对抗凶残的天主教徒。军队全天守卫进入伦敦的各个大门，天主教阴谋的主要策划者的住处也被搜查。任何与耶稣会教徒有联系的人都会被逮捕，并送往伦敦塔。一名国会议员仅仅因为否认阴谋的存在就遭到驱逐。奥茨之后又举报了五名天主教领主，这五人随后被逮捕、审讯并判定有罪。其中一人——斯塔福德勋爵被处决。第二部《宣誓法》立即通过，禁止天主教贵族保有国会上议院席位。奥茨和他的同伙还告密说，他们信奉天主教的王妃也参与了密谋，声称她企图毒害其新教丈夫。谣言四起，有人说伦敦大火就是天主教徒们的阴谋，而现在他们又在密谋再次烧毁这座城市。奥茨的想象越来越离谱，在1681年他的阴谋被揭穿之时，已有35人因奥茨作伪证而被处死。

阴谋论恐慌刚刚有所缓解，两场新的危机又向英国天主教徒袭来。第一场危机是1685年2月6日，查理二世去世，缺乏政治头脑的天主教弟弟登上了王位。第二场危机是法国国王撤销了《南特赦令》，该法令到此时为止一直保障胡格诺派（法国新教徒）在法国生活及宗教信仰自由。他们必须马上做出抉择：是皈依天主教，还是被处死，抑或是逃离。上千的胡格诺派教徒被处死或遭谋杀，他们所有的教堂都毁于一旦，学校也被查封，几十万人开始逃亡，其中很多人逃来了英格兰，讲述着他们落到天主教手中时的各种悲惨遭遇。这些故事家喻户晓，詹姆斯二世在这个时候对天主教徒施以宽容并允许天主教徒在政府任职是极不明智的选择。他任命一名天主教徒为枢密院成员，鼓励朝臣做弥撒：诗人约翰·德莱顿和内尔·格温照做。他允许公开出售天主教书籍和图画，伦敦街头随处可见笑容满面的天主教修道士。民情激愤，爆发只是时间问题。当有消息传出，信奉新教的奥兰治威廉将会来英格兰，把他们从天主教国王手中解救出来，伦敦所有的天主教教堂都被拆毁或烧毁，甚至连像威尼斯、西班牙、托斯卡纳及莱茵河流域的一些天主教国家的驻英使馆也惨遭袭击和洗劫。[31]

明智的天主教徒在这期间都会俯首贴耳，事实上，如果你是个天主教徒，最好在进入18世纪之前都保持低调。1689年威廉三世颁布的《宽容法案》也只是放宽了对不从国教新教徒做礼拜的要求，仍将天主教徒排除在外。不过，值得注意的是，被推翻下台的詹姆斯二世一再威胁说，他将在法国的援助下重返英国，夺回王位。1690 年，詹姆斯二世入侵爱尔兰，尽管在博伊恩战役中败给威廉三世，但他没有放弃，他的党羽又分别于在 1692、1694 和 1696 年策划了复辟行动，最后一次行动以刺杀威廉三世失败而告终。自此之后，伦敦周边 10 英里之内不准天主教徒靠近。

犹太人

在我们离开宗教主题之前，你可能想知道一个以前受迫害的少数群体的命运确实略有好转。犹太人在 13 世纪被驱逐出英国，随后在英国生活一直不敢公开身份。虽然在 16 世纪 80、90 年代，有一些犹太家庭在伦敦定居，但在 1656 年之前都是隐姓埋名，不能公开自己的信仰。在那一年，奥利弗·克伦威尔放松了这一禁令，鼓励犹太人在英格兰定居。1660 年，伦敦约有 35 个犹太家庭。到 17 世纪末，数字翻了一番。他们大多是西班牙裔犹太人和来自波兰和德国的阿什克纳齐犹太人，住在怀特查珀尔和衬裙巷附近。不要以为英国人就此会完全包容犹太人。王朝复辟后，伦敦市长和伦敦市政当局曾向查理二世请愿，希望再次将犹太人驱逐出城。[32] 然而，这一次国王拒绝了请愿者诉求，允许犹太人留在伦敦。

不道德行为

前言中提到，1660 年英国议会废除了《通奸法案》，这让很多人都松了一口气。大多数人确实很乐意与这类法案挥手告别。然而，少数位高权重者的看法不同，他们更喜欢克伦威尔时代严苛的道德约束。1688 年推翻詹姆斯二世之后，继位的威廉和玛丽观念要保守得多，给清教徒带来了新的生机，他们强烈呼吁颁布更为严格的道德法则。1690 年，一群主教和法官起草了一项议案，将《通奸法案》

重新纳入法令。为了定罪更加容易，他们建议如果两个人一起躺在床上或全裸出现在同一个房间，就应认定有罪。幸运的是议案未获通过。1698年，又一次企图通过绞刑——或至少是挂牌游街来惩罚通奸的提案险些获得通过。[33] 伦敦的道德正直人士遭受这些挫折后感到非常沮丧，他们开始自发创办道德革新团体，以便起诉那些他们认为触犯道德底线的任何个人。1660年国王的回归可能对某些人而言预示着自由主义的恢复，但不要认为所有人此后都能享有自由。

在苏格兰，严格的道德约束仍然是常态。苏格兰议会虽然在1649年否决了用死刑惩罚通奸的法案，但仍然通过了一系列道德立法，包括《反亵渎罪法》《反咒骂、醉酒、责骂和其他亵神行为法》《反淫乱法》和《乱伦罪判处死刑法》。其中最后一项死刑处罚不仅适用于有血缘关系的亲属，也适用于姻亲，不论是继父或继母，还是配偶的侄子、侄女、叔叔或姑姑，甚至是你任何一位亲戚的配偶。众所周知，苏格兰的一名男子因与嫂子发生性关系而被绑在火刑柱上烧死。[34] 这些法律在复辟时期一直在执行。正如托马斯·艾肯黑德的案件所示，当涉及亵渎问题时，苏格兰当局认为没有理由以年轻为由进行宽大处理。

这种态度可能会让你开始权衡什么情况下可以逃脱，什么情况下不可以？你到底有多狡猾？

不道德行为不仅难逃立法者的眼睛，也存在于犯罪者的心中。让我们从良心开始。有些人会对最轻微的事情感到内疚。爱德华·巴洛认为，他最大的恶习是每当他爱上一个女孩时，他都承诺在下一次航行后回到她身边——然后他会在下一次航行中遇到另一个女孩并对她说同样的话。[35] 佩皮斯会为了在礼拜日播放音乐而感到内疚。有这种想法的人不止他一人。法国绅士米松观察到"因谋杀他们的父母而被绞死的人将首先承认他们打破了安息日"，当拉尔夫·托雷斯比访问鹿特丹时，看到人们在安息日那天唱歌、玩耍、散步和缝纫，感到万分震惊。[36] 除神职人员外，唯一允许在周日工作的人是矿工——因为如果他们不这样做，煤矿井就会跑水。但是，虽然在某些人的心目中，打破安息日是应该受到谴责的，但还有更为恶劣的犯罪。与下面的行为相比，打破安息日实在显得微不足道。在 1660 年的一个周日，佩皮斯先生与威斯敏斯特大厅的莱恩夫人会面并将她带到桑威奇勋爵家中，在勋爵家的花园里与她共饮一瓶葡萄酒，之后两人去佩皮斯在斧头场的一处老房子里寻欢做爱。接下来的一个月，他在这座空房子又和另外一个女人做同样的事。[37] 在他日记中记载的十年里，他与大约十个女人有这样的风流韵事，并与大约 40 个女人调情，其中大多数女人都与他互相抚摸私处。他知道这是错的——远比周日弹琉特琴错得离谱——但他却无法自拔。1663 年 6 月的一个下午，他与莱恩夫人在一个酒馆里又干那种见不得人的勾当，恰巧有人透过窗户看到了这一幕，于是就拿石头砸他。他反思道："自从我的妻子离开 [伦敦]，我就对任何有好感的女人意淫，对此我也深以为耻，我要下定决心杜绝此类事情发生。"

一旦某一不道德行为被公之于众时，那又完全是另一番景象，某些行为仍然可以证明是致命的。例如，如果佩皮斯是同性恋者，他将遭受的不仅仅是扔石头的惩罚。人们不认为男性对男性的欲望是自然的感情问题，而只是将其看作是一种生理反应，因此，是一种完全变态的行为。就像兽奸一样，根据 1533 年的《鸡奸法案》，它被认定为重罪。在过去的数年里，有几起著名的处决案，包括 1631 年卡斯尔黑文伯爵和 1640 年瓦特福德的主教约翰·阿瑟顿。被曝光的案件为数不多，显然是因为这种事一般不会在有目击者在场的情况下进行。此外，被鸡奸的一方提供证据后也会被判处绞刑：一名仆人如果指控他的主人对他施行鸡奸，也就等于把自己送上了绝路。正因如此，男同性恋通常不会被指控犯鸡奸罪，而是指控他"欲施行鸡奸"，那么他的目击者也不会因此受到牵连。

以上种种已经让你明白这是一场道德风暴，置身其中，你必须掌好船舵。法律的条条框框限制着人们的生活，使他们的自然冲动无法纾解，无论是性行为，还是在礼拜日下午找个刺绣的地方。最终，每个人都必须找到自己的解决之道。罗伯特·胡克的方法是与他的女管家内尔·扬上床，在她离职后，与他的侄女格蕾丝一起颠鸾倒凤。他们的情爱是违法的，她和他住在一起，给他当"管家"。从广义上讲，佩皮斯的欲望和道德也严重不匹配，他的应对方式诡异多变——直到最后被抓现行。其他人则用嫖妓来解决。对于富人来说，通常可以包养情妇。桑威奇勋爵在切尔西有一所房子，在那里他包养了一个女人——佩皮斯将她称为"荡妇"（他还有脸说别人！）。不想或无力包养情妇的男人可以在伦敦的弗利特巷里暂时发泄一下，你在多数大城镇都能找到类似的街道。毫不奇怪，随着伦敦城市规模的扩大，色情业也在增长。到了17世纪90年代，妓女已遍布整个城市，而不仅仅是在一条街上。1691年，一名杂志记者提议在伦敦划出一块区域，让伦敦所有的卖淫者每天晚上都能合法地招揽顾客，就像在阿姆斯特丹一样。[38]

然而，与以上这些相比，街谈巷议最多的还是皇室的不道德行为。人们担心国王的无耻行为会为他们带来灾难。1667年7月，皇家牧师在国王面前布道时，大胆地指出，由于大卫王的通奸罪，"整个国家遭受了灭亡之灾"。[39]1660年之前，对自由主义者的惩罚需加盖皇室印章，但查理二世使他们更加恣意妄为。你可以看到神职人员的问题：如果这个国家的一切权力之源和教会首领都如此明目张胆地引导他们误入歧途，他们怎么能指望下面的群众严格遵守法纪呢？

英国皇室上一次有情妇还是一百多年前的事——人们不知接下来会发生什么。查理二世压根不担心这一点，事实上，他似乎决心弥补整个世纪英格兰王室错失的机会。他与七个女人共生有约14个私生子，还有许多其他风流韵事。但是，他对私通行径极度地招摇炫耀，就实在让人目瞪口呆了。1663年1月，他每周有四到五天都会在卡斯尔梅因夫人的公寓里过夜，每天早晨人们都能看到他在所有那些住在附近的人们陪同下一起回宫。他们的仆人会交头接耳，宫廷哨兵也会这样做，然后尽人皆知。佩皮斯认为，"宫廷中淫秽不堪"。几天后，他亲眼看到国王从情妇的房间出来，宣称"王子能做出这种事实在是卑劣下流"。[40] 接下来的一周，他从芬纳上校那里听说，卡斯尔梅因夫人最近邀请美丽的弗朗西丝·斯图尔特来娱乐，为了让国王开心，两个女人一起举行了一场婚礼庆典。她们互相交换戒指，甚至还玩起丢长筒袜的游戏——新娘赤裸着脚，将脱下的长筒袜扔给现场观礼的女性同胞。芬纳上校补充说，随后卡斯尔梅因夫人为国王腾出了床上的空间，国王接替她继续完成新郎的环节。这些关于国王的故事传得沸沸扬扬，无论是真是假，国王在众目睽睽之下的所作所为让人们对此深信不疑。

查理还利用贵族制度来肆无忌惮地满足自己的性需求。他将自己继任后的第一位情妇，卡斯尔梅因夫人，封为克利夫兰公爵夫人。公爵夫人！你可能会认同，给情妇一个头衔有助于她在宫廷中四处走动，因为这可以让她加入"显贵之人"的行列，人们就必须仰视她，但是，他是否有必要把她的地位置于伯爵夫人之上呢？不仅如此，他还封她的私生子们为贵族：南安普敦公爵、格拉夫顿公爵和诺森伯兰公爵都是卡斯尔梅因夫人为他生的孩子。之前他和另一位情妇生的孩子，詹姆斯·斯科特也得到了同样的待遇，被封为蒙茅斯公爵。1670 年，著名的法国美女路易斯·德·凯鲁瓦耶来到英国，目的是诱使查理与法国缔结一项条约。她大获全胜。1673 年，她被封为朴茨茅斯公爵，没过多久，她为英国国王查理二世生下的儿子也被封为里士满公爵。尽管内尔·格温仍是一介平民，但她作为国王的枕边人也同样生活优渥。在帕尔摩街她有永久产权住宅，而她为英国皇室所生的儿子最终成为圣奥尔本斯公爵。这就是六个私生子变成公爵的故事。再加上普利茅斯伯爵（国王与凯瑟琳·佩格的儿子），你就会发现，英国贵族中很大一部分人都纯粹是查理恬不知耻的肉欲创造的杰作。

国王并不是城中唯一的违背道德者。1663 年，准男爵查尔斯·塞德利是一名花花公子，曾经赤身裸体地在弯弓街的一家名为"科克"的厨具店阳台上招摇而行。他把"能想象到的一切淫邪的丑态"都展现出来，进行了一场极度亵渎神明的布道。在此过程中，他对台下聚集的大约 1000 名群众宣称，他有一种粉末，可以使镇上所有的女人追随他，不过他口中说的不是"女人"这个词，而是用女性器官称呼她们。接下来他拿起一杯酒，在里面洗了一下私处，然后一饮而尽。之后，他喝酒祝国王健康。做这一切时，他得到了他的朋友巴克赫斯特勋爵查尔斯·萨克维尔的支持，他是一位贵族，也是打家劫舍的嫌疑犯。1668 年，他们二人一到夜间就"光着屁股"在伦敦的街道上狂奔，直到最后被城市守卫逮捕。[41] 正是巴克赫斯特引诱内尔·格温放弃舞台，跟他私混，然后又将她献给国王当情妇。

比塞德利或巴克赫斯特更知名、更放荡不羁的自由主义者是罗切斯特伯爵，约翰·威尔莫特。葡萄酒、女性和梅毒只是开胃小菜。他生命中的主菜包括绑架他喜欢的女孩、嫖娼、亵神、侮辱众生（甚至国王）、极端淫秽、粗鲁、无神论、鲁莽好斗、与人决斗、在国王面前殴打皇家仆人、出售假药、写讽刺诗、在伦敦舞台上非法露面、被囚于伦敦塔以及被逐出宫廷。他还被怀疑是《索多玛》的作者，几乎可以肯定它是有史以来最粗俗的作品，讲述放荡的国王鼓励他性狂热的臣民纵情于他们所喜欢的兽奸。

无需赘述。总是有违反社会规范的人——那么是什么让以上种种与众不同呢？这不是龌龊的行为吗？很多人都这么认为。但这里所发生的事情远非道德学家眼中所见那么简单。

你可以因塞缪尔·佩皮斯所做的事有伤风化而视其为伪君子。他最可耻的一点就是虚伪：嘴上一套标准，而行为却是另一回事。但国王、罗切斯特、巴克赫斯特和塞德利不是伪君子；他们的无耻在于根本不会假装遵从正常的道德标准。他们提出了一个更为宽泛的问题：人们应该如何对抗道貌岸然、惨无人道的清教高压制度？

这一制度将通奸和施巫术的女人、同性恋和亵渎神明的男人判处死刑；禁止言论自由，限制自由思想，用宗教的条条框框限制几乎所有的言行。普通人几乎无力反抗教会的控制，但是这些出身富贵、享有特权的年轻人却不愿意遵守——哪怕是打破所有规则也在所不惜。他们在阳台上脱去衣物模拟兽交的行为事出有因，并非粗俗和白痴行径。他们都深谙舞台表演艺术，在做这些禁忌时他们非常清楚自己想做什么。此外，他们还可以写作。他们可以用文学手段大肆渲染查理二世对清教徒竖起两指一事，这些清教徒处死了他的父亲并迫使他流亡。他们还创作出辉煌的诗歌。是的，他们的诗歌中包含粗俗不堪的语言，即使在现代世界都令人震惊，但是像罗切斯特这样写作的人选择这些词语并非毫无缘由。他们之所以这样写，是因为清教徒禁止如此。他们的离经叛道不仅仅是亵圣：它具有革命性，是有意的、公然的和充满自豪感的冒犯——跟佩皮斯在阁楼房间里偷偷摸摸解开女仆衬裙的勾当有着天壤之别。

对外来人的态度

英国人不会对陌生人笑脸相迎，这一点举世皆知。如果问问外国游客，几乎所有人给出的答案都是老生常谈：英格兰人不友善、傲慢而且阴险，苏格兰人和威尔士人则既残酷又野蛮。可以补救形象的方面则是公平竞争意识（指英格兰人）和不屈不挠的勇气（指苏格兰人和威尔士人）。如果你听到的回答与上面的评价稍有不同，那主要体现在对待富人和下层民众的不同态度。在描述苏格兰人时，法国绅士米松区分了"那些通过旅行和法英之间商贸往来增长见识的文明人"以及那些"半野蛮"的普通民众。他接着解释说，环游各地的人都"彬彬有礼、心平气和……与邻居相比，他们更加睿智、机敏，并且在科学方面能力卓越"，而下层穷人则不过是些"野蛮人"。[42] 在描述伦敦人时，马加洛蒂做出了类似的区分，只是措辞更为考究：

> 伦敦的平民，骨子里就傲慢无礼，对外国人尤其是法国人怀有极大的偏见和深深的仇恨，用十分轻蔑和侮辱的态度来对待他们。贵族虽然也很傲慢，但通常不会有下层阶级的陋习，面子上对陌生人还是礼貌客气的；而那些曾出国旅行的绅士更是如此，他们从其他国家的礼仪中学会了礼貌待客。[43]

这些观点不足为奇。严格来说，来不列颠的欧洲大陆游客比他在此地遇到的大多数人要视野开阔，因为普通的英国人鲜有机会出国旅行。而且，要想来到这里，游客本身首先就要相当富足。如果他能写出自己的观点，他还需要受过教育。因此，许多关于不列颠人的当代评论都是受过良好教育的绅士针对英国下层社会文盲的直言不讳的看法。不列颠人出国时也会有类似的看法，认为国外的普通民众不够友善。尽管如此，这些观点给了你一个明确的指导，让你了解到复辟时期的不列颠人将如何对待像你这样的陌生人。受过教育的富人会尽其所能欢迎同等地位的人；中等阶层会对你心存疑虑，而穷人则会对你不屑一顾——除非你出手阔绰，让他们有利可图。

总的来说，无论你来自哪个国家，无论你的装束有多奇特，情形都大致如此。1662年11月，俄国大使抵达伦敦后，穿着他的家乡服饰从大街上走过时，平民的反应并不是很尊重。"但是，主啊，看看英国人本性上有多荒谬，只要看见点儿奇怪的事儿就忍不住嬉笑嘲讽。"佩皮斯写道。[44]在复辟时期快结束时，沙皇彼得一世前往英国参观造船厂，他下榻于约翰·伊夫林的赛耶斯宫。伊夫林的一个仆人写信给主人时说，住在家里的俄国人"讨厌透顶"。[45]然而，两个使团在更高的社会层面都受到了最为热情的款待，实际上到访英格兰的大多数外交使团都是如此。伊夫林在描述1662年的俄国人游行队伍时说，这些外国人"骑在马背上，穿着具有东方特色的背心，厚厚的毛皮衣裳，戴着帽子，手里捧着礼物，比如鹰、毛皮、牙齿［象牙］、弓，等等"。他总结道，"这是一场非常精彩的表演。"[46]

对待欧洲大陆的来客尚且如此，那么来自不列颠岛上其他王国的人会有什么样的待遇呢？

英国人、威尔士人和苏格兰人之间的关系向来不睦，也许这一点无需多言。一位英格兰游客把苏格兰人描述成"骄傲自大、自命不凡的牛皮大王，血腥野蛮、不讲人道的屠夫"。[47]至于威尔士人，如果你在1662年3月1日到访伦敦，也就是圣大卫日，你会看到城中所有的威尔士人都会在帽子上插上一根韭葱。人们普遍认为，这是为了纪念威尔士人在一场古老战役中击败英格兰人。英格兰人则习惯挂出帽子上插韭葱的布偶和稻草人来嘲笑威尔士人。双方都开怀畅饮，很快就会吵闹起来。在这种场合，一位英格兰厨师将韭葱戴在自己帽子上，醉醺醺地将威尔士领主称为"同乡"。威尔士领主并不觉得可笑，他大声用威尔士语回答，言辞尖刻，厨师就用英语嘲笑他。威尔士领主拔出长剑朝他刺去，厨师跑进店里，抄起火堆里的一支热叉自卫。领主的仆人纷纷拔剑护卫主人，现在整个人群都加入进来，向威尔士人投掷泥巴、石头和任何拿得动的物件，直到将他们赶到河边乘船逃走为止。[48]

这种不和谐事件不仅局限于不列颠各个相互敌对的王国之间。在约克郡人和伦敦人之间，甚至是同一个郡的不同村庄之间都会发生类似的紧张局势，最终演变为暴力事件。事实上，"外来人"这个词在农村教区通常用来指那些不在该区居住的人，甚至可以包括庄园的领主。[49]"外来人"通常会被看作是身无分文的流浪汉。你可能是个赌徒、乞丐或寻找主顾的下人；也可能是风餐露宿的水手，或者是返家途中的退役士兵；或者是小贩、服完刑的囚犯、苦力、行走江湖的歌手或戏子——如果你这个外来人衣衫褴褛，囊空如洗，就会被视为威胁，一旦当地警察认定你确实是一个流浪汉，就会逮捕你。惩罚很简单：你将被剥光上身并"用鞭子抽打，直到血肉模糊"。[50] 然后把你逐出教区。请记住，这不是对任何特定罪行的惩罚，只是针对不受欢迎的访客——那些身无分文的"外来人"。

这种景象听起来非常严峻，那么说说值得肯定的事情。当法国国王对国内的新教徒大开杀戒之时，英格兰人抛开偏见，为他们提供了一个安全的避风港。17世纪80年代，苏格兰的城镇也在安置法国难民方面起到了积极的作用。约有7万名胡格诺派人在英国定居。1697年，伦敦有22座法国人教堂（其中9座位于斯皮塔福德），由100位胡格诺派牧师负责管理。[51] 其他民族也在伦敦建立了聚居地，有荷兰人、意大利人和丹麦人教堂，到1700年为止，又建成第二座犹太教堂。[52] 其他城镇也有法国人和荷兰人教堂。由此可见，说不列颠人对外国人不友好也是言过其词。他们只是对陌生人更为反感，这在一个瘟疫肆虐、宗教战争和日常暴力频发的年代也是情有可原的。

黑人

在这一时期，不列颠的黑人数量相对较少——1660年大概有2000—3000人，1700年大约为5000人。[53] 他们绝大多数是富人的家佣。几乎每个标榜生活上引领时尚的人都希望家中有一个穿着精致制服的黑人童仆听候差遣。阔太太们几乎把她们的黑人男仆当作宠物来养。查理二世的情妇，刚刚被封为朴茨茅斯公爵，曾让画师戈弗雷·内勒为她画像，画中她的黑人童仆穿着精致的外套。种植园主们也希望他们回到英国的家里时也有黑人仆人服侍在侧，就像他们在西印度群岛时一样。那些将黑人从非洲贩运到西印度群岛的奴隶贩子，在布里斯托尔和利物浦闲逛时总爱带着几个十几岁的黑人男仆。所以如果你在一个乡村教区的登记册上见到"黑鬼"或者"黑摩尔人"字样，那肯定是因为当地的庄园主或者女主人喜欢家里有个带有异国情调的仆人。

对待黑人的态度如何？很难一概而论。现代世界中的种族主义概念那时尚未提出，但人们肯定会在某种程度上将那些肤色较深的人视为"他者"。这意味着一些先入之见，其中一些是非常不愉快的。由于黑人祖先源自不信基督教的撒哈拉以南非洲，人们会将他们与不信神联系在一起。总的来说，奴隶贸易是被社会认可的，否则的话，种植园主到哪儿去找那么多产糖的劳动力来满足这一时期大家的渴求呢？如果人们听到"奴隶"这个词，他们不一定会想到跨大西洋的奴隶贸易，更不用说世界上偏远地区的工作条件了；想到的是北非身陷困境、遭受奴役的白人基督徒。许多家庭中从事海运的亲属被巴巴里海盗掳走，海盗洗劫村庄、截获出海船只并把俘虏运到突尼斯、的黎波里和阿尔及尔的奴隶市场上卖掉。有些人确实指出了奴隶贸易泯灭人性，作家阿芙拉·贝恩就是其中之一，她在小说《奥卢诺克》（1688）中曾提及这一点——但大多数人并未把黑人奴隶贸易放在心上，也没有将其视为邪恶的行径。

把黑人与不信神和奴隶制联系起来，又促使人们去探索关于自由本质的问题。如果种植园主将奴隶带到英格兰，他仍然是这些海岸的奴隶吗？英国法律不承认奴隶制状态，因此在许多人眼中，答案无疑是"不"。爱德华·张伯伦在 1676 年的作品中宣称"被带入英格兰的外国奴隶实际上可摆脱奴隶制度，但是不能免除日常杂役"。[54]首席大法官约翰·霍尔特爵士也持有相同观点，他认为"一旦黑人被带入英格兰，则恢复了自由身；在英格兰可以称他为佃农，但不是奴隶"。[55]除此之外，许多人认为，奴役另一个基督徒是错误的，接受洗礼的奴隶可恢复自由。1667 年，一位受洗的黑人妇女黛娜·布莱克在布里斯托尔给一位富婆做了五年的仆人后，雇主将她卖给了奴隶贩子，但她却拒绝跟买主回西印度群岛。布里斯托尔的市议员裁定不可违背本人意愿，下令将她从船上带走。鉴于她的前雇主不想继续收留她，她可以自由地为别人工作。但是，并非所有法院都会做出这样的判决。财产法根深蒂固，许多人认为，如果某些个人当初是被买来的，那么买主就有权再次出售他们。在 1677 年的两起法律案件中，皇家法官裁定，作为非基督徒，黑人无权享有普通人的权利，因此仅被视为财产，如果他们被带到英国，他们的合法所有者有权得到补偿。伦敦主教在1680年明确表示洗礼并不意味着奴隶的解放，这使他们的境遇进一步恶化。[56]

无论法律地位如何，一个明显的事实就是，黑人在英国像奴隶一样被买卖。威廉·霍伊尔在德文郡的毕晓普斯丹顿接受洗礼时，教区的登记簿对他的描述是"黑人，属于科夫先生，年龄大约17或18岁，他的祖父有可能是他的主人，也有可能是威廉·卡米斯先生"。[57]注意此处的用语：威廉"属于"他的"主人"，即使这个人是他的祖父。还有，他被描述成一个"黑人"，即使他有一半的白人血统。英格兰对待黑人仆人也很残酷，让人想起种植园里的奴隶境况。1684年，一名黑人妇女凯瑟琳·奥克，被巴巴多斯的种植园主罗伯特·里奇带到伦敦。她备受男主人和女主人的折磨，但结果却是，如果主人不放她自由，其他人就不能雇用她。不止如此，罗伯特·里奇还安排将她逮捕并关押起来。之后，他和他的妻子返回了巴巴多斯，只留下她独自在监狱中。1690年，凯瑟琳向法院提出申请，希望将自己从雇主手中解放出来，这样她便可以自谋生路；法院释放了她，允许她为任何雇用她的人工作——但是"只能等到里奇从巴巴多斯回来之后"。[58]显而易见，她将永远无法彻底摆脱这个男人。她是他的财产。

虽然英国的黑人仆人不被称为奴隶，但实际上却跟奴隶没有分别。查理二世以50英镑的价格从安特里姆侯爵那里买了一个黑人小男孩：签订买卖契约时另一方并不是仆人本人，而是他的卖家。1662年，桑威奇勋爵也以相同方式购买了"一个小土耳其人和一个黑人"，作为"礼物"送给女儿们。[59]黑人通常要佩戴银色、铜色或黄铜色的项圈，上面刻有他们的男主人或女主人的名字和徽章。甚至威廉三世最喜欢的黑人仆人也戴着一个。如果他们逃跑了，刊登广告搜寻他们时会指出他们的年龄、身上的伤疤、英语流利程度以及他们项圈上的铭文。少数黑人男女确实能够独立生活,在其他雇主家里从事有偿劳动,但晚上回到自己家中。然而,绝大多数都是住家仆人。1669年,佩皮斯对他的黑人厨房女佣的烹饪技艺表示赞赏,他的邻居威廉·巴滕爵士则十分尊重自己的黑人男仆明戈,他陪伴主人出入酒馆,结果发现他舞技惊人。然而,你只需去罗伯特·维纳爵士的房子看看,就能了解有些人对待黑人的态度。罗伯特爵士的黑人童仆死于肺病之后,没有为他举办基督徒的葬礼,而是将他的身体用烤炉烘干,陈列在一个箱子里,作为收藏品保存下来。[60]

暴力行为

你所到访的社会比现代世界更加残暴,这不会让你感到惊讶,毕竟不列颠刚刚走出长期的内战和彻骨的仇恨。但是,情况并不像你想象的那么危险,尤其是在英格兰。英格兰每年的凶杀死亡率仅为十万分之四:是17世纪早期的一半。[61]斯堪的纳维亚半岛的凶杀死亡率是英格兰的三倍,意大利则是英格兰的六倍。实际上,你如果于17世纪晚期到访比利时,被杀的概率是在英格兰的两倍。[62]

不过,你不会想冒任何风险。毕竟,十万分之四的凶杀死亡率比现代不列颠的四倍还要高。更重要的是,这个概率并没有反映出社会上更为普遍的非致命暴力。正如法国绅士米松所述:

英格兰人对任何看似将要发生的打斗都兴趣盎然。如果两个小男孩在街上吵架,路人会停下来,片刻之间把他们围在中央,让他们形成对峙,方便他们随时大打出手。当打斗开始时,两人会解下领饰,脱掉马甲,让围观者保管;然后开始挥拳相向。每一拳都打向对方的面部,还互相踢肋骨、拉扯头发,等等。如果一方把另一方打倒在地,可以在对方站起来之前补上一两拳，但不会更多；如果被打倒的男孩再次站起来，另一个男孩就会反复将他打倒，直到他不再站起来为止。在打斗期间，围观者一直在兴奋地为斗士们鼓劲，并且按照规则，从不会在打斗过程中将他们分开。而这些旁观者不仅包括其他男孩、搬运工和下等人，还有各种时髦的男士，有些人跟着人群向里推挤，以便看得更清楚，有些人则站在货摊上，如果可以搭建脚手架的话，所有人都会租借个位置来改善观看效果。[63]

鉴于这种暴力倾向，你需要多加小心。还记得威尔士领主和伦敦厨师之间稍有不和便打作一团吧。不要以为市井小民比绅士更喜欢打架："显贵之人"和"富有之人"同样渴望对他人拳打脚踢、拔剑相向。事实上，绅士们往往犯下的罪行更为严重。年少时饮食条件更优越，富裕人群往往比普通工人更高更强壮，在成长过程中坚信可以通过欺凌他人得到自己想要的东西。1665年，在一家酒馆里，莫利勋爵因一个名叫亨利·黑斯廷斯的人对他出言不逊，就将其殴打致死。1685年，莫顿伯爵因为一条狗与他的男仆发生口角，用剑将男仆刺穿。1666年，多切斯特侯爵和白金汉公爵在上议院因座次问题发生争吵，最后开始互相推搡，拉扯头发和假发。同年，白金汉公爵在上议院提议禁止进口爱尔兰牛肉，招致奥索里伯爵向他发出决斗挑战，因为他认为白金汉公爵侮辱了他的同胞。公爵接受了挑战！可悲的是，恰在此刻，国王介入，把两人都关到伦敦塔里冷静思过。两天后，白金汉公爵又与多切斯特侯爵因一项专利发生争执，并向侯爵发出决斗挑战——然后再一次被关进塔楼。[64]

如你所见，这是决斗的黄金时代。[65]尽管大多数的拳脚相向、打斗、争吵、摔跤、剐蹭、小冲突和骚乱都无需多做解释，而且即使时代变迁也没多大差别，但决斗可是另外一回事。决斗是私人争斗，是绅士们解决个人纷争的荣誉之战。重点落在绅士身上：普通百姓不会通过决斗解决问题。手工业者和工人只是到外面互相扭打，直到把彼此打得奄奄一息——有时甚至都懒得去室外，直接就地解决。对于绅士们来说，一切都要讲求礼节。而且，大多数时候，手工业者和工人只是打得头破血流，而绅士们则经常要分出你死我活。

那么，为什么会选择决斗呢？一般得到的回答似乎是：为什么不呢？切斯特菲尔德勋爵因一匹母马的定价问题而和人决斗。坦克维尔伯爵说阿尔比马尔公爵的新枪是"花花公子的摆设"，于是后者向他发出决斗挑战——用剑（直到1711年才开始使用枪支）。谢林顿·塔尔博特在一场决斗中被杀，起因是争论蒙茅斯公爵叛乱期间哪一方在战斗中更为英勇。白金汉公爵因拒绝支付纸牌游戏中输掉的赌资，面临桑威奇伯爵提出的决斗挑战。科尼尔斯·西摩因衣着遭人嫌弃被提出决斗挑战，并在决斗中丧生。1689年，罗伯特·沃尔斯利找享有殊荣的威廉·沃顿决斗，理由是他不喜欢这个男人的诗歌；结果沃尔斯利刺在沃顿臀部的一剑令其毙命（多么大的殊荣啊）。但也许最无意义的决斗的桂冠应归亨利·贝拉西斯和他的剧作家好友兼酒友汤姆·波特所有。他们在咖啡馆喝酒时，说话声音过大，有人问他们是否在争吵。贝拉西斯否认，他只是在给波特提建议，并补充道"我从不吵架，直接动手"。波特就漫不经心地调侃说，他不相信哪个英格兰男人敢跟自己打架。随后，贝拉西斯就真的打了他：他开玩笑般一拳打到波特的耳朵上。波特有些恼羞成怒，他要求贝拉西斯跟他到外面去。他们这样做了，但是贝拉西斯醉得很厉害，径直坐上自己的马车准备回家。波特不让车夫离开，邀请贝拉西斯下车决斗。他平静地等待贝拉西斯下了马车，两个人都拔出了佩剑。二人在接下来的决斗中两败俱伤——贝拉西斯的伤则是致命的。当他血流如注时，还催促波特迅速逃离：他强撑着保持站立的姿势，好让波特能顺利逃脱。贝拉西斯绝对信守诺言。验尸官后来呈交的死亡裁定书上写着"死因不明"。[66]

依照传统，决斗只涉及被冒犯者和冒犯者，然而，在此期间，双方都可以指定副手来助他们一臂之力，通常情况下副手也会加入决斗。亨利·杰明（他的叔叔是伦敦西区多处建筑的设计师）引诱多位贵妇人和他上床，包括施鲁斯伯里伯爵夫人。结果，他收到托马斯·霍华德上校发出的决斗挑战。两人都选择了副手：杰明选择了贾尔斯·罗林斯，霍华德选择了卡里·狄龙上校。他们相约于1662年8月19日在圣詹姆斯公园的帕尔摩街进行决斗。决斗中，杰明被霍华德上校刺中三剑，危在旦夕；罗林斯上校当场被狄龙上校杀死。胜利者骑马落荒而逃。最令人匪夷所思的是，杰明和罗林斯当时竟然不知道为什么会发起这场决斗；直到后来，杰明康复之后，才知道霍华德也是施鲁斯伯里伯爵夫人的情人。另一场决斗也是施鲁斯伯里伯爵夫人风流惹出的祸端。她的丈夫向她的新情人——白金汉公爵提出决斗。决斗于1668年1月16日在巴·艾尔姆区的一片田野上进行。公爵选择了两名副手与他并肩作战，海军英雄罗伯特·霍姆斯爵士和骑兵卫队军官威廉·詹金斯上尉。施鲁斯伯里伯爵得到了约翰·塔尔博特爵士（谢林顿·塔尔博特的父亲）和伯纳德·霍华德的协助。白金汉公爵给了施鲁斯伯里伯爵致命的一击，公爵的剑尖刺穿了伯爵的右胸。罗伯特爵士刺中了约翰爵士的胳膊。公爵一方的詹金斯上尉则死在霍华德剑下。如果你肯听从我的建议，请务必与施鲁斯伯里伯爵夫人的众多情人保持距离，以防他们要求你充当副手。当然更不要与这位女士纠缠不清。

为什么政府不阻止决斗的发生？说起来容易，做起来难。自从16世纪决斗这种做法被引入英格兰（源自其精神家园意大利）以来，君主们一直试图禁止它。然而，那些盛怒之下意欲决一死战的男人根本不会因为会受到重罚而退缩。查理二世在1660年和1680年两度发布公告反对决斗；然而，他并没有采取任何实际行动。[67]他不想疏远那些荣誉至上的贵族和绅士。国会议员也不愿与贵族绅士生出嫌隙，他们就几项法案进行辩论，对到底该没收决斗者一半还是全部家产归皇室所有而争执不下。一个基本事实就是，持剑决斗远比使用手枪危险得多，并且需要过人的勇气。[68]也会因此获得相应的尊敬。如果男人敢于直面死亡，克服自身恐惧，最终取得胜利——展示出社会推崇的许多美德——惩罚他们未免显得有失风度、手段卑劣。

残酷

法国绅士米松认为英格兰人有时也很宽容。据他观察，英格兰人不像法国人那样使用极端的方式对待罪犯——也就是说，他们不会用尖刀轮碾轧罪犯，没有将罪犯的四肢绑在马身上处以分尸的刑罚，也不会用烧红的钳子将罪犯骨头上的皮肉剔除。[69]如果你长期观察英格兰人——比如看此前的150年——你会发现社会不像之前那样残忍。正如我们所见，绞死女巫的案例正在减少，异教徒也不再被判处火刑，犯人也不会受煮刑之苦（亨利八世统治时的惯用手段）。1650年，哈利法克斯著名的"绞刑架"或断头台退出了历史舞台，它曾在中世纪被用来将死刑犯斩首示众。1661年，国王为50名死刑犯提供了一条生路，他们可以选择作为契约仆人被运往牙买加；他们全都接受了。[70]1689年，向威廉三世宣读的《权利法案》明令禁止国王对其臣民使用"残忍和非常规的惩罚"，从而实际上从法律上废除了酷刑。有些人会说，从1691年开始，女性不再因犯有一级重罪而判处绞刑，证明米松的观点是正确的：英格兰人确实比以前更温和了。

但毫无疑问，你仍会发现这个新型的、"更温和的"英格兰野蛮起来依然令人不可思议。甚至一些宽恕也不像它表面上看起来那般仁慈。国王之所以把流放作为惩罚方式替代绞刑，是因为种植园劳动力短缺。在英格兰，你仍然可以看到叛国罪犯人在绞刑架上活着被砍下头颅。异教徒不再被钉在木桩上焚烧，但女性仍然如此——

如果她们杀害丈夫或雇主,或伪造王国硬币。每个县城都有绞刑架,大批的流浪汉和盗贼背部被鞭打得血肉模糊。事实上,许多人认为使用鞭子是宽容和仁慈的,因为被惩罚者不久就可痊愈,而割掉犯人的耳朵并为他打上烙印往往会造成永久性的伤害。

残酷不仅仅体现在惩罚犯人的方式上。那些丧尽天良的人贩子将男男女女"诱拐"到西印度群岛当契约仆人——这种命运险些降临到爱德华·巴洛身上。如今,伦敦人走在小巷里都不由得提心吊胆,怕突然被人五花大绑带到河边,扔到开往西印度群岛的船上。1670年,一位名叫罗杰·皮姆的年轻学徒被一名水手抓住并强行带上船,卖给船长后送去种植园,从此再无音信。[71] 塞缪尔·恩布里在法庭上控告西蒙·哈里斯"诱拐他的妹妹玛丽·恩布里并以48先令的价格卖到开往巴巴多斯的海船上"。有些案件悲惨至极。一名叫沃尔特·斯科特的男子失去了妻子,因其被绑架到船上运往巴巴多斯。玛格丽特·卡塞尔失去了她唯一的儿子托马斯和一个她负责看护的两个月大的婴儿,他们被沙德威尔的水手理查德·斯佩克拐走并被卖给"约翰和凯瑟琳"号的船长运去了巴巴多斯。在这方面,女人的残忍程度不亚于男人。萨拉·夏普是:

> 一个拐卖儿童的惯犯,还利用诡计欺骗年轻男子和纯洁少女,将他们送上一艘艘海船……她曾向一位盖伊先生坦白说,她到那时为止已经把四人拐骗到船上,其中有一个11岁左右的孩子,所有人都被运往遥远陌生的巴巴多斯和弗吉尼亚。[72]

在家里,在我们看来近乎残忍的行为却被当做稀松平常的事儿,甚至是一种道德责任。当佩皮斯发现他的一个童仆偷喝了厨房里的一些乳清后,他记述道:

> 我用鞭子抽他,直到我筋疲力尽,但他竟然死不承认……

最后，我不能让他以胜利者的姿态离开，我再次拿起了鞭子，剥下他的衬衫，一直打到他承认自己之前撒了谎，他确实喝了乳清……终于，我可以上床睡觉了，虽然手臂酸痛难忍。[73]

童仆韦恩曼·伯奇遭受了极大的痛苦，因为佩皮斯想通过反复鞭打，把他塑造成遵守道德标准的人。佩皮斯还声称喜爱这个男孩，或者只是爱屋及乌（佩皮斯非常喜欢男孩的姐姐）。最终，在1663年夏天，韦恩曼被解雇了。次年11月，他被送往巴巴多斯。[74]

如果男人在公开场合打到你死我活，私下里殴打他们的女人、孩子和仆人，你可以想象他们会如何对待动物。你将在本书的最后一章中看到，斗鸡、纵狗斗牛和纵狗斗熊在这一时期都极为时髦。英格兰共和国时期禁止这些游戏不是因为它们是残酷的运动，而是因为人们对它们的喜爱程度太高——在清教徒的眼中，人们过于放纵。1656年，行刑队开枪打死了伦敦熊园的所有熊，仅有一只幼仔得以幸免。可以说大多数人再次看到充满血腥的运动都格外地兴奋。除了流行的娱乐活动，这也是年节仪式的重要组成部分。谢林科斯记述1662年忏悔节时写道：

在伦敦的每条街上，无论走到哪里，都随处可见抱着公鸡奔跑的学徒男孩，公鸡的两只脚上各绑着一根绳子，绳子上拴着一个长钉，他们可以将钉子牢牢地插入地面，并用石头夹紧。他们一般会找到一片空地，准备好一个便士，让人们从较远处向公鸡投掷棍棒，杀死公鸡的人得到硬币。在乡村地区或乡下人之间玩游戏时，会把公鸡埋在土里，只留鸡头露在外面，蒙上一个人的眼睛并让他原地转上两三圈，然后让他用连枷击打公鸡，击中的人或者击中位置离公鸡最近的人获得奖金。[75]

还有更残忍的。在比较陡峭的城市街道上，比如鱼街，你通常会看到货运和客运马车的车夫鞭打他们的马匹时，所有的街头男孩和路人都会加入进来，一起殴打这些可怜的畜生。[76]11月5日，许多猫被赶到一处活活烧死。在全国各地，刺猬、獾、狐狸和白鼬一经发现，就当即杀死。鲸鱼也是如此，特别是当它们游进像泰晤士河这样的河流时，这样的事在1658年和1699年都发生过。在现代世界，我们会想方设法将鲸鱼引回大海。在17世纪，人们本能的第一反应是杀掉它，然后再考虑如何处置。鲸鱼肉和鱼油——所有这一切都要派上点用场。

一些迹象表明，人们的态度正在发生变化。像约翰·伊夫林这种有教养的男子对复辟时期的逗猎游戏就非常反感：

> 我不得已陪伴一些朋友去了熊园等地，那里有斗鸡、斗狗、逗熊和逗牛游戏，这一天是个大日子，到处是这些血腥的娱乐活动，简直如野蛮人般残暴……两只可怜的狗在游戏中死掉，就这样一直等到猿猴骑上马背一切才算结束，我对这种粗鲁和肮脏的消遣真是厌烦透顶。[77]

"猿猴骑上马背"指的是传统逗熊表演中的最后环节。将一只猴子与一匹老马紧紧绑在一起，然后释放一群幼犬将马扑倒；当狗撕咬并杀死老马时，猴子惊恐地尖叫。大多数人都喜欢这种激烈的场面，但显然不包括约翰·伊夫林。

无独有偶。张伯伦在1676年宣称，"在外来人看来，斗鸡这项娱乐过于幼稚，既不适合绅士，也不适合普通民众，而逗猎牛和熊又似乎过于残忍；对于公民而言，足球和掷鸡运动则不够文明，显得粗鲁和野蛮。"[78]我猜想，也许市民和女人通过养宠物会变得更加体贴动物，从而对动物产生感情，而不是把它们看作食物或害虫。查理国王饲养西班牙猎犬，并允许它们四处撒欢，即使举行国事活动时也是如此。1660 年,伊丽莎白·佩皮斯买了一只宠物狗,以排遣寂寞(虽然她的丈夫把它关在地窖里,因为它没有经过良好的室内训练)。1660 年年底,佩皮斯还弄回家里一只猫,解决家中的老鼠问题,1661 年 1 月又有两只金丝雀加入了这个小动物园。后来又来了一只会吹口哨的黑鸟。佩皮斯还有一只猴子,但是当它逃跑时,佩皮斯非常生气,"我就拿东西打它,直到把它打得奄奄一息。"[79]

关于培养出感情的假设不攻自破。很明显,要转变对待动物的残忍态度是一个漫长、缓慢、复杂的过程。

冒险精神

在这一章中看到的所有负面信息——迷信、巫术、宗教仇恨、仇外心理、暴力和残忍——可能会让你觉得不列颠人是一群可悲、易怒、狭隘、自私之徒。只有那些放荡不羁的人听起来比较有趣。但是这些人既有阴暗面,也有阳光的一面。正如在本章开头所见,他们受到强烈的好奇心驱使。其中一个表现方式是那些渴望看世界、出门旅行的人。他们将探索和问询得到的结果公之于众,并对舆论产生导向作用。

要想深入理解他们的旅行,你需要知道人们通常会走多远。虽然处于社会最底层的"穷人"和"境遇悲惨之人"可能永远居无定所——无论是作为乞丐,还是应召入伍的士兵——通常来讲,远途旅行往往是生意或谋生所需。"乡村百姓"定期去当地市场,但在英格兰,这些地方一般在离家 6—7 英里范围之内。有时,他们可能得去另一个城镇或去有大教堂的城市做礼拜,那就要走上 10—20 英里。一些手工业者,如泥瓦匠和船上的木匠,因生计需要会走出很远的距离。学校老师可能到全国各地担任家庭教师或在文法学校担任教职。一位备受欢迎的医生,依据名声传播的范围不同,在一年当中,可能会应求到 30 或 40 英里以外的地方给病患诊治。比较富裕的人长途旅行是为了接受教育、投票、认证遗嘱或出庭。"显贵之人"和"富有之人"的家业往往遍布全国，会去不同的郡县居住。他们和仆人经常需要长途奔波参加社交场合和管理产业。他们还必须前往伦敦洽谈生意或参加议会和皇室活动。他们还必须经常光顾当地的乡村，以履行他们作为地方法官、领主中尉和军官的职责。

上述所有出门的原因几个世纪之前就已存在。一个新增的理由是为了旅行而旅行——观赏新的景致，了解新奇事物，保持或改善健康状况。西莉亚·法因斯道出了女士们和先生们应该到不列颠各地旅行的原因：

> 如果所有人，包括女士们，更多时候是指先生们，都会花一些时间出门旅行，去探访自己的故乡，沿途领略风土人情，记录美好瞬间，欣赏优秀建筑，体验具有地方特色的各类农产品和手工业制品……[这]是一种特效药，专门治疗或预防各种流行病，如抑郁症，我是不是应该再加上懒惰这个毛病？它也会让你对英格兰有新的认识，增强我们头脑中的荣誉感和自豪感，并治愈我们对异国风情的过度崇拜，至少意识到自己也有可以招待外来客人的本土产品，或者当我们在国外时，听到别人指责英格兰人愚昧无知，说我们不了解自己的国家，我们可以教导他们。而且，女士们可能会发现这些观察大有裨益，可以增添谈资……这将使她们不必整日如坐针毡，不知道该如何打发时间，不玩牌或掷骰子日子就过得无聊透顶……不过，对那些为国家服务的任职于国内或国外的绅士们而言，尤其是那些在议会中的公务人员，通晓和研究[土地]的特点和优良民风则更为必要，以便为改善制造行业、促进贸易发展出谋划策。[80]

西莉亚·法因斯谈及的在国内旅行的诸多优点也适用于出国旅行。"大巡游"这一术语于1670年由理查德·拉塞尔斯在其著作

《意大利之旅》中首次提出，用来描述每年数百名年轻英国绅士到欧洲大陆的游历之旅。他们取道多佛，穿过英吉利海峡登陆加来，然后直奔巴黎，再从那里前往意大利。罗马始终是最受欢迎的目的地，紧随其后的是威尼斯。其他英格兰人必去的地方包括帕尔马、皮亚琴察、博洛尼亚、热那亚、卢卡、佛罗伦萨、锡耶纳、维泰博、阿雷佐、佩鲁贾、特尔尼和那不勒斯。对于大多数绅士来说，最南端的目的地是帕埃斯图姆，此时他们将踏上归程，返回途中再游览去程错过的每个地方，尽可能推延他们返回英格兰的日期。大多数年轻人进行这样的旅行大约会用去18至24个月的时间。一些大巡游持续的时间更长。彭布罗克伯爵的兄弟托马斯·赫伯特从1676年至1679年在法国和意大利度过了三年。桑德兰伯爵罗伯特·斯宾塞在1661年至1665年在法国、西班牙、瑞士和意大利游历了四年。父母希望他们的儿子在途中能增长见识，会派导师陪伴他们，这些导师的责任就是敦促年轻人把注意力集中在意大利文艺复兴时期的艺术品和建筑上，并劝诫他们远离所有漂亮的意大利女人。这是一个相当艰巨的任务——尤其是导师本人不过相当于一个仆人，根本没有权利告诉他的年轻领主不该做什么。刚刚获得自由的年轻人一旦到达巴黎，大巡游就沦落为放荡不羁和腐化堕落的生活。然而，公平地说，许多人确实获益匪浅。博物学家约翰·雷于1663年航行到加来，专门记录了英格兰未发现的所有鸟类、野兽、鱼类和昆虫；在接下来的三年里，他游历了法兰德斯、荷兰、德国南部、奥地利、意大利、西西里岛、瑞士和法国。罗伯特·博伊尔在国外游历了五年，钻研的学科众多，包括伦理学、历史、自然哲学和军事防御等。埃德蒙德·哈雷在1680年至1682年的大巡游期间，主要在巴黎天文台与乔瓦尼·卡西尼一起监测彗星的运行轨迹。

英格兰的绅士们和女士们也可以从外国游客身上学习到知识。我们已经遇到过其中一些人——来自荷兰的威廉·谢林科斯，来自意大利的洛伦佐·马加洛蒂，以及来自法国的绅士米松。还有成千上万的人来到这里，来自世界各个角落。1682年，来自暹罗国（泰国）的大使出访伦敦。1680年，约翰·伊夫林款待了法国人让-巴蒂斯特·夏尔丹，听他介绍了游历东印度群岛、波斯、黑海、里海、巴格达、尼尼微和波斯波利斯的见闻。所有访客中还有一位格外引人注目的讲拉丁语的中国知识分子沈福宗。1687年，当他随佛兰德斯传教士柏应理来到英格兰时，詹姆斯二世命戈弗雷·内勒为身着中国长袍的沈福宗画像。沈在牛津待过一段时间，帮助波德林图书馆进行中文书籍编目，提供有关中国的各种信息，从中国地图、日历，到数学和游戏，五花八门。同年，柏应理创作了《中国贤哲孔子》，将儒家的四部经典作品中的三部介绍给西方学者。由贸易商带到英格兰海岸的物品暗示着世界另一端与这里的一些文化差异——例如中国瓷器和家具，或印度棉花、印花棉布、地毯和茶叶。在这些方面，英格兰人与对待外国来客的"不友好"截然相反：充满异国情调的中东和远东商品受到前所未有的欢迎。

除了以上诸多了解世界各地的方式之外，你必须牢记，英格兰国王的外交影响力在不断增强。丹麦、佛兰德斯、神圣罗马帝国、帝国议会、汉萨同盟、托斯卡纳、威尼斯、波兰、葡萄牙、普鲁士、俄国、西班牙、瑞典和土耳其的宫廷都有英格兰大使。[81]1676年，还在阿勒颇、士麦那、赞特、阿尔及尔、突尼斯、的黎波里、墨西拿、那不勒斯、里窝那、热那亚、马赛、阿利坎特、马拉加、加的斯、塞维利亚和加那利群岛派驻了领事。这些地方的外交官不仅会将有关东道国的信息发送回英格兰，而且返回后还会因阅历丰富而成为座上宾。英格兰王室的海外财产日益扩张。州长或副州长代表英国皇室治理新英格兰、弗吉尼亚州、卡罗莱纳州、纽约州、纽芬兰省、牙买加、巴巴多斯、百慕大、背风群岛、圣克里斯托弗岛（圣基茨）、尼维斯、泽西岛、根西岛、孟买（印度）、圣乔治堡（印度）、班塔姆（印度尼西亚）、丹吉尔（北非）和几内亚（西非），以及隶属这些州的其他地区。[82]此外，还在威洛比兰（现苏里南）和英属洪都拉斯（伯利兹）等地修建了定居点。东印度公司、皇家非洲公司、黎凡特公司和哈德逊湾公司都与世界各地有相关贸易往来，带回各种信息和当地特产。虽然英格兰人在澳大拉西亚没有定居点，但那片土地的存在已为人们所熟知：澳大利亚于1607年被发现，新西兰则是1642年被发现。因此，这一时期出现的地图册和地球仪对你而言应该很熟悉：只是缺少一些细节。[83]

不列颠的大范围扩张意味着不只绅士们可以带回世界各地的知识。英国皇家海军雇用的5万名海员及所属的大部分商船都远离本土，见识到他们在家乡教区里闻所未闻之事。爱德华·巴洛漫长的职业生涯中遇到过各种奇闻轶事，任何一个摸爬滚打过来的海军候补少尉都会为之感到自豪——关键是他并非纸上谈兵，他确实到过世界各地。威廉·丹皮尔，也是年少时开始出海，在1679年至1691年间绕地球航行一圈，成为继弗朗西斯·德雷克爵士（1577年至1580年环球航行）和托马斯·卡文迪什（1586年至1588年环球航行）之后的第三个英格兰人。丹皮尔原定目的地是莫斯基托海岸，但不久后在西印度群岛和弗吉尼亚州与海盗同行；之后他绕道合恩角，穿越太平洋搜寻沉没的马尼拉珍宝帆船，1688年年初在新荷兰海岸（澳大利亚）登陆，并在那里进行了为期两个月的探险。返乡途中他又经过越南、苏门答腊和印度，最后于1691年9月16日登上英格兰海岸。他的回忆录《环球新航程》（1697）出版后极为畅销，将他所到之处见闻的动植物和风土人情，以及所到岛屿和同行的海盗都描述得细致入微。每个人都想与他会面。佩皮斯和伊夫林都视他为座上宾。他后来又两次出海环绕地球航行，成为有史以来三次环航世界的第一人。

约瑟夫·皮茨也是在机缘巧合下成了探险家。他是一位出色的海员，是第一个前往麦加的英格兰人，还用文字记述了圣地见闻，这对非穆斯林而言是被禁止的。他1678年出生于埃克塞特，14岁时加入一艘开往纽芬兰的渔船。该船返回时，船员在西班牙海岸附近被阿尔及利亚奴隶主俘获；皮茨和其他船员都被铐上枷锁关进货舱。在阿尔及尔，皮茨在奴隶市场被卖掉，因是基督徒而遭到主人毒打。在第二次被出售后，他的新主人决定必须让皮茨转信伊斯兰教。因此，主人将他倒挂起来，抽打他的脚底，直到鲜血顺着双腿流淌下来。这样持续几天后，又把他血肉模糊的双脚插到盐水中，仍然倒挂着抽打他的腹部，最终皮茨同意改信伊斯兰教。他转变信仰的一个积极结果是，在他第三次被卖给一位善良的老人之后，能够陪伴主人前往麦加朝圣。他在整个北非旅行，途中参观亚历山大港的废墟。在该港口，他注意到有一艘船只来自英格兰德文郡的林普斯通镇，船上的一位水手竟然是他的同乡（现在这种事也是"小概率事件"）。朝圣归来后，他重获自由，并航行到士麦那，在那里一名康沃尔人为他付了去意大利里窝那的船费。从那里他一路步行，终于在离开16年后回到英格兰。皮茨撰写并出版了一本书，名为《伊斯兰教及教徒礼仪实录》，其中以极其公正和冷静的方式解释了伊斯兰教的教义以及阿尔及尔人民的真实生活方式。这本书对一个域外民族及其宗教习俗的描述客观公正，不含任何偏见。

所有这些旅行都家喻户晓，结果就是不论你走到哪里，所听到的街谈巷议都是世界各地的见闻。穷人对水手们带来的故事惊羡不已。富人们则聆听同行带回的确切信息，阅读丹皮尔和皮茨等人的作品，凭借这些知识筹谋去更远处开拓探险。更为广袤的世界成为热烈讨论的话题，人们对此各抒己见。佩皮斯一天下午在弗利斯酒馆就坐后，跟两个逃脱奴隶命运的白人争辩起来。佩皮斯说，阿尔及尔对待基督徒奴隶要比种植园主对黑人奴隶更宽容，那两人很快就纠正了他，说他们的双脚和肚皮曾反复遭受毒打。伊夫林吃晚餐与人谈论中国和日本发生的事件。柯尼斯堡的商人来伦敦做客时，会给主人讲他们国家的人们如何过冬，如何用半英里长的渔网在冰洞中捕鱼，然后如何用雪橇将鱼运到满是积雪的市场上售卖。[84] 某一天你可能会谈论土耳其军队出兵德国以及德国皇帝喝得酩酊大醉，另一天你可能又会说起摩洛哥军阀的不择手段，或者聊到霍屯督人的半阉割行为，或者惊讶地看着一本用中文或俄语写成的书籍。[85] 报纸帮助传播国外事件的进展，你如果在伦敦一家咖啡店里，就可以读到1663年6月底奥地利的唐·约翰在阿梅西亚尔打了败仗，或者在1688年5月底利马被一场大地震摧毁。[86] 事实上，有文化的伦敦人对近期在所知世界各个角落发生的事件了解得一清二楚，绝不亚于大多数现代人——主要区别在于，他们得到的消息有一定的时间延迟，这与新闻需要传播的距离成正比。例如，葡萄牙的阿梅西亚尔战役发生在1663年6月8日，但在伦敦见报则是三周以后。摧毁利马的大地震实际上发生在1687年10月20日，而在伦敦报纸上报导时已经是七个月之后的事了。

科学知识

1660年11月28日，一个由学识渊博的绅士们组成的委员会在伦敦召开会议，讨论创办新的大学或哲学社团以探索科学问题。两年后，他们的组织获得皇家特许，成为皇家学会。三年后，开始出版《哲学学报》。毫无疑问，这是科学史上极为重要的进展。它系统地阐述国际上在自然哲学（就是现在所说的科学）领域取得的卓越成就，逐渐成为解读创世的深度和广度的主要学科。

强调创世及其宗教内涵非常重要。在现代世界，我们倾向于认为宗教和科学是对立的，但在17世纪，二者是一体的。在新世界发现的未知植物和动物立即被认为是由上帝创造的。人们想了解它们的属性，看它们是否因对人类有利用价值才被放到地球上——例如用作药物或染料。因此，科学家们的动力既有对知识的渴求，也有对精神启蒙的追求。罗伯特·博伊尔对创世的本质和程度特别感兴趣：这不仅增强了他对自然界的兴趣，还出资请人将《圣经》译成多种语言，并派出传教士到其他大陆使原住民皈依基督教。艾萨克·牛顿比任何人都更了解《圣经》，与他的科学著作一并还发表了几篇神学论文。天文学家约翰·弗拉姆斯蒂德担任圣职。罗伯特·胡克对生活细节的描述是想要更详细地展示创世机制。这一时期取得如此多的科学突破并不令人意外。在过去的诸多世纪里，历史已反复向我们证明，如果你真心希望某件事情发生，那就把它作为一种精神追求。

然而，科学发现的宗教性质只是故事的一半。另一半则是合作——这就是英国皇家学会被证明非常重要的原因。所有这些人都可以独立进行研究，各自踏上朝圣真理的不同道路。但是皇家学会将他们聚集在一起，组成了一支伟大的科学十字军；《哲学学报》的出版则对他们的集体事业起到推广和激励作用。他们的想法不是慢慢渗透给社会大众，而是如瀑布般倾泻而下。罗伯特·胡克由皇家学会聘请，每周进行新的实验——成为世界上第一个领薪酬的从事职业研究的科学家。他向人们展示当狗停止呼吸时可以向肺部吹气将其救活，还进行了输血实验，讲述了如何给狗做皮肤移植。数百项发现公开发表，不仅刊载在《哲学学报》上，还在科学家自己的著作中被进一步论述。这些领军人物在国际上享有盛誉。约翰·伊夫林评论说，到英格兰旅行的游客如果不去参观罗伯特·博伊尔的实验现场，他就"错过了我们国家一件最有价值的东西"。[87]胡克在1665年出版《显微图谱》后，声名也不遑相让。该书中的插图详尽地展示了我们所熟悉的物体通过显微镜观察到的形态。估计你对18英寸大小的跳蚤图像并不陌生，也见过他所绘制的蚊子、苍蝇眼睛和虱子的精美版画。像约翰·弗拉姆斯蒂德和埃德蒙德·哈雷这样的天文学家揭示了肉眼无法观察到的数千颗恒星。艾萨克·牛顿因发表了光学论文和后来的《自然哲学的数学原理》而名噪海外。所有这些人的名字都家喻户晓——熟悉到成为伦敦剧作家在舞台上的调侃对象。即使你不是一个天生的自然哲学家，你也会对周围发生的事情略知一二。

科学革命（这是未来历史学家的说法）主要集中于伦敦。当然，其他国家也贡献了许多想法和发现——这个时代一些最重要的思想家来自欧洲大陆，包括戈特弗里德·莱布尼兹、克里斯蒂安·惠更斯和雅各布·伯努利——但伦敦才是革命的靶心地带。皇家学会是原因之一。另一原因是以伦敦为大本营的众多仪器制造商。如果你想购买显微镜、望远镜、温度计、气压计或时钟，伦敦是你的理想之选。如果你是这类物品的制造者，那么伦敦也是最佳选择，因为这是人们愿意付钱购买精密设备的地方。

在充分利用人们对科学仪器的需求方面，没有人能与英国制表之父托马斯·汤皮恩媲美。他是贝德福德郡的一位铁匠的儿子，1660年左右搬到伦敦学习钟表制作工艺。时机选得恰到好处（请原谅此处时机与时间一语双关）。1657年，荷兰数学家克里斯蒂安·惠更斯建造了第一个摆钟，人们竞相效仿。很快汤皮恩就造出了质量更好的摆钟。1675年，惠更斯写信给皇家学会，宣布他发明了一款带有平衡弹簧的手表。罗伯特·胡克向查理二世抱怨说，他15年前就有了同样的想法，国王要求汤皮恩按照胡克的设计制作出一款这样的手表。次年，新建成的皇家天文台需要一对高精度时钟，汤皮恩成为不二人选。最后建成的机器钟摆长达13英尺，极为精密，上弦一次可以运行一整年，并且即使在上弦时内部机制仍可运行。这两只时钟每天的误差控制在两秒之内，在距钟摆发明还不到20年的时间里取得这样的成就真是意义非凡。之后，汤皮恩的生意蒸蒸日上。他的精密仪表生产线上雇用了数十名学徒和技术工人。工厂在他的严格监管下，开发了六个系列的制造商参考编号，用于手表（始于1681年）、弹簧驱动时钟（始于1682年）、重量驱动时钟（始于1682年）、打簧表（始于1688年）、闹铃表（始于1692年），以及带有特制镰钩式擒纵机构的手表（始于1695年）。他还继续为天文学家制造高度专业化的仪器，为欧洲皇室手工打造做工精良的气压计和时钟。[88]

科学比以往任何时候都更加引人注目，以技术和机器的形式进入了千家万户。在佩皮斯的家中，手表、温度计、显微镜、望远镜、货币换算器和缩放仪（同比例复制图像的设备），一应俱全。即使那些买不起这些昂贵仪器的人也能在公共场所看到技术。如果你在1660年10月漫步于圣詹姆斯公园，你会看到一整套水上升降机械，包括由拉尔夫·格雷特雷克斯设计的阿基米德螺丝。[89]1681年，塞缪尔·莫兰德爵士设计的装置可在温莎城堡顶部喷出60英尺高的水柱。他在伦敦的大罗素街上有一家商店，专营用于矿山、房屋、船舶、水井的体型较小也更为实用的机器，还有排水装置、花园喷泉和公共饮用水泵。莫兰德还开发了一种喇叭或扬声器，可以在一英里距离内听清人的说话声。[90]在复辟时期快结束时，来自德文郡的绅士托马斯·萨弗里设计了一台可以从矿井中抽水的蒸汽机；1698年获得专利，次年在皇家学会成员面前展示。

所有这些科学家和工程师的热情使他们能够打破几个世纪以来局限人类的各种界限。似乎没有什么能让他们畏缩。当在狗身上进行的输血实验取得成功时，他们开始探索人类是否也能从中受益。因此，一位名叫亚瑟·库加的绅士应招参与实验，将绵羊的血液泵入他的血管后，多次挽救了他的生命。当查理二世听说皇家学会在试图称量空气的重量时，乐得前仰后合。尽管如此，胡克还是继续努力，并得出119品脱的空气重量为2⅛盎司的结果，这与实际重量偏差并不是很大（正确的重量也就3盎司多一点）。[91]1691年4月，当一艘满载黄金和象牙的宝船在英格兰南部海岸附近沉没时，埃德蒙德·哈雷设计了一种新型潜水服，以便寻回有价值的货物。飞行是科学家一次又一次尝试的实验。胡克尝试过用火药驱动飞行的实验，用齿轮给人安装机械翼。关于这个问题他可能会滔滔不绝地给你讲上几个小时。他们有一些障碍还没有解决，其中之一就是远古时间。每个人仍然认为世界是在公元前4004年10月23日黄昏之前创建的，这是厄谢尔主教的测算结果。因此，当约翰·科尼尔斯于1679年在伦敦的一些大象骨头附近发现一块燧石手斧时，人们得出结论，它肯定是古代布里吞人用来杀死大象的工具，这些大象于公元 43 年由克劳迪亚斯皇帝带到不列颠——否则的话，大象怎么可能到达这些海岸呢？[92] 谁也想象不到，那柄斧头来自 35 万年前，而那时英国本土就有大象。

在所有这些科学发明的影响下，也许最重要的思维转变就是，人们相信一切都可以量化。牛顿用数学方法确定了透镜和平板玻璃之间的空气膜厚度，精确到十万分之一英寸；罗伯特·博伊尔可以计算出气体体积和压力之间的比值；弗拉姆斯蒂德测出彗星的轨迹；哈雷测算出人类的平均寿命；等等。量化产生确定性，这在一个千变万化的世界中，对各行各业的许多人都产生了极大的诱惑力。厄谢尔主教对创世日期的推算在我们看来似乎很愚蠢，但放到那个年代，可以将其视为人们追求稳定的一种美好愿望，他们希望一切都能用精确数字来表示。因此，量化很快成为实践和理论的基本动力，数学获得了前所未有的地位。它支撑着新开发的伦敦火灾保险业务。它对建造大型船只以及更为准确地测量土地建设新街道和广场非常重要。人们也开始量化社会及其问题。1662 年，约翰·冈特试图首次计算伦敦市的真实人口、居民的年龄段和其他因素。他颇有影响力的朋友威廉·配第接下量化的接力棒，在他的《政治算术》（1676）一书中声称："我不是单纯使用词语的比较级和最高级或引证知识分子的论点，而是在整个过程中运用数字、重量或尺度来表达我的观点，这是我长期以来一直瞄准的政治算术标本。"[93] 你不需要成为一名科学家，就能明白现代世界在很大程度上要归功于复辟时期统计思想的兴起：与我们现代生活息息相关的所有技术进展和社会进步都以此为基础。

教育

人们渴望了解地球并测量其中的一切，这可能会给你造成一种假象，即教育标准已经达到了空前的高度。遗憾的是，事实并非如此。学校未能与时俱进。他们往往受到各种章程和限制性法规的约束，善意的创始人永远无法预见对年轻一代有着不同的要求。因此，许多古老的文法学校教希腊语、拉丁语和希伯来语，但不教数学、化学或物理。如果有人祝贺谁家的孩子是神童，原因绝对不会是他在自然哲学上取得了突破：通常是因为他在很小的时候就掌握了一种圣经语言。例如，威廉·沃顿受到伊夫林的称赞，因为他能够在五岁时阅读拉丁文、希腊文和希伯来文，以及在13岁时阅读阿拉伯文和阿拉姆文。[94] 有些人往往不像皇家学会成员那样胸中燃烧着求知若渴的圣火，他们心中唯一的雄心壮志就是用从常春藤覆盖的教育机构中摘下月桂花环来装饰自己的事业。

不是每个人都能去上学。大多数男孩的父亲是农夫或劳工，他们能够得到的教育不过是每到礼拜日从教区牧师那里获得的劝告。然而，如果你足够幸运，可以接受启蒙教育，开始时你会在一所规模很小的学校读几年书，一般从五六岁开始，主要是使用角帖书识字。这种书只有一页，镶在木制框架里，上面写有或印刷有字母、数字和主祷文，外面覆盖着一层薄薄的半透明角质膜，主要目的是让你学会识别和复制这些符号。到七八岁时，你应该具备了阅读能力，并为下一阶段的教育做好准备。然而，此时你可能已开始怀疑在复辟时期的不列颠接受教育是否真的意味着与众不同和"幸运"。教育的一大部分内容是维持纪律。在夏天，从早上6点到下午6点（冬天早上7点到下午5点），男孩们一直坐在没有取暖设施的教室里的长长的硬板凳上。教书先生强迫他们像鹦鹉学舌一样重复古老的教科书，如果出错就会挨打。学校不是鼓励探究的地方，而是服从传统的地方。事实上，皇家学会的座右铭"勿轻信人言"（"Nullius in Verba"）就是直接针对这种对知识的盲从现象。各种教育改革者试图引入更为实用的教学大纲，但即使在学术乌托邦中，教学还是千篇一律得使用拉丁语进行，因循守旧。

你可能感到好奇，既然送儿子去上学意味着挨冻，学拉丁语还

第四章 精神风貌 143

经常挨打，还有必要让他去吗？当然有，答案是这样会提升他的社会等级。像威斯敏斯特这样的公立学校，教学生们用拉丁语、希腊语和希伯来语——甚至用阿拉伯语练习演讲和撰写经文——每年每个男孩需要支付40英镑的高额学费。[95] 除此之外，还要交额外的费用购买书法、《圣经》和其他文本，纸张和校服也要单独付费。这一切加起来远远超过大多数人的收入。你可能会问它是否值得，你用古希腊语写诗的能力不太可能会用在法庭上（或其他任何地方）。但你学到什么并不重要，重要的是在哪里学习。毫无疑问，昂贵的教育会让穷人明白，无论他们多么聪明，他们永远不会与这群社会精英达成平等。极少数的例外是，有些男孩能够利用教育捐赠获得免费上文法学校的机会，然后争取以陪读生（对富家子弟来说是半个仆人）的身份读大学。如果不上大学，大多数文法学校的男生将在大约15岁时离开学校，子承父业，或开始七年的学徒生涯。如果你不走从小学升到文法学校的求学路径，可能会进慈善学校（如果你是一个孤儿）或被送到私立寄宿学校，但很可能此后你没有机会再接受正规教育。水手爱德华·巴洛的非凡之处在于，他作为战俘被囚在印度尼西亚的巴达维亚（现代雅加达）时，自己学会了读写。那里的条件几乎和英国公立学校一样糟糕。

如你所见，识字与地位密切相关。几乎所有的"显贵之人""富有之人"和"中产阶层"都受过教育，其中许多会三门语言——英语、拉丁语和法语。如果你做学徒并成为"工商业者"中的一员，你的雇主可能会鼓励你练习阅读和写作：17世纪80年代和90年代，三分之二的英国工匠和手工业者可以写作。乡下人中有读写能力的为数不多：大约一半的自由民可以写出自己的名字，但农民中只有四分之一可以做到。至于穷人，英格兰只有大约五分之一的仆人可以签自己的名字，劳工能做到的更少。总体而言，55%的英格兰人在1700年之前会写自己的名字。这与欧洲大部分地区相比，还算不错，但若与苏格兰相比则逊色许多，那里得益于加尔文主义教育传统和全国性教区学校网络，67% 的人可以签署自己的名字。确切地说，苏格兰商人的识字率从 1660 年的约 50% 增加到 1700 年的 80%。到 1700 年，几乎四分之三的苏格兰农民可以签名，而能够这样做的仆人和劳工数量从 1660 年的十分之一上升到 17 世纪末的三分之一。[96]

女性教育则是另外一回事。正如汉娜·伍利在《女性性别指南》一书中所说，"我不得不抱怨并且必须谴责父母的巨大疏忽，让他们聪慧的女儿在这片沃土休耕，却把脑袋贫瘠空白的儿子送去上大学。"[97] 这里当然是在谈论"显贵之人"和"富有之人"，但可以公平地说，不论哪个社会阶层的父母都认为让女儿获得技能比正式的学业训练更为重要。因此，在 17 世纪 80 年代，只有 13% 的英国女性和 12% 的苏格兰女性可以签自己的名字。[98] 具体来说，每有一个有写作能力的女性，就有两到三位女性具备阅读能力——阅读是有钱人认为自己的女儿应该掌握的技能之一，其他技能还包括女红、唱歌、跳舞和说法语。玛丽·伊夫林作为日记作家的女儿深受父亲喜爱，她精通法语和意大利语，大量阅读历史和经典著作，还擅长唱歌和演奏大键琴。她的妹妹苏珊娜在油画设计和绘画方面很有天赋，还有高超的女红手艺。她也会说法语，熟读了古代希腊和拉丁作家的大部分作品。必须要指出的是，女孩的教育机会正在不断增多。现在，伦敦、施鲁斯伯里、利兹和曼彻斯特等地都为绅士的女儿开办了学校。但与男性教育一样，学校教育强化了社会等级制度。如果你没有被送到学校，你仍然可以向私人导师学习。或者，如果你的父亲拥有一本英文《圣经》，那么你就可能有机会自学。如果上述两种情况都不适用，那么你可能永远无法了解阅读的乐趣。一些照顾孤儿的慈善学校既接收男孩，也接收女孩——基督医院就是其中之一，虽然这里男女分开教学，但只教授女孩"适合她们性别的功课，使她们成为合格的妻子"。[99] 女孩们离开时是否会识字，这是一个没有实际意义的问题。许多男人显然不希望穷人通过接受教育，特别是女性穷人，来提高他们的社会地位。

不列颠的六所大学——英格兰的牛津大学和剑桥大学，苏格兰的圣安德鲁斯大学、格拉斯哥大学、阿伯丁大学和爱丁堡大学同时受到了学校难以与时俱进问题的困扰。一代又一代的慈善家们给这些学校留下了足够的资金，但对捐赠款项的用途做出了过于严格的规定。传统、特权和任期是其他的制约因素。1676年，剑桥大学的16所学院中有14所由持有神学博士学位的人领导。该大学有8位教授：两位神学家，民法、医学、数学、希伯来语、希腊语和阿拉伯语方向各有一位。在牛津，5位皇家教授分别讲授神学、医学、民法、希伯来语和希腊语；还有解剖学、历史、自然哲学、天文学、几何学、道德哲学和植物学的教授。[100] 需要指出的是，所有这些杰出学者中只有两位是皇家学会的研究员。如果英国剑桥大学没有数学教授艾萨克·牛顿，英国牛津大学没有塞维利亚几何学教授约翰·沃利斯，你完全有理由怀疑这两所英国大学对伦敦如火如荼的知识革命没有做出任何贡献。尽管如此，每年大约有1000名年龄在14—17岁的男孩去牛津大学，还有1000名男孩到剑桥去学习长达一年的修辞（选择的都是希腊和拉丁作家的作品，以及众多神学的书籍），再学两年亚里士多德逻辑。大约100名年轻人前往苏格兰的各所大学。令人欢欣鼓舞的是，查理二世于1668年在圣安德鲁斯大学设立了数学教授席位，第一位数学教授，詹姆斯·格雷厄姆，于1673年在那里建立了一个天文台。但苏格兰大学的教育改革仍然有很长的路要走。乔治·辛克莱在格拉斯哥担任数学和实验哲学教授期间，充分利用气压计、天文观测、开发潜水钟以及矿山测量和矿井排水等，开辟了深度测量的新局面。然而，他最著名的作品却是《发现撒旦的隐形世界》（1685），其中他描述了许多所谓的巫术、恶作剧精灵和其他恶魔现象，试图证明它们确实存在。

不从国教者不得进入英格兰大学，但不会禁止他们在苏格兰读大学。从1670年开始，如果你是英格兰长老会或贵格会信徒，又想攻读学位，你可以参加异见学院（Dissenting Academy）。这些小型高等教育机构通常由一个博学家管理，一次只招收几个男孩，为他们打好基础，然后可以去苏格兰大学或低地国家学习，如莱顿或乌特勒支。虽然丹尼尔·笛福没上过大学，但他接受了教育：首先去私立寄宿学校，然后被送到伦敦北部不远处的纽约州格林，在那里师从最著名的异见学院院长查尔斯·莫顿先生。塞缪尔·卫斯理，约翰和查理·卫斯理（未来的卫理公会创始人）的父亲，也是莫顿教授的学生。教学用英语进行，讲授神学、古典研究、历史、地理、现代语言、政治、数学和自然哲学。有一个实验室配备了空气泵、温度计和数学仪器。虽然大多数异见学院的学生只有六个左右，但莫顿每年招收 50 个学生。学校成绩卓著，但却好景不长。唉，心怀不满的伦敦主教在 1685 年关闭了学校，仅仅办学十年之后。莫顿本人于 1686 年移民到美国，在那里被聘为哈佛大学副校长，直至去世。[101] 但是异见学院在其他地方持续了很多年。

哀思

不论男女，人人都会产生快乐、悲伤和你我所熟悉的所有情感。但正如我们所见，复辟期间的平均寿命并不理想。这引出了一个重要问题：人们如何面对丧亲之痛？尤其是当家中有年少夭折的孩子时，父母该怎样应对？因为平均来看，这一时期每个家庭中有一半的孩子在未成年之前死亡。17 世纪的父母是否已经习以为常？或者只是偶尔感到悲伤？还是和我们一样痛不欲生？如果你与某位父亲或母亲一起坐在他们垂死的孩子床边，你很快就会发现父母的情绪波动在很大程度上取决于孩子的年龄。当拉尔夫·乔斯林失去一个 10 天大的儿子时，他记述时说孩子在世间的时间太短，没有给他机会与之建立起牢固的感情。一个 13 个月大的孩子夭折后，给他和他的妻子带来的悲伤更严重一些。然而，当谈到他们 8 岁夭折的女儿玛丽时，巨大的悲伤瞬间席卷了他们：

［她］是我们珍爱的宝贝，如花束般甜美；灵秀、机敏、娇媚、学识都是万里挑一，她是上帝的甜蜜恩赐，天资聪颖……主啊，能给你献上这样的礼物我感到高兴……［她］生时集宠爱于一身，死后得到深切的哀悼，为我留下的记忆是如此甜蜜，永生难忘。[102]

约翰·伊夫林也有类似的情感经历，因失去三岁以上的孩子而心痛不已，而极其年幼的婴儿夭折却仅感到无奈。当他失去七个月大的幼子后，在日记中写下这样一小段文字："上帝之手今天早上带走了我的小儿子乔治，我们心里依然感到难过。他苦苦挣扎了七个月，保姆也都被折磨得憔悴不堪。他刚刚长出牙齿，最终却全身水肿离我们而去。上帝的圣洁将降临！"当他五岁的儿子因发烧而夭折时，他的痛苦远胜于此。他回忆说，儿子在临死前问他如果不能双手合十是否允许向上帝祈祷，因为医生严令他必须把双手放在床单下面。在儿子漫长的弥留期，伊夫林写道："我生命中的欢乐就此终结。"但是当他18岁的女儿玛丽，前文提到的那个多才多艺的女儿突然离世时他的悲痛无以复加。他的日记中满是最为痛苦的长篇哀悼之词：

她于［1685年3月］14日离我们而去，给我们留下无尽的悲伤和苦痛，难以言表。这种悲痛不仅仅折磨着我们，也包括所有认识她的人……我该说些什么，还是在心中默默哀悼？她曾是那么幽默，她的快乐和愉悦感染了身边的每一个人。她对人彬彬有礼，即便是对家中最卑微的仆人，她也始终怀着敬重之心，没有丝毫傲慢之态……亲爱的、甜蜜的、可爱的孩子，你集善良和美德于一身，我们怎能忍受就这样与你阴阳永隔？我们怎能不心如刀绞、悲痛万分？对我而言，你对我所倾注的感情、责任和关爱，不仅仅是我的好女儿，也是我的挚友。你母亲视你为掌上明珠，对你温柔体贴的照料无与伦比，堪称楷模……唉，她该怎样哀悼丧女之痛！你的离去给我们留下了无尽的凄怆！对你的记忆将陪伴我们，直到永远。[103]

当涉及年轻人死亡，尤其是年轻女性在分娩时离世时，那种深入灵魂的痛楚和折磨与现代一样无法磨灭。这会引发你的思考。当你回想起复辟社会是多么残酷无情、充满暴力和疾病肆虐时，你差点儿就断言人们对失去亲人会见怪不怪。但事实是，他们和我们一样脆弱，一样会受到伤害。

幽默

坦白来说，如果想在复辟时期的不列颠生存下去，你需要具备良好的幽默感。你还需要分享一两个笑话，为的是使生活显得不那么沉重。我并不建议你和许多不从国教的教徒聚在一处，如果你只是为了放松心情。我也不会建议你与塞缪尔·佩皮斯为伍，并不是说他不懂幽默，而是说他的笑话要么毫无笑点，要么就是低俗不堪。例如，一个男人主动帮另一个男人吃掉牡蛎，理由是为了避免它们发臭，这让佩皮斯捧腹不止。他有把椅子，他觉得非常有趣——一坐进去，它就会突然伸出机械臂，扣住你的胳膊，让你无法动弹。1661年4月，他有一种特别"奇特的想找乐子的心情"。他问一些女人是否可以买下她们的孩子，还喝掉了两个小学生准备拿给校长的啤酒。当佩特上校开玩笑说，佩皮斯是上校快出生的孩子的亲生父亲，佩皮斯竟毫不避讳地表示认同。[104] 正如你所见，搞搞恶作剧，或是时不时利用别人的愚昧或无知戏弄调笑，这在我们的塞缪尔·佩皮斯看来竟是一种寻欢作乐的方式。祝福他吧，人们对他褒贬不一，他有许多美德和恶习——但你很可能将他的幽默感归于后者而非前者之列。

几乎在乡村的每个旅馆、小酒馆、啤酒屋和饮酒场所，这样低俗的幽默都随处可见。一天，内德·沃德在伦敦的一家咖啡馆里听到有人在笨拙地拉着小提琴。这时，两名水手瞟到壁炉上方的墙上有一个结实的挂钩，就抓起小提琴手把他挂了上去，刚好钩子勾住了他马裤后面的缝隙。大家都哄堂大笑。这个可怜的家伙不停地扭动身子，直到最后终于摆脱了钩子掉在地上，人群更是笑得前仰后合，"就算我们看到一个家伙在踢足球时摔断脖子，也不会比这更为可笑"。现在你该明白了吧。这一时期所流行的幽默感，跟大多数过去的社会一样，给我们现代人的感受就像戴上了一只三指手套。

至于真正的机智，你应该向宫廷诗人致敬。他们以揶揄国王和他的情爱生活为乐。一位匿名朝臣在提及1667年6月荷兰人在梅德韦河袭击英格兰舰队时写道：

> 正如尼禄曾手抱竖琴
> 俯瞰陷入一片火海的罗马，
> 下面城在燃烧，他在上面奏响琴音
> 我们伟大的王子，也在荷兰舰队抵达时，
> 目睹他的舰船被火舌吞噬，
> 窗外船在燃烧，屋内他上演床戏
> 他是如此善解人意，在我们岌岌可危之际
> 他将借云雨之力，将那熊熊火焰扑熄。[105]

更为切中要害的是罗切斯特伯爵的《查理二世讽刺诗》：

> 他属意和平，温柔和顺无两，
> 他爱他所爱，尤爱颠倒阴阳。
> 他欲求极高，能力更强；
> 他的阳物和他的权杖一般长；

女人满足前者，便可将后者玩于股掌，
他头脑昏聩，与他那兄弟一般模样。
可怜吾王！你的阳物堪比你身边滑稽的臣子，
挟你行事，任你沉迷。
古往今来这尊阳物无疑最为体面，
狂妄至极，霸道无限。
安全、法律、宗教、生命皆视若无物，
披荆斩棘冲向女人。
不眠不休从此荡妇辗转到彼荡妇，
真乃欢乐王，可耻又可恶。[106]

当然，要想欣赏上述打油诗中的幽默，你一定要身临其境，目睹罗切斯特不经意间将这首诗交到国王手中那一幕。

在这个百家争鸣的时代，很难决定谁应压轴出场，赢得最后的笑声。但是，请允许我在最后引用五则妙语，它们的出处可谓五花八门——科学家、贵族、女士、浪荡子和国会议员——共同完美诠释了这个时代的幽默感：

- 皇家学会的院士们曾目睹这样一个实验，将一只狗身上的血抽走，然后另一只狗的血输送到它体内。通过观察该实验过程，得出的结论是，用新鲜血液代替坏血将有益于身体健康。这时一位院士开始提问：如果把贵格会教徒的血液输送到大主教体内会有什么事情发生呢？[107]
- 1660 年，作为非职业医生的多切斯特侯爵向他的女婿罗斯勋爵发出决斗挑战，并对女婿说要用剑刺穿他的喉咙。勋爵回答道："只要你威胁我时不用你的药丸，那最糟糕的就过去了。我现在安全得很。"[108]
- 令凯瑟琳·塞德利最为不可思议的是，约克公爵詹姆斯，即未来的詹姆斯二世，竟会选她做情妇。她百思不得其解，不知道他看上了自己哪一点，她说："他绝不可能看上我的美貌，因为他知道我并不漂亮。他也不可能是看上我的智慧，因为以他的水平还不足以看出我有智慧。"[109]

- 凯瑟琳·塞德利的父亲是查尔斯·塞德利，她是准男爵唯一合法的女儿。因此，詹姆斯将他女儿纳为情妇，让他一直耿耿于怀。即便詹姆斯将他女儿封为多切斯特伯爵夫人，他也并未释怀。因此，在 1689 年，议会投票推举国王时，他投票支持威廉三世和玛丽。当被问及原因时，他解释说："詹姆斯二世让我的女儿当上伯爵夫人，我当然要助他女儿成为女王。"[110]

- 《政治算术》的作者威廉·配第爵士收到了阿林·布罗德里克爵士的决斗挑战，因为他不喜欢配第对爱尔兰的描述。配第欣然应战，但他的视力不太好，事实上，他已几乎全盲。因此，他接受挑战时提出了一个条件：他们必须在一个黑暗的地窖里用斧头决斗。[111]

第五章

生活必需

俗话说,"你在罗马,就按照罗马人的习惯去做事。"这里建议你随时随地都要入乡随俗。但请等一下:此时此刻有些发生在这里的事你并不了解。英国的战争何时发生?在此期间,英国人卷入了三场战争:第二次英荷战争,从1665年3月到1667年7月;第三次英荷战争,从1672年4月到1674年2月;九年战争,这场战争英国在1689年5月加入时已经持续了一年,并且直到1697年5月才结束。我强烈建议在这一时期千万不要加入海军,除非你有极端暴力倾向,那样的话,你真的找到了自己的精神家园。但对于我们其他人来说,日常生活中有哪些问题呢?你并未意识到有些事自己一无所知。你用什么钱币?你在哪儿购物?你怎么确定具体时间?所有这些日常问题都与我们在现代世界中做事的方式不同。因此,在本章中,我们将谈谈那些容易被认为是理所当然的基本生活内容,但是为了顺利生存,你需要了解这些方面。

天气

星期四晚上,大概两三点钟,有一场最为可怕的降雨、冰雹和狂风,伴随着惊心动魄的雷电,一些人开始有些心神不宁,认为这是审判的日子;它确实是我所知道的最强大、最无与伦比的暴风雨;

巨大的冰雹在风的裹挟下猛烈地敲打着窗户和墙壁，即使是睡得最沉的人也会被惊醒。[1]

以上是拉尔夫·托雷斯比所描述的1678年1月19日夜晚，当时他19岁。大多数人都说1662年2月18日的"大风"是人们记忆中最具破坏性的风暴。几个伦敦人被落下的瓦片砸死。街道上到处都是"砖块、瓦片、铅板……帽子、羽毛和假发"。倒塌的房屋将索顿斯托尔夫人压死在床上。在英格兰的另一边，在迪恩森林中，有3000棵树被吹倒。[2]

这一时期还有一次堪称极为严重的风暴是1690年1月11日的飓风。伊夫林的描述道：

> 今天一场非同寻常的风暴来袭，伴随着雪和极端天气；在许多地方造成了极大的伤害，房屋被毁，树木折断，等等，许多人丧命。从凌晨2点左右一直持续到5点，它源于一种飓风，据海员们观察，近些年来已经开始北上。[3]

尽管这些风暴极其严重，但最让你感到烦恼的可能是持续不断的寒冷天气。现代英国的年平均气温为9.7℃。在17世纪60年代为9.0℃，17世纪70年代是8.6℃，17世纪80年代是8.7℃，17世纪90年代，只有8.1℃，可见这一时期绝对称得上严寒。至于最低点，你先做好心理准备。一年12个月当中的历史最低温度记录有四个出现在这40年之间：最寒冷的3月出现在1674年；最寒冷的5月出现在1698年；最寒冷的7月在1695年；最寒冷的9月在1694年。[4]除了这些记录之外，你肯定对"全年没有夏天"的1675年记忆犹新，还有1683年到1684年的长霜期，当时三个月的平均气温下降到零下1.2℃，是英格兰有史以来最为寒冷的三个月（现代12月至2月的平均值为3.7℃）。在这种时候，你常常会发现百叶窗总是关不严，前门吹进来的风总是凛冽彻骨。

日历

　　17世纪晚期欧洲沿用两个日历。英格兰王国的官方版是朱利安历法，自中世纪以来我们一直在使用。它将报喜节（3月25日）定为新年第一天，每四年闰一年，因此四个世纪以来有100个闰年。另一个是格里高利历法，自1582年以来一直在欧洲大陆的大部分地区使用，是你所熟悉的。该历法的元旦是1月1日，每四个世纪有97个闰年。结果造成英格兰与欧洲其他国家之间的时间稍有偏差。苏格兰人像英格兰人一样使用朱利安历法，但跟欧洲大陆一样，将1月1日定为新年第一天。因此，天文学家在比较笔记时必须精于换算。如果1691年1月5日某位天文学家在圣安德鲁斯天文台观测到某个天文现象，那么同样的现象可能会分别在1690年1月5日由林威治皇家天文台的约翰·弗拉姆斯蒂德和1691年1月15日由巴黎天文台的乔瓦尼·卡西尼观测到。这种差异对旅行者来说尤其令人困惑。例如，如果你1668年在巴黎度过圣诞节，并在第二天早上出发前往伦敦进行为期9天的旅行，你到达的日期还是1668年圣诞节。如果你在第二天出发，在接下来的16天里一直向北，当你越过边境进入苏格兰时，你将从1669年1月12日直接进入1670年1月12日。

　　另一个更加让人晕头转向的问题是人们不坚持遵循其中一个或另一个日历体系。一些英国人（如佩皮斯）在1月1日庆祝新年，即使按官方规定，这一年直到3月25日才正式开始。其他人在描述1月1日至3月24日这段时间时既用新年，又用旧年，因此他们将1676年情人节写为1675/1676年2月14日。还有一些事情可能会让你出错。例如，哪天是英国一年中最短的一天？答案是12月10日或11日。你认为1667年的复活节是哪一天？4月7日和3月22日。原因是这一年从1667年3月25日持续到次年3月24日，在此期间有两个复活节。1694 年也有两个复活节,更奇葩的是 1694 年的复活节第二天即为 1695 年的复活节。

人们记得自己的生日,即使他们不像我们现代世界那样庆祝,他们确实知道自己的年龄,这可能与你听到的相反。情况并非总是如此:在过去几个世纪中,记住自己的年龄是一件棘手的事情,特别是如果你所坚守的日期仅仅是因为依稀记得母亲告诉你,你出生那天是前任国王统治第十三年降灵节后的星期三。到 1660 年为止,纪元的用法可谓家喻户晓,即使他们的新年在不同的日期开始。那些对占星术卜卦笃信无疑的人特别热衷于回忆他们的出生日期。查理二世 1660 年在他的 30 岁生日那天进入伦敦并非巧合。至于佩皮斯,他不仅庆祝他的生日和结婚纪念日,他还举行晚宴以纪念他去除膀胱结石的手术日,这是一项风险极大的手术,许多人因此丧命。1663 年,他邀请了八位朋友和他一起庆祝他术后无恙,还提供了一顿美食。

保皇派诗人约翰·泰勒写道,"让我们跳舞、唱歌、欢呼,因为圣诞节每年只此一回。"毫无疑问,他的言语和情感对你来说很熟悉。虽然没有圣诞树、卡片、饼干或金箔,但耶稣诞生本身就装点着传统和欢乐。人们喜欢把冬青和常春藤挂在家中的大厅里,然后烧上圣诞节原木。他们互相祝福,一起喝酒,互道问候:"玩得尽兴","欢迎光临","上帝与你同在"。在赛伦塞斯特这样的城镇,你可以听到歌手在街上演唱圣诞颂歌。在伦敦,歌手唱着颂歌挨家挨户举杯报圣诞佳音(杯中是加香料的啤酒)。[5] 一些老式的庄园领主仍然在大厅里为所有仆人和租户提供丰盛的晚餐。[6] 雇主可能会将给仆人的"礼物"装在盒子里("节礼日"即由此而来),父亲可能同样给孩子们送小礼物。圣诞节的"十二天"欢庆连连:要在整段日子里驱走烦忧,因此游戏、音乐、舞蹈和美酒佳馔成为圣诞季的预订重点。肉馅饼、火鸡和洋李粥都已成为公认的圣诞美食。但请注意,肉馅饼可能和你想象的不同:成分包括鸡肉、鸡蛋、糖、葡萄干、柠檬皮、橘皮、香料和牛舌。[7]

所有这些祝愿、颂歌、吃火鸡和肉馅饼在复辟时期特别受欢迎，其理由也很合理——清教徒禁止庆祝圣诞节。竟然会废除圣诞节！清教徒辩称，《圣经》中没有提到基督诞生日。你以为他们坚持当时的宗教仪式，但并非如此，他们并不想与它有任何关系。神学作家认为，基督诞生的日期不在《圣经》中，它必定是天主教会的发明。[8]圣诞日禁止牧师传道，商店必须开放。尽管听起来很奇怪，在17世纪50年代，人们认为在12月吃肉馅饼、洋李粥或猪头肉是迷信做法。人们不喜欢这样，他们对这种盛宴的厌恶摒弃转化为针对"过时的圣诞老人"：一个留着白胡子的无辜老人，没做任何错事，却在接受生死攸关的审判。现在圣诞老人回来了，你可以在"十二天"的盛宴中随心所欲地吃肉馅饼，也可以用冬青和常春藤树枝装饰教堂和房屋，还可以蘸着迷迭香烤肉，玩扑克牌和保龄球，去放鹰或打猎，给你的孩子、仆人和学徒发节日礼金或盒装礼物，然后给朋友寄送几只阉鸡作为传统礼物——所有这些在英格兰共和国时期都是被明令禁止的。[9]

情人节（圣瓦伦丁节）传统上是鸟类交配的日子，所以这一天像订婚日一样让人欣喜若狂。即使是已婚人士也会选择情人节伴侣——而且不一定选自己的配偶。选择情人节伴侣有几种方法。一种是简单地选择某人，这是一个危险的策略，除非你确实选择了你的配偶。一种是你和你的朋友把所有的名字写在纸上，放在帽子里，不同性别用不同颜色的纸张，然后抽签决定。还有一种选择是将你在2月14日早晨看到的第一个异性（除了自己的家人和仆人）作为情人。1662年，伊丽莎白·佩皮斯不得不闭上眼睛，躲避工人，以避免先看到其中一个。由于男人必须为他的情人节伴侣买礼物，女人会希望她们第一眼见到的是一位英俊的王子。1668年，幸运降临到弗朗西丝·斯图尔特头上，她从约克公爵那里获得价值800英镑的宝石。[10]

火药阴谋纪念日（11月5日）在英国复辟时期的重要性远远超过现代世界。那天所有的商店都关闭，要举行特殊的教堂礼拜，布道讲述1605年怎样从盖伊·福克斯和天主教阴谋策划者那里拯救王国的历史事件。庆祝活动包括游行和放焰火是很可以理解的。然而，进入17世纪70年代以后，人们越来越担心天主教徒约克公爵的继承权问题，这一天成为了大众示威的借口。到了70年代末，对主教阴谋的恐惧达到了极点，这一天，人们将盖伊的模拟像打扮成教皇模样，里面塞满了活猫，放在篝火上将它们活活烧死。[11] 当詹姆斯二世成为国王时，曾试图禁止这种令人毛骨悚然的仪式，但以失败告终。后来，新教领袖威廉三世1688年11月5日登陆德文郡海岸。新教教徒现在有两个理由庆祝这一天——上帝在同一天从天主教手中拯救了英格兰两次；这一天应该庆祝两次！因此，11月5日是访问英格兰的好日子。除非你是天主教徒，或者你是一只猫。

辨别时间

你可能会认为辨别时间本身就是一种"永恒的"活动。表盘上有两根指针，周围有12个数字——这再简单不过。当然，如果表盘上有两根指针的话，确实简单；但是，在这个复辟时期建造的大多数落地钟只有时针，没有分针。一些古老的教堂钟表和乡村钟表——炮塔钟表，连表盘都没有，只会报时。许多人仍在使用日晷，包括可以放在口袋里的小巧款，可以根据一年的时节进行校正。由伦敦最好的钟表商制造的落地钟有时针和分针，而汤皮恩制造的真正精美的台式钟甚至还有显示星期几的表盘。手表大多都有时针和分针，但要注意不能把它们戴在手腕上，而是要放在口袋里，通常挂在链子或绳子上。

座钟不是便宜的物件。17世纪70年代普通座钟的转手价是2英镑，与商人交易的计时器售价不相上下。[12] 法国绅士米松 1697 年在英国旅行之后说，座钟在英格兰仍相对罕见，但几乎每个家道殷实的人都有一块手表：汤皮恩的车间每年生产超过 5000 只手表，但只生产大约 650 个座钟。[13] 其他人都只能依靠教堂的钟和"摇铃人"的铃声——晚上整点时分会有一伙计在街区附近边走边慢慢摇动手铃报时。1660 年 1 月 16 日，佩皮斯熬夜到很晚，"我写下这行时，刚好摇铃人摇着手铃从我的窗下经过，"佩皮斯禁不住感慨起来，"已经过了凌晨一点，这是一个寒冷、结霜、有风的早晨。"[14] 教堂的钟通常整个晚上都会报时，所以如果你早上 4 点开始工作，很可能会听到当地教区塔催你赶路的钟声。

凌晨 4 点开始工作？是的，你可能必须如此，特别是在夏天。面包师和市场交易商无需这么早起工作，因为是否能开工取决于光线是否充足。因此，佩皮斯经常在 6 月、7 月和 8 月早上 4 点开始办公，5 月和 9 月早上 5 点开始。相比之下，在冬季，他有时会睡到 8 点才起床。[15] 那些打算长途旅行的人会充分利用有阳光的时间，早早起床。夏季，查理国王 4 点从纽马克特出发，返回伦敦；如果佩皮斯必须长途跋涉，他会在凌晨 3 点或更早的时候起床。[16] 拉尔夫·托雷斯比是一个能吃苦的人，即使在冬天也要早起。1680 年 11 月，他下决心"给台钟安装上闹铃，放在床头以提醒自己每天早上 5 点钟起床"，以便有更多的时间来祈祷，诵读圣徒事迹。[17] 还有一种选择——如果你能负担得起——就是购买托马斯·汤皮恩制作的内置闹钟的台式钟。

至于就寝时间，大多数人在晚上 11 点之前就会上床睡觉。夏天，晚上 9 点睡觉也是稀松平常的事，甚至更早，如果他们计划在凌晨 4 点起床的话。诗人约翰·弥尔顿晚上 9 点睡觉，凌晨 4 点起床，从早上 4 点半开始有一位男士为他朗读《希伯来圣经》。[18] 当然，你也能见到夜猫子，还有喧闹的酒鬼。佩皮斯经常熬夜到凌晨时分。1660 年 6 月，桑威奇勋爵与国王一起用餐，直到凌晨 5 点才回家睡觉，一直睡到上午 11 点。[19] 那个时间，大多数旅客和工人早已经起床七个小时了。

语言

在英格兰听到的语言大体上是你所熟悉的，本书中提到的日记作家已经证实了这一点。但是你会发现很难听懂1500年的演讲，1660 年的演讲就容易理解得多，主要是得益于 16 世纪 20 年代和 30 年代早期威廉·廷代尔的伟大圣经译本的统一。在圣公会教会布道时使用的《圣经》中有超过四分之三——被称为詹姆斯国王版本——都是他的作品，所以一个多世纪的语言都受到廷代尔的句法和措辞潜移默化的影响。[20] 然而，你在大街上听到的演讲与现代英语并不完全相同。一些过去分词是不同的：人们经常说 "he ris"（而不是 "he rose"）；"he durst"（而不是 "he dared"）；"he ketched"（而不是 "he caught"）；"he drownded"（而不是 "he drowned"）。"thee" "thou" 和 "ye" 仍很常见。至于拼写，有些还没有现代化，所以你会看到 "ambassadors" 拼成 "imbassadors"，"pensions" 写成 "paertion"，"stationers" 拼为 "stacioners"。外来词一般按读音拼写，所以伦敦人可能会把考文特花园的广场（"piazza"）写成 "piatzza"。比较传统的人仍会使用 "Hath" 和 "doth"，而不是 "has" 和 "does"，但其他单词的 "-th" 形式正在快速被弃用。

一般来说，时间旅行者面临的更大困惑是词语在意义上发生的变化。这会造成的结果是，有时你相信自己完全理解一个人，而实际上你却完全误解了他。例如，在 17 世纪，"发现" 一词的意思是 "揭开" 或 "揭示"。因此，如果我说，"主教发现我跟他的情妇一起睡在床上"，我并不是说他拉开帘子，大惊失色，而是他把我们两人在床上的事儿告诉了别人。下面举几个例子，看看你可能会落入哪些语言陷阱：

复辟时期的语句	现代英语中的意义
"she hath a fine carriage"（她有一辆精美的马车）	可以假设说话者指的是女士的交通方式。更引申一些，意味着"她跳舞［走路］的姿势优美"。
"his third sermon was his most painful"（他的第三次布道是他最痛苦的）	我知道你在想什么。坐在木制长凳上听三个小时布道对臀部肯定是种煎熬。但实际上，此处的意思是"他最重视第三次布道"。
"he read my book with great affection"（他一边满怀深情地轻抚我的书，一边读）	从你的脑海中抛弃一个人轻抚书卷读书的画面。这意味着"他仔细阅读了我的书"。
"the beer there is rarely good"（那里的啤酒很少有好的）	如果有人对我这样评价一个现代的旅馆，我就不会去住。然而，这是向你推荐该旅馆——因为此处的意思是"那里的啤酒质量罕见的好"。
"I lost my wig in my toilet"（我在厕所里丢了假发）	这并不意味着假发已经被冲入了马桶，而是"穿衣服时我的假发脱落了"。
"Mr Pepys is a most effeminate man"（佩皮斯先生是一个最有女人味的男人）	嗯，他肯定是。在这个时期，"有女人味"意味着"喜欢女性"。
"she is licensed to be a badger"（她被授权成为獾）	她被允许在市场上购买基本商品并在其他地方出售赚钱。
"she is the meanest woman I ever met"（她是我见过的最卑鄙的女人）	与她多么讨厌无关，这句话的意思是"她是我见过的最穷的女人"。
"the dancing was interrupted by divers who had not been invited"（舞蹈被不请自来的潜水员打断了）	不是特别指穿脚蹼的男人。而是说，"当各种不请自来的人出现时，舞蹈暂时停止了"。
"His schoolmaster tells me that my grandson is the most pregnant boy he has ever met"（校长告诉我，我的孙子是他见过的最会怀孕的男孩）	约翰·伊夫林在他的日记中写了这样的话。这里与医学奇迹无关，而是他的孙子"充满了潜力"。

正如你所看到的，很多种可能会让你大出洋相。当佩皮斯将佩特委员的女儿描述为"a very comely black woman"时，他的意思是她非常漂亮，有一头黑发，而不是她的皮肤黑。如果他想表达肤

色黑，就会称她为"negress"或"blackamoor"。然而，在其他语境中，人们确实使用"黑色"这个词来指代种族。与所有语言一样，只有一半的含义在于词语本身：其余的是语境和文化理解。

当谈到更难的词时，17世纪晚期与以前的时代相比具有很大的优势，因为有很方便的英语词典为你解惑。最早的词典是将难词列出来，给出基本的定义。托马斯·布朗特的《注释词典》（1656年第一版；1661年第二版）非常畅销。与早期的词典作者一样，布朗特定义了他遇到的所有技术术语，涉及法律、科学、音乐、建筑和数学等专业科目，但同时他也收录了许多街谈巷议中使用的新词，如"咖啡""巧克力""帷幔""煎蛋卷"和"阳台"。总的来说，他精心定义了超过11000个单词，并探究了其中很多单词的词源，从而打开了词典学的大门。《注释词典》也为越来越复杂的英语词典编纂铺平了道路。其中最蔚为可观的是爱德华·菲利普斯的五卷本《新世界英语词汇》（1662），其中包括来自欧洲和古典历史的地名、民族和人物姓名，以及单词的定义。追溯了每个单词的源语，无论是希伯来语、阿拉伯语、阿拉姆语、希腊语、拉丁语、意大利语、法语、西班牙语、盖尔语、荷兰语还是撒克逊语。它还解释了某些过时的词：读者得知"myriad"（无数）来自希腊语，意思是"一万"；"molar"（磨牙）来自拉丁语中的磨坊；"muricide"（拉丁语中的"杀鼠者"）是一个懦弱的家伙；"mixen"在古语中指的是粪便或粪堆。

如果你在英国旅行，你很快就会意识到人们的表达方式不尽相同。方言词会像冰雹砸在鹅卵石上一样跳脱出你的理解范围。以德文郡为例，菲利普斯和布朗特列为古旧词的许多词语仍为乡下人沿用。比如，德文郡人用与古旧词"mixen"有关的"muxy"一词谈论泥泞的道路。在康沃尔郡的最西边，在法尔河口以外，你可能仍然会听到康沃尔语：这是一种完全不同的语言——布立吞语支的盖尔语，与威尔士语类似。然而，最后一次用康沃尔语布道是在 1678 年的兰德维纳克；在那之后你将不会见到太多不懂英语的康沃尔人。[21] 威尔士和苏格兰的情况则不同，威尔士语和苏格兰盖尔语依然使用很广。西莉亚·法因斯指出，在施鲁斯伯里的集市上有很多人讲威尔士语，你很可能会以为自己身在威尔士。[22] 到 1660 年为止，用威尔士语出版的书籍大约已有 100 本，之后每年都有大约七八本出版——与之形成鲜明对比的是，根本没有康沃尔语的书籍。盖尔语的出版物也为数不多，但苏格兰高地讲盖尔语的人数众多，大约 20 万——意味着那里使用英语的情况很少。即使在说英语的地方，也可能是苏格兰语的白话方言，或者说带着很重的苏格兰口音，除了当地人以外，任何其他人都难以理解。[23]

　　大多数受过良好教育的英国人都可以讲一些法语，尽管不太流利，但很少有来英国的外国人会说英语——现代世界的情况恰恰相反。接下来最广泛使用的语言是意大利语和西班牙语，这些语言在大巡游的绅士们之间广泛使用。由于掌握的语言将受过教育的人与未受过教育的人区分开来，绅士们有时会用法语来讨论私人话题，以防仆人监视他们。例如，当桑威奇勋爵给塞缪尔·佩皮斯讲约克公爵与安妮·海德的婚外情时，用的是法语。[24] 拉丁语拥有广泛的读者，被作为首选语言，用来出版科学书籍和任何针对国际读者的学术作品。少数人可以用拉丁语流利地交谈，然而，它并不是某些人想象中的通用语言：它在英格兰与欧洲其他地区的发音不同。马加洛蒂讲述了 1669 年剑桥大学的教授和大学校长如何聚集在一起欢迎大公柯西莫三世。大公被迎入参议院，坐在大桌子旁的贵宾席上，所有的达官贵人围坐在他周围，中间留出一定的距离以示尊重；然后由一位有威望的教授用拉丁语介绍他。当他讲话时，意大利人你看看我，我看看你，一脸茫然，因为他讲的拉丁语的口音非常重，跟英语一样难以理解。[25]

通讯与写作

写信像分辨时间一样，也有很多误区。你应该用什么写字？应该在什么上面书写？应该选择什么字体？一旦写完信，应该去哪里投寄？你会注意到人们写作的方式因目的不同而各异。如果他们要写留言条、写信、记账或写私人备忘录，他们会写在纸上。当然，纸张的质量将根据作品的性质进行选择：生产各种类型的纸张，从每卷价值6先令8便士的精美白色书写纸，到2便士的粗白纸，应有尽有。[26]如果要写法律文件或需要长时间保存的文字，如契约或教区登记册，他们会选择在羊皮纸上书写，这是一种经过特殊加工的羊皮——如果保持干燥，保存妥当远离老鼠，它将保存数千年。至于你可能用到的书写工具，可以选择羽毛笔、金属笔、铅笔甚至自来水笔。最好的羽毛笔用家鹅和天鹅的飞羽切割而成。鹅管笔尖端切开的小口从墨水池中吸取墨水，当笔在页面上移动时墨水会顺势流下来。相同的原理可以使用金属笔，用于更精细的绘图工作。但是，正如你将看到的那样，笔尖上的墨水容易过多，浸湿纸张，不仅会弄脏一大片，而且会导致纸张破损。铅笔能避免这种情况，它由木材包裹的石墨条制成，非常类似于它们的现代版本（不过它们的横截面为椭圆形）。对于自来水笔来说，这是一项新发明，实用性还不太强。然而，佩皮斯——总是渴望尝试任何新东西——在1663年8月收到一支自带墨水的银笔。[27]

字体方面，你有选择自由。大多数印刷字母被描述为"斜体"。这不需要介绍：它是你正在阅读的字体（无论是否倾斜）。唯一的区别是，17世纪，"u"和"v"是相同的字母（但v通常在单词的开头，u在中间）；"i"和"j"同样可以互换；字母"s"经常写成长条状，就像一个没有横线的"f"。你可能会发现"文书体"的书写方式比较难看懂。这种字体从不打印，而是草书手写体：字母连接在一起，这样笔不会在一个单词中间（理论上来说）离开纸张，可让你快速书写。一些字母形状大写形式和小写形式都不同，因此乍一看很难读懂。但你很快就会习惯。人们为提高写字速度而采用的速写或速记法（字面意思是"快速书写"）的形式要难理解得多。在像托马斯·谢尔顿那样的书写系统中，许多单词由单个符号表示，它根本不像正常的写作。大多数人都看不懂。这正是佩皮斯选择用这种方式写日记的原因。只有当他的妻子和仆人根本无法破解他的告白时，他才敢大胆地用完整的细节记下赤裸裸的真相。

假设你写好了一封信。接下来该做什么？首先，找信封是没有意义的：它们尚未发明。你只能把想要寄送的收件人的姓名和地址写在折叠好的信纸外面。然后你需要用密封蜡将信密封好，如果你有雕刻的印章戒指的话，就盖上印章。最后，你需要寄送它。如果你在伦敦，可以直接送到大众邮局。邮局位于针线街上，大致位置是现代英格兰银行所在地。在大火之后，它先是搬到几个临时地点，后来在1678年搬迁到伦巴第街。在那里你可以将信件交给其中一个"窗口办事员"并付给他邮资：单页纸的信件在英格兰境内寄送的话，80英里以内是2便士，超过80英里是3便士。如果你要寄送两页纸的信件，则需要花费两倍，三页纸三倍，以此类推。接下来，你的信件会被盖上带有日期的邮戳（从1661年开始），并放在一个袋子里等待分发。寄往肯特郡的信件和包裹每天都会发出，周日除外。如果寄往不列颠群岛的其他地区，则在周二、周四和周六提供派发服务。[28]

伦敦邮政业务			
目的地或邮寄路线	信件邮资/页	包裹邮资	派发日期
英格兰或威尔士	2便士，80英里以内	8便士/盎司，80英里以内	星期二、四、六
	3便士，80英里以上	1先令/盎司，80英里以上	
苏格兰	4便士	1先令6便士/盎司	同上

续表

伦敦邮政业务			
目的地或邮寄路线	信件邮资/页	包裹邮资	派发日期
爱尔兰	6便士	2先令/盎司	星期二、六
荷兰和德国（途经汉堡、法兰克福、科隆）	8便士	2先令/盎司	星期一、二、五
法国和西班牙（途经波尔多、罗谢尔、南特、巴约讷、卡迪斯、马德里）	9便士	2先令/盎司	星期一、四
法国、意大利和东地中海（途经莱戈诺、热那亚、佛罗伦萨、里昂、马赛、士麦那、阿勒颇、君士坦丁堡）	1先令	3先令9便士/盎司	星期一、四
东欧和斯堪的纳维亚（途经但泽、莱比锡、吕贝克、斯德哥尔摩、哥本哈根、埃尔西诺、柯尼斯堡）	1先令	4先令/盎司	星期一、五

英国邮政系统的复杂程度令人印象深刻。除了"窗口办事员"之外，大众邮局还雇有50名分拣员。男童邮差沿着六条主要路线快速骑行，昼夜不停，所以在24小时内你的信件可能会送出120英里。[29]当地的信差随后将邮件发送给收件人。你可以在星期一写信给国内远方的某个人，并会在本周末之前收到他的回复。此外，上述邮政费率全国固定，你可以在任何代理邮政业务的地方邮寄你的信。1676年大不列颠有182个代理点，所以大部分城镇都被覆盖。在伦敦，有超过500个受理寄送业务的服务点或商店，你可以在那里放下或收集你的信件或包裹，邮差将把它送到大众邮局。这些服务点的清单会在报纸上公布。

从 1683 年开始，伦敦邮政新增了一项服务：由威廉·多克拉设计的一便士邮政制。你可以在首都六个分拣办公室的任意一家寄送任何重量不超过一磅的信件或包裹；你无需支付任何费用，但收件人需要支付一便士邮资。除了周日外，其他六天每两个小时收集一次信件。你可以每天两次以相同的方式向郊区发送信件。如果你需要向伦敦周边十英里以内的乡村（包括 148 个城镇和村庄）寄送物品，你将为每件物品支付一便士，并且收件人将再次支付相同费用。法国绅士米松感慨说，搞不懂为什么不在每个城市都建立一个这样的系统。其他作家也认同英格兰拥有世界上最好、最便宜和最快的邮政服务；他们补充说，在过去，很少有人发信，但现在几乎每个人都这样做了。威廉·配第爵士 1676 年提到，他估计在过去的 40 年里，所寄送的信件数量增加了 20 倍。[30] 有组织的交通系统和高度的男性受教育程度已经带来了翻天覆地的变化。早在 1603 年，伊丽莎白一世在里士满死亡的消息花费三天时间才到达 397 英里外的爱丁堡，由一名特殊的信使在沿途定期换马送达，平均速度为每天 132 英里。现在的通信速度只是略慢一点，可为所有人提供服务，而不仅仅为政府在国家重要事项服务。而且，它只需几便士。

当然，并非每条消息都以惊人的速度送达全国各地。通常，你可以假设重要事件的报告以每天大约 30 英里的速度传送。查理二世的兄弟格洛斯特公爵于 1660 年 9 月 13 日死于天花；在距离大约 60 英里的厄尔斯科恩，拉尔夫·乔斯林在两天后的日记中记录了这一事实。[31] 虽然法国人在 1690 年 7 月 26 日清晨 4 点攻击廷茅斯，但这个消息一周以后才引起身在伦敦（距离 200 英里）的约翰·伊夫林的注意。[32] 国际新闻因为距离远，可能需要更长时间才能到达，但有时可能和国内信息一样快。1663 年 6 月 14 日英国丹吉尔港被袭的消息在 42 天后到达伦敦（由此计算，在海上航行的速度大约为 40 英里）。[33]

在现代世界中，我们相信我们正在经历一场通信革命——没有一个思维正常的人会怀疑它。英国复辟时期的人们也正在经历类似的变革。更快、更实惠的通信是他们那个时代变革的主要部分。然而，更值得注意的是人们可以在文具店买到报纸，在咖啡馆里读报。到 1663 年，藏书家乔治·托马森设法收集了自 1640 年以来出版的 7200 多种英文报纸和新闻报道（以及另外 15000 本小册子）。在内战之前没有报纸，主要是由于对印刷的法律限制，现在出版业的猫已经从袋子里放出来，政府很难让一切回归过去的模式。虽然查理二世 1662 年颁布的《许可法案》重新引入了对新闻界的控制，但是各种报纸从首都涌出，比如《政治快报》《公众情报者》和《正统新教水星报》，都是周刊。塞缪尔·佩皮斯在 17 世纪 60 年代早期选择的报纸是《王国情报者》。[34]1665 年《牛津公报》开始发行，这是政府的官方报纸，1666 年更名为《伦敦公报》。

苏格兰同等刊物《爱丁堡公报》，于 1699 年创刊。类似的外国官方出版物，如《法国公报》《马德里平民公报》和《里斯本公报》，以及非官方的英文通讯，如罗马的《每周建议书》，被寄送到伦敦；它们所包含的新闻很快得以传播，因此每个希望了解重大事件的读者都能得知消息。伊夫林及妻子在晚年把星期三和星期六晚上定为"演讲之夜"，他们互相读报纸。在长霜期间，港口全部被冻结，英国与欧洲其他地区音信断绝；解冻后大量的新闻涌入，因为过去两个月的所有欧洲报纸同时到达。[35]伊夫林先生和夫人一时很难消化。

真正的通信革命——就媒体而言——是在复辟时期结束时出现的。1662 年《许可法案》规定英格兰的出版社仅限于伦敦以及牛津大学和剑桥大学——而且印刷的内容需要得到"检验官"或审查员的许可。1663 年，这一角色由罗杰·莱斯特兰奇爵士担任，他是三家报纸的编辑，具有讽刺意味的是，他反对一般公众阅读它们，"因为我认为这使得众多人对上司的行为和忠告过于熟悉"。[36]（你禁不住会想他肯定入错了行。）那一年，在约翰·特温的出版社发现了一本小册子内容是为查理一世辩护，约翰·特温因印刷此册子而受到审判。尽管他做了无罪辩护，依然被判有罪，执行了绞刑和分尸刑，他的头被挂在路德门上，身体被分成四块，分别挂在城市的其他大门上示众。人们感到震惊，事实上，新闻控制的僵化有助于法律的变革。1695 年，议会拒绝续签《许可法案》，首次迎来了新闻出版自由。新刊物迅速发展刊印，《邮报人》《邮报男孩》和《飞行邮报》等从报纸名称就强调了速度，也凸显了它们紧跟时代形势。这些印刷品每周印刷两到三次，印量为 3000 至 4000 份，与《伦敦公报》发行的 6000 份相比差别不大。[37] 如果 1695 年你坐在一家咖啡馆里，阳光透过窗户洒在你面前桌子上的报纸上，咖啡冒出的热气在阳光中袅袅升起，你可能会有种错觉，家就在左近。

礼貌

法国绅士米松评论说，"英格兰人民在见面时，从不互相敬礼，只是伸出胳膊热情地握手致意；他们从来没有想过要脱帽致意，正如女性不会摘掉围巾打招呼一样。"[38] 这并非完全属实：男人们也会行脱帽礼，特别是对社会上层；但是，你需要了解握手的重要性。其他形式的问候你也同样熟悉。如果你见到佩皮斯，他可能会问"你好吗？"作为一种问候。如果你遇到国王，他会伸出手让你鞠躬致吻。女士们在问候时应该偏过头来让绅士亲吻她们，但她们应该低头亲吻国王的手。对于地位明显高于你但非皇室的人来说，摘掉帽子和鞠躬是规矩。至于说再见，"good-bye"这个词本身再合适不过。复辟时期人们对它的理解是"上帝保佑你"或"上帝与你同在"。[39]

在称呼重要人物时，遵循现代的习惯就可以，因为称呼的形式没有大的改变。你应该把国王称为"陛下"，将公爵或大主教称为"大人"。称呼较小的领主和主教或他们的妻子，可以简单地说"阁下"或"夫人"，对神职人员可以称"牧师"。如果一个人是骑士或准男爵,那么称他为"约翰爵士"或其名字。他的妻子是"女士""爱丽丝夫人"或"史密斯夫人"。绅士们被称为"先生"或"主人"(两者都写成"Mr")。"乡绅"这个词用在一个绅士的名字之后用来表示他佩戴徽章——注意它不用于没有纹章的绅士。你也不可以称一个手工业者或普通农民为"先生"——他的名字前面没有头衔,只有他的名字。绅士的妻子、姐妹和女儿被称为"女主人"(写成"Mrs"或"Mtress"),无论她们是否结婚,寄给她们的信件应该都写成"史密斯夫人",即使她们在十岁以下。我强烈建议你不要在17世纪60年代将未婚女性称为"小姐":这是人们提及贵族情妇时用的词语。[40]

其他方面的礼貌做法大多数与现代世界一样。关于随地吐痰和擤鼻涕的所有社会规范在中世纪就已经制定(详见《漫游中世纪的英格兰》)。然而,某些事情确实发生了变化:戴帽子就是其中之一。男人应该在室内脱下帽子,除非在工作。所以手工业者可能会在他的店里戴帽子,但不能在另一个男人的家里戴,特别是在比他社会地位高的人家里。男人在教堂里戴帽子是不可接受的,但是一些不信奉国教的牧师会这样做,因为布道是他们的工作。[41] 直到1680年左右,还可以戴帽子吃晚餐(以避免感冒),但在喝酒祝词的时候会摘下帽子。到那时为止,大多数绅士习惯戴假发,所以不需要帽子;社会上其他人也效仿他们,完全放弃在室内戴帽子,即使在用餐时间。[42]

贵族的礼仪非常讲究:看到那些谦卑的仆人和贵族多年来一直遵循的极为繁杂的礼仪,会让你感到滑稽之极。最为典型的是来自不同国家的两位高级贵族相遇之时。当然,他们两人都不熟悉对方国家的规矩。他们强烈地意识到不能让自己国家的荣誉受损,都觉得有必要比平时应该做到的更为殷勤礼貌。大公柯西莫三世到底应该站在伦敦府宅门外多远之处迎接国王的弟弟是件至关重要的事:他必须走出他的豪宅,以表示他殷切地欢迎来客——但又不能太远,因为他是国务卿，而詹姆斯只是一个皇室公爵。柯西莫必须让詹姆斯先进门，但是当上楼梯时，柯西莫身边的绅士们必须走在詹姆斯和他带来的客人前面，因为他们正在接待英国人，而不是反过来。到了楼梯顶部，柯西莫必须转向公爵邀请他进入会客厅，当詹姆斯走向房间时所有的意大利绅士为他让路，并列队向他鞠躬，最后进了房间他和柯西莫才能单独面谈。[43]

另一方面，连侮辱都成了一门精湛的艺术。有一天，内德·沃德和一位朋友在咖啡馆里，听到比林斯盖特市场的一些女人在相互打趣。他的朋友低声说道，"走吧。让我们换个地方，不然这些粗俗的老妓女会把我们恶心死的。"不幸的是，他的话刚好被其中一个女人无意间听到，她站起来"直抒胸臆"：

你这个胆小懦弱的狗杂种！你爹是弗利特街上的花花公子，你娘是邋遢的街头女郎，他们正午时分在路德门和圣殿酒吧区之间的椅子上有了你！你老娘在生你前一小时还在跟人苟合，生你时她大喊大叫，付钱给老鸨，也就是你的接生婆。这样，你，你这个混蛋才来到这个世界上。你说谁是妓女？[44]

还有一个小建议，这一般在传统的历史书中看不到：如果你出门在外却突然想如厕，你该在哪里解决？大多数城镇很小，你可以谨慎地离开，在路边找到一个灌木丛。然而，在伦敦，这是不可能的。因此，你将在某些地点找到"工作间"（"houses of office"），例如在弗利特街（大火之前）或伦敦桥上，或在泰晤士河边下行的台阶旁。当然，大多数男性可以在河中自行解决，但那些想"办大事"的还有女性则需要借助公共的便利设施。如果你不在河边或公共"工作间"附近，那么要做的事情就是去一个公共场所，付钱买点儿东西才有权使用其便利设施。1660 年，佩皮斯突然感到一股便意涌来，他就是这么做的："我走进了拉特利夫街尽头的一家小啤酒屋，支付了一个格罗特买了一罐啤酒，才在那里办了大事。"[45]

感谢你，塞缪尔，能为后人记录下这一切。

测量单位

距离、面积、体积和重量的测量正逐渐在整个英格兰实现标准化。大多数人认可将英寸作为标准单位，1英尺等于12英寸，1码等于3英尺，1链等于22码，1弗隆等于10链，1法定英里等于8弗隆。对于某些特定距离，你有特定的测量标尺。例如，在测量马的高度时，你可以使用4英寸的手宽。在测量深度时，可以使用6英尺的英寻。在测量布料时，可以使用45英寸的埃尔。关于面积，标准形式基于长度单位杆（pole），长度为5.5码；1路德（rood）相当于宽1杆与长1弗隆的乘积，4路德相当于1英亩。然而，"大多数人"并不意味着每个人。在这个国家的某些地方，除了英寸之外，当地人对其他几种度量单位并不认可，而在苏格兰甚至连英寸都不一样。

当西莉亚·法因斯穿越英格兰北部时，她回顾一天的艰难旅行时说，"这里的英里很长，我感觉这里人所说的最后20英里，实际上至少相当于上午走的30英里。"这不仅仅是感觉很长，它们确实比正常的英里更长。[46]虽然上面提到的法定1英里在1593年标准化时等于1760码，但许多北方人仍然使用1500步的旧英语里程。每步相当于5英尺，所以1英里是2500码。让你感到困惑的是，还有另外一种"旧英格兰英里"，等于11弗隆或2420码，还有一个2428码的"旧苏格兰英里"。[47]在牛津郡，根据罗伯特·普洛特的《牛津郡自然史》（1677）记载，同时使用三种不同类型的"英里"，其中有一种相当于9¼弗隆（2035码）。汉普郡的英里同样比法定英里长一点，因地而异，但大多数情况下约等于10弗隆（2200码）。无论你身在何处，你唯一可以肯定的是，告诉你从一处到另一处里程有多长的人肯定比你对实际距离把握得更准确。

与其他度量单位相比，里程还算比较容易理解的。面积尤其复杂——原因很简单，度量标准往往在人们交易货物时确定，但却不能把几英亩的土地带到市场上去。购买方在购置土地时必须接受当地的惯用方式。虽然在大多数地方，1英亩的面积相当于40杆乘以4，但最终的英亩大小取决于杆的大小。标准尺寸是 16.5 英尺，但在坎布里亚郡，你会遇到 18 英尺、20 英尺或 21 英尺的杆。[48] 而这只是在坎布里亚郡。去康沃尔郡，一切都截然不同。那里 1 英寻是 5 英尺，而不是通常的 6 英尺。1 英里比法定英里长得多（尽管似乎没有人确切地知道长多少），并且 1 英亩也同样不确定，通常相当于 1 海德①（hide），或者 120 英亩土地。

重量单位更加复杂，因为它取决于你要称量的物品。如果是面包、谷物、黄金、珍珠、白银或药店的制剂，那么按照金衡制磅来称重。在这个系统中，每磅只有 12 盎司——但请注意，这里所说的盎司比你知道的盎司重一点。几乎除了面包之外的所有家居用品都按照常衡制磅称重，每磅等于 16 盎司，此系统中的盎司只有金衡制盎司的 73/80。因此，过去有句话："一磅铁的重量超过一磅黄金，但一盎司黄金的重量超过一盎司铁。"糊涂了没有？如果你到了西部乡村又不一样：在康沃尔郡和德文郡 1 磅等于 18 盎司，而不是 12 盎司或 16 盎司。

容积单位的复杂程度就更上一层楼。你可能知道 4 及耳（gill）是 1 品脱，8 品脱是 1 加仑。你可能也知道 54 加仑等于 1 豪格海（hogshead），2 豪格海等于 1 布脱（butt），2 布脱等于 1 桶（tun）。啤酒确实如此——但仅限于伦敦，而且仅限于称量啤酒；如果是麦芽酒（酿造时不加啤酒花），那么 1 豪格海就是 48 加仑。在伦敦郊外，1 豪格海啤酒或麦芽酒是 51 加仑。但请注意，这里的啤酒加仑等于 282 立方英寸，比葡萄酒加仑（231 立方英寸）要大；你需要

---

① 旧时够养活一家人的土地面积单位。——译者注

63个葡萄酒加仑才能酿造出1豪格海葡萄酒。[49]一些以豪格海计量的进口葡萄酒容量又不一样：对于干红葡萄酒而言，1豪格海相当于46个葡萄酒加仑；而对于白兰地来说，1豪格海则是57葡萄酒加仑。抓狂到让你马上想喝上一杯。

现在如果告诉你苏格兰的度量衡与英格兰完全不同，可能时机不太对。但有备无患还是说一下：4个苏格兰及耳等于1姆尺肯（mutchkin），2姆尺肯等于1超品（chopin），2超品相当于1苏格兰品脱，8品脱等于1苏格兰加仑。因此，虽然苏格兰及耳只有英格兰及耳的3/4，但苏格兰加仑是英国及耳的3倍多。1苏格兰埃尔（ell）等于37英寸，1苏格兰福尔（fall）等于6埃尔，1苏格兰链（chain）等于4福尔，1苏格兰弗隆等于10链，1苏格兰英里等于10弗隆。这样会使苏格兰英里比英格兰英里长640英尺，但是1661年标准化的苏格兰英寸比英格兰英寸还要略长一点点，1苏格兰英里比1英格兰英里要长出将将不到650英尺。[50]坦率地说，度量衡实在太过复杂，你不可能希望全部理解它们。你只需要效仿别人，也就是说熟悉当地的度量标准，从经验中学习，不要支付太高的价钱。这就是当地习俗持续这么久的原因。如果你要远离伦敦，你只需要接受有些英里在里程上确实比其他的里程要长。

钱币

钱包里的硬币，拿出来一个看看。想想它经过了多少人的手，可能伦敦市场交易员早上第一件事就是在这枚硬币上吐口水祈求好运，也可能在皇家交易所的柜台上它被优雅地推给客户，还可能在大英王国的土地上旅行过好几圈，历经数千只手——如果达不到数万只的话。它可能已经在城中旅行多次，一次又一次地穿过市中心，随着它进出人的口袋和钱包、钱箱和手掌时，也将自己嵌入了社会结构中。它遍及各处，几乎可以支付一切：租金、债务、面包、葡萄酒、房屋、性、钟表、珠宝、书籍、枪支、忠诚和背叛。对于小偷来说，二分之一克朗可能意味着死亡；对一个乞丐而言，则是生存。它就像一个无记忆的幽灵在我们之间穿行，是捉摸不透的人性本质的一部分，它让社会的各个部分不再是简单的叠加。

尽管硬币象征着神秘怪异，它们也会发生变化。17世纪下半叶可能是整个货币历史上最具革命性的时期。

让我们从硬币本身开始吧。在这个时期伊始，货币有点乱。面额与前几个世纪和后几个世纪大致相同——英格兰和威尔士的英镑相当于20先令，每个先令为12便士（12d），每个便士（1d）为四法寻（1/4d），但除了伊丽莎白一世和查理一世统治时期的一些机器制造或"磨制"的硬币之外，大部分硬币都是手工锤打出来的——放置在两个模具之间，用手持重锤敲击铸造而成。它们通常质量很差，很容易磨损，还很可能被那些想占便宜的人切掉贵重金属的边缘并将其卖掉。这种做法从技术上讲是叛国罪，被抓后会被吊起、开膛破肚、肢解或活活烧死，但是仍无法杜绝这一现象。零钱也会严重短缺，许多商人（特别是在伦敦）已经自己铸造相当于1/2便士和1/4便士的铜币、锡币和铅币。商店店主接受这些代币并收集起来，到了一定数量，就跟发行人交换白银。17世纪60年代，有几年时间詹姆斯一世统治时期的爱尔兰先令被当作9便士使用。[51]如果供应的货币里有数千枚是非官方的和过时的，显然无法令人满意；而查理二世并不希望人们看到带有克伦威尔头像的硬币。基于各种原因，铸币行业迫切需要变革。

1662年，漂亮的克朗银币开始发行，面值相当于5先令。它们在重型机器上铣削，印记更加清晰，边缘凸起以防止切削损失。之后，在1663年又铸造了半克朗银币、一先令银币和一几尼金币——这是新面额金币，之所以得名是因为它由来自非洲几内亚的黄金铸造而成。它的价值最初设定为20先令，但随着黄金价格波动，在17世纪90年代先是上涨到30先令，然后在17世纪最后几年降至

21先令6便士。在接下来的十年中，又铸造了高质量的五几尼、二几尼和半几尼金币，还有六便士、格罗特（四便士）、三便士、二便士和一便士的银币。从1672年开始，政府开始铸造高质量的半便士铜币和法寻（尽管从1684年开始使用锡，以帮助康沃尔锡业）。查理二世指定在这种新的铜币上刻上不列颠尼亚劈波斩浪（Britannia ruling the waves）的形象，同时也有了一个国家标志图。非官方的钱币将很快失效。

如果你越过边境进入苏格兰，一切会让你大吃一惊。所有价格在你听来都非常昂贵。这是因为苏格兰镑的价值相当于英镑的1/12。因此，当一个苏格兰人让你付60先令购买一双羊毛袜时——你以为他想收你3英镑——实际上他只是想收取1克朗，也就是5先令。要想牢记其中的差别，最简单的方法就是记住苏格兰先令与英国便士具有相同的价值。旧的硬币继续流通，但在查理二世统治时期新铸造的苏格兰银币有以下几种面值：一默克（价值相当于苏格兰的13先令4便士，英格兰钱币的$13\tfrac{1}{3}$便士）、四默克、半默克和四分之一默克。苏格兰铸币商还造出六便士铜币（相当于英格兰的1/2和1/6便士）。在詹姆斯二世统治时期，只铸造了10先令硬币（相当于英格兰的10便士）。在威廉和玛丽统治时期，铸造了更多的银币——60先令、40先令、20先令、10先令和5先令——但苏格兰没有铸造金币。可以收取外国金币，按照它们自身的金银价值，特别是威尼斯人的达克特、法国的金路易，当然，还有英格兰的几尼。

尽管在17世纪60年代和70年代做了大量艰苦的工作来改善造币，但到了90年代中期，英格兰再次遭遇危机。剪切硬币的现象几乎将货币吞噬殆尽，不仅损坏了硬币本身，还使人们对其价值失去信心。有些被剪切的硬币比原来尺寸的一半大不了多少：当你现在进入商店并用银币支付时，店员很可能会对你的钱进行称重。[52]部分问题在于银币的价值超过货币的面值：金匠和银行家收取硬币并将其熔化，他们出售金属获利高于硬币自身的面值。伊夫林在1696

年5月11日的日记中称,"现金短缺到连最简单的事情都无法正常运行,即使是市场上的日常商品供应……导致如此稀缺,以至于每天人们都担心发生暴动。"[53] 同一个月,德比郡的矿工发现当地商人拒绝接收被过分剪切后的钱币(他们的工资所得)时,感到万分惶恐,于是引发了一场骚乱。[54] 与法国战争的军费支出使问题更加突出:如果发不出军饷,谁知道会发生什么。所以政府召集其顾问团队,其中包括一位名叫艾萨克·牛顿的数学教授。他建议重新造币——也给自己找了一份工作。在接下来的两年半时间里,在牛顿的监管下,皇家铸币厂生产的新硬币价值680万英镑:比之前30年铸币的价值高出两倍。[55] 如果你在1700年把手放在口袋里找零钱,你会看到一系列铸造精致的硬币,那时的银币和铜币与20世纪初的同等硬币非常相似。如果你见到艾萨克·牛顿本人,你会发现他已然成为一个非常富有的人。

虽然造币的变化引人注目,但货币的真正革命却发生在其他方面——金融的灵活性和对借贷的态度。还记得第三章提到的那些财富超过10万英镑的超级富豪吗?他们的财富来源主要来自放贷。商人正在成为企业家;金匠正在成为银行家。尤其是像伦敦、爱丁堡和格拉斯哥这样的城市正在目睹融资业务不断向专业化发展。伙伴关系的建立和公司的创办可以为企业家提供资金,支付存款利息,从事政府债券的交易工作。爱德华·巴克韦尔、弗朗西斯·蔡尔德、约翰·弗里姆、托马斯·高尔德和理查德·霍尔都是伦敦金匠公司成员的学徒,但他们都没有成为工匠而成了银行家,他们的分类账簿里详细记载着客户贷款和协议内容。爱德华·巴克韦尔在1664年9月有1000名客户,在他那里的存款总计50万英镑。[56] 弗朗西斯·蔡尔德创办了儿童银行。理查德·霍尔创建了与他名字同名的银行,他的后代将在未来几个世纪继承其所有权。弗里姆和高尔德合办的银行后来成为人们所熟知的巴克莱银行。库斯银行也是在这一时期由约翰·坎贝尔于1692年创立的。如果你想寻找任何其他银行家,

《伦敦市区和周边商人名称辑录》（1677）中列出了 44 家合伙企业和公司，这是世界上第一个贸易手册，书中他们看起来像是"管理现金的金匠"。两位放债人，罗伯特·克莱顿和约翰·莫里斯创办了一家迎合土地所有者的创新型银行：17 世纪 60 年代，他们的账面上的客户存款约 150 万英镑。在复辟时期，金融世界从个人借贷转向数百万英镑的银行业务。

除了建立银行，人们还开辟了一种全新的金融服务方式——支票。已知最早的例子可以追溯到 1660 年 2 月：它具有现代支票的所有主要特征，即向银行（克莱顿和莫里斯）递交申请，向指定的持票人支付指定的金额，这笔金额同时用文字和数字写明，连同日期和账户持有人的签名。[57] 汇票继续用于海外转账。当绅士们将他们的儿子送到国外大巡游时，他们并不会愚蠢地让孩子口袋里装满金币；相反，他们定期向他们寄送 100 英镑或 200 英镑的汇票，孩子可以在大城市找银行兑现。[58] 如第一章所述，新的建筑保险服务蓬勃发展。17 世纪 80 年代，爱德华·劳埃德在伦敦开了一家咖啡馆，船舶保险承销商在此会面；1692 年 1 月，他正在出版一份专业的新闻周刊——《英国几大港口到岸及离岸船只》，这正是劳埃德船级社的前身。1698 年，在皇家交易所附近的另一家咖啡馆，约翰·卡斯塔因开始发行一份双周通讯——《股票交易指南》。它为交易的股票定价，是现代股票市场的先驱。在短短五年（1690—1695）中，伦敦股份公司的数量从 15 家激增到 140 家，你就能明白为什么需要这样的清单了。[59]

除了所有这些变化之外，政府对贸易和金融的态度也经历了一系列重要的转变。从 1660 年起，种植园委员会和贸易委员会给政府提供建议。在接下来的 30 年，这两个委员会收集有关英国海外金融收益的数据，直到 1696 年二者被重组为贸易委员会。1696 年，财政大臣向议会提交了第一份预算。[60] 这些重要的改革发生在英格兰银行建立（1694）之后不久。由于与法国的战争每年需要政府支出超过500万英镑，因此必须让国家的财政状况保持稳健。英格兰银行成功地吸引了投资者，想法是政府对某些进口产品征收四年的额外关税，以便向银行用户支付8%的利息，银行从这些用户手里预支了120万英镑。但是，银行预支了所有资金之后，就无法支付那些希望提取现金的人。因此，银行开始发行期票，可以在银行提取或转让给其他人。这就是英格兰纸币的起源。你会看到熟悉的"我保证付钱……"，但面额栏中则是五花八门，例如"我保证按要求支付给［原始存款人名字］或持票人总计555英镑"。原因是早期票据与最初存入或提取的实际金额有关。1695年，苏格兰银行成立，它也开始发行纸币。

私人银行、硬币、支票、纸币、保险、债券、英格兰银行、伦敦劳埃德保险社和股票市场——这一切看起来都与1660年的锤打硬币属于完全不同的世界。还有一个新生事物最能代表这一时期现代金融的发展：查理政府一直未能从17世纪60年代的过度支出中真正复原，账簿上的债务赤字越滚越大——因此，英国的国债从这个时期开始发行。

税和彩票

有句俗话说得好，除了死亡和税收，没有什么是确定的——尽管每个时代的富人都认为二者中至少有一个值得商榷。[61] 对你来说，好消息是复辟时期的所有议会都还没有像现代世界那样野心勃勃，不会向你征收重税。购买物品没有增值税。你赚取的收入不征收所得税。没有遗产税。不过，有一系列小额税，基本上都是按收入调查情况收取。有些税可能对你来说有点奇怪，甚至有些愚蠢——但不管怎样，你必须支付。

国王的大量收入来源是进出口货物的海关税以及其他特定物品的关税。1660年议会通过的清单覆盖面非常广泛和详细。如果是煎锅或平底锅，进口商必须支付每百磅（112 常衡磅）3 英镑的税；如果是加温锅，税费则是每打 4 英镑。不同种类的亚麻布有 44 种税率，丝绸有 23 种税率，各种类型的蕾丝有 9 种税率。不同类型的刀具有 10 种不同的税率，有些是按 10 把刀收税，有些是按 12 把刀收税，还有些按 144 把刀收税。许多物品的高税率意味着进口商品是奢侈品，超出了大多数普通人的能力范围。但就酒精而言，每个人都有可能要支付一定的税率。对于每桶（barrel）售价为 6 先令或以上的啤酒或麦芽酒，酿酒商必须支付 15 便士的关税。每加仑烈酒有 1 便士关税，进口啤酒和葡萄酒的关税很重：例如，从波尔多进口到伦敦的每桶（tun）（252 加仑）葡萄酒需要交 4 英镑 10 先令的关税。[62]

额外税收的传统形式是补贴：对土地收入每英镑征税 4 先令，或对商品价值每英镑征收 2 先令 8 便士的税。收税的门槛相当高，所以它实际上只影响富人。但设法避税的人不在少数。国王感到惊讶的是，每年收入 3000 英镑的个人竟然只交 16 英镑的税款就可蒙混过关。原因——听到你会感到震惊——是他们隐瞒自己的收入。布里斯托尔的一些人自我评估时只虚报真实财富的 1%，因此 1663 年之后这种税很少能征收上来。[63] 那时，查理二世政府已经引入了人头税，即根据个人身份向所有人征收的。16 岁以上的普通人如果结婚则每人支付 6 便士；如果是单身，则支付 12 便士。领主根据他们的等级付税：例如，公爵支付 100 英镑，伯爵支付 60 英镑，男爵支付 40 英镑，骑士支付 20 英镑。没有徽章的绅士支付 5 英镑，有徽章的绅士则支付 10 英镑。人头税在 1660 年至 1697 年间征收过七次，之后因实施不得力而被废弃。在此期间，又征收了其他税费。最不寻常的是送给国王的"自由兼自愿捐献的礼物"——这是一种自愿税，你可以向政府捐献任意数额，最高可达 200 英镑（如果你是一位领主，则可达到 400 英镑）。你可能会认为整个想法都是疯狂的——我的意思是，谁会这么做？——但最终的收益却超过 22.9 万英镑。[64]

从 1662 年到 1689 年,英格兰征收了壁炉税。每户主人都有责任为其家中的每个壁炉支付 1 先令,一年两次。按理说,富人应支付更多,因为他们的房子有更多的壁炉。这在理论上非常说得通,但是出现了一个问题,即检查员必须进入每个房子来计算壁炉的数量。如果有一个烟囱,它是否只服务于一楼的壁炉,或者上层还有壁炉?计算房产的窗户更容易,因为可以从外面看到它们。因此,政府在 1696 年征收窗口税:10 个窗户或更少窗户的房屋所有者支付 2 先令的税;超过 10 个窗户的房主支付 10 先令。比征收窗口税更奇怪的是从 1695 年开始征收的婚姻税。普通人必须支付 2 先令来登记洗礼,2 先令 6 便士用于结婚,4 便士用于下葬。贵族和富人支付更多:公爵或大主教必须支付 50 英镑 4 先令才能下葬;绅士必须支付 1 英镑 4 先令才能埋葬他的妻子或他的一个孩子。1692 年推出的新土地税更加合理:土地所有者靠土地获得的收入每 100 英镑支付 2 英镑的税。简单而且相称。

税收并不是政府从你的钱包中提取资金的唯一方式。还有一种方式是彩票。第一个成功的企业是皇家橡树,这是一个受到广泛认可的垄断企业,到 1688 年,它的委员们愿意每年向皇家支付 4200 英镑运营费。1693 年,其垄断地位受到了政府官员托马斯·尼尔的挑战,他在第二年创办了百万大冒险彩票公司。公司的设想是通过发行 10 万张每张售价 10 英镑的彩票来筹集 100 万英镑的公共资金。一等奖是连续 16 年每年可获得 1000 英镑;每年可获 500 英镑的奖项有 9 种;2500 个奖项中最低奖项是每年 10 英镑。一个聪明的举措是,即使没有获奖的彩票也会在未来 16 年中每年获得 1 英镑的利息,每位彩票购买者都有奖励。这一下财源滚滚而来。17 世纪 90 年代中期,有数家彩票公司开业,其名称包括"祝福幸运者""无与伦比的冒险""女士的发明"和"诚实的提案"。购买彩票的门槛越降越低,人气也越来越高。1694 年至 1696 年间,大多数彩票只需要投入 1 英镑;1696 年至 1697 年,只需几个便士。1698 年的"财富之轮"

门槛最低，只需一便士，承诺在 165 万持票人中有一位可获 1000 英镑奖金。这些私人彩票削弱了政府在 1697 年的第二次商业投资——麦芽彩票，这次仅筹集了 17000 英镑。因此，议会在 1699 年叫停了所有彩票；只有皇家橡树彩票和格林威治医院慈善投资得以继续运营。[65]

1699 年之后又出现了另外一种"乐透"：聚金养老法，这是一项越长寿获利越多的计划。

1693 年，英国财政大臣在此基础上开始出售年金，以筹集 100 万英镑。如果你购买 100 英镑的股票，你将获得 10% 的利息，直到 1700 年，此后还有 14% 的年金。然而，如果其他投资者先于你去世，那么属于他们的利益也会叠加到你身上。你可以把它称为终极乐透——生命的乐透。最后一位受益人直到 1783 年才去世，届时他的年收入已超过 1000 英镑。[66]

购物

在现代世界，人们出门购物；在英国复辟时期，常常是货物找上门。唐卡斯特盛产五颜六色的高品质羊毛袜，妇女们胳膊上挂着成捆的袜子挨家客栈向旅客推销，你几乎无力抗拒，不得不花钱买上两双，因为她们会一直跟你进房间，要想打发她们着实费工夫。[67] 在大多数城镇，你都会因上门兜售的、沿街叫卖的，还有其他形形色色的小贩，而不胜其扰。小型五金物品，如拖把、垫子、篮子、扫帚、铅笔刀、羽毛笔、梳子、墨水、鞋带、扑克牌、报纸和印刷刊物，都是挨家挨户兜售的，还有像打扫烟囱、修理椅子、修补锅碗瓢盆和打磨刀剪等家政服务也是如此。运水工送水上门收一便士。成队的妇女们头上顶着巨大的篮子沿街叫卖，里面装着鱼、蔬菜、草药和水果。

如果小贩的货品你觉得靠不住，那么你就要根据自身需要前往商店或市场。大致来说，买食品去市场；买任何值钱的货品就去商店。这个规则最重要的例外是面包：面包偶尔会在市场上出售，但更常见的是直接从面包店购买。

　　市场本身是城镇中心的开放区域，那里白天设有临时的木制摊位。交易很早就开始了：摊贩们往往会在天亮前就摆放整齐，大概是夏季凌晨3点或冬季凌晨5点。在大多数城镇只有一个市场，但在大型定居点可能有几个。约克有两个主要市场：周四市场买卖家禽、肉类、乳制品、燕麦片、盐、草药、蔬菜、野禽和兔子，以及蜡烛、大麻和粗布；街边市场买卖家禽、蔬菜、野禽、兔子、烤猪、鸡蛋、玉米、筛子、篮子、木制品、鞋子和皮革制品。此外，还有售卖麦芽、黄油、干草、羊毛、皮革、鱼类和牛肉的专门市场。[68]诺威奇在大城市中是个特例，仅有一个市场，所有商品都在这里买卖。17世纪70年代和80年代，价格趋于稳定或略有下降——直到17世纪90年代才开始上涨——但在饥馑年头，基本食品的价格会翻倍。[69]要做好讨价还价的准备。虽然卖家不愿在早上就降价，但过些时候他们可能会这样做，特别是易腐坏货物。随身携带一个篮子，因为没有人会给你任何货物包装。大多数家庭主妇在篮子的顶部悬垂一块布，以免篮内食品受到苍蝇、灰尘和拥挤时其他所有不便。有人用餐巾或类似的布料包裹他们的奶酪和鱼，这样就不会污染其他货品。如果你计划在温暖的天气购买黄油，那么陶罐是不错的选择；供应商会用小木桶盛好带到市场上，然后把它舀出来在你面前称重，至于你付完钱之后怎么带走，可就靠你自己了。

　　那时的商店与现代商店大不相同。大片的平板玻璃尚未发明，实际上很少有哪家商店的窗户上有玻璃。大多数都有中间可以打开的百叶窗，顶部和底部有铰链：顶部百叶窗向上铰接以防雨，下部百叶窗向下铰接形成一个展示货物的桌子。销售像钟表、乐器、科学仪器和珠宝这样的昂贵商品的商店，没有这样的开放式前台，窗户跟普通房子无异：外面挂有标志，表明该场所为商店。如果你进到店里，前厅的柜台有人接待你。请注意，商店开始营业时间晚于市场，夏季早上 6 点，冬季早上 8 点。对于某些商品，你需要直接去工作间。例如，家具需要定制。大型金属制品也需要专门委托给铁匠，尽管烛台和刀具类的小物件可以从布店或市场上购买。

去购物的另一个选择是集市。17 世纪，有些集市已接近其漫长历史的终点，但有些仍然充满活力。这里过去常常提供你在市场上无法买到的所有东西；实际上，它们相当于每年来当地两到三天的可移动城镇。现在它们大致分为两类：一类是一两种主要商品的大宗交易，如羊毛、马、牛、羊或奶酪；另一种已经成为休闲集聚地，主要交易商品是饮酒、跳舞、性爱和寻欢作乐。两种集市在每个县都有大约 10 或 12 个，所有集市都在复活节和 11 月初之间举办。

毫无疑问，此时最大的乡村集市是史托尔桥集市，它于 9 月初在剑桥附近的康河河畔举行。这是必看的：丹尼尔·笛福认为它"不仅是整个国家也是全世界最伟大的［集市］"。[70] 伦敦的共和党讽刺作家内德·沃德的记录更有诗意、更通俗。该集市是

> 恶习、商品和诱惑混杂之地，剑桥青年、伦敦商人、林恩妓女和大量无所不在的游荡者在此集会，要么相互取乐，要么彼此获利；有些人来花钱，有些人来赚钱……如此多的木制建筑，以及士绅、学者、商人、妓女、小贩和扒手，在我看来，仿佛是形形色色的人类被抽出来放在一个小小的身体里，向世界展示其缩影。[71]

托马斯·巴斯克维尔对此地也同样感到惊讶：

> 在我看来，大量的陶器在草坪上铺开，真是蔚为壮观……在这里，可以看到宽敞的大街和大型商店里面摆满了各种即将在伦敦售卖的商品，以及从国内和其他地方带来大量的铁器。

那些来自英格兰各地的羊毛展览会规模也不相上下。在这里你会看到装满牡蛎的推车；大量的盐鱼；岸边大堆出售的煤炭；河中密密麻麻停放着的船只，绵绵一英里，甚至更长，装着各种物资……[72]

你还会看到往返于剑桥和集市之间的马路上载客马车和出租马车堵得水泄不通，单程每人需付三个便士。漫步在集市上，你会看到排列得井井有条的木制摊位和帐篷：牡蛎街、大蒜街、绸布街和干酪巷。这条名为奇普赛德的街道是伦敦零售商聚集之地：金匠、玩具制造商、黄铜工人、车工、女帽商、男装店店主、制帽商、绸布商、纺织品商、锡镴商和瓷器进口商。其中还夹杂着咖啡馆、小酒馆、白兰地店和餐厅。附近有一个名为达德瑞的大型广场，批发商在那里卸下他们的货物，广场还设有讲台，供集会期间的礼拜天神职人员讲道。在达德瑞附近，可以买到由约克郡、兰开夏郡、萨默塞特郡和德文郡等地的经销商带来的羊毛制品；在这一周中，价值超过10万英镑的布料也将在这里销售。你可以买到约克郡的克瑟斜纹呢、曼彻斯特的纬起绒布、基德明斯特的地毯、诺威奇的货品和德文郡的哔叽。此外，还有用巨大的袋子打包的羊毛，被称为"口袋"，每袋重达25英担（2800磅），出售给工厂主。每次集市仅原毛贸易一项成交额就超过50000英镑。啤酒花贸易同样规模庞大，全国所有啤酒花很大一部分在这里易手。集市内的其他重要交易包括来自伯明翰的锻铁和铜器，来自谢菲尔德的磨边工具和刀具，以及来自诺丁汉和莱斯特的玻璃器皿和长袜。艾萨克·牛顿甚至还在这里买到了他需要的玻璃棱镜，靠它证明了光线可发散成彩色的光谱。[73]

对于像内德·沃德这样敏锐的观察者来说，真正的乐趣不在于购物，而在于观察各色人群。当他沿着奇普赛德街散步时，他遇到了"亚麻布商、丝绸商、铁匠、皮革商、烟草商，等等，他们大腹便便地在商店里走动，把其他小商贩显得更加瘦小，就像是大学里虚张声势、吃饱喝足的高级研究员站在身材瘦小、营养不良的可怜人身旁一般"。在街的尽头，他向左转，沿着河边散步，在那里：

> 我的鼻孔里充溢着一种咸咸的、香香的气味，好像我一直在泰晤士街的一个干鱼店里散步；最后我走进一个荷兰市场，那里有红色和腌制的鲱鱼、咸鱼、牡蛎、沥青、焦油、肥皂，等等。旁边还有一些木制的廉价小商品，摆放齐整，堪比橱柜里的碗盘，纵酒狂欢的学生们可以买到与他们酒量相称的酒钵，酒鬼可以买到与自己体重相配的酒罐，乞丐可以买到适合自己胃口的任何尺寸的勺子和粥盘。毗邻这个摊位的是十几个杂货商的酒铺，其名称与众不同，都以林恩命名；经营这些铺子的都是镇上的"好"居民，以纵欲过度而臭名远扬，他们的罪恶小屋也一向是藏污纳垢、龌龊不堪；学者们喜欢藤编艺术，经常光顾这些有文艺范儿的地方，在那里他们还会经常得到来自林恩的礼物，可以让他们下巴变尖，再加上一两个月的节衣缩食，为他们一分钟的快感而忏悔；因此，他们中许多人会在小教堂的忏悔室里，对经受同样折磨的某个学者悄声说，"伙计，伙计，虽然我口中有上帝的圣言，但跟你说实话，我的马裤里有一个林恩恶魔。"[74]

俗话说，创造一个世界需要三教九流，沃德的评论非常恰当，你会在史托尔桥集市上看到世界的缩影。

如果你喜欢购物，伦敦就是你的理想选择。无论你想要什么，它都能满足：不仅仅任何一种商品都有出售，而且每种商品都品类繁多。泰晤士街以其蜡烛制造商的店面而闻名，佳能街以其亚麻布店而闻名，奇普赛德街以其金匠和纺织品而闻名。在小不列颠可以买到二手书，在圣保罗教堂的庭院可以买到新书。在弗利特街和沃特巷的交界处，你可以在托马斯·汤皮恩的店里购买钟表、手表和气压计；隔壁是贾斯帕·布雷姆的橱柜制造和镶嵌细工店。如果你走进一家药店，会看到壁挂式货架上摆满了一排排彩色的瓶子，墙上挂着勺子，学徒在研钵里捣药，戴着帽子的药剂师在柜台后面等着为你服务，旁边柜子的抽屉上标着拉丁名字。或者进一家鞋店，你会看到一双双精致的皮靴和鞋子从天花板上垂下，而鞋匠自己却弯着腰在鞋楦上忙活，桌子上摆满了从鞋子上修剪下来的皮革碎料。面包师站在柜台后面，身后的架子上满满都是面包，柜台上也摆着几个，新鲜出炉的面包散发着诱人的味道。

最豪华的商店是四个交易所。位于市中心的皇家交易所，在大火后重建，仍然是商人聚集和新闻流通的重要场所。在中央广场周围的四个柱廊的柱子上贴满了广告，这里同时有许多人在说话，你必须提高嗓门，才能让同伴听到你的声音。正如内德·沃德所观察到的那样，戴着平顶帽、穿着华丽的商人会借助他们的头和手打打招呼，还常常嗅着鼻烟打喷嚏；如果他们坐在其中一个长凳上，就摆起那种好像坐在一个大马鞍上的架势。对于购物者来说，主要魅力不在于此，而是楼上由高品质小摊位组成的长廊，在那里你可以买到帷幔和高价值商品，如中国瓷器、乐器、烟斗、钟表、枪支、日本的漆柜、数学仪器、小百货和金银器。位于斯特兰德南部的新交易所是一幢类似的两层楼建筑，内有小商店构成的长廊，大多是女店主，她们向皇家交易所出售袜子和类似奢侈品。中间交易所也在斯特兰德街上，从1671年到1696年营业，销售袜类、珠宝和书籍。埃克塞特交易所于1676年开业，这里也出售袜子和豪华家居用品，如窗帘和书籍，但它的楼上有一个拍卖行。请注意，即使在这些豪华商店，你也需要讨价还价。佩皮斯在1663年3月想买一种用于测量木材的工具，并在店里找到了一个，但无法就价格达成一致。至于拍卖，有时候是"秉烛"进行的。燃起一英寸长的蜡烛，在火焰熄灭前最后喊出报价获胜的买家竞拍成功。[75]

你将会看到，许多商店都是女性迎客。事实上，商品质量越高，为你服务的女店主就越漂亮。走过奇普赛德的富人区，你会看到商人的妻子站在门口，带着甜蜜的微笑向你招手。诱惑、调情和女性魅力是推销员交易的伎俩：即使在17世纪，也有性交易。事实上，17世纪尤甚。皇家交易所的长廊上满眼都是魅力四射的年轻女性，以至于人们将之称为"商人的后宫"。内德·沃德去交易所时，他评论道：

> 我们走到那里，女人坐在货亭里，乞求光顾，她们满眼风情，语调温柔，我不禁猜想她们是不是极尽能事地想把自己跟商品一样推销出去。我的两只耳朵里听到的都是柔媚的"爵士，来看看精美的床单"，"爵士，看看手套和缎带"，有一个星期我满脑子都是女帽店和女裁缝店。[76]

对于一个现代观察者而言，伦敦购物的真正荣耀在于其市场。在首都有很多家市场，一大清早就人头攒动，摩肩接踵，很多人来这里就只为看个新鲜。在大火之前，伦敦城内有两个综合市场，分别在奇普赛德街和恩典堂街。此外还有许多专营市场，包括阿尔德门街（水果和蔬菜）、比林斯盖特（鱼和煤）、毕晓普斯盖特（饭食）、布莱克维尔厅（布）、伊斯特奇普（肉）、鱼街山（鱼）、利德霍尔（兽皮和肉）、纽盖特街（饭食）、旧鱼街（鱼）、奎因希瑟（饭食和面粉）、圣尼古拉斯香博思（肉）、圣保罗教堂庭院（水果和蔬菜）、史密斯菲尔德（牛、马、羊和干草）和股票街（肉和鱼）。1666年之后，其中六家市场不再营业，[77]但是新开办了贝尔基市场（玉米贸易）和三个综合食品市场：哈尼巷、霍尔本酒吧街和肉贩街。此外，为了迎合快速扩张的郊区市民的需求，在城墙外也有许多市场，其中有几个刚刚建立，位置在大广场内或附近。[78]请注意，并非所有市场在一周里所有日子都营业：有些市场七天都营业，例如纽盖特、考文特花园、哈尼巷和股票街，但其他市场一周只运营一两天。[79] 利德霍尔街周一、周三和周六出售肉类，周二出售皮革，周四和周五出售兽皮。营业时间因市场而异，但大多数每天开始营业的时间在夏季是凌晨3点，在冬季是早上5点，所以大部分交易都是在零售商店开业之前完成的。从1674年起，星期六夜间市场也开放，一般到晚上10点。[80]

在所有伦敦的市场中，史密斯菲尔德是最具戏剧性的。你可能不会想到市场跟戏剧能扯上关系，但去看看就知道了，它们早早就开门营业，有时午夜就开始做生意。市场占地面积很大：留出五英亩泥泞的土地进行活体动物贸易。在黑暗中，动物们都大声地表达着不满：奶牛在中心地带的牛圈中反复地哞哞低鸣，绵羊也咩咩地回应。边缘的火盆突然照亮了动物的头部，它们仿佛骤然间漂在牛群汇集的潮水之上。借着灯笼的光线，可以看到一只黑眼睛闪烁着光芒；有一个男人拿着火红的火炬，将更多的绵羊关进圈里，一直对着它们大喊大叫，狗吠叫着把羊群赶得忽东忽西，其他狗加入了吠叫。猪愤怒地哼哼着，羊给喧嚣伴奏。市场交易员一边高声喊叫，一边捅着动物让它们转身，向感兴趣的经销商展示它们的品质。所有这一切都伴着音乐进行，音乐是由附近的啤酒屋中传出来的，这些啤酒屋建在伦敦城周边，人们三五成群地站在那里，一边喝啤酒一边说笑。

最后，我们回到考文特花园。尽管在1660年它仍然是一个优雅的住宅广场，贵族的马车在这里装卸他们的贵重货物，但在之后将近十年的时间里，鲜花商人开始在其周边摆摊。然后蔬菜商人也加入进来。刚开始时，富裕的居民试图将他们清走，但是在1670年，贝德福德伯爵发现该地区刚好位于老城区和时尚的西区之间，潜在收益非常大，于是他申请了许可，开始筹建一家市场。这家市场在很短的时间内成长为伦敦城购买水果和蔬菜的绝佳场所。沿着广场南侧建起了售货亭：在木制拱廊后面男男女女叫卖着他们的商品，他们面前摆放的是你见过的最为丰富多彩的食物展柜。17世纪末走在伊尼戈·琼斯设计的有穹顶的人行道上，你将会看到熙熙攘攘的人群，他们为这里的格局着迷，也喜爱这里具有异国情调的新植物和蔬菜。女人们特别珍惜这一小时左右可以摆脱家务的自由时间，她们一边选购丰富的商品，一边聊着当天的八卦新闻，或者私会某个崇拜者，顺便买点儿草药或姜饼，以掩饰自己的此行目的。男人们在广场中心漫步，在工作场所和咖啡馆之间往返的路上讨论商业活动，或者寻找卖弄风情的年轻女性。就好像这个王国的所有游乐园、药草园、菜园、田地和果园——还有许多来自国外——都齐聚到了这座宏伟的广场，为家庭主妇、厨师、美食家和植物学家都带来了最大的喜悦。没人敢奢望一睹伊甸园的风光，但在某个风和日丽的日子里，伦敦花园会成为最令人流连忘返的人间仙境。

第六章
衣着

在任何时代，人们似乎都有一种不可抗拒的冲动，想要设计出一种奇装异服，来引领时代风尚，让人纷纷效仿。鞋子前面脚趾部分过长，连楼梯都上不去；袖口垂得几乎可以将自己绊倒；还有带角的头饰和遮阴布；裙子宽到必须侧身穿过门口；衣服上镶着飞边——所有这些服装让你伤透脑筋，想象不出它们是如何开始流行起来的。你可能在心里想，在复辟时期——克里斯托弗·雷恩和艾萨克·牛顿所处的科学革命年代——人们肯定已经足够成熟，难道还会搞这些乌七八糟的东西？但是一旦你想到这一点，你就会意识到国王的某个朋友会想出更为稀奇古怪的玩意儿。你不会搞错。正是在这一时期，男性精英认为剪短头发并佩戴披肩假发是个不错的选择。

实际上，复辟时期的时尚达人设计了不少奇装异服。绅士们会发现，那些用缎带装饰的衬裙式马裤，再配上刚刚长过膝盖的裙子，穿脱起来真是繁琐至极。女士们最初可能不习惯在脸上贴饰颜片，但后来流行的"芳坦鸠"发饰则更为夸张。不过，在深入研究这些具体问题之前，如果你想很快融入复辟时期，就需要牢记关于外貌装扮的几大要点。

第一点，除非你身材瘦小，完全"融入"将很难做到：复辟时期的男性平均身高只有5英尺7英寸（1.70米），女性平均身高则是5英尺1英寸（1.55米）；直到19世纪，人们的平均身高才逐渐达到现代的标准。[1]在复辟时期，身高超过平均水平的人大多来自营养充足的社会阶层——名门望族、富豪和中等阶层——因此，如果你身材高大，却穿着手工业者、乡下人和穷人的衣服，就会显得鹤立鸡群。

第二点，谈到时尚，不列颠史上所有的"海岛故事"从根本上而言都是误导性的。17世纪，英国时尚紧跟法国和荷兰，就像16世纪紧跟法国和西班牙风格一样。对假发的迷恋始于法国。英国丝织行业迅猛发展，部分原因归结于1685年路易十四大肆驱逐胡格诺派教徒。只要国王一句话，整个宫廷瞬间陷入一片忙乱，纷纷寻找裁缝来制作时髦的新衣服——这种灵机一动冒出来的想法几乎无一例外受到了国外的启发。

第三点，时尚的变化并不仅仅影响权贵阶层；它们在整个社会几乎所有阶层的人中都引起了连锁反应，包括穷人在内。过时的衣服通常由富人传给他们的仆人。"中产阶层"的男男女女——那些抄袭士绅时装的人——意识到他们也必须不断改变风格。他们不仅希望给人留下衣着时髦的印象，而且他们绝对不想被误当做仆人。这种情况很容易发生，甚至对像塞缪尔·佩皮斯这样的成功绅士而言都会如此：1667年3月，他陪伴妻子去做礼拜，竟然被教堂司事误认为佩皮斯太太的仆人。1680年前后的宫廷时装款式到了17世纪90年代竟然被认为只适合女仆穿着，这就是服装传承带来的结果。当然，面料不同，如果你对富人的时尚有所了解，你也将明白社会其他阶层的服饰演变意识。

谈到颜色，你需要记住，受19世纪才发明的苯胺染料的制约，色彩选择并不丰富。在复辟时期的不列颠，只有天然染料可供选择，而且并非所有染料的价格都在人们的购买力范围之内。留意看公路上的旅客，他们的衣服颜色基本是红色、蓝色、黑色、白色（一般是天然亚麻），以及各种棕色和赤褐色。这些颜色的传统来源是茜草根（红色）、菘蓝（蓝色）、橡木瘿（黑色）、胡桃木（棕色）、木犀草（黄色）和地衣草（紫罗兰色）。人们不经常穿绿色，即使它可以通过用木犀草与过量的菘蓝调合后得到。欧洲天然存在的其他染料，例如压碎的胭脂虫（猩红色）和骨螺属海蜗牛的分泌物（帝国紫色），非常昂贵且稀缺。巴西木（红色）和靛蓝（蓝色）已经从亚洲进口了几个世纪，但它们一直以来都很昂贵，很少被使用。尽管如此，世界贸易路线的开放为英国带来了新的染料，因而近些年来变化在悄然发生。佛堤树（黄色）、洋苏木（灰紫色）和胭脂红（红色）正从南美洲进口。虫胶（红色）和儿茶（黄色）以及越来越多的靛蓝从印度源源而来。在国内，英国南部的绿矾——硫酸亚铁，一种黑色染料——的开采规模不断扩大。[2] 固定这些染料所需的明矾和其他金属基媒染剂也更容易获得。1664 年，林肯的一家染坊中会有大量的菘蓝、佛堤树、巴西木、茜草、地衣草、靛蓝、绿矾和明矾。[3] 简而言之，虽然颜色对你见惯万花筒般色彩的现代眼睛来说仍显得单调乏味，17 世纪的服装与之前相比已经越来越丰富多彩，对于那些挥霍无度的朝臣而言更是如此。

男性着装

内衣

最贴近男人心脏的服装——物质层面，非隐喻层面——是他的衬衫。它往往由 3 埃尔长的不经染色的亚麻布制成。质量最为上乘的是荷兰麻布和麻纱，但粗亚麻织物、欧森布里奇麻布甚至是麻毛交织物可能用来为工人制作服装。全身的衬衫包括长袖和长度盖过臀部的衣身，前面没有纽扣或开衩，但衣服前身和后身之间的侧缝有开衩，有时开衩高至腰部。绅士衬衫的袖子在手腕处用缎带收紧；昂贵的衬衫可能袖身会有多处镂空装饰，肩部和手腕饰有褶皱和花边。还有一种价格更为高昂的衬衫，会在领口镶上一圈精致的镂空饰边，并在亚麻布上绣有图案。[4] 再奢华点儿的话，你可能会有一件精美华贵的衬衫，装饰着丝绸刺绣和蕾丝花边。显然，要想拥有这些奢华的衬衫你必须能做到挥金如土。荷兰麻布每埃尔 6 先令，3 埃尔则要付 18 先令，这仅仅是布料的花销。加入制作成本以及各种褶皱和花边缀饰，你需要再付 20—30 先令。蕾丝装饰更是贵得惊人——往往要再加上几英镑。还要注意的是，虽然普通荷兰麻布的成本只要 3 先令，但质量上乘的荷兰麻布可能需要 12 先令或更多。这还不包括装饰领：围绕脖子的"饰带"是与衣服分开的。在夏天，你可以选择穿一件较短的半身亚麻衬衫。半身衬衫在寒冷天气也很有用，因为它们可作为第二层衬衫套在身上。既然整个复辟时期都非常寒冷，你很可能会想到在长衬衫里面套上件半身衬衫，这是再正常不过的事情。[5]

上述亚麻布的成本同样适用于其他内衣。亚麻布睡衣可以盖住膝盖并再长出一些，但如果用麻纱或精细的荷兰麻布制成，则需要多破费一些。请注意，你应该有一顶与睡衣相配的睡帽。处于哀悼期的绅士们应该穿黑色睡衣，配黑色睡帽——这是一笔额外支出，你有可能会在哀悼亲人时将就一下省下这笔钱。至于男士衬裤，则往往剪裁简单，短款尤其如此，前面用缎带固定。一条普通衬裤的费用为 2 先令 6 便士，或者 1 先令 6 便士买二手货。[6] 有适于冬季穿的长款衬裤，脚下带环或脚蹬，以防沿着腿往上滑。在炎热的夏日，你可能想穿一条斜向剪裁的荷兰麻布短衬裤，内衬宽宽的三角形插布，透气性极高。佩皮斯日记中曾提到他穿着"凉爽的荷兰麻布短衬裤"懒洋洋地靠在躺椅上，一直睡到下午 5 点。

外衣

1668 年是男士西装设计的分水岭。可以将之前的风格宽泛地描述为"紧身短上衣配裙子"。有些是真正的裙装；有些则是看似裙子的裤子，称为"衬裙式马裤"；还有一些装饰着繁复的缎带和流苏，所以你搞不清楚它是裙子、马裤还是别的什么。大多数人都有一件像夹克一样的紧身短上衣，面料为羊毛或厚棉布，腰部没有扣子，露出下面的衬衫。对于现代人来说，所有这些看起来更像是女性服装，而装饰最为繁琐的马裤流苏看起来就像是层层叠叠的瀑布。这些款式还可能让你成为笑柄：一些衬裙式马裤太过宽松——周长超过一码——你很容易两条腿从一个洞中穿过却毫无察觉，就这样空着一条裤腿在外面晃荡一整天，让所有遇到你的人都感到滑稽之极。

这种"紧身短上衣配裙子"的风格在1664年开始面临挑战。背心或马甲是关键。以前这是男女穿在身上保暖的内衣；现在，它作为一款舒适的男士无领短袖获得了突出的地位，长度及腰部，下身所配裙子可及膝盖。马甲外面再穿上短袍或披风，比马甲短6英寸，宽松不系扣，露出下面的马甲。[7]1668年，这套西装演变成长款外套和及膝马甲，在接下来的一百年甚至更长的时间里一直被视为标准套装。那年5月17日是个礼拜日，佩皮斯自豪地阔步向教堂走去，身穿"时下最为时髦的新款毛料西装，外配肩带"。肩带就像一条宽腰带，用于绅士佩剑，所以佩皮斯看起来英姿飒爽。在其后的复辟年代，外套和马甲又经历了各种各样的改进。外套有时会在前面装上低矮的口袋，或者将袖口向外翻出很宽的折边；马甲可能会配上腰带或扣眼。但无论形式如何变化，你都能一眼看出它们是一整套服装。

以约克公爵詹姆斯于1673年第二次结婚时所穿的西装为例。这套衣服分为三部分：外套、马甲和马裤。这三件衣服都用灰色羊毛宽幅布料制成，上面用镀银和纯银线绣的花色图案。长外套可及腿弯处；纽扣一直到外套底部，但没有扣上。两侧水平方向各嵌有一个口袋，开在前部较低位置，袋扣系紧，以防张开。后面可见宽大的褶裥，使外套下摆呈扇形散开。衬里为橙红色罗纹丝。马裤宽松，在膝盖下方收口。外套袖子在四分之三处向外翻折，袖口宽大，俗称"猎犬耳袖"，因为它们看起来像猎犬松垂的大耳朵。搭配的马甲袖身很长，伸出猎犬耳翻边之外，在手腕上系扣。[8]

17世纪晚些时候量身定制的西装与这一款式大同小异。有些绅士的外套有翻领；有些配上垂直口袋和长袖；有些袖口装点刺绣；有些袖口饰以毛皮；还有一些背后有侧褶并在中缝下摆开衩——但总体而言，长款外套和马甲马裤是1680年的标配。而且马裤是"封闭式的"——也就是说，在膝盖下方收口，而不是像17世纪60年代的衬裙式马裤那样散开。它们通常由黑天鹅绒制成，并用丝带束口。在1680年之后，它们往往不那么宽松，而是比较贴紧腿部。到1700年，已经发明了背带或者"吊裤带"来支撑马裤，但仍不多见。（之前的）大多数马裤在支撑时要么在两侧勾住紧身短上衣，要么用绳子系紧，要么就剪裁时腰身到臀部收紧不需要其他支撑。

在这一时期，领饰也经历了一场革命。首先，在17世纪60年代，领饰不过是一条飘带：从高高的围颈带上垂落下来的细布，绕颈部一圈后有时在前面散开，有时用带绳束起。从大约1665年开始，时髦的男人开始系阔领带：一条细麻布或平纹细布的围巾，系在前面盖住喉结。最为奢华的阔领带饰有蕾丝，垂下盖住整个胸部。在17世纪末，它发展成司坦克围巾：一种非常长的阔领带，扭成松散的绳子并塞入马甲内，或用胸针固定在外套的一侧。领结的蕾丝与腕部的褶边相配：选料为亚麻布、平纹细布或蕾丝荷叶边，彰显主人的高贵地位。所有这些服装都价格不菲：适合伯爵的精美平纹针织面料的价位是7先令，一对平纹细布袖口是2先令2便士。蕾丝花边更为昂贵。詹姆斯二世为加冕时阔领带上的威尼斯蕾丝花边支付了36英镑10先令。[9]

长筒袜。我向你保证，你会习惯穿着它们。如果你以前曾经去过中世纪和伊丽莎白时代，你会发现复辟时期的长筒袜穿起来一点儿不觉尴尬；像之前的时代一样，你不应该露出大腿，更不用说臀部了。在17世纪60年代衬裙式马裤退出历史舞台之后，你甚至不必露出膝盖。长筒袜本身可以由针织丝制成——最富魅力最为时尚的材料——但这些都很昂贵。佩皮斯在1663年为一双丝袜支付15先令。[10]也可选用其他面料制作长筒袜，如羊毛质地的克瑟斜纹呢、精纺毛纱、平针织物和哔叽，以及各种形式的亚麻布。买一双普通的羊毛袜你需要支付1先令2便士。[11]长筒袜外面套着的短袜，通常用亚麻布制成。这些可能费用也不低，即使几乎露不出来。贝德福德伯爵在 1689 年为定制的每双袜子支付 1 先令 3 便士——相当于许多工人一天的工资。请注意，如果你在流行衬裙式马裤的 17 世纪 60 年代到访，在你的长筒袜及膝处可能还会有一圈类似小裙子的装饰，被称为"佳能裙"（canons）或"波特佳能裙"（port canons），经常与套装的裙身和衬裙式马裤相匹配。它们看起来浮夸轻佻、华而不实，所以 1668 年过时时，你绝对不会感到遗憾。

尽管波特佳能裙和衬裙式马裤在你我看来可能显得愚不可及——事实上，对于当时很多人来说——它们并不会带来任何身体上的不适。鞋子和靴子则不能下此结论。1662 年 9 月，佩皮斯购买了一双新的硬质皮革长筒靴，两周后他穿上新靴出发前往剑桥，刚刚走到韦尔就痛苦不堪，只能花 4 先令从他的旅馆房东那里买了一双旧鞋子，才能继续上路。而这双惹是生非的长靴还价格不菲；实际上，佩皮斯支付了 1 英镑 10 先令——超过许多普通手工业者三周的工资，比每双售价 9 先令的普通长靴要贵得多。[12] 这种硬质皮革长靴逐渐演变为打仗和骑马专用靴。从 17 世纪 70 年代中期开始，推出了更为轻便的款式：用软皮制成，在小腿侧面系上扣子、鞋带或扣环，从而靴子更合体、更舒适。所有这些靴子都是由黑色皮革制成，几乎所有的男士鞋子都是如此（尽管搭配"裙装"时，男士可能仍会穿红色高跟鞋和鞋底）。[13] 扣环出现于 1660 年左右；起初它们很小，呈椭圆形，但是在 1680 年之后个头增大，改为方形。1680年以后，鞋舌增长，向上翘起，比脚踝高出几英寸，过了 1690 年，鞋舌向下翻折或者在扣环处摆动，露出鞋子的红色衬里。[14]

由于天气寒冷，你无疑得在户外穿大衣。17 世纪 60 年代使用的术语是"卡索克"长袍，当时是一件长而宽松的外套，前面系扣，衣领向下翻转，通常垂到大腿处。大约 1670 年之后，卡索克长袍专门用于教会服装。其替代品是斗篷，它可以披在肩膀上以抵御寒冷。1670 年之后，斗篷也不再受青睐，仅用于骑行。从那一年起，最为时髦的大衣就是勃兰登堡（以普鲁士国家命名），是一种大而长的羊毛外套，长及小腿处。或者，你可以穿一件"詹普"，一件宽松的长袖短外套，前面系扣。

在这一时期，帽子是必需品。17世纪50年代的卷边花盆帽，也被称为"甜面包帽"，高筒、平顶、阔檐，这种款式的帽子虽然一直持续到17世纪60年代，但极不实用，轻微的一阵风都能把它吹走。它们的替代品由天鹅绒制成，采用硬麻布、毛毡和海狸皮加固，帽顶较低，但保留了宽阔的帽檐；最好歪斜着戴，越邋遢越时髦。佩皮斯在1667年6月的日记中说，看到"一个活泼的年轻小伙子歪戴着帽子，像傻瓜一样，跟时下在击剑师中流行的款式差不多"。当然，绅士的帽子上插满了羽毛——经常同时插好几支羽毛。快进入17世纪90年代时，毡帽开始呈三角形状，其边缘向上翻起，是18世纪三角帽的前身。如果你觉得这种风格适合你，请记住帽子的尖角要在前面，而不是平坦的一面朝前。

准骑士蒙塔古·德雷克1698年的全套行头[15]

羊毛质地的衣服包括：7件套装，2件替换背心，1件猩红色斗篷，10双长筒袜，1只暖手套筒和1顶帽子	18英镑
4双靴子，2双长筒靴和2双远足靴；1双绑腿〔骑马时穿〕，9双"袜子"①和一包旧"袜子"	3英镑
亚麻布质地的衣服：34件荷兰麻布衬衫，11件较粗质地的荷兰麻布衬衫；2大块荷兰装饰用麻布	20英镑10先令
9顶假发套，4顶带夹层的睡帽，2件厚实的凸纹条格棉布（dimity）背心，2件法兰绒背心，4双线织长筒袜，6双棉布长筒袜，3条蕾丝花边阔领带，3条平纹细布大围巾，9对蕾丝衣袖，4条手帕，4条翻领围巾，17条平纹针织长围巾	10英镑
9双长筒袜和10副手套；1副鞋铁，1把刀和1把小锤子；1个金质小天平秤；1个装着7本书的小包	1英镑12先令
6把剑，1对锉刀和1条腰带	4英镑

---

① nearsides，原文作者在此词后加了〔?〕，应该是已废弃不用的词语，此处根据上下文译为"袜子"。——译者注

须发

绝大多数男士面部不留任何胡须。在显贵人物中有一个例外是查理二世，他从复辟登上王位后一直到17世纪70年代末都蓄有一小撮髭须。你无需追求这种风尚，他的弟弟詹姆斯就从未留过。大多数朝臣也不蓄胡须。佩皮斯蓄过髭须，但1664年1月他彻底剃光了胡须。那时候大多数绅士在家都会刮胡子：人们都希望看到男人胡子刮得干干净净，这意味着每隔一天就得彻底清理一次胡茬。如果你要剪头发，可以同时让理发师帮你修剪胡须。或者，如果你能负担额外费用，可能更倾向于将理发师请到家里。礼拜日去教堂之前，佩皮斯会请理发师来家中为他刮胡子。没有理发师时，他先是用浮石刮胡子，1664年1月之后改用剃须刀（"薄片"型）。[16]

当查理二世1660年返回英国时，他并没有戴假发。尽管法国人在17世纪30年代路易十三开始谢顶时就已开始戴假发作为时尚配饰，但英国人尚未这样做。事实上直到1663年，当查理自己的头发开始变灰时，他和他的兄弟才开始戴假发（"peruke"或者"periwig"）——从17世纪70年代开始称"wig"。几乎在一夜之间，人们不再以纤长柔软的天然卷发为美，转而崇尚人造假发。不难想象，塞缪尔·佩皮斯想买一顶发套。1663年10月，他去了几家假发店，但当他看到有家店出售的发套由老太太油腻的头发制作而成时，他几乎要打退堂鼓了。他定制了两顶假发套：一顶花费3英镑，由别人的头发制成；一顶价值2英镑，但实际上仅支付21先令6便士，因为由他自己的头发制成。[17]将自己所有的头发剪掉后制成假发套，确实有其实用的一面：假发更容易清洁，也更容易清除虱子。但总的来说，它有点荒唐可笑，尤其假发流行趋势是越来越厚重，越来越多地用高级香水或香粉喷涂。每年打理几顶假发套的成本可能高达20先令。[18]此外，正如佩皮斯的假发护理师所说，假发只会持续两年，而在这段时间内他经常需要剪短头发。因此，时髦的男士最终要为他的头发支付两次费用：一次付给理发师，另一次付给假发护理师。佩皮斯的假发在整个价格区间里算最便宜的。1672年，贝德福德伯爵的四顶新假发分别花费 20 英镑、18 英镑、10 英镑和 6 英镑；通常他每年花费 14 英镑或 15 英镑购买新假发并对假发进行保养——这还不包括为确保假发套戴着合适需要修剪头发的费用。[19]

配饰

穿着考究的绅士知道，要想显得风度翩翩，不仅要穿衣得体，配饰也要恰到好处。在王朝复辟时期，可能从暖手套筒到伞都要一应俱全。还要配上暖手套筒？你可能觉得不可思议，但确实如此：在 17 世纪 80 年代和 90 年代，随身携带暖手套筒在绅士们当中风靡一时，通常由毛皮、绸缎或天鹅绒制成，用一条缎带悬系在腰带上。他们在城镇附近走动时，也经常把围巾、梳子、鼻烟盒和手帕带在身上。另一新兴时尚是男士们会携带一根抛光的日本银头手杖。它看起来非常优雅，你很可能选择它而不再佩剑。在整个复辟时期，有钱人一直崇尚在身侧佩带宝剑，大多是为了装点门面。

你可能会觉得戴手套简单直观，那是因为你还没意识到手套也种类繁多，从 8 先令一副的羊皮手套和 1 先令的狗皮手套到最昂贵的价值几英镑的纯做摆设的手套，价格相差很大。价值几英镑的手套上裹着一圈圈银色丝质缎带，仅用于展示，随身携带，但不戴在手上。[20]同样，还有一些手套价格昂贵是因为它们散发着皮革的香味。贝德福德伯爵的手套上涂有"茉莉油"，让它们散发着茉莉花的香气。他还有些手套用杏仁精或麝香锦葵增添香味。[21]至于他的雨伞，则是 1687 年最新的时尚配饰，他支付了 16 先令 6 便士。他的这种炫耀性消费可谓是登峰造极。两年后，他花了 4 英镑 2 先令 2 便士又买了两把伞。[22]这相当于许多手工业者两个月的工资。竟用来买两把雨伞！当你知道它们的设计是为了遮挡毒辣的日头而不是为了防雨时，你更会觉得难以置信，白金汉郡的雨水可比阳光更为常见。

手工业者、乡村百姓和农民、穷人的服饰

不言而喻，并非每个人都能够按照上述方式着装。然而，这种风格为其他人设定了一种仿效的模式——但在实用性和购买力上会受到一定的限制。两者都是重要问题。一个工人需要看起来很体面，以便让人觉得他生意兴隆；然而，却没必要给铁匠的衣服镶蕾丝花边。17世纪60年代一个工人的基本服饰包括他的紧身短上衣或坎肩、马裤、衬衫、长筒袜、鞋子、礼帽或便帽。只要有一套这样的新服饰，开支就可能达到12—15先令：工人的男式衬衫很少低于2先令8便士，鞋子也一样，袜子12便士，帽子2先令，马裤2先令和紧身短上衣3先令。对于每年收入仅为10英镑或15英镑的人来说，这笔钱相当可观。因此，二手服装的交易司空见惯。当有人去世时，他的衣服不会随意丢弃，而会分发给那些用得到的人。如果你确实需要添置新衣，请记住，即使在这个社会阶层，通常的做法也是购买你需要的布料，然后由你的妻子或裁缝为你量身定制。偶尔你会找到一家成衣销售店。在林肯市的手套商托马斯·费里斯的店里，除了出售手套，也卖现成的皮革马裤。[23] 同样在林肯市，一位寡妇利用她的制衣技巧在她的缝纫用品店中销售成衣，包括披风（长斗篷）、宽松的男女罩衫、衬衫、衬裙和外套，以及一系列常见的手套和袜类。[24]

苏格兰服装

你可能有一些想法，一旦你向北方边界走去，遇到的所有男人都穿着短褶裙，配有毛皮袋。毕竟这是传统的苏格兰服装，不是吗？不完全是。格子羊毛布料是很传统，但直到1745年，所有部族

都要设计专属格子呢服装的想法才开始流行。而且，印象中的苏格兰短裙在 18 世纪 30 年代之前根本不存在——可以这样说，发明它的是个英格兰人。[25] 但是确实存在传统的苏格兰裙装，面料为格子呢，采取束带形式，穿着普遍。这种花格服装极为肥大，长 12 到 18 英尺，宽约 5 英尺，包裹在身体上，既能形成裙身，也能罩住上身，向上折到肩膀上，绕回胸前并用别针固定。裙身由腰带束出大褶，裙边前侧向上翻转，翻折处可装随身物品。整套服装就是罩在男人身上的一条巨型花格呢毯。

走在格拉斯哥或爱丁堡的街道上，你会注意到不是每个人都穿着格子呢。在 17 世纪 90 年代的一个夏日，你如果看到一位商人走在城市街道上，他很有可能穿着一件长大衣、一件长背心、一条刚过膝盖的马裤，下配长筒袜和一双带银色方形扣环的鞋子。[26] 他还会戴礼帽或假发——与英格兰城镇的男人没多大差别。随后你会看到一群乡村人，他们当中也许有人骑着马，或者步行将牛赶到市场上。他们都穿着格子呢。在寒冷的冬天，你之前看到的商人会穿一件质量上乘的大衣，很可能是格子呢面料。如果你周围人身上的羊毛面料有很多花格图案，那么毫无疑问，你在边界以北。

当代人会把穿格子呢的低地人和高地人区分开来，高地人用格子呢做面料更为频繁。有游客记录道：

> 低地的士绅穿衣习惯已经比较得体，但是穷人（几乎）裸露着身体，只在身上裹一件旧斗篷或者类似床单的东西。高地人则穿着开衩的紧身短上衣，通常不穿马裤，只有一块格子呢之类的系在腰间，［并］搭到肩膀上，穿短袜，袜带外面露出膝盖和部分大腿；其他人下身所穿格子呢则将马裤和长筒袜合二为一，高及大腿部位。[27]

最后一点，关于"马裤和长筒袜合二为一"，指的是"格子呢裤"（trews）或花格呢长马裤，那些有钱人骑马时穿。这些绅士上身会穿花格呢或格子呢夹克，戴上平顶礼帽或无边呢帽，帽子通常为蓝色。普通人都不戴帽子。上面提到过裹着床单的低地人，这里再提醒你一下，许多穷人晚上就裹着他们白天穿的床单睡觉，而且不常清洗。你恐怕开始把格子呢跟某种气味联想到一起。

对高地人着装的最佳描述是威廉·克莱兰1678年作的一首诗。诗中记录高地人可能把格子呢穿在夹克外面，或者衣服涂上沥青以抵御恶劣天气：

> 但是他们的高级指挥官，
> 身着标配的条纹布料；
> 一马当先，为货车开道：
> 他们装备齐全：
> 布洛克鞋①、格子呢裤，外披格子呢布，
> 头戴挺阔的无边呢帽：
> 一侧翻边，上插烟斗。
> 长匕首、食物和鼻烟盒，
> 袋子里装满洋葱，
> 细心的观察者还会看到，
> 一只装满威士忌的角。
> 格子呢下面是一件开衩的外套，
> 用木材、钉子和皮革制作的小圆盾；
> 一把双手巨剑，
> 质量在王国堪称上乘——
> 要想拿起所有这些武器去战斗，
> 得需要多大的气力和斗志？

---

① brogues，粗革拷花皮鞋。——译者注

> 有一点真是神奇，在这样的天气
> 他们还能一起翻越长满青苔的小山；
> 在狂风暴雨中能走出这么远；
> 那是因为，他们身上涂抹了沥青
> 为他们从头到脚提供防护，
> 他们的羊群也得到同样的照顾……[28]

如果你真去参观高地，并看到着装与上面相同的一大群人，佩戴双手剑，双腿内侧插着长匕首，请记住这事出有因。在这些区域，他们仍然因世仇而血战不休。

这些是他们的工作服。

女性着装

内衣

从涂满沥青、毛茸茸的高地人到女人的内衣，显得跳跃性有点儿大，不过，这确实是下面要讨论的话题。女人的内衣主要是罩衫或宽松直筒连衣裙。在某些方面，这与男士衬衫有很多共同之处。它由未染色的亚麻布制成，穿上后可在炎热的天气保持清凉，吸附性能强（可吸收汗液，保持身体干爽），而且质地柔软，这意味着它可以穿在比较厚重和粗糙的衣服里面，以保护敏感区域免受擦伤。由于这一时期还没有胸罩可供你选择，因此一件好的亚麻罩衣成为必备。再次，最优质的布料是荷兰麻布，其次是麻纱，然后是较粗糙的亚麻布。与男士衬衫一样，如果配上皮革饰边、蕾丝边饰和刺绣图案，价格会相应提高。然而，与男士衬衫不同的是，女式罩衫在侧缝加上一块三角形布，而不是设计成敞开式的。它们长度及膝，袖子打褶在臂弯处收口，胸口开得较低。通常会喷上香水。[29]颈部开口处用细绳将亚麻布收束，在前面系起，在前胸上形成层叠的褶皱。有些女人将亚麻布折叠在绳子上，使褶皱向外翻翘，形成迷人的荷叶边效果。

大多数时候你不会露出罩衫。即使它刚好装满花边，只有你和你的女仆能欣赏到。裸露上臂会让人觉得有伤风化。裸露双腿则被人认为是更加色情。但在某些情况下，你可能会都暴露出来。有一种传统，就是在全国各地举行罩衫赛跑，为了赢得奖品，妇女们只能穿罩衫参加比赛。比赛现场人山人海，都希望看到拉绳松开，不止一个选手必须在丢掉比赛和裸奔之间做出选择。[30] 另一个罩衫外穿的原因是债务。人们普遍认为，如果一个女孩只穿着罩衫结婚，就可以摆脱所有债务。如果丈夫迎娶她时，她身上空无一物且有债在身，他无需将债务一并带走，因为她现在是他的妻子，她将不必偿还。如果丈夫有债务，他的债权人也无法要求用其妻子继承来的财产抵债。因此，理论上讲，罩衫婚礼对新娘有利，无论她是否债务缠身。实际上法律并不支持这一信念，但这依然不能阻止少数女性几乎一丝不挂地站在圣坛前，全身瑟瑟发抖，感受着所有会众的灼灼目光都落在她们裸露的双臂和双腿上。[31]

在任何一个历史时期，男人一般都不会直接谈论女人的内衣，复辟时期自然也不例外。紧身胸衣（也称为"束身内衣"）、背心、衬裙和裙撑都在女人的衣柜里占有一席之地。值得庆幸的是你不必同时将它们穿在身上。紧身胸衣不是为了舒适而设计的，而是为了满足你的虚荣心和招来男性欣赏的目光。它们由17世纪60年代的紧身上衣演变而来，但到了17世纪80年代已经隐没在女裙的褶皱下面。几根加固用的鲸须上下穿过束身内衣使其定型，因此，当适当地收紧时，它们使着装者看起来腰身纤细，胸部更丰满，向上推挤乳房乳沟加深，达到最佳效果。如果勒得过紧，穿起来可能会感到不适，甚至是疼痛。女人的背心是一种套头马甲，由亚麻布制成，穿在罩衫外面用来保暖。衬裙同样起到保暖的作用，有时设计时会让它们从外衣或长裙的开口处露出一部分，这部分一般由薄绸（sarcenet）、塔夫绸（编织丝）或塔夫太绸（tuftafetta 塔夫绸的一种形式，也叫"tuff"）等华丽的材料制成；条纹图案通常被当做时尚，如果你能负担得起，可能会有一小截装饰蕾丝花边的裙裾。衬裙较短，意味着永远不会被公众看到；它们通常由亚麻布制成，以提高舒适度，但最贵的是丝绸衬裙。裙撑是17世纪80年代的一项创新：一个时尚的垫衬，使裙子底部更为突出。虽然在我们现代人看来装扮怪异，对于她们来说，"穿上它有没有让我的屁股显大？"是一句流行语，复辟时期的一些妇女会盯着镜子，心里想着"穿上这个我的屁股看起来够不够大？"

你可能会听到有人谈论女人内裤，这可非同寻常。[32] 短款内裤是男人的内衣，如果穿在女人身上，给人的印象就是——我应该怎么解释呢？——她极易更换男性伴侣。当塞缪尔·佩皮斯怀疑自己的妻子与她的舞蹈教练有染时，他藏在暗处"观察一下我的妻子今天是否像过去那样穿着内裤"。[33] 如果你看到女士内裤，从外形和刺绣上你就可以看出它的设计就是为了让别人看到，在17世纪女性如果不是为了诱惑别人，是绝不会露出那部分大腿以示炫耀的。有时饰有蕾丝花边的罩衫下面穿的是男士内裤。不要误以为这是女性向往舒适运动服装的早期迹象。这样做的目的是让旁观者不仅可以看到年轻女性的腿。你可能会听到一首名为《贞女赛跑》的民谣，讲述一些约克郡女性穿着半身衬衫和内裤比赛跑步，胜出者的奖品是一把银勺子。类似地还有广告，广告中当地的美女比赛跑步，奖品是新缝制的荷兰亚麻布罩衫；这些活动通常的目的是吸引更多人观看另一项赛事，比如板球比赛。有时这些广告宣传选手们比赛时只穿内裤。请放心，如果有人提到穿内裤的女性，他想到的肯定不会是她为了保暖或者运动方便才这样穿。[34]

外衣

许多最为著名的复辟时期的女士画像，特别是彼得·莱利爵士的作品，都显示她们穿着宽松的衬裙，外面罩色彩炫丽的宽大礼服。

整套服装把人衬托得风情万种，让人浮想联翩。其中一个重要原因是这种宽大的衣服是睡衣，不会在户外穿着。只要不是女性坐在阿卡迪亚树林的太阳神庙前的画像，都对女性在少见场合的实际着装有误导。实际上，对女性服装的限制远比画像中严苛——而且女性自身也会更加克制。根据1676年托马斯·梅斯的记述，当时的女性一直是：

> 因为长裙的肩袖太挺、太硬而受拘束，即使有虱子噬咬时抬手挠头都做不到；几乎无法得体地抬起胳膊吃饭；必须整个身体前倾才能将桌子上的肉菜切成块。[35]

女性时尚的变化跟男性一样频繁。1662年，佩皮斯和他的妻子专程去格雷旅馆观察时髦女郎，因为佩皮斯太太正打算为自己添置一些衣服。如果你想仿效她的做法，我建议你在复活节前不要剪裁布料，因为只有到那时，你才有可能看到夏季将要流行的新款式。[36] 与男性服装一样，每年与上一年相比，大多变化只是在细微之处做一些改进。托马斯·鲁格在1660年7月的日记中指出，"这个月女士们开始崇尚戴缎子和塔夫绸手套。"[37] 正是这种细节惹人注目——对细节的关注表明你目光敏锐并且紧跟潮流。然而，在整个复辟时期，女性服装也像男士服装那样经历了一场重要的变革。

17世纪60年代和70年代，女性一般穿紧身上衣和裙子。紧身上衣或"紧身套装"是束身内衣的前身，它们非常相似，都会嵌入鲸须，旨在将女性的上半身塑造成理想的形态。它们的主要区别在于，紧身上衣作为外衣穿着，装饰得更加华丽。然而，穿上它并不舒服：一位当代男性将其描述为"弊端之多，超乎想象"。他补充道，"［年轻女性］通过可调节系带，把自己的腰部勒得如魔杖般纤细……把自己关在鲸须编成的监牢里"，以致气息奄奋。[38] 从积极的方面来看，不仅是女性喜欢这种效果，服装本身的造型也蔚为壮观。一件做工精致的紧身上衣会将纤细的条棱包裹上丝绸，在腰部越收越细，尾部以丝带装饰。它也可能在前面配上撑衣片或三角抹胸——这是一块定制的面料，可填补束身上衣收紧后留下的空隙。领口通常较低，边缘饰有蕾丝。衣袖（可能是可拆卸的）一直盖到肘部，然后袖口向上翻边或在手腕上方用一簇簇蕾丝花边装饰。

1680 年左右，一大波新浪潮席卷伦敦，因为女性开始厌弃紧身上衣和裙子，而将穿礼服视为风尚。通常，礼服在前面敞开，以露出下面的衬裙。礼服可能全身宽松，像法国人穿的宽松衣或睡衣，也有可能上身收紧。如果是后一种情况，它在前面被收成 V 形，从里面露出三角抹胸或带刺绣的束身内衣。你肯定会感到高兴，因为礼服的紧身上衣不是用鲸须收束的。通常外穿的裙子会向上卷起，露出里面的衬裙，从 17 世纪 80 年代开始，里面会穿上裙撑。17 世纪 80 年代初流行的一款礼服叫曼图亚①，由丝绸制成，并且带有长长的裙摆，摇曳生姿，显得优雅无比。另外一款叫萨尔坦（Saltane），上面布满装饰扣或装饰环。

在 17 世纪 60 年代衣服开始显露女性的乳沟，那时正值几位花花公子为了自由恋爱奇招迭出之时，在整个复辟时期，紧身上衣和礼服领口都开得很低。然而，这并不意味着一切都会一览无余；根据场合需要，可以精心挑选领饰。前胸可以罩上透明的真丝围巾，或者从 60 年代直到 80 年代，都戴上一块护颈胸布。这是一种披肩，通常用蕾丝制成。从 90 年代开始，你可能会像男人一样戴着用平纹细布裁制的司坦克围巾或者"帽式头巾"——将一块平纹细布、细麻布或蕾丝别在头上，以掩盖你的一头青丝。不要过分担心头巾该怎样固定。正

---

① mantua，宽松的大衣。——译者注

如罗伯特·赫里克在《赫斯帕里得斯》①中所说：

> 裙子的装饰略显凌乱
> 衣服透出风光无限：
> 随意搭上细麻布披肩
> 让人浮想联翩，
> 一圈诱人的蕾丝花边
> 让深红色的抹胸乍隐乍现，
> 袖口松散，使得缎带相互纠缠，
> 举手投足间，万种风情，
> 衬裙之下透出波涛汹涌，
> 领口束带似一条粗心的鞋绳，
> 我看到了狂野的文明，
> 比精雕细琢的艺术品
> 更能摇荡我的心旌。

因此，唯一会抱怨你装扮随性的是那些不够聪明的女人。

在长筒袜方面，鲜艳的色彩风靡一时，针织羊毛或丝绸是首选材料。女式鞋最常用皮革制成，尖头、高跟；其他材料包括天鹅绒和刺绣布料，用于拖鞋和"缪尔斯"（mules，露脚后跟的拖鞋），用丝绸和缎子做衬里。用金色或彩色穗子装饰精致的皮革和绒面革鞋，也可喷上香水。如果你想让人目眩神迷，试试一双穿脱方便的红色天鹅绒面料的软底鞋（pantofles），一英寸宽的方形鞋头，低跟设计，鞋面用银色丝线层层叠叠地刺绣着精美的图案。[39]

穿着红色天鹅绒软底鞋不适合在城市泥泞脏污的街道上行走。在这种情况下，你可能会选择木套鞋，将你的脚高高架起，以防沾

---

① *Hesperides*，1648 年首次出版，书名为希腊神话里看金苹果乐园的四姐妹。——译者注

染粪便。[40] 你还可以选择脱掉加木套的鞋子，穿上更实用的。女士们不穿硬质皮革长筒靴（对此你要心存感激），穿一种名为布什津（buskins）的厚底软皮靴，适合户外穿着或长途骑行。女式户外大衣与男士相似；17世纪80年代开始你还可以选择戴蒂皮特披巾[①]。但是请注意，有些蒂皮特披巾只是为了装点门面：天鹅绒或毛皮装饰的披巾在风暴中并不实用。帕拉蒂尼（palatine）也是一样：一种由黑貂皮制成的披肩，它简单地覆盖肩部，两头从胸前垂下。到目前为止更为实用的是披风——可及脚踝处的大型斗篷，在咽喉处系带。西莉亚·法因斯有一天在风沙弥漫的荒野中散步，一场冰雹来得措手不及，但她丝毫不以为意，因为她穿着"防尘衣"。[41]

17世纪70年代之前，女士们通常流行戴礼帽——宽边的甜面包帽，与男士礼帽或草帽差不多。奇怪的是，礼帽很快就风光不再。女性仍然使用各种类型的头饰，贴头帽（coif）仍特别常见。这是一个紧贴头部的平纹亚麻布头套，从两侧垂下，在前面脖颈处系带。它通常与扎头带或前额束带一起穿戴：一块三角形布料，布的尖端在脑后，置于贴头帽下面，两侧在下巴下方系带。此外，还可以选择平头亚麻布无檐便帽或包裹头部的亚麻布围巾。

布里斯托尔克莱斯特彻奇教区的单身女性，萨拉·基钦的衣服，1672[42]

1件棉质披风，1件精纺毛纱披风，1条白色哔叽衬裙，1条印度厚棉布衬裙，1条带金色和银色蕾丝的红色衬裙，1条无装饰的平纹衬裙，1件暗色哔叽衬裙和同色礼服，1件带刺绣的厚棉布背心，1件黑色真丝曼图亚礼服，1条黑色细丝衬裙，1件哔叽斗篷，1件真丝斗篷，1件晨衣，1件骑行服，1件荷兰麻布簇绒衬裙	10英镑
11对袖子，8顶无檐便帽，5顶印花布兜帽，8条白色围巾，16条饰带，11条前额束带，6件围胸，6条手帕，6条口袋巾，9条围裙，11顶贴头帽，1件簇绒背心，4件其他背心，5条直筒长裙，10条蕾丝花边围巾	3英镑3先令3便士

---

① tippet，及腰披肩。旧时女式毛皮披巾。——译者注

头发

在这一时期,专业美发师刚刚开始在伦敦创业——而且一般都生意兴隆,因为女性开始以前所未有的方式试验她们的头发。[43] 1660年,佩皮斯看到新继任的女王,来自布拉干萨的凯瑟琳,满头卷发,这一发型让他觉得有些怪异。[44] 在60年代末,女性将前脸的头发向后梳,并在头后部编成一个椭圆形的"发髻",用丝带或人造花装饰。盘发也变得很时髦,将头发分成几缕编成发辫,然后将发辫卷起来,用发夹固定。1670年,当迷人的凯鲁瓦耶夫人来到伦敦诱惑国王时,她带来的变化席卷伦敦时尚界。女士们都要求理发师将她们的发式做成"胡卢贝鲁"(hurluberlu)——头顶的卷发梳成紧致的一团,后面的卷发自然披散下垂。1674年,流行法国"牛头发式"——厚厚的刘海烫成卷发。1680年,中分卷发又风靡一时。1690年"芳坦鸠"引入英国。

女人们太明智了,她们无法接受像男人那样剪掉自己的头发,戴上假发。她们只有在骑马时才戴假发,而且还是套在自己的头发外面。然而,芳坦鸠却证明复辟时期的女士们和那时的先生们一样爱慕虚荣,贪恋时尚。要在头上梳芳坦鸠,首先需要一个盘发器(commode)或铁丝架,从脑后固定在紧贴头部的亚麻帽上。盘发器上包裹着蕾丝和亚麻布,略微向前倾斜,类似于半封闭式风扇。女人把头发在前面向上梳成类似"栅栏"的形状,让头发径直向上盘绕在盘发器上,顶部用蕾丝做成头冠,高出头部大约十英寸或一英尺,四面用丝带围饰。它看起来光彩夺目,但我想女人如果戴上这个什么都做不了……也就只能让人眼花缭乱而已。[45]

化妆和美容

在这一时期,任何一位有自尊心的女士都会在化妆台上摆上胭脂、美白粉和香水。当有那么多人边扇着扇子边上下打量你时,你别无选择。但是在考虑是否使用这一时期的各种美容产品时,你可能要三思而后行。你会用小狗水洗脸吗?不是你想的那样。我原来也以为是小狗的尿,我听塞缪尔·佩皮斯说他的妻子根据姨妈的建议买了一些,姨妈用它来美容。[46] 比我们想象的更糟糕。它基本上算是将狗蒸馏后提取的油。有各种配方:以下来自尼古拉斯·卡尔佩珀的《药典百科》:

> 取4磅的萨力特油 [橄榄油],2只新产下的幼犬,1磅蚯蚓用白葡萄酒洗净;将小狗崽煮到软烂成碎块,然后放入蚯蚓;再煮片刻后滤去渣滓,然后加入3盎司的丝柏精油、松节油和1盎司的烈酒,根据工艺流程提炼成精油即可。[47]

或者你也可以尝试约翰·伊夫林的女儿玛丽在1690年出版的配方。这个配方更喜欢将出生九天的小狗放在火上烤,它们的头骨在烤后会裂开,用蜗牛壳代替蚯蚓。谁会想到这个配方来自如此可爱的女孩!她还坚持一定要加入金丝雀酒和一只柠檬,将所有材料蒸馏后滴在一块糖和一片金箔上。但无论你使用哪种配方,你都要在脸上擦上这种油。

奇怪的是,即使塞缪尔·佩皮斯不赞同,小狗水也没有引发争议。然而,涂脂抹粉却会惹人非议。对于许多人来说,只有妓女和女演员(通常被认为是绅士的情妇)才会这么做。某些女性这样做是为了更显妩媚。其他人觉得脸形比面色更重要,并会戴上用软木塞做的含在嘴里的矫正器(plumper)。玛丽·伊夫林将它描述为"非常轻薄的圆球,以填补脸颊的空洞,使面部丰润起来,很多年龄大的皇室伯爵夫人会使用"。[48] 如果你在皇宫附近逗留足够长的时间,总有机会看到它们从哪位老夫人嘴里掉出来。另一种广为流行的做法是在脸上贴上黑色小饰颜片。这开始于17世纪50年代,女性开始用人造痣或美颜斑来博取关注。当佩皮斯的妻子在1660年第一次贴美颜斑时，他很不以为然；他1662年10月在交易所看到一个漂亮的女孩"脸上贴满黑色饰颜片"时，依然对此嗤之以鼻。[49]法国绅士米松在1697年访问英格兰时，年轻女性仍然贴着它们。"不论年轻与否，也不论美丑，每人脸上都贴上饰颜片，绝对是得不到关注誓不罢休的架势。"他这样描述道，"我经常会在那些老女人脸上发现15个甚至更多的饰颜片，年龄都已经或超过40岁，皮肤黝黑，满脸皱纹。"[50]

最后，重要的是时尚女士们要有柔软白皙的双手。威廉·谢林科斯介绍了一种保养双手的方法。1660年8月的一天，他受人所邀在肯特郡与一众男女一起外出打猎。有人用弩射杀了一只鹿：所有的女士们立刻下马，冲上前用鹿血洗手，据说这样可以保持双手嫩白。你可能会想，真恶心。是的，不是所有人都这么恶趣味。所以这里推荐玛丽·伊夫林提供了另一种方法：晚上睡觉前的最后一件事，戴上用鸡皮制成的手套。[51]

配饰

正如绅士们出门时佩带宝剑和暖手套筒一样，女性也会选择一些配饰。女士们可能会像男士们那样带着暖手套筒，而且，她们可能确实用它来暖手，而不是简单地将它挂在缎带上装门面。如果她们足够有钱，也可以选用遮阳伞来防晒，并戴上涂抹茉莉油的小山羊皮手套。她们可能会戴上及手腕处的蕾丝花边短手套，或者从约1670年开始，戴长及肘部的精细皮革或丝绸质地的紧身手套。连指手套也很受欢迎：长款，蕾丝或丝绸质地，拇指和其他手指分开。显然手帕无需多言，但请记住，虽然书中提到口袋手帕，但并不是所有服装都配有口袋。亚麻布口袋本身就是配饰：单独缝制的小袋，用亚麻系带固定在衣服里面。围裙是不言自明的配饰，还有扇子（通常带有精美的图画）和珠宝，特别是珍珠。钻石吊坠耳环很受欢迎，还有镶嵌绿松石、蓝宝石、红宝石和祖母绿的金戒指。也许最让你意想不到的需要佩戴的饰品是面具。在之前一百年左右的时间里，女性在公共场合会偶尔需要遮挡面容。可能会发生在从一个城镇去另一个城镇旅行时——为了保持肤色免受灰尘影响——或者可能是在剧院或伦敦公园——以保持她们的声誉免受八卦的影响。有两种类型：全面罩或假面，呈椭圆形，覆盖整个面部；半面罩或"卢面具"（loo-mask），只覆盖眼睛。如果你戴着连帽斗篷，两种面具都能让你不暴露身份。但请记住，到了17世纪末，面具将被视为卖淫的象征。

手工业者、乡村百姓和农民、穷人的服饰

绝大多数女性只能模仿当时的时尚。一个屠夫的妻子穿一件真丝衬裙或戴一副黑貂皮暖手套筒的想法是荒谬的。一个优雅的伦敦女人可能会穿着精美的披风和厚底软皮靴，乘着马车在街上经过，而她那可怜的西部乡村表姐妹们在恶劣的天气却只能穿上斗篷和木底鞋徒步出行。根据手工业者的寡妇去世后留下的遗产，你可以想象一下大多数手工业者的妻子衣箱里会有哪些家什。1672年，埃塞克斯的寡妇普尔去世后留下了40英镑现金；此外，还有相当于8英镑8先令的财产，其中4件衬裙和1件背心价值1英镑，帽子价值3先令，1条黑色围巾和1条绿色围裙加起来是5先令，还有一些旧的衬裙和紧身上衣，再加上1顶帽子和1件背心，加起来又多5先令。看起来她最好的裙子已经被送人，剩下的衣服加起来只有33先令——微薄财富的一小部分。[52] 虽然你可能会认为女性非常注重自己的外表并且热衷于购置漂亮的衣服，但现实情况是，昂贵的服装对于那些丈夫做小生意或只靠几英亩土地维系生活的家庭而言，完全超出了他们的承受范围。后来，她们上了年纪，又守了寡，连单纯生存下去都很困难，外貌也就只能退居第二位了。萨拉·基钦作为单身女性，算是家境殷实的，前面已经将其服装列出，拥有价值462英镑的产业——确实是一笔可观的金额——但其中423英镑是

以租约、金钱和金银餐具的形式存在。这是为了保险。许多寡妇遵循同样的生活模式：在经济上有保障比衣着光鲜更重要。

苏格兰服装

像男同胞一样，苏格兰女人身上裹着格子呢布，或者到了女人身上改称"格子花呢衣裙"（arisaid）。西莉亚·法因斯在1698年越过边境时，就遇到过如此穿着的女人。她对她们的形容是："虽然赤裸着双腿，但身上仍裹着格子呢布，似一张羊毛毯，或者裹着骑马时戴的兜帽，在自己房子里就穿成这样。"[53] 另一位英格兰人这样评论苏格兰女人：

> 下层人［即穷人］赤着脚，光着头，两边脸颊的头发蓬松如乱草；其中一些人除了肩膀上别一条类似床单的东西外几乎没穿任何其他衣服，他们的孩子也只在身上披一小块毯子。那些可以买得起格子花呢的女人不需要再添置其他衣物，像这样随意遮蔽一下就已足够。那些上层人物已经习惯于穿着时尚的丝绸服装，但外面必须罩上格子呢，以保留王国的传统。[54]

一般来说，除了极其贫困的人之外，这一时期的每个女人名下都会有块格子呢布。索菲亚·佩蒂克鲁是17世纪末一位爱丁堡葡萄酒商的遗孀，她有两块格子呢布，都是格拉斯哥格子呢。她的其他服饰还有：

> 1件绗缝的［夹层的］黑色基利马基（killimankie）衬裙；
> 1件条纹印花基利马基衬裙；
> 1件精致的黑色布衬裙；
> 1件蓝红相间的哔叽衬裙；
> 1件黑色的古董［仿古的］衬裙；

1件浅色丝绸配柠檬色波斯亚麻布精纺礼服；

1条黑色哔叽仿古礼服；

1条黑色哔叽围裙；

1条黑色基利马基围裙；

1条蓝白相间的围裙；

1件黑色短款荷叶边真丝围裙；

2件束身内衣和一个三角抹胸；

1个古老的深色罗科尔（rocolar）[斗篷？][原文如此]；

1双鞋；

1顶睡帽；

21件粗布衣服，带蕾丝花边或无装饰；

2条帽式头巾；

4顶带蕾丝花边的穆奇（mutch）帽；

2顶无装饰的平纹细布兜帽；

1顶带条纹的平纹细布兜帽；

1套达玛斯克（damask）缎面包头布；

半块带蕾丝花边的平纹细布餐巾；

1块麻纱餐巾。

如你所见，有一些表述并不常用。"基利马基"是发光呢，一种用缎面斜纹布织成的光面羊毛布；"穆奇"是由亚麻或平纹细布制成的贴身日帽；"达玛斯克"是一种斜纹亚麻织物，经光反射可显现出图案的锦缎。尽管如此，实际的服装对于一位来自英格兰、家境相当的女性来说很容易就能分辨出来。事实上，这位英格兰女性可能会对这些苏格兰女人表示赞赏。毋庸置疑，索菲亚·佩蒂克鲁并不是那种裹着格子呢睡觉的贫穷女人。事实上，我猜这位英格兰女性对裹着格子呢睡觉的苏格兰女人肯定不会有什么好印象。

清洁衣服

如果你的精美衣物不经洗涤，无论布料质量如何，都不会达到预期的效果。至于你的亚麻布服饰，每个人都穿这种面料的内衣是有原因的：它可以吸收身体的汗液和污垢，经洗涤后可以去除有臭味的分泌物。由此可见，保持整洁与面料考究和剪裁得体一样，对于时尚而言都是必不可少的。

然而，并非所有衣物都能轻松清洗。像丝绸、蕾丝、细麻布、丝沙罗（非常精细的薄纱）和细丝这些面料你要格外注意，千万不要交给你的洗衣女佣或洗衣妇，她会毁了它们。如果你能买得起这样的东西，如果你是女性，可以自己洗（并上浆），或者把它们交给你的妻子或妻子的贴身女佣来打理。[55] 大衣和其他最好是用刷子清理的衣物交给家里的女佣即可。只有羊毛和普通的亚麻布衣物会交给洗衣女佣，或者如果你愿意的话，也可以送去洗衣店。如果洗衣服的工作由自己家里的人完成，那么她们将会把所有脏衣服积攒到全家"大清洗"的日子。时间间隔因家庭而异，约翰·霍顿在1695年写道，"经过调查，我发现那些条件不错的市民家里每个月都要大清洗一次，如果他们所有的衣服都在家里洗的话，一般家里有几口人，就得用掉几磅的肥皂。"[56]

那么，显贵之人怎样进行大清洗呢？首先可能要做些准备工作。如果你已在自己的衬衫上洒下墨滴，你需要将被墨浸染的部分在尿液中浸泡一个晚上——这是汉娜·伍利在她的《女仆知识大全》（1677）一书中提供的方法。当氨开始分解污渍时，衣服就可以进行大清洗了。传统大清洗日很早就会开工——冬天凌晨2点开始并不罕见。[57] 如果显贵之家，比如一位勋爵家，要来场大清洗的话，会雇用额外的女人来帮忙——就贝德福德勋爵的家庭而言，所雇的人手每人每天要付1先令6便士，足见工作的强度。[58] 在那些烧木头制作钾肥的地方，将产生的碱液跟衣服一起分层放入洗涤桶，然后敲打或踩踏。在苏格兰，女性洗衣服时会将她们的裙子向上一直卷到大腿根部，远比平常暴露得多；因此，她们中通常会有一个人在附近守着，以驱逐任何在附近试图偷窥的色狼。在其他地方，人们使用肥皂——黑色肥皂（每磅半先令）、灰色肥皂（每磅1先令）或最贵的卡斯蒂利亚肥皂（每磅3先令）。黑色肥皂味道很大，由鲸油制成；它也会弄脏亚麻布，所以不要用来洗涤麻纱或荷兰麻布，而只能用于羊毛衣物。当一切都洗干净时，就平放在阳光下或挂在晾衣绳上晾干。

你可能会问，不用搅拌棒吗？或者洗衣板？不用衣物轧干机？或者晒衣架？所有这些工具都还未出现——尽管当时有用来敲打坚实羊毛衣物的棒子。这一时期引入的一项值得关注的创新就是熨烫。在过去，如果你想要弄平衣服，要么使用平滑石，要么使用螺旋压力机，如果你买得起的话。但是从大约1670年开始，你会遇到人们谈论烙铁和"平滑烙铁"——例如，用于压平蕾丝花边。它们并不便宜：如果你买个二手货的话，大约1先令。[59] 到了17世纪80年代，富人们开始谈到要"熨烫"衣服，这才是我们现在所熟知的那种熨斗。[60]

可惜要想使用熨烫板，还得再等上30年。

第七章
出行方式

  在我们从中世纪到现代的整个文化旅程中，长途旅行是最为重要的一个方面。它几乎在所有方面都为我们的健康提供了保障——食物短缺时通过旅行可以生存，遇到危险时通过旅行可以互相警告，到后来通过旅行分享国际贸易带来的好处并传播科学技术思想。此外，旅行对司法制度和举行政治选举也至关重要。因此，出门旅行总的来说是至关重要的。然而，你会发现在17世纪末期旅行是件令人非常沮丧的事情。道路状况、陌生人怀疑的目光和住宿费用都是要面临的问题。还有古代的传统也会带来麻烦。正如威廉·谢林科斯恼怒地指出的，"在整个英格兰，不允许在安息日乘船或在陆地上乘坐任何车辆旅行，也不许租用马匹、四轮马车或长途载客马车。"[1]在礼拜天旅行会被罚款10先令，除非你事先从地方法官那里拿到出行许可证，虽然人们越来越藐视这一法律，但人们仍会要求你出示许可证。

公路交通

  英格兰各地的道路都有很多不足之处。许多道路的修建历史都可以追溯到罗马时代，路面非常不平整，以至于旅行者不得不从周围的土地上绕行，那里又很快就会满是车辙印，到处泥泞不堪。另一个问题是旅行人数增加。几个世纪以来，只有行人、牛、骑马、驮马和推车使用这些道路,其中只有行人偶尔在泥泞的天气出行时才会在意路况。然而,到了这一时期,国际贸易得到发展,不仅有更多的人和动物出行,而且还有大量的四轮马车,以及更多的推车和货车。这引发了一个更严重的问题:他们的铁框轮胎在土路上形成了深深的车辙,砂砾散落一地,将原本用于铺地的旧石板撬开。

英格兰各地的道路都处于这种状态。西莉亚·法因斯细致地描述了这些道路:在南方,有尊严的女士有时不得不坐着牛拉的货车去做礼拜,而且"萨塞克斯郡的男人们和家畜经常从黏土中把脚拉出来,腿都因此变长了"。[2] "去往布里德波特的道路用石头铺成,而且路面狭窄",做出这样的评价时她正跋涉在多塞特郡的道路上。在前往德文郡时,她发现大量古老的圈地"使得道路非常狭窄,因此在某些地方,客运马车和货运马车都无法通过"。她观察到德文郡人被迫在马背上运送玉米,把货厢用木架子像驮篮一样固定在马身两侧,把货物高高地摞在架子上,并用绳索系牢。[3] 康沃尔郡也一样糟糕。在大雨过后,狭窄的小巷成了死亡陷阱。有一天,当西莉亚骑马时,她的马直接走进一个非常深的水坑,她承认自己很幸运,人和马都能幸免于难。[4]

你可能无法把溺水跟公路运输联系起来;然而,这种可能真实存在。1695 年 5 月,拉尔夫·托雷斯比遭遇了一场倾盆大雨,只能在维尔耽搁一段时间,雨水"带着冲刷物淤积在路面上,有些地方水非常深,有些来自伦敦的乘客必须要游泳才能通过,一个街头叫卖的贫穷小贩淹死了,我们的旅行因此被阻断了好几个小时"。[5] 在 1698 年,西莉亚发现德文郡洪水的水位不断地上升,一直到与她的马车窗户平齐;她可以看到马车外面的牛在田里游泳。[6] 在这种情形下,摇摇欲坠的桥梁加剧了危险。托马斯·巴斯克维尔旅行曾走过剑桥郡几座古老的木桥,他好几次过桥时都提心吊胆,害怕腐朽的木材会突然在脚下断掉。[7] 在可怕的暴风雨中,即使是石桥也可能会倒塌。1663 年 5 月,在北安普敦郡两名男子过桥时,他们前后的石拱门突然被水冲走，虽然他们幸免于难，但卡在了中间进退两难。[8]

人们倾向于夸大这种尴尬的经历，值得记住的是，就像伦敦的街道一样，既有好的例子，也有坏的例子。良好的道路通常用石头做地基，在洪泛区用砾石加高路面。查理二世说过，在诺福克郡有如此多的优秀高速公路，应该将这个郡切割开，以便分一些道路给王国的其他地方。[9]但是，一般来说，英格兰的道路满足不了需求。苏格兰的情况更为糟糕。在边境以北的地区，对于那些赶着牛群和羊群穿越荒野和通过浅滩的牧羊人来说，小路坑洼和桥梁稀缺都不在话下。在这两个王国中，唯一的系统维护形式是要求当地人修路。在英格兰和威尔士，这相当于教区居民每年必须抽出六天时间亲自参与道路维护，否则就需要向高速公路测量员支付罚款。苏格兰也有类似的制度，教区居民必须在夏季和秋季各抽出三天时间。[10]但是如果像住在赫特福德郡拉德韦尔的20多个家庭那样，有两英里长的北方大道属于他们这个小教区的范围，该怎么办？他们不可能有时间维护这么长的路段。如果一个富裕的旅行者的马车偶尔断一条车轴，或者必须找人帮忙从道路上的车辙印中抬出来，那就听之任之吧。对他们来说可能还有六便士小费。

议会认识到了这个问题，但行动很迟缓。1662年通过了一项法案，要求每个教区都要征收三年的公路费，用于修复道路。没有什么收效。次年，又通过了一项法案，允许建立三道收税栅——为收取税费而设立的障碍——用于修复北方大道：赫特福德郡的维德斯米尔，亨廷顿郡的斯蒂尔顿和剑桥郡的卡克斯顿。但是，斯蒂尔顿的强烈反对导致收费栅根本没有竖立起来。由于卡克斯顿的收费栅很容易绕过，只剩维德斯米尔的税费为该计划提供资金。因此，议会又回到了原来实施的地方强制战略。1670年，它通过了一项临时法案，规定在居民交税费不足的教区，太平绅士有缴纳税费的义务，以提高维修路线的费率。1691年，另一项法案赋予高速公路测量员权力，可以提高太平绅士缴税的费率，以购买修补道路的材料。[11]

这些措施都收效甚微。最后，1695年，由于道路上的马车大量增加，议会再次提出使用通行费来资助维修的想法。又通过了第二项和第三项收费法案，为埃塞克斯郡的谢菲德至哈维奇段公路和诺福克郡的怀门德姆和阿托巴罗夫之间的公路提供资金。1697年通过了赖盖特和克劳利之间道路的第四项法案，1698年从伯德利普到格洛斯特的第五项法案通过。[12]现在，用户付费的原则成为道路维护策略的基础。

辨别方向

路标是对文明最有用的贡献之一，但它们在17世纪90年代之前很少见。[13]1669年在奇平卡姆登竖起的路标指示了通往格洛斯特、牛津、伍斯特和沃里克等邻近县城的路径，分别用罗马数字在箭头上标出距离每个地方的英里数。但是你必须走很长的路才能找到下一个标志。1697年又向前迈出一大步，当时一项议会法案命令整个英格兰和威尔士的公路测量员在教区的每个十字路口竖立"指示方向的石头或标志杆"。[14]第二年，西莉亚·法因斯通过兰开夏郡，她赞同地说，"在所有的十字路口都有一些标志杆，箭头上标出每条道路所通往的大城镇或集镇名字。"[15]并非每个县都能如此迅速地竖立起标志杆。德文郡农村的许多教区在其后的至少15年内都没有指路石。[16]

那么，如果没有路标，如何辨别方向？你可以尝试询问路人。然而，在一些农村地区，当地人将无法指引你前往三英里以外的地方。[17]在偏远地区，建议雇用一名导游：他不仅会带你到目的地，还会警告你哪些地方可能特别容易遭受洪水或劫匪。另一种选择是购买公路图册。幸运的是，1675年出现了第一个这样的出版物，约翰·奥格尔比的《不列颠尼亚》。图册中绘制了100幅条状地图，覆盖2519英里的公路：一种富有开创性的制图方式，将会在下个世纪变得非常普遍。他的制图方法非常严谨。他使用"路径探测器"或测量轮来记录道路的实际长度，统一测量标准，采用相当于 1760 码的法定英里，而不是各地的里程。他声称测量过的公路里程总计已达 23000 英里，这一计量结果成为英国国内制图领域一百多年里最重要的进展。

太阳落山后，辨别方向的问题变得更加复杂。在平原地带，即使有月光或灯笼帮忙，你也极可能发现上一分钟自己还走在马路上，下一分钟面前就变成了一片旷野。在东安格利亚，道路两侧建造了深沟，用于抽干沼泽地后排水，如果晚上没有月光，很有可能会掉入沟中发生意外。大面积的废弃土地和公共区域也令人担忧。1682 年 12 月，托马斯·巴斯克维尔和六个同伴在格洛斯特郡的一条踩踏出的小径上偏离了方向。他们在雾中骑行，错过了一个转弯，又继续向前骑了四五英里。巴斯克维尔写道，"我们发现自己被困在地势低洼地带，心里惴惴不安，周围一片漆黑，我知道我们可能再向前骑上十英里都找不到一处房屋。"最后，这群人遇到一名男子给他们指路，才找到最近的旅馆，在那里燃着旺旺的炉火，提供优质的啤酒、食物和过夜的床铺。[18]

天黑之后在伦敦穿行则会容易一些，尤其是在 1662 年之后。在那一年，议会法案要求主要街道晚上 9 点之前要燃灯照明，灯笼按间隔固定在房门上方。1683 年，安东尼·维尔内蒂获得了一项用于街道照明的专利，安装的新灯具带有厚厚的凸面玻璃罩，以放大灯光方便行人。[19] 不过，请注意，尽管这些灯燃烧到午夜，但它们只是从米迦勒节燃到报喜日（9 月 29 日至 3 月 25 日），然后仅从满月后的第三天燃到新月后的第六天。维护成本很高，因此许多街道和小巷都处于黑暗中。[20] 大多数其他城镇都没有仿效伦敦的做法，因为费用很高。在那些地方，你需要自己提灯笼。最好的灯笼用特殊玻璃制作，就像前面提到的灯一样，可以放大光线并照得更远。如果你没有灯笼，外面也没有月光和路灯，那么就得支付一到两个便士雇上一个手持火炬的伙计，他会为你照亮回家的路。但是要小心，因为除非你很了解这个城市，否则你无法确定那个伙计究竟会将你带到哪里——也许在一个黑暗的小巷里，他会突然熄灭他的灯笼，你就只能任在那里等候的同伙宰割。

马车

一百年前，男子乘坐马车似乎不太合适，这是女士们专享的一种交通方式。绅士们都是骑马跟在马车旁或马车后面。如今，人们会毫不犹豫地选择马车。当佩皮斯说他"被人看到坐出租马车，几乎无地自容"时，并不是因为有损男子气概，而是因为这样显得太过平庸：他更喜欢有专属的马车。[21] 很多伦敦人也有相同的想法，17 世纪 60 年代首都的街道上有大约 9000 辆马车，你可以想象这对交通会造成什么样的影响。[22] 由于太多的马车和推车将狭窄的街道堵得水泄不通，旅客们总是咒骂不停。当一名马车夫不小心将一件商品从市场摊位上撞下来时，就不得不停车补救，或者一名货运马车车夫和一名客运马车车夫因不慎驾驶而引发口角，其中一位车夫下车揪住另一位车夫手里的缰绳并开始威胁他，交通又会再次陷入停顿。[23]

道路上有许多种载客交通工具。最慢和最不舒服的是客货两用马车或大篷车，它们将乘客和商品从一个城镇带到另一个城镇。马车有四个车轮和一个遮阳篷，由一个长长的马队拉着，最多可容纳 20 人。[24] 车夫通常走在马的一侧，甩着鞭子，可见马车有多慢。以这种方式旅行会让你以为你要去美国西部。但它们都有目的地，将那些不太富裕的人们和他们的家什从一个镇运到另一个镇。这也是一种非常安全的旅行方式，因为公路打劫者往往没心思侵扰一大批穷人。1681 年，在省级城镇和伦敦之间大约运行着 300 辆这样的马车。[25]

私人马车是一种更快的交通方式。在复辟时期之初，私人马车车厢大多为方形，后部有大轮子，前部有小轮子。车厢本身通常是一个皮革覆盖的木制框架，悬置于底座之上；这会导致车厢来回摇晃，你可能会感到有点晕。从 17 世纪 60 年代开始，出现了大量新颖的设计。普通马车的车厢呈更明显的锥形，顶部比底部更宽。最佳设计是采用了弹簧悬挂装置。以前用皮革百叶窗覆盖的窗户越来越多地装上玻璃，以应对恶劣天气。[26] 还设计了可容纳六名乘客的马车，由四匹马或六匹马拉（因而称为"四驾马车"或"六驾马车"），可以将绅士们从任职的乡村送到城里。有些马车是镀金的，但在查理二世对过于招摇的马车表示不满之后，大多马车都简单地漆成黑色，仅在车门上用主人的徽章装饰。

在伦敦，你会看到大量的小型四轮两驾马车，车厢为黄色，轮子为红色。它们是出租马车，"出租"一词来自一个古老的法语单词 hacquenee。你也会看到很多双轮敞篷马车，由乘客自己驾驶。有些车身用柳条编制，以提高速度。总体趋势是为城市设计更快、更轻的马车。1665 年，罗伯特·胡克建造了快速双轮双座的单驾马车原型。接下来出现了双驾四轮马车，这款小型马车带折叠车篷，是一种早期的敞篷车。在复辟时期快结束时，出现了两轮轻便马车：一辆轻型的单驾或双驾敞篷马车。[27] 你可以看到马车发展的大趋势……塞缪尔·佩皮斯乘坐威廉·佩恩爵士的两轮马车玩得很尽兴，这是辆双驾马车，与威廉·巴顿爵士的四驾马车竞速。两轮马车胜出——尽管车上乘客的衣服，包括佩皮斯的天鹅绒外套，都满是灰尘和污垢。[28]

不错，实用为上。如果你在伦敦，可以叫一辆出租马车。它们不会在街上闲逛，因为 1660 年的法令禁止它们阻碍交通，但你仍会在方便停靠的地点找到候客的出租马车。1669 年，洛伦佐·马加洛蒂注意到几乎每条街道上都有它们的身影。或者，在斯特兰德的五月柱旁有一个出租车站。每辆出租马车最多搭载四名乘客，可去往城市或郊区的任何地方。出租车限制在 400 辆，在需求高峰期很难租到，比如在恶劣的天气里或剧院散场之后。在 1670 年之前，大多数马车没有玻璃窗，所以车厢里漆黑一片。从1662年起，所有车夫都需要申请驾驶执照（一次性收取5英镑），车厢外面应贴出车夫的执照号码。标准租车费用为每小时12便士。根据法国绅士米松的说法，如果因价格问题产生分歧，正常的解决办法是跟车夫用武力解决。甚至连格拉夫顿公爵——国王的私生子——也因为车费问题而与一名出租马车车夫大打出手。[29]

如果你计划前往更远的地方，你需要自己购置一辆马车。在低端市场，专业人士倾向于购买15—25英镑范围内的车辆。如果你可以接受二手车，价格会更便宜。1680年，林肯市亨利·科比特医生的马车加上全套马具总共花费13英镑10先令。[30]或者，你还可以买一辆小型双轮敞篷马车在城里使用：历史学家威廉·杜格戴尔爵士于1681年花费23英镑13先令购买了一辆这样的新车，再加上4英镑的马具和1英镑的车罩，不用时罩上。[31]威廉·佩恩爵士的快速双轮马车花了32英镑。安装优质玻璃窗的马车价格要高得多，你可要做好心理准备，1668年，塞缪尔·佩皮斯同意支付53英镑购买一辆。贝德福德伯爵1682年5月购置的新马车花费了127英镑4先令。[32]另外，还要配上一队合适的马匹（每匹马25英镑），为公爵车夫和几个仆人购买制服——伯爵的300英镑将会花得分文不剩。[33]接下来还有维护保养费用。亨利·科比特医生有4匹马，每匹平均花费7英镑，需要租至少4英亩土地，还要为它们提供鲜草、冬天的干草，每英亩的租金大约为10先令。[34]兽医、蹄铁匠的费用和马车本身的维护都是一笔不小的支出。贝德福德伯爵在伦敦逗留时仅喂养6匹马每周就需要花费大约1英镑10先令。而且，事实上，作为伯爵，只有一辆马车肯定不够用；他必须配备几辆马车。贝德福德伯爵每年花在他的马厩和马车上的费用从未低于1000英镑，有些年份超过1500英镑。[35]

六驾马车的主要优势并不在于额外的两匹马让你速度更快——马只能慢跑——但你可以保持高速走出更远的路程。在1667年，佩皮斯乘坐四驾马车前往 18 英里外的埃普索姆，用了四个小时，行驶速度为 6 英里/小时，还算比较快，但是还是这四匹马返程时就需要多走一个小时。[36] 约翰·伊夫林于 1688 年前往奥尔索普，先乘坐四驾马车行驶了 32 英里，速度也是每小时 5 英里至 6 英里；午餐后，换成用一辆六驾马车，在剩余 40 英里的路程中马车一直保持着 8 英里/小时的速度，属实表现不俗。[37] 选用六驾马车的另一个原因是它让你声望大增。无论这些车辆走到哪里，回头率都很高。即使你不需要提高旅行速度，你也绝对希望坐在里面引人侧目。佩皮斯收到豪勋爵的信后喜不自胜，信中说勋爵第二天一早会派他的六驾马车来接佩皮斯。[38] 许多不能参加葬礼的女士们和先生们会派两侧镶嵌他们徽章的马车代表他们前去。伊夫林在他的日记中自豪地提到，1685 年至少有六辆六驾马车参加了他女儿玛丽的葬礼。[39]

假设你没有足够的钱自己购置马车，还有其他选择吗？有。你可以雇一辆：伦敦的标准租价为第一个小时 18 便士，之后每小时 12 便士。[40] 或者你可以乘坐驿站马车。这绝对是全新的：一个高效的公共交通系统，对任何能够支付的人开放，比前面提到的那些笨拙的旧式马车要快得多。那个时代的人提起它都会兴奋不已。爱德华·张伯伦 1676 年对驿站马车评价道：

> 最近出现了一种伟大的便民设施，适合社会地位较高的人，男女皆宜，可以将他们从伦敦送到英格兰的任何一座大城市，以及这座大城市附近的几乎所有村庄，这一点可谓世界首创，这种交通工具就是驿站马车，可以将乘客运送到任何地方；可以让人免受恶劣天气和泥泞道路的影响，也不会因艰苦跋涉或剧烈运动而损害健康或身体，它不仅价格低廉，每五英里一个先令，还速度惊人，以这种速度和效率，有些国外的邮政系统一天也不过几英里；因为驿站马车又被称为"飞行马车"，每天能行驶四五十英里，相当于从伦敦到牛津或剑桥的距离，不算

用餐时间，12个小时即可到达，既不用起大早，到目的地时也不会太晚。[41]

这一切听起来实在是美妙至极。那现实情况如何？

早在1660年驿站马车网络就已初具雏形。你可以购买旅程，可以从伦敦出发，途经几条主要道路，去往沿线几十个主要城镇中的任何一个：东南部的多佛；西南部的埃克塞特；西部的布里斯托尔；西北部的切斯特；以及远在北方的爱丁堡。它们定期离开——每周一、三、五发车开往埃克塞特、切斯特和约克——但缓慢和费用高是它们的显著缺点。[42]它们很少超过每天30英里，即使在夏天也一样。从伦敦途经坎特伯雷到多佛的70英里旅程需要两天时间，速度仅稍快一点儿。有时会出现延误：1661年11月，一个驿站马车用了四小时才走完坎特伯雷和锡廷伯恩之间的17英里。[43]因此，1660年的网络还没有达到像张伯伦1676年叙述中所提到的"高速"，也不像他声称的那么便宜。前往埃克塞特、切斯特和约克的票价确实是每五英里一先令——夏季两英镑或冬季两英镑五先令——但除此之外，你必须向车夫，或者更确切地说，向多名车夫，支付小费，因为长途旅行将有三到四名车夫。[44]乘客还必须在每个旅馆支付车夫的啤酒费用。而且你需要在旅途中支付自己的餐费。因此，缓慢意味着更高的费用。

出于这个原因，1669年开通的伦敦—牛津飞行马车线路在运输效率上确实是重大的进步。事实上，它们仅能在3月到9月间"飞行"；在冬天，它们又恢复到平常的两天行程。即使在夏天，它们的速度也只有大约5英里/小时。但它们为公共交通带来了紧迫感。广泛宣传每天行程59英里、单日即能抵达牛津的服务广告确实为整个行业带来了奇迹。它促使许多其他交通工具也提高了运行效率：伦敦—切斯特的行程减少到五天（每天46英里），伦敦—北安普敦的65英里路线偶尔会在一天内完成。[45]缩减时间可以降低乘客的成本，也会带来更多的客源；又吸引其他人加入竞争。1681年，你可以从伦敦乘坐驿站马车到英国88个城镇中的任何一个，这个数字还在迅速增加：1705年将变成180个城镇。[46]

只有当你坐上驿站马车时，你才可能开始怀疑这种交通方式。试试乘坐一辆便宜的六座马车，勉强挤进了8名乘客。内德·沃德乘坐"肮脏、笨重的木制车厢"，从伦敦前往史托尔桥集市，车上还坐着五个女人、一个婴儿和一个老绅士，

> 马车上的其他人大多身材高大，他们已经挪过位置，只在后部留出一个小角落给我，跟一个洋娃娃的椅子差不多宽。我蜷缩着靠在一边，像一个胖男人穿过一个狭窄的窗框那样将身体一侧拼命往里挤，费了九牛二虎之力，直到把我的屁股挤进车厢侧缘和坐在我旁边的一位健壮的爱尔兰女人的臀部中间……
> 每颠簸一下，我们的肘部都会彼此撞到对方的腰部，直到我很不幸把那位老绅士惹得火冒三丈，他就像一只正啃骨头的狗看到陌生的同类逼近时那样，龇牙咆哮着，随时准备咬掉我的鼻子……过了一会儿，我们已经将铺路的负责人诅咒得体无完肤之后，马车终于离开了鹅卵石路，然后在晴朗的天气里像格雷夫森德驳船一样轻松地沿着公路驰骋，尽管我们像装在同一只桶里的红鲱鱼那样紧紧地楔在一起。[47]

驿站马车的另一个弊端是它们可能会很危险。虽然任何在高速公路上行驶的人都很容易受到强盗的攻击，但乘坐驿站马车的人尤其容易受到影响，即使是行驶在城市的街道上也是如此。一个惯用的伎俩就是让一个男人拦住马车向车夫问路，他的同伙将手伸进敞开的窗户，从乘客手里抢走任何够得到的东西，然后钻进狭窄的小巷逃之夭夭。[48]在开阔的道路上，旅行者的风险更大。你距离任何地方都很远，而抢劫你的强盗则骑着马，带着武器，你只能无助地

坐在缓慢移动的马车中。约翰·伊夫林和西莉亚·法因斯旅行时都曾在高速公路上遭遇过劫匪。虽然你可能只听说过几个臭名昭著的劫匪，但在全国各地加起来得有数百人。在查理二世统治时期编写的一份报告中，仅活跃在东安格利亚的高速公路上的强盗就有 19 个。其中之一威廉·道辛是一位绅士，他在国会议员亨利·费尔顿爵士手下租用萨福克郡的肖克利霍尔。另一个做屠夫谋生；还有一位是医生。[49] 但真正的危险来自没有前科的抢劫犯，他是神经质的亡命徒，全家人都在挨饿，再加上几个同伙，随机产生抢一辆马车可以清偿自己债务的想法。在这种事情上缺乏经验意味着许多人在本该逃离时却会因恐慌而胡乱开枪。

其次，也存在路上发生交通事故的危险。尽管你的马车本身可能不会超过 15 英里/小时，你可以想象在狭窄的街道上马蹄和摇晃的车厢重量对行人造成的危害。车夫和乘客也处于危险之中，特别是在拐角处有倾覆的风险。约翰·伊夫林的马车于 1666 年 10 月就曾经翻过车，碎玻璃刮伤了他的儿子。[50] 甚至连王室也难逃厄运。1669 年 3 月 8 日凌晨，在前往纽马克特的路上，皇家马车在霍尔本发生侧翻。固定在马车上的火炬光亮有限，看不清路况，马车轧上一道车辙印而失去平衡，坐在里面的国王、约克公爵、蒙茅斯公爵和鲁珀特亲王（国王的侄子）都被撞得七荤八素。[51] 这一次并没有人受伤——接下来发生的事可想而知，千万别让我当那个车夫。马车的其他危险还包括：路遇熟人想把头伸出窗子打个招呼，却发现上面镶着玻璃；因车门没关严掉出马车，被后轮碾轧；乘坐马车去豪宅大院做客，车夫被那家的仆人灌醉，因此无法驾车——这是约翰·伊夫林和霍华德勋爵都遭遇过的不幸。[52]

马匹

如果你打算去一个人迹罕至的地方，你需要配备一匹马。如果你想快速旅行，或者只是想在旅行时保持自己的尊严，也同样适用——地位显赫的人不会徒步走在尘土飞扬或泥泞不堪的高速公路上。但是,购买一匹坐骑可能会非常棘手。全国有数百个马场和市场,但不能保证你买的马能够物有所值。当威廉·谢林科斯前往史密斯菲尔德购买马匹时,他找到了"充足的证据,证明这个马市场存在不诚实行为,因为我们的马匹并没有什么特别,却多付了一半钱……它们的品质低劣不堪"。[53] 内德·沃德将马贩子描述为:

> 一群史密斯菲尔德的老狐狸……每天早晨他们都会对着马辔头宣誓,永远不会遭受任何人算计,也绝不会做任何一件诚实的事。他们……有一种罕见的能力,可以用誓言让他人丧失判断力,无法正常思考,将他人的钱财骗入自己的腰包。如果他们有一匹全瞎的马,他们会召唤众神,来见证他的马视力和你一样清澈有神……如果他们发现买家对马一窍不通,就会对天发誓,把 20 岁的老马说成是明年春天才刚满七岁。[54]

显然,在 17 世纪买马跟在 21 世纪购买二手车大同小异。

买一匹良驹你需要支付多少钱呢?前面已经提到,贵族马车配备的马匹成本高昂。偶尔贝德福德勋爵会支付高达 50 英镑买一匹坐骑,比如他在 1671 年购买的栗色骟马;同年他花 38 英镑买了一匹草莓色牡马。[55] 普通人没有达到这种支出水平。一位来自白金汉郡的准骑士有 22 匹马,每匹价值都低于 9 英镑。[56] 生活在林肯市的一位绅士有三匹马和一匹雄马驹,总价值 30 英镑——这比他自家农场上的六匹马要贵得多,那六匹马的总价值才 18 英镑。[57] 自耕农可能花 5 英镑买马,手工业者大概花 3 英镑。最为便宜的马匹是那些承运商和搬运工用来拉大篷车的可怜家畜。1686 年,布里斯托尔的一个承运商有 10 匹"普通"马匹,平均价值 2 英镑 3 先令。另一个布里斯托尔承运商的寡妇在 1689 年拥有的几匹马都已经过了它们的鼎盛时期:一匹"满身跳蚤的老马"价值 1 英镑 10 先令;"一匹又老又跛蹄的栗色骟马",价值1英镑15先令;"一匹棕色的瘦骨嶙峋的老马",价值1英镑15先令;还有"一匹跛蹄的独眼棕色母马",价值1英镑。盲马不适合骑行,只是作为马队的一分子,可以增加力量。[58]

要想省去上面这些开支,还有一个选择就是租用一匹马。这一贸易从1630年开始,蒸蒸日上。[59]不同地方的价格各不相同:有些人从旅馆租用马匹,有些人则从私人那里租用。在伯克郡的许多地方,租金设定为每英里1便士。然而,在其他地方,你可以获得每日12便士的标准费率。[60]另一种租用马匹的形式是与邮局马队一起骑行,每10英里到15英里停下来换一次坐骑。虽然速度很快,但它要贵得多:每英里3便士,还要按每英里4便士另付邮局伙计(负责把马送回原处)。1663年4月,谢林科斯租马与邮局马队同行,从萨瑟克去赖伊:前20英里他骑了三个半小时(5.75英里/小时),尽管到范堡罗附近时必须下马并拉着马爬上一座陡峭的山坡。[61]1661年1月的一天,佩皮斯也租马匹跟邮局马队同行:他下午2点后离开伦敦,在下午6点到达罗切斯特,在不到4小时的时间内骑行了29英里(7.25英里/小时)。六个月后,他再次加入邮局马队,在9小时内骑行了55英里(6英里/每小时)。[62]1678年2月,年轻的拉尔夫·托雷斯比仅用短短4天时间就骑完了从伦敦到利兹的204英里——尽管白昼很短,道路泥泞。[63]

内陆水道

17世纪的人们把河流看作命脉,可以长距离运送重物,既高效,又廉价。它们也是个人旅行速度较快且相对安全的方式。麻烦的是,不是每个人都住在大河附近,所以坐船旅行往往需要结合公路交通。还有一个问题是许多河流都定时涨落,这使得船舶或渡轮的起航时间几乎没有灵活性。如果在起航时没有足够的乘客,船长可能会决定等待下一个潮汐。你很可能乘坐驿站马车,冒着倾盆大雨,颠簸在车辙遍布的马路上,祈祷着马车继续前行,好赶上你的渡轮,但当你到达登船点时,却发现今天的航行已经取消。

　　从坎特伯雷到伦敦的 57 英里旅程就是绝好的例子,会让你明白为什么不应该单纯选择公路或水路交通,而应该将二者结合起来。如果你在 1661 年 11 月初旅行,你需要在黎明前起床,以确保你在上午 7 点到下午 1 点赶上驿站马车。你将途经锡廷伯恩,在那里车夫会停车,给你一小时就餐时间。然后他会带你经罗切斯特到格雷夫森德,下午 6 点 30 分抵达。在这里停留的时间刚好够你在金斯海德饭店享用晚餐,给自己预订长渡轮的舱位,经泰晤士河去伦敦。你的运输工具将是一艘大型驳船,上面有一个大遮阳篷,既可以由船上的人划船,也可以由四艘划桨船的独立划艇拉动。如果你很幸运,顺风顺水的话,那么旅程大约要花四个小时,所以你可能会在午夜到达比林斯盖特。[64] 你可能会问,为什么不直接坐驿站马车走完全程,还要那么麻烦换乘船只呢?驿站马车直到第二天才会出发,而且需要五个小时才能抵达伦敦,所以你需要在罗切斯特或格雷夫森德支付 12 便士到 18 便士的床位,另加上 5 先令马车的费用。因此,全程都乘坐马车旅行的话,要多花费 6 先令 6 便士,抵达时间还要延迟 12 小时左右。

　　当你在伦敦欣赏泰晤士河时,你会理解水路运输对 17 世纪的人们有多重要。涨潮时,宽阔的河面上布满了篷船、潮汐船、驳船、平底大船、独桅小船和双桅帆船,一到退潮这些船只就都笨拙地斜靠在泥泞的河滩上。海军护卫舰与来自世界各地的轮船和商船混杂在一起。在奎因希瑟,定期有船只从雷丁、温莎、梅登黑德和上游的其他所有城镇到港的船只。密密麻麻的船只排在河北岸的 20 个官方码头等待卸载,其中一些船只还必须将货物先分装到小型驳船上,然后再将货物运到岸边。

　　在所有这些实用的船只中,你可能会看到一些不寻常的——例如镀金皇家驳船,或者市长大人和高级市政官的船只也会使用类似的精湛工艺。贵族们也有专属的驳船,有 20 或 30 名身着制服的划桨手和一个带有玻璃窗的餐厅,供船主和客人使用。[65]1660 年 8 月,当阿姆斯特丹市将 66 英尺长的"玛丽"号作为礼物送给查理二世时,"游艇"这个词进入了英语。佩皮斯对此赞叹不已,但是,第二年,他又看到一艘由肯特郡的船舶制造商彼得·佩特建造的游艇,认为它更胜一筹。[66] 国王在他统治期间同意并委托建造了总计 25 艘游艇。其中几艘——克利夫兰、朴茨茅斯和富布斯——以他的情妇们的名字来命名。[67]

到目前为止,摆渡船是泰晤士河上最常见的船只——有 2000 多艘。它们是船头很尖的 22 英尺划艇,用作河流出租船,可容纳 5 名乘客。那些由一名划桨手操作的小艇被称为"双桨轻划艇";那些有两个划桨手的被称为"奥尔斯"。[68] 奥尔斯比双桨轻划艇速度更快(这在意料之中),费用也加倍。横渡河流的话,船费分别是 1 便士和 2 便士,上下游之间的票价分别是 2 便士和 4 便士起。乘坐奥尔斯去格林威治的单程船票是 8 便士(如果逆潮的话,则为 12 便士)。运送旅客横渡河流是他们生意的主要支柱之一,因为河上仅有一座桥梁;如果你在神殿或塔楼,步行过河要走很长一段路。这一时期的渡轮也只有一艘——往返于兰贝斯和威斯敏斯特之间的载马渡轮。一人单骑搭载费用最低,为 2 便士;如果是双驾马车则为 1 先令 6 便士;四驾马车是 2 先令;六驾马车为 2 先令 6 便士。虽然市长大人在 1663 年请求国王允许再建造一艘渡轮,但遭到拒绝。第二年,他试图说服国王建造一座石桥,以取代载马渡轮,也同样未被采纳。因此,摆渡船继续往返于两岸之间,生意蒸蒸日上,都是拜皇家如此仁慈的不管不问所赐。

过去,天黑后禁止在河上运输。如今,如果乘客为划桨手所熟悉,而且"言谈得体"的话,这是允许的。尽管如此,威廉·谢林科斯认为夜间在河上旅行是不安全的,因为河上有劫匪袭击船只,

"殴打乘客，索要钱财"。[69]然而，佩皮斯却丝毫不以为意；他在白厅忙完后，经常坐摆渡船回到格林威治的家里。在一个月色皎洁的夜晚，他从威斯敏斯特乘上一艘摆渡船，船夫跟他分享了自己划船经历的一些艳遇。船夫说，有一次，也是在这样一个月明如水的夜晚，一位来自普特尼的女士搭上他的船。在黑暗中划行时，她让他躺下来……他自然是来者不拒。[70]鉴于我们对塞缪尔·佩皮斯的了解，他没说自己也想当个晚上载客的划桨手，让人颇感意外。

乘船旅行并非没有危险。在水位较低时，踩着湿漉漉的木制台阶下行到河边时，很容易滑倒；踏入摆渡船时可能一脚踏空；抑或是大浪袭来时失身落水。1660年4月，最后一种不幸使乔治·安塞利少校丧生水中：他是一只旱鸭子，穿着厚重的靴子，大衣口袋里装满银币，当他的摆渡船下沉时，他没有任何生还的机会。[71]1666年1月，一阵可怕的大风过后，佩皮斯眺望河面，除了那些被刮断绳索的泊船之外，再也见不到其他漂浮的船只。1698年2月，来自格雷夫森德的长渡轮在暴风雨中翻船，船上60名乘客中只有7人幸免于难。[72]

当然还有晕船这类小问题。1661年12月的一个早晨，威廉·谢林科斯从格雷夫森德出发，与其他17名旅客一起乘坐一艘轻骑兵船（lighthorseman，带帆的大型划艇），他写道：

> 我们迎面遇上了大风，风势强劲，暴雨如注，我们张着帆航行时前桅咔嚓断裂，最后不得不收起主帆，船舷的边缘不断有水漫入，女士们大声抱怨，先生们则骂声连连，大声斥责船夫……他们无法正常划桨，因为潮水与肆虐的大风逆向而行，河水在风中发出沉闷的怒吼声，河水不停地涌入，最后有几位胡吃海喝的乘客向河神献上了早晨的祭品。事实上，他们真够慷慨，酣畅淋漓地把各种英格兰花式食物都吐给了河鱼，例如炒鱿鱼、西班牙葡萄酒、黄油鳗鱼、烈酒、白兰地、小罐烈啤、

蛋糕、布丁和其他美味佳肴。[73]

如果你在乘船前往泰晤士河上游时迎面碰上大风，潮水可能会在你到达目的地之前转向，这将严重拖延航行的速度。

然后就是受寒——当你的外套被河水弄湿后，你会感到刺骨的寒冷。当伦敦城被大雾笼罩时，船夫的眼前白茫茫一片，无法辨认方向。如果大雾与城市的烟尘混合，就会形成烟雾；人们必须敲起鼓，船夫才能辨识出通往北岸的路。[74] 不要忘记伦敦桥的危险，正如有句谚语所说的那样，建造它是为了"让智者跨桥而过，让愚人溺水下行"（for wise men to go over and fools to go under）。支撑桥墩的分水桩或平台之间的间隙过于狭窄，这意味着在潮汐涨落的某些时段，湍急的水流冲击力很大，易引发险情。19 个桥拱中只有 4 个可以通航，其中 1 个桥拱上砌着一大块砖石，在 1437 年从桥上掉落。"快速从桥下穿过"是最不明智的。尤其是当水位最低时，在夜晚飞速穿过桥拱几乎等于自寻死路。

英国其他地方的河流往往不像泰晤士河那样客流不息。你最多也就是花上一两个便士搭乘络绎不绝的短途渡轮过河。然而，穿越大河的河口可能非常具有挑战性，因为西莉亚·法因斯在 1698 年搭乘克雷密尔渡轮从普利茅斯穿过哈默泽（塔玛河的河口地带）时曾亲历这种情况：

> 由于三个方向的潮水［在此］汇聚，河道危机四伏；即便大家为节省几英里车程经常在此乘船，如果我早知道如此危险，肯定也不会心甘情愿地做出相同的选择。船至少已经出发一个小时了；大约还剩一英里的航程，但是实际上在某些地方有长达一刻钟的时间都丝毫感觉不到船在行进，尽管有五个男人在划船，我让自己带的仆从也加入划船队伍；上帝保佑我最终安全上岸。但是那些渡船是如此潮湿，海水和风总是冰冷刺骨，

我每次乘过渡船都会感冒一场，直到今天都是如此。[75]

河流是贸易的命脉：一些可通航的河流网络覆盖 70 多英里的内陆地区。第二章提到的 1670 年居民超过 5000 人的 26 个英国城镇中，只有利兹、索尔兹伯里、曼彻斯特、考文垂和伯明翰不在通航的河上。有些河道不是很深——例如坎特伯雷的史托尔河、贝里圣埃德蒙兹的拉克河和剑桥的康河——但即便这样也允许运输大件物品。在塞文河上，坚固的驳船满载着小麦、麦芽、纺织品、铁器和亚麻布，从伍斯特顺流而下，定期开往布里斯托尔；几天后，它们又装上葡萄酒、烟草、杂货、煤炭、铅和羊毛从布里斯托尔返回。轻型货物可能会运输到更接近上游的地方。塞文河和怀伊河上的轻型货船称为活桅船，它们的桅杆可以拆下来，方便从桥下穿行；这些船可以将水果和其他食品一直送到上游的施鲁斯伯里。[76]

英格兰的河流网络对国家来说是一项巨大的财富，但显然，如果所有的河流都可以通航，而且相互间联通起来，就可以得到明显的改观。最近的两项创举——威廉·桑迪的埃文河至斯特拉特福河段的埃文河河畔清理及深挖工程（1640 年完工）和理查德·韦斯顿爵士的从吉尔福德到韦布里奇的先驱运河工程（1653 年完工）——展示了其在工程和商业优势方面有无限潜力。这一想法得到推广。1674 年，卡鲁·雷内尔宣称，"通过开掘人工运河，可以让各个城镇之间相互通航，将会为这个国家的商业带来前所未有的繁荣。"他建议挖掘一条从伦敦至布里斯托尔的运河，在英格兰北部横向挖掘一条运河，以便船只可以从爱尔兰海去往北海。[77]

人们开始意识到，改造河流是切实可行的。通过了几项《河流导航法》，允许 24—70 吨的驳船进入以前无法进入的新码头。17 世纪 60 年代，史托尔河加深后可以从斯塔福德郡运送煤炭；萨尔沃普河经过类似的清淤后可以从德罗伊特威奇运输盐。埃文河逐渐得到改善，到 1684 年驳船可以开到索尔兹伯里。大乌斯河于 1689 年开通到贝德福德的航线，特伦特河上游地区最先至怀尔登费里，1699年可以抵达伯顿。[78] 商人托马斯·帕滕清除了默西河的障碍物，将沃灵顿与利物浦连接起来，并建议改造默西河和艾威尔河，这样曼彻斯特就可能建一个码头。在 1699 年，批准了艾尔河和考尔德河的改造工程，以便驳船可以到达利兹和韦克菲尔德。在下个世纪开凿运河的热潮到来之前，英格兰的天然水道就已经进行了许多改造，为工业革命的早期发展奠定了基础。

航海业

在大不列颠，我们经常想到岛屿的防御优势，海洋对于国家的工业一体化发挥了多大的作用呢？在这里，所有的河流都能交汇到一起——你可以从一条河航行到另一条，而不必跨越任何国际边界。对于大多数其他国家来说情况并非如此，或是水道贯穿邻国，或是像法国和西班牙，河流汇入数千海里外的海域。英国拥有无与伦比的商业运输网络——这意味着有数千艘船只及其水手可以帮助你在海岸或国外航行。

在这一时期，无论是船舶的数量和规模都在迅速增长。早在 16 世纪 80 年代，英国航运总量为 6.7 万吨。到 17 世纪 60 年代复辟时期开始，已增长三倍，达 20 万吨。[79] 之后，多种因素促使它以更快的速度发展，包括与荷兰的战争、加勒比海贸易、与北美的贸易、伦敦对煤炭的需求、东印度公司的扩张和从东欧的粮食进口。与此同时，造船成本从每吨 8 英镑降至 5 英镑。[80]1686 年，英国航运总量达到 34 万吨——比西班牙无敌舰队时期的 5 倍还要多。[81]

皇家海军是这种海上力量的重要组成部分。1672 年，共有 238 艘舰船在役，29154 名船员，其中一些来自遥远的苏格兰和爱尔兰。[82] 除了船员，还有造船工、架子工、缝帆员、缆索工、造锚工、枪支铸造工、管理者和给养供应商，保证整个舰队正常运转。可以毫不夸张地说，皇家海军是一个全国性的产业，其战舰是不列颠精神的象征。

1676 年皇家海军战舰的等级[83]

等级	载重（吨）	船上人员总数	加农炮	舰队中配备数量
一级	1300—1500	750—850	90—100	6
二级	730—1230	410—640	56—80	8
三级	629—1055	340—400	53—70	20
四级	305—646	170—280	34—60	33
五级	158—337	110—170	22—32	16
六级	28—287	25—80	4—18	18

正如上面的战舰分级表一样，佩皮斯治下的皇家海军组织得非常严明——这在很大程度上归功于佩皮斯本人。虽然伊丽莎白统治时期的海军上校不是永久性领薪官员，不穿制服，即便有纪律处分，执行得也很随意。而佩皮斯的海军拥有一套整合完美的机制。例如，舰船等级与舰上军官的薪酬挂钩。席卷整个社会其他行业的职业精神也对皇家海军产生了深远的影响。

当你踏上战舰的甲板时，你脚下所踩的是一项技术成果，其成本远高于一所豪宅。一级战舰平均需要 22000 英镑才能建造，额外需要 12000 英镑添加装备。最昂贵的英国"君权"号战舰，价格超过 65000 英镑。运行成本也是令人咋舌：一艘一级战舰在海上巡航六个月，海军将花费近 13000 英镑——用于物资、薪酬和维护，等等。它只能运行半年，因吃水较深，在冬季恶劣的天气中过于脆弱。二级战舰的情况相同。因此，可以全年使用的三级战舰和四级战舰是皇家海军的主力军。一艘三级战舰的运营成本在六个月内累计达 7300 英镑。[84]

在战争期间——1665—1667 年、1672—1674 年、1689—1697 年——坐军舰旅行是不明智的。1666 年 6 月，十艘军舰在一场战斗中沉没。第二年，荷兰舰队沿泰晤士河而上，在英国人自己的港口击沉了十几艘英国战舰,掳走了英国旗舰"皇家查理"号。话虽如此,如果你确实喜欢大海,你迟早会登上一艘战舰。这是因为皇家海军与日常生活的联系比你想象的更加紧密。军舰有时可以为携带贵重商品的货船护航。如果你在外国港口并寻求返回英格兰的通行许可,你可以付钱搭乘军舰返回。海员的服务合同仅为单次航行服务,因此他可以在完成皇家海军舰船上的一次航行后,下一次航行换成一艘商船,反之亦然。民用船只,如邮船和商船,经常受到外国轮船的攻击,必须自行武装,因此,他们的船长热衷于雇用具有皇家海军经验的水手。贵族和有地位的绅士私人出行时也经常使用海军舰艇。还有强制要求服役的问题。不论你是否愿意在战舰上服役,你可能根本没有选择余地——如果抓丁团想要填补配额,或者船长认为你的体格和经验符合要求,那么将开启你的海军生涯。

与海军的大型军舰相比,在英国港口的大多数船只都很小。最大的是东印度公司的商船,载重为 400—600 吨。几乎所有其他的贸易船只都在 300 吨以下,最常见的轮船载重在 60—100 吨之间。大约四分之一的商业航运用于在沿海和向欧洲运送煤炭。[85] 全英国捕鱼船队的载重总量达 2.3 万吨,是煤炭贸易规模的三分之一。较小的船只包括单桅帆船、双桅帆船、带帆双桨船、独桅小船、尖尾帆船、捕鱼船、快艇和双桅渔船。威廉·配第爵士甚至在 1663 年建造了一艘原型双体船。如果我是你的话,我不会乘坐它航行:它几乎刚一下水就沉了。[86]

导航

像现代一样,如果你想要驶向特定目的地,你需要从规定的港口出发。这一原则也适用于伦敦的指定码头。要穿越海峡到法国,你需要前往海关码头。去苏格兰,你需要去位于圣凯瑟琳港区附近的赫米塔吉码头。开往科尔切斯特的船只从斯玛茨码头出发;开往伊普斯维奇和金斯林的船只从戴斯码头出发。去往桑威奇和多佛需要在萨布思码头登船。开往普利茅斯、达特茅斯、普尔、韦茅斯和爱尔兰的船只都是从切斯特码头出发的，等等。[87]

一旦出海，你的命运就交托给了船上的领航员。在这一时期，应该由一名训练有素的航海家来掌舵，他持有在一定水域驾驶船只的执照，由监管英国海事事务的领港公会颁发，该公会1514年设立于伦敦。最好如此，因为即使在人们熟知的海域，导航也困难重重。大公柯西莫三世于1669年乘坐一艘英国船去往英格兰——你肯定觉得英国航海家在英吉利海峡航行简直是驾轻就熟。然而，尽管他不断地查验时间、速度、方向、水深和海床的状况，但船最终还是在爱尔兰的海岸登陆。导致这一错误的主要原因可归结为水深测量不准确、船上时钟不精准、夜间舵工的经验不足以及船长干扰导航员的工作。[88]

根本问题是无法计算海上经度。人们明白，关键在于准确的计时，但弹簧驱动的手表是不可靠的，而钟摆在海上无法使用。另一个困难是糟糕的航海图。大多数海员仍在使用"瓦戈纳"海图（因由卢卡斯·扬松·瓦戈纳绘制而得名）。该海图于1588年首次出版，许多英国船长都知道里面破绽百出。例如，锡利群岛被标错了地方，多格尔海岸也偏离其实际位置24英里。[89]真可谓时势造英雄：1681年，船长格伦维尔·柯林斯得到"梅林"号游艇的指挥权，负责勘察不列颠海岸（包括苏格兰），这次比以往任何时候都更加详细。1693年，他绘制的航海图《大不列颠海岸导航》出版。柯林斯的海图精准无比，在其后的一百年里多次再版。[90]

领港公会还监督着全国各地的所有灯塔。从17世纪60年代开始就有积极的改进计划，你肯定会为此感到高兴。哈维奇、邓杰内斯、洛斯托夫特和北佛兰德斯的旧灯塔，以前塔中使用蜡烛照明，灯塔重建为高塔后，照明工具改为以煤炭为燃料的火盆。又先后于1665年在欧德亨斯坦顿、1680年在锡利群岛上的圣艾格尼丝、1687年在诺福克海岸的温特顿建造了新的灯塔。1696年，在距离德文郡海岸九英里之外的埃迪斯通，开始动工建造世界上第一座在远离海岸的孤立岩石之上的灯塔。灯塔高80英尺，位于涨潮时被淹没的岩石上，花岗岩底座由铁和铜捆绑固定，顶部是一个由蜡烛点燃的玻璃灯笼。在建造期间，九年战争仍在进行中，因此其设计师和建造者亨利·温斯坦利每天身边都会有一艘普利茅斯的船守卫。不幸的是，有一天，护卫船未出现，一名法国私掠船抓住了他，摧毁了他的工作，把他带到巴黎。路易十四听说后，立即下令释放温斯坦利，他著名的一句评论是"法国正在与英格兰交战，而不是与人类交战"。

海上生活

毫无疑问，海上生活是艰难的，航行路线越远，就越艰难。即使你去程非常完美，也会有一种隐隐的担忧，怕回程不一定万事顺利。拉尔夫·托雷斯比在1678年从赫尔到鹿特丹的航程非常快，仅用48小时就航行了250英里，一路顺风顺水，只有晕船呕吐类的小问题。然而，在他返回时，他的船被一场巨大的风暴击中，偏离航道，在北海的沙洲上搁浅。可怜的托雷斯比不得不躺在那里，海浪在他身上肆虐，就这样一直坚持了16个小时直到风暴停歇。[91]船载疾病几乎都是非常致命的。当"不列颠尼亚"号于1699年抵达费城时，船上的100名乘客一半已经死亡。[92]爱德华·巴洛开始写日记的原因之一就是"让人们了解贫困海员所经历的危险和困难"。[93]

如果你正在考虑航行，有一些事情你需要有心理准备。就寝安排只能满足基本需求，不会特别舒适。作为一名普通的水手，巴洛的舱室"像绅士的狗窝"，因为他必须四肢着地爬进去。这并不罕见，也有人将它描述成"令人讨厌的洞，会滋生疾病，在战斗中非常危险"。[94]后来，你连单独的舱室都没有，只会得到一个可以睡觉的吊床，并且只有14英寸宽的空间来悬挂它。你必须自带床垫、枕头和毯子。相比之下，船长的船舱宽敞而豪华。即使在四级战舰上，它也跟船尾一样宽,长度可达 24 英尺。在较大的舰船上,还配有油画和镀金雕刻。谢林科斯将他搭乘的"亨利埃塔"号三级战舰的舰长舱描述为"一个华丽、宽敞、装修豪华的房间"。至于副舰长的小屋,谢林科斯和他的同伴们在那里尽享"红葡萄酒、麦芽酒和美味的啤酒",这表明里面很适合开派对。大副的舱室也很宽敞,谢林科斯和同伴们将它收拾干净准备在此喝下一轮。[95] 较低级别军官的舱室尺寸就仅有 6 英尺长、5 英尺宽,彼此之间用帆布隔板而不是木制墙隔开。[96]

只有在某些情况下才能在船上看到女性。显然有些人将在北美或种植园开始新的生活,有些人是契约仆人。东印度公司不允许男性将他们的女性家属带到印度和远东,即使她们的丈夫将要驻扎在那里(尽管也有少数漏网之鱼)。皇家海军的政策允许妻子和女朋友在长途旅行的第一站随同,但不能再继续前往。这一政策再加上狭窄的吊床,船一起航就会上演香艳的大戏:在甲板下面幽暗的光线下,你可能会看到"一个男人和一个女人爬上吊床,女人的腿从吊床悬挂下来"。[97] 甚至军官也不允许将他们的女人带到不列颠水域以外的地方。1670 年,威廉·詹尼斯爵士因在地中海的护卫舰服役期间带上妻子而遭到解雇和监禁。[98] 1690 年,喜欢冒险的 20 岁女孩安妮·夏兰妮在不列颠近海水域参加过一次海战——比奇角战役——在她哥哥指挥的战舰上服役。她在战斗中幸存,但在第二年死于分娩。

在食物方面,普通海员和军官之间的差异与他们睡眠区一样有着天壤之别。皇家海军水手的标准配额是 1 加仑啤酒(用勺子从桶中舀出)和每天 1 磅饼干,每周 4 磅咸牛肉、2 磅猪肉、3/8 条鱼、1 夸脱豌豆、6 盎司黄油和 12 盎司奶酪。[99] 表面上看,对于一个劳力而言,配额所含卡路里数值不低。但是,船上的事务长有时会缺斤少两;啤酒往往会变味或兑水;黄油会变质,饼干生虫;桶和酒瓶中的软木塞被老鼠啃咬。在地中海地区,可能用大米代替鱼类,橄榄油代替黄油，葡萄干代替牛肉。这些替代方案并不适合男性。你还会发现烹饪设施限制了食物的准备过程。在木船上发生大火显然是非常危险的：根据船的大小，必须用600—2500块砖将热量围挡在炉膛之内。额外的重量限制了厨房的位置；通常它位于大型船舶的货舱或中间货架上。在这两个地方，都弥漫着烟雾，光线很差，使得烹饪非常困难，尤其是你还要为数百名男性提供食物。因此，普通水手的大多数食物都只是用大锅煮熟。相比之下，军官们则可以享用烤肉和精美的布丁。1675年7月10日，舰船刚刚驶过里斯本，海军牧师亨利·特翁奇受邀来到船长的舱室，与该中队的所有军官一起用餐；他们大快朵颐：

> 四盘肉，用四只精选的母鸡和一块猪肉一起炖煮而成；一条羊腿配萝卜；一份牛肉，将八块牛肋骨充分调味后烤制而成；还有几只非常肥美的鹅；最后，还有好大一块柴郡奶酪——非常难得的一次盛宴〔即使在岸上也是如此〕。上桌的酒类都能叫出名字：加纳利甜酒、雪利酒、莱茵白葡萄酒、干红葡萄酒、白葡萄酒、苹果酒、麦芽酒——都是佳酿——像地沟里的水一样取之不竭。[100]

最后是气味问题，"足以引发瘟疫的恶臭"，将成为你在复辟时期乘船旅行的持久记忆，舱室大小或食物质量与它相比那简直是小巫见大巫。给船舶下层进行通风的唯一方法是打开船舷侧开炮孔，但在波涛汹涌的海面上无法进行，即使风平浪静，通风依然不畅。臭味往往从船舱的最底部向上升起。在泡在黑乎乎的盐水汤里的任何固体表面，藻类、霉菌和细菌恣意生长。每隔一段时间，所有用作压舱物的岩石和旧铁块都必须取出，放在岸边用波浪冲洗，底舱用醋冲洗干净。[101]毋庸置疑，"每隔一段时间"还是不够频繁。除此之外，还混合着船舱里腐烂食物的味道、厨房的蒸汽和烟雾、烹饪的气味、呕吐物，再加上黑暗的角落里或底舱的粪便——可能是事主内急时就地解决，也可能是仆人懒得跑到甲板上给军官倒便壶随意倒在那里。

在卫生问题上，船长有自己的户外坐便器——带洞的木制座位，直接排入大海——在后部瞭望台上，那是船尾一处狭窄的私人阳台，在他的舱室外面。对于普通的水手来说，要想解决内急，可以用甲板上连接在铅水管上的小便器——或去船头上"蹲坑"。[102]新近的船只船头不仅安装了木制格栅，还有几个坐便位可供使用，蹲坑者正面相对，背后是船头的木墙。这样设置的好处是随着船体的上升和下降，该区域经常会被零星溅入的海水和波浪反复冲洗。缺点是你不太可能在这里耽搁一会儿读读书。

当你躺在甲板下面阴暗舱室的吊床上时，伴随着船的起伏颠簸以及鼻孔中的污浊臭味，你可能会想到，从躺在伦敦的羽毛床上那天算起，已经走了很久的路。在首都的卧室里，除了落地钟缓慢的嘀嗒声和女仆上楼梯的声音之外，几乎万籁俱寂，当时的你还在设想第二天会发生什么。现在的你聆听着船上木板的咯吱声、遥远的海浪声以及身下老鼠在地板上窜来窜去的吱吱声，你会想明天等待你的将是什么。在外面广袤黑暗的大海上，某个地方可能有你耳熟能详的海盗——巴拿马征服者亨利·摩根爵士、有史以来掠夺金银财宝最多（而且从未失过手）的海盗亨利·埃夫里。更令人担忧的还有众多的巴巴里海盗，他们在地中海和大西洋海域航行甚至进入英吉利海峡，寻找像约瑟夫·皮茨这样的男孩，运送到北非的奴隶市场上出售。天知道，他们会不会已经看见你的船出现在地平线上，只等着到黎明时分发动攻击。

当船只被大浪推高又跌入谷底时，吊床在黑暗污浊的舱室里摇晃得吱吱作响，你可能会想到和你一起航行的同伴。对于许多男人来说，环游世界的梦想已经成为现实——像爱德华·巴洛那样终生与大海为伍，在极具异国情调的地方欣赏各种珍稀动物，或者像威廉·丹皮尔那样三次环游世界，将天涯海角的动植物辑录成册。你可能觉得，到 1700 年，我们就可以和周边的世界和平共处。但是想到英国下一场旅行革命又回归到陆地，你可能会觉得这个想法充满讽刺意味。

如果你驾船驶向泰恩河，在纽卡斯尔附近靠岸，再乘坐驳船去往上游，你会在河岸附近看到一些木制轨道。你会不时看到马拉着马车沿着那些铁轨抵达。马车车厢里满载着煤炭——每个车厢能运四或五个焦尔伦（约 10.5 至 13 吨）。你会觉得难以置信，一匹马竟然能有如此的载荷量。这里的煤炭商人十分清楚，在铁轨上放上轮子，拉动巨大载荷的车厢简直易如反掌。

这是绝佳的历史时刻。人们只是刚刚开始认识到铁路改变世界的能力。

第八章
居住条件

寻找住宿的实际情况因年代而异。复辟时期的一个问题是路上人多。你可能打算住一家最喜欢的旅馆，只是到店后才发现伦敦来的一辆驿站马车刚好赶在你前面抵达，所以最好的房间瞬间被占满。另一个问题则是该给多少小费。在现代，我们将小费视为对特定服务的一种小额奖励；在17世纪，它主要取决于赠予者的地位，而不是服务的优劣。如果你想被当作一个绅士对待，你将拿出六便士或一先令给几乎所有你认为应该得到小费的地位较低的人。你到主人家里做客时，会像在旅店那样随意给这家的仆人小费。你会把钱送给穷人和高速公路上的乞丐，给那些帮你指路的人和为你服务的洗衣妇。你分发银币的积极程度是你能否慷慨解囊的一个重要标志，并且在很多地方也决定着你会在哪里过夜。

旅馆

即使没有空位，也有办法确保你住进客栈内最好的房间。如果你有一天深夜抵达，并给人一种富有绅士的印象，那么房东会为你找到房间，即使这意味着要唤醒已经熟睡的人，要求他腾出床位。1668年6月，佩皮斯夫妇及两名仆人在夜里10点来到威尔特郡的一家乡村小旅馆（他们刚刚去过巨石阵）。最好的卧室已经住进了一个小商贩。不过，被窝还没焐热，塞缪尔夫妇就已经在享受他腾出的温暖房间。塞缪尔的仆人威尔和贝蒂则坐在同一个房间的一张装脚轮的矮床上。看看账单你就明白为什么房东如此乐于助人：佩皮斯为他的住宿支付了9先令6便士，其中包括为马匹提供的马厩和草料。而小商贩仅会支付此数额的四分之一。[1]

通过标志你可以识别出旅馆：法律上规定所有旅馆和酒馆具备清晰的识别标志。[2]在大多数情况下，跟你所预想的完全一致：在建筑正面上方的铁支架上镶着一块转动的彩绘木板，就像现代一样。它们在风中吱吱作响，属于真正的高速公路画派。但仔细观察，你会发现这些标志正在经历着一场革命。一百年前，它们上面画的都是简单的图像，如"国王头像""红狮""白鹿""皇冠""主教法冠""格罗夫纳武器"，等等。你遇到的唯一复合名称将是宗教或纹章符号，例如"鹰与儿童""熊与老权杖"以及"玫瑰与皇冠"。如今，似乎每个新旅馆都以两个并置的名词命名，如"皇冠与锚"或者"狐狸与猎犬"。这种组合还有一种越变越怪异的趋势："剃刀与母鸡""喜鹊与皇冠""腿与七星""鲸鱼与乌鸦"，以及"铲与船"。[3]营销是改变的原因。旅馆老板希望有一个与众不同的名字，好让乘坐驿站马车的旅客和车夫都能很容易地记住。如此命名其房屋的老板也向潜在的顾客发出信号，表明他们的房屋紧跟潮流，且配备了所有最新的便利设施（如便壶）。

另一种吸引客人的新方式是精心打造引人注目的客栈标志。诺福克郡斯科尔村的"白鹿"旅馆的标志堪称设计上的典范：它可能是英国有史以来最为精雕细刻的标志。该标志由诺威奇商人詹姆斯·佩克于1655年建成，横跨整个高速公路，上有数十种极为华美的雕刻图案。它显示了《圣经》中的场景，例如约拿从鲸鱼口中出来；天使、牧羊人和古典神话中的角色，包括酒神巴克斯和冥府守门狗塞伯鲁斯；普鲁登斯、福蒂图德、时间老人，还有旅店期待光顾的许多家族的纹章。旅店本身也不错。外观看起来很漂亮——新砌的红砖墙、时尚的荷兰式山墙——房间也非常舒适。托马斯·巴斯克维尔于 1681 年曾下榻此处，对这里的麦芽酒和啤酒赞不绝口。[4]因此，这成为全国最著名的旅馆之一。其他吸引身份显赫的顾客的方法包括提供驾船游览和草地滚球等娱乐活动，或者对皇家游客曾下榻此地大肆宣传。如果你乘坐长途马车前往吉尔福德，毫无疑问你希望预订"红狮"旅馆，并支付额外费用以便入住查理二世曾经下榻的房间。在马凯特哈博罗的"天鹅"旅馆，你可以睡在查理一世曾睡过的那张床上。[5]

一些城镇旅馆的建筑颇具规模。例如，吉尔福德的"红狮"旅馆有超过 50 个房间。伦敦的一些旅馆甚至更大，特别是在城门外和市中心大火之后重建的驿站马车旅馆。林肯市最大的"天使"旅馆，有 20 个房间，没有编号，以纹章符号命名："鹿""天使""皇冠""铃铛"，等等——方便不识字的旅客识别他们的房间。"天使"旅馆的出租房内部装潢差异很大。布置最简单的是绿色房间，它只有一个周围带窗帘和帷幔的四柱床架、床架内的羽毛床（即羽毛填充床垫）和枕垫。最奢华的是小十字架房间，它有一个质量上乘的四柱床，带挂饰和所有常用配件，还有一套藤椅、一张桌子和一个镜子。入住这两个房间，将提供一个盆和水壶，以便你可以洗脸和洗手。请注意，并非所有房间都适合睡觉：大十字架房间配有四张桌子，周围摆放着 22 把带土耳其绒毛绣的椅子（座位上的软垫带刺绣）。[6]

旅馆的大多数房间都设有几张床。布里斯托尔的一家大旅馆有一间豪华房间，里面有七张床：两个床架带羽毛床垫、一个短绒填充的床垫和床架、两张普通的床和两张仆人床。这不是一间普通宿舍——它专为地位显赫的人设计，你可以看到它还包含六把带土耳其绒毛绣的椅子、七把"太师椅"（带精美织物包装的软垫，如丝绸或棉质面料，表面有又长又软的绒毛）、两面穿衣镜、一只塞浦路斯木制橱柜加一个侧柜，以及一个铺着毯子的桌子。[7]显然，房间经常会由不同的用户共享，并非所有用户都必须熟识。这是你需要习惯的。你甚至可能和异性共用同一个房间。1660 年，佩皮斯躺在旅馆，发现旁边床上住进来一位很有魅力的女人。作为佩皮斯，他自然而然地想到的是跟她发生关系，但实际上只是亲吻了她的手，没敢再有进一步的动作。[8] 在英国旅行的外国绅士，经常会遇到刚一进入卧室就恰好撞上一个女人在宽衣解带的情景。[9] 并不是每个人都对这种状况感到满意：西莉亚·法因斯就是其中之一，她担心在某些地方女士们不得不与陌生人共用一个房间。你可能会问：肯定可以拒绝吧？在有些旅馆，这些床名义上是免费的，费用包含在食品和马厩的价格中。但这意味着，如果你没有付款，你就不能抱怨其他人被安排到你的房间。通过这种方式，房东可以把更多的人塞进旅馆，赚取的利润比他按房间收费还要高。[10]

你还需要共用床铺。如果你住在赫特福德郡韦尔的"英格兰冠军"旅馆，你可以睡在该镇著名的大床上，10英尺9英寸见方、高7英尺6英寸，可容纳12人（很有可能睡在中间的人必须在半夜起床）。塞缪尔·佩皮斯和克拉克医生在1662年4月一起入住一家旅馆时，并没有觉得共用一张床有什么不妥。[11] 有时仆人会与他们的主人或女主人共用一张床。众所周知，佩皮斯在一家旅馆里曾睡在一张带脚轮的矮脚卧床上，让他的女仆与他的妻子分享主床（毫不意外，他的妻子从不允许他与女仆共用床铺）。

外国游客对英格兰旅馆的住宿和食物大为赞赏；然而，这些往往是那些有钱的旅客对最好的旅馆的印象。他们都是多人一起旅行，还带着仆人，很少需要跟外人共享一个房间。他们还避免了普通旅客在旅店面临的其他一些问题。黎明时分被室友起床的声音吵醒会让你疲惫不堪——尤其是如果你和他们共用一张床。打鼾也是难免的，有时还不得不忍受别人在夜间使用便壶。一想到你也许是夜间第二个使用刚才那个便壶的人，而第一个人又刚好没准头，你肯定感到非常苦恼。还有一件事情更糟糕——你在半夜醒来，脚刚好一脚踩在上面说的便壶上并把它打翻。我怀疑这种不便甚至会比跳蚤还让人难以忍受。这些情况无处不在，而且是家常便饭，以至于人们往往会发现这种苦恼很有趣，特别是当他们知道别人成为受害对象时。佩皮斯与克拉克医生共用一张床那次，在早上得知跳蚤在夜间骚扰了克拉克医生，而不是他，他感到非常开心。[12]

庄园和乡间别墅

不列颠的富人居住在各种各样的住宅中，从中世纪的城堡到都铎式建筑和最新的豪宅。即使在17世纪末，老式建筑的数量也超过了自1660年以来新建造的房屋，业主在改进和翻修祖屋时表现出极大的想象力。话虽如此，我想你最想看到的还是新式建筑。你会得偿所愿，在复辟时期建造了一些在不列颠史上最精美的乡间别墅。

这些住宅的建筑师你可能没有听说过。最著名的建筑师克里斯托弗·雷恩爵士只设计了一两处私人住宅：他的相当一部分时间都在教堂、纪念碑和圣保罗大教堂上，还有伦敦、牛津和剑桥的公共建筑，以及皇室在肯辛顿宫和汉普顿宫的建筑加上富丽堂皇的宫殿侧翼。雷恩的助手，无处不在的罗伯特·胡克，可能是第二个最为人熟知的名字——但他的名声很大程度上来自他对皇家学会的科学工作。他的建筑与雷恩一样，主要是为公共建筑服务，虽然他确实设计了一些精美的住宅，包括沃里克郡的拉格利庄园、威尔特郡的拉姆斯伯里庄园和伦敦的蒙塔古庄园。两位最著名的英国巴洛克式建筑师约翰·范布勒和尼古拉斯·霍克斯穆尔在复辟末期才开始设计豪宅。但是，如果你从未听说过休·梅、罗杰·普拉特和威廉·塔尔曼，那么现在抓紧欣赏他们的大作吧。

休·梅是埃尔特姆庄园的建筑师。这是一个"双面"住宅，建于1663年至1664年，最早由伊尼戈·琼斯在17世纪初动工建造。它由一个简单的两层矩形块组成，两个楼层都有中央走廊贯通，两侧都有房间，它在前面有一排房间，后面还有一排，因此被称为"双面"。就像伊尼戈·琼斯在考文特花园广场上建造的宅邸一样，埃尔特姆庄园使用了砖和壁柱。它规模适中，每个楼层的前面只有七个窗户。然而，它的外观非常赏心悦目，吸引了许多人的眼球，他们希望仿照这种设计修建更大规模的宅邸。克拉伦登勋爵委托梅在牛津郡的考恩伯里为他设计了一所房子，正面有11个宽敞的窗户。在此之后，梅设计了伯克利庄园——皮卡迪利大街北侧最宏伟的建筑。这里有柱廊连接主建筑和街道上的服务翼，从而形成了别具一格的院落结构。1666年，伦敦大火之后，梅因被委任为重建城市的三位专员之一而名气大增（另外两位是罗杰·普拉特和克里斯托弗·雷恩）。17世纪70年代，又委任建筑师修建了几个重要的私人项目——分别在卡西奥伯里庄园、赫特福德郡和温莎城堡。

1666年，与梅同为重建委员会专员的罗杰·普拉特开启他的建筑生涯。这一切纯属机缘巧合，当时他的堂兄乔治·普拉特爵士要他在科尔斯希尔为自己设计一所新的豪宅。他非常认真和热情地开始投入工作，并没有因为缺乏训练和经验而气馁——还专门向伊尼戈·琼斯请教。和梅一样，他想建一处"双面"住宅。在科尔斯希尔，你会直接步入华丽的双层走廊，带有一对宽敞宏伟的楼梯。这是建筑的核心地带，围绕它设计其余的生活空间；所有仆人的宿舍都在阁楼或地下室。但是这样描述并不能完美地体现建筑的优雅之处。实在让人叹为观止——既宏伟又美观——每个人都这么评价。这个项目的成功让普拉特灵感迸发，他继续设计了三座更为出色的宅邸：多塞特郡优雅的金斯顿莱西庄园、剑桥郡更为壮观的霍斯西斯庄园，以及皮卡迪利大街上的巧夺天工之作克拉伦登庄园（毗邻伯克利庄园）。约翰·伊夫林评价克拉伦登庄园"毫不夸张，堪称英格兰最独具匠心、最实用大方、最优雅别致、最宏伟壮观的宅邸"。[13]不幸的是，它也是最为短寿的建筑之一：1683年，它被阿尔比马尔公爵买下并拆除，建筑材料留做他用。但它给大大小小各种户型的精美房屋提供了灵感，从林肯郡金碧辉煌的贝尔顿庄园到肯特郡规模稍小的格鲁姆布里吉庄园，以及位于莱斯特郡的凯伯沃斯哈科特的如一枚精致宝石般的"老宅"。

如果你在17世纪的最后20年到访,你会发现许多房屋在设计理念都受到了梅和普拉特的启发。生活在这些大厦附近的村民很快就会对新式建筑的砖墙、帕拉第奥式门柱过梁和壁柱习以为常,尽管这些在你看起来可能是地道的不列颠风格,但当时在他们眼中却完全是陌生的。这一新的审美观也波及了苏格兰,当威廉·布鲁斯爵士于1686年以帕拉第奥风格设计金罗斯庄园时,从克拉伦登庄园那里汲取了很多灵感。但整个复辟时期最为重要的私人宅邸由性情暴躁又极端傲慢的威廉·塔尔曼设计,比梅和普拉特及其同时代建筑师设计的更具前瞻性,为下个世纪英国巴洛克风格的建筑提供了灵感。威廉·塔尔曼与所有的顾客发生过口角,还试图窃取克里斯托弗·雷恩爵士的作品,建造的房屋勉强算得上是中庸之作。然而,塔尔曼却有一项非常伟大的设计,激发了整个国家的想象力,建造出不列颠最受青睐的豪宅——德比郡的查茨沃斯庄园。1686年,德文郡伯爵要求威廉·塔尔曼将伊丽莎白时代的宅邸朝南的正面进行重建。塔尔曼用石头做基座,壁柱不是建在前面正中心位置,而是设在了角落处,上面撑起的栏杆使屋顶完全隐没其间,使宅邸看起来既雄伟壮观,又比例完美,令人赏心悦目。伯爵极为满意,遂要求他将东侧宅邸做同样的改造。这项工程在1696年完成。西莉亚·法因斯一年后到访时,西侧的宅邸正在改造中;她用了大量的篇幅来描述这座庄园,远比她去过的任何其他宅邸都更费笔墨。她尤其对所使用的大玻璃窗格惊羡不已,因为窗玻璃通常只能制成小块;有人告诉她,查茨沃斯庄园的窗格玻璃每块花费10先令。[14]

这些建筑的设计也延伸到了庄园的土地上。基本理念是将房屋和土地设计融为一个整体。仔细观察窗户在建筑正面的整体布局:一切都呈对称分布,比例都经过精心的计算。你将在花园中找到相同的布局。每一处花园都是一个正方形广场——在许多情况下,嵌于更大的正方形之内——湖泊通常是矩形的,里面有丘比特形象的喷泉。草坪也修剪成正方形，说到这个问题，想象一下当你拥有的所有工具都是镰刀、剪刀和碾子时，维护草坪得花费多大的精力。可见设计之人野心勃勃，想将一切都纳入掌控之中。甚至连公园的土地都采取了直线排列的设计方法。从宅邸向外望去，一条条笔直的林荫路向远方延伸，通常能在地平线上看到一处标志尽头的方尖碑。根据西莉亚·法因斯的描述，

> 宅邸外的每一条道路都精心铺砌，树木郁郁葱葱，排列有序。走出宅邸拾级而下即是花园，台阶盘绕处设有层层露台，砾石铺就的小路两侧点缀着各类矮灌木，果树上已挂满杏子，还有花树和充足的花园空间，各种各样的设施都做了改进，方便娱乐和休闲。[15]

她在威尔顿看到了一处同样令人满意的布局，那里有"许多碎石小路环绕着正方形的草坪"。但她对那里水景的印象更加深刻。随着塞缪尔·莫兰德爵士的设计得到广泛推广，与水泵和喷泉有关的所有设计都备受推崇。西莉亚在查茨沃斯庄园看到喷泉时感到兴奋不已：

> 有一个大型公园和几个精致的相互独立的花园，步道由砾石铺就，方形的草坪上点缀着石雕，每个花园的中央是一个大喷泉，内有各种雕像——海神、海豚和海马——上面管子星罗棋布，从水池中抽取水后，向花园四面喷射而出……有一处花园中央有一个巨型水池，通过雕塑旁边的闸门，几个管道同时将水排出，大大小小的管道大约有30个。有些管道的水向上涌出，冒着如白雪般的泡沫……还有一条绿树成荫的步道，大约半程的地方灌木丛旁有一棵漂亮的柳树：树叶、树皮和整棵树看起来都栩栩如生……但闸门突然间打开，水从每片叶子和树

枝上倾泻而下，就像下了一场阵雨，它全身由黄铜和管子制成，包括每一片叶子在内，但外观与普通柳树几乎一模一样。[16]

在其他地方，她对使用温室、橘子树和柠檬树、鸟舍、雕塑和石窟都赞赏有加。大多数豪华的庄园都至少有一个鹿园，许多庄园有两个（一个养红鹿，一个用于休耕）。当约翰·伊夫林访问伯克希尔的仕华露飞庄园（威廉·塔尔曼设计的另一座庄园）时，他印象最深刻的是里面树木众多："有一个果园有 1000 棵黄金苹果树和其他用于酿制果酒的苹果树；步道和一丛丛的榆树、酸橙、橡树等其他树木……［还有］两个非常雅致的柑橘园……"[17] 当然，他之所以能数出这么多棵树，是因为它们是直线排列的。

这里除了大量奢侈的园艺设计之外，还有其他特色，你可能更喜欢井然有序和奢华的水景。人们在有意识地控制自然——就像商人通过改善河流使驳船可以到达大城镇一样，科学家们也在试图确定这个世界运作的规律。看看这些绅士的图书馆，你会找到关于如何给土地施肥、如何修剪果林、如何在寒冷气候下保养橘子树等书籍。他们中的许多人都是皇家学会的研究员，他们把对自然的操控看作是人类科学进步的一个方面。通过他们在自家花园里选种的鲜花品种，可以看出他们有同样的愿望：玫瑰、水仙、郁金香、紫罗兰、百合、向日葵、蜀葵、羽扇豆、石竹、万寿菊、牡丹、罂粟、海葵、风信子、康乃馨和樱草花。[18] 任何入侵的植物都被认定为杂草并被迅速移除。因此，一座精美的庄园是在有序环境中进行的整体设计，一切都基于人对天赐和谐的自我感知：绝不允许任何偶然出现。英国景观设计之父威廉·肯特 1685 年才诞生，几十年之后他才提出景观设计应该贴近"自然"。铺设正规花园的任务由布朗普顿公园苗圃公司负责，由乔治·伦敦和亨利·怀斯经营。查茨沃斯庄园和汉普顿宫的花园就由他们设计。也是他们建造汉普顿宫的迷宫。其他地方（如帕茨沙尔庄园）开始尝试树木造型。如你所见，富人乡村别墅的花园不论从哪个方面来看都是一件艺术品。

现在让我们转向这些宅邸的内部。其中一些建筑内部装饰的奢华程度让有史以来任何一个年代都相形见绌。

你可能不熟悉安东尼奥·贝利奥的名字，但就绘画来说，在英格兰无人能出其右，西莉亚·法因斯将他誉为"英格兰技艺最精湛的画师"。[19]很多人对此颇为赞同。在温莎，约翰·伊夫林去参观刚刚由休·梅设计建成的圣乔治堂，与整个建筑相比，更让他折服的是"大厅里的巨幅画作"。[20]天花板装饰画的比例和技巧把握得天衣无缝。画作的观感也让人血脉贲张——甚至连查理二世都未曾见过这么多裸体女人。贝利奥曾先后在意大利和法国工作，之后于1672年在蒙塔古勋爵的邀请下来到英格兰，为蒙塔古庄园的楼梯和主卧室作画。于是工作接踵而来，先是在阿灵顿庄园和汉姆庄园，后来从1674年开始在温莎城堡工作，在那里他用了12年时间绘制的装饰画遍布20个天花板和3个楼梯，此外还有圣乔治堂和国王的小教堂。在詹姆斯二世统治时期，他为白厅的小教堂作画，设计了那里的花园布局。在1688年的光荣革命之后，他离开皇宫去装饰伯利庄园和查茨沃斯庄园。他的最佳作品无疑是伯利庄园的天界厅，可能是英国所有私人住宅中最震撼人心的卧房。站在房间的中央环顾四周，会让你心醉神迷：众神在花环装饰的古典柱子上嬉戏；身披斗篷的战士骑着马从天上俯冲而下；一丝不挂的仙女轻盈地浮在半空，让仰视的男人们沉迷陶醉……整体效果就仿佛置身于一座爱情圣殿，看着众神在半空中狂欢，发现自己也飞了起来——而所有的神灵和女神随时都会欢迎你的加入。

不列颠的大型城堡和豪宅向我们展示了大量熟悉的画作——绘画大师的真迹。在这个问题上，变化也在悄然发生，但其方式可能不会立即引起关注。我们的眼睛习惯于看到从文艺复兴时期一直到现代的绘画，所以忘记了用框架镶嵌画作的做法相对来说是近些年才发生的事。在伊丽莎白时代，贵族有一个长长的画廊并不罕见，在那里他展示皇室和历史人物的肖像作为谈资，以及出于自豪展出家族成员的画像。然而，即使非常富有之人在其他房间也很少用画作装饰。这种变化发生在17世纪：约翰·布朗洛爵士的贝尔顿庄园1686年有153幅各种各样的画作；约翰·伦索尔爵士的贝塞尔斯利庄园1682年有145幅画作；贝德福德勋爵的沃本庄园在1700年拥有103幅肖像画。尽管大多数士绅家庭达不到这么多，但到17世纪80年代，大部分家庭仍然有40幅或更多。托马斯·斯宾塞爵士在牛津郡的亚恩顿庄园有50幅画作：他的两间会客厅和一个相邻的休闲厅内挂着家族成员的肖像画；长长的画廊里摆满了传统时尚的国王、王后和显要政客的肖像画；大楼梯上挂着15幅主题各异的画作，包括考文特花园、鹦鹉、荷兰男士、荷兰女人、两只喜鹊、一头驴、公马和母马、詹姆斯二世、挤山羊奶的女人和风景画。骤然间对绘画大师的需求大增，这当然会使价格攀升：一些收藏家，特别是皇室成员，为伟大的艺术品付出了巨额的代价。肯特郡提纳的詹姆斯·奥克森登爵士收藏的绘画价值超过2000英镑，其中有一幅描绘战斗场面的作品花费310英镑，一幅名为《基督与律师的争吵》的画作花费250英镑。[21] 昂贵的价格只会激发贵族们的收藏欲。艺术品越昂贵，越受人们的青睐和追捧。

说到装饰艺术，有一个名字最值得关注：格林林·吉本斯。他是这一时期最著名也是最受追捧的木雕家——或者也可以说，没有任何一个时代的雕刻家在知名度和受欢迎程度上可与之媲美。他出生在鹿特丹，在荷兰学习雕刻，父母是英国人，1667年来到英格兰。三年后的冬天，约翰·伊夫林在德普特福德附近的乡村散步时，注意到一个简陋的孤零零的茅草屋。由于天性好奇，他从窗户向内望去，里面是年轻的吉本斯，当时22岁，正在雕刻一件丁托列托的作品《耶稣在十字架上》。这可不是一个简单的作品，作品中有不下一百个人物围在十字架周边。伊夫林为之叹服。很快人们就发现吉本斯的真正天赋还不在展现宗教场景上，他最擅长的是高浮雕装饰作品：水果和莨苕叶被雕刻得栩栩如生，仿佛呼之欲出。1672 年，他住在伦敦的一家旅馆，用木头雕刻了一盆鲜花，"非常细腻和精致，长途马车在路上经过都会令花朵来回摇摆，真是神奇之极"。[22] 休·梅任用他和贝利奥两人装饰卡西奥伯里庄园和温莎城堡的装饰镶板和壁炉饰架。后来，在包括贝尔顿庄园和查茨沃斯庄园在内的数十座大宅的墙壁上，吉本斯雕刻的形象都活灵活现，水果让人垂涎欲滴，猎鸟似欲俯冲而下。在萨塞克斯郡的佩特沃斯庄园的雕刻室里，他更是超越了自己的极限，在乐器、花瓶、王室徽章上，甚至是珀塞尔的乐谱上都留下了他的雕刻作品。

你可能已经发现，这些令人惊叹的丰富多彩的设计和装饰大多来自他国的影响。你已经见识过外国风格如何引领时装潮流；上述这些豪宅大院中所有的辉煌设计几乎都依赖于国外的创新。帕拉第奥式建筑的引入在很大程度上可能要归功于伊尼戈·琼斯，但需要记住它起源于 16 世纪意大利的帕拉第奥。贝利奥也是意大利人，吉本斯在荷兰学习的雕刻技艺。设计花园布局时的秩序感极具法国风格。这种对外国文化兼收并蓄的开阔视野也会在其他装饰艺术中得到体现。当时技艺精湛的铁器雕刻大师是法国人让·迪佑。号称最重要建筑雕刻家的凯厄斯·加布里埃尔·西伯则来自石勒苏益格-荷尔斯泰因[①]。查理二世和詹姆斯二世长期流亡法国，这使他们不仅笃信天主教，还对一切法国的风尚都推崇备至；同样，威廉三世的家世起源也为许多荷兰风格大开方便之门。新的时尚逐层渗透到整个士绅阶级的举止言谈之中，所有绅士都纷纷效仿。英国乡村别墅在设计、布局和装饰方面的国际特色是前所未有的。

所有这些重建工作都要耗费巨资。伊夫林听坊间传言说，伦敦伯克利庄园总计花费了 30000 英镑。[23] 拉姆斯伯里庄园耗费了威廉·琼斯爵士及其执行人 17257 英镑。[24] 贝尔顿庄园建造费用为

---

① 德国北部一州。——译者注

10000英镑，装修费用为5000英镑。查理二世为装饰温莎城堡天花板和楼梯向贝利奥支付的费用超过7000英镑。[25]一位普通绅士装饰乡间别墅的花费要低一些——在3000英镑至4000英镑之间——但即便如此，也是一笔巨大的支出，再次表明富人和其他人群之间有着天壤之别。

所以，如果你足够幸运，能住在其中一个地方，会是什么感觉？你会发现自己身处一个冷冰冰的建筑博物馆吗？抑或是给人以温暖和舒适的感觉？你期望里面有什么设施？你希望享有什么样的家具、便利和乐趣？

如果你被安置在一间设施一流的卧室，你所进入的"房间"堪比一套公寓，接待室、前厅、卧室、私室①和衣帽间一应俱全——这种生活方式最初源自法国，在1660年后被引入英格兰。[26]规模稍小一点儿的话，你的公寓可能只有卧室、私室和衣帽间（衣帽间是一个小房间，在里面你可以独自阅读或写信，在日间休息床上小憩，免受外界的打扰）。当你的仆人为你打开每扇门时，你会注意到他转动着黄铜手柄，并不像过去一样抬起铁闩。进到里面，会看到墙壁上装饰着鲜艳的羊毛和丝绸挂毯：既能挡风，又比抹上灰泥更温暖。通常情况下，上面提到的挂毯都来自佛兰德斯或法国，你也可以在莫特莱克的英国挂毯工厂买到一套。在挂毯下方通常有一小部分外露的镶板，作为一种奢华的踢脚板。王朝复辟初期地面用蒲草席子覆盖，但随着人们开始在地板上铺设小块甚至整块地毯（之前毯子仅用于覆盖箱子和桌子），草席变得越来越不合时宜。每间客房取暖均依赖大理石壁炉，照明改为镀金烛台。如果你希望夜里能有长明灯，可以使用石臼烛台。仆人退下之后，你可以对着挂在墙上的一面大镜子整理妆容，身下坐的矮椅配有高靠背和丝绸软垫。床做工精致，上铺羽毛床垫，有一个顶棚很高的四柱床架，还有丝绸锦缎

---

① 相当于现代的卫生间。——译者注

床帐、丝绸被子和相匹配的帷幔。17世纪末又流行一种新时尚，床不再是四柱形，四面都有床帐，半顶棚仅能覆盖头顶上方，床帐向后掠起。床单由荷兰细麻布制成。床上用品的布料可选用"印花棉布"：颜色鲜艳的手绘和染色棉花，通常来自印度，而不是中国，它们在17世纪末来到英格兰。你的窗帘可能由类似材料或染色平纹细布制成。房间里可能有一个橱柜或抽屉柜，用于放置重要的个人物品。在17世纪末，镜子前面会配上桌子，作为梳妆台。洗涤设施包括一壶水和一个用于冲洗脸部和手部的盆。在私室里，你会发现你的恭凳：一个大木箱，顶部盖子抬起后，会露出一个天鹅绒面的座位，中间有一个洞，下面有一个可移动的圆盘。备有卫生纸用于擦拭；也有可能是一次性的羊毛布。

当你坐在卧室里时，你禁不住会想，这也不比现代世界差到哪里去。确实，这里的照明依赖蜡烛，从挂毯上能看出房间的年代，但就一般的舒适程度而言——例如，在纺织品的柔软度方面，不仅指床——你会有宾至如归的感觉。房子的其他部分也大致如此。在复辟时期，时尚的住宅会兼顾舒适与辉煌，二者之间达到完美的平衡。走进一个餐厅，环顾四周：它很可能会有一个对称的模压石膏天花板和精雕细刻的镶板。大理石壁炉会配备炭架和铸铁背壁，也可能是一个壁炉篮。经典的17世纪地板由大块黑白相间的方形大理石组成。墙上挂着镀金框架的肖像画。落地钟在角落里嘀嗒作响。桌子上铺着白色的亚麻布，晚餐要用的器具已摆放整齐，包括烛台、餐盘保温器、银盘、白镴盘或瓷器、酒杯、白色亚麻餐巾、银盐罐、勺子，甚至还有刀和叉。你可能会看到墙上挂着乐器：佩皮斯在他的餐厅里演奏他的小提琴和古琴，琴身用绿色的布幔和镀金皮革装饰。[27]当你移步到客厅时，可能会看到一套软垫扶手椅、躺椅或沙发——舒适的终极基准。你可能还会见到藤椅和日本（黑漆）家具、抽屉柜和屏风、写字台或书桌（斜放在桌子上的一块板）和来自远东的装饰陶瓷。

有些宅邸会设有专门用途的房间，供主人和他们的客人使用，比如小教堂、图书馆、"珍稀物品柜"、档案室、台球室、音乐室，偶尔也会设有浴室和吸烟室。[28] 你甚至可能会在某个宅邸见到带冲水装置的卫生间，比如在萨里郡的贝丁顿庄园，但极为罕见，我不建议你在内急时四处寻找这样的设施。[29] 另一方面，一些古屋在过去的 200 年里未做任何改变。许多仍保留着古老的中世纪大厅。你如果在 17 世纪 60 年代去什罗普郡的奥克尼公园，会发现马修·赫伯特爵士的大厅内配备了一张长桌，两边各有两条长凳，桌首有一把椅子，还有两张边桌、一幅画和一根烛台，所有这些都被描述为"陈旧而破败"。[30] 还有许多绅士的住所情况也差不多，你如果从古老的大厅穿过，可以看到火枪、戟、剑、长矛、盾牌、头盔，以及除此之外的所有种类的盔甲，这些都是早年保留下来的，过去绅士们会把当地民兵的盔甲存放在他们的庄园里。在那些带长廊的伊丽莎白时代的庄园里，这些空间会被充分利用，不断被绅士们四处搜罗的画作所填满。因此，一座奢华的乡间别墅可谓是功能齐备，从寝食场所，到博物馆、军械库、音乐表演厅、室内游戏室、图书馆和宗教礼拜场所，无所不能，无所不包。有些甚至还有演出舞台剧的剧场。[31] 事实上，如果你选到称心如意的豪宅，很可能会流连忘返。

城镇住宅

一些贵族的城镇住宅基本上可算作建造在城区的豪宅。它们在建筑规模上与乡村别墅相当，也有豪华的接待室、豪华的公寓、标准的花园，甚至还有自己的马厩。然而，在很多方面，城镇住宅与绅士的乡村别墅还有很大差别。它们没有足够的空间提供功能各异的设施，也不需要如此。

新鲜的食物和饮料唾手可得；马车和马匹也近在咫尺；花园、剧院和休闲场所步行可达，或在很短的车程之内。与此同时，噪音更大，空间更小。因此，你入住城镇房屋的体验可能与你访问最新式的乡间别墅有很大不同。

假如你去拜访亨利·科比特医生（在上一章中提到过），他住在林肯市的一所老式的厅室房屋里。大厅曾经是房子里最重要的房间，现在已很少使用，只有一张桌子、一条长凳和六把皮革椅子。如今科比特医生的主要房间是几间装饰镶板的会客室，其中最好的一间里面有两张桌子和十四把椅子，还有一个舒适的躺椅，窗户上挂着窗帘，再加上一只炉子。漫步到他的第二间会客室，在那里你会看到一张圆桌、四把椅子和一个橱柜。地窖里堆放着木桶和玻璃瓶；乳品屋里同样放满了小型啤酒容器；还有一个酿酒厂。餐厅的桌子上铺着皮革"地毯"，房间四面墙上装饰着镀金的皮革墙幔，图画从顶部垂下。科比特医生最好的卧室里配有抽屉柜、梳妆台、椅子、挂画和其他家具，所有这些再加上床和墙幔，总价值为62英镑——这笔开支远远超过了镇上任意一家高档旅馆中最豪华房间内部装饰的花费。再加上五个房间——其中一间是他的图书室——的陈设，以及他的厨房，他在这个房子里的可移动物品的总价值加起来超过300英镑。[32]

即使科比特医生的房子很古老，你仍然可以找到能体现出复辟时期奢华风尚的迹象，这些在内战之前一般都是没有的。炉灶、沙发、挂画和窗帘也许是最明显的特征。但是，一座适合"成功人士"居住的新建房屋不仅在屋内陈设方面能体现出现代感，在其固定设施及配件方面也是如此。垂直推拉窗最早出现在17世纪70年代：罗伯特·胡克为拉格利庄园、拉姆斯伯里庄园和蒙塔古庄园安装了这种窗户；克里斯托弗·雷恩也在汉普顿宫安装了同样的窗户；威廉·温德又将它们复制到贝尔顿庄园。到该世纪末，在用于普通城镇住宅的垂直推拉窗的产量方面，伦敦处于领先地位。[33]再看看窗户本身，长方形釉面窗格里镶嵌着宽达五英寸的玻璃——与先前使用的铅制格栅中拥挤在一起的小块菱形玻璃有着天壤之别。房梁不像以前的房子那样暴露在外面,而是覆盖着石膏天花板,通常经过精心压膜。在一些地方,使用彩绘的墙幔代替挂毯,更加保暖并防风。给楼梯安装了扶手和带拐弯的护栏,并且在空间允许的情况下,围绕开放的楼梯间建造。会客室的镶板比以往更加精致和优雅,门框在内部门口上方雕刻着三角形楣饰。门本身不再是简单将垂直木板钉在一起,而是由木匠镶嵌并安装把手。前门上甚至可能有一个明亮的新门环。[34] 在所有这些现代化设施中,最值得关注和最受欢迎的一点就是发明了新的取暖方法。自16世纪以来,英格兰一直存在木柴短缺现象:现在人们越来越多地借助煤炭取暖。铁制壁炉篮、"炉栅"或"吊架"已经引入,因此在城镇住宅中可以烧煤炭和木炭,以供家庭取暖。[35] 封闭的铁炉全天都可以持续供热;有些也可以用来做饭。从前房子内都是建造都铎式石烟囱通向屋顶,大型原木无法有效地燃烧,火势一旦弱下来,气流就会下降;现在城镇居民正在用砖块重建他们的烟囱,上面设有更小的孔径,抽力更有效,因此壁炉或火炉中的煤炭燃烧后产生的硫磺烟进入房间的风险较小。[36] 壁炉周围的大理石雕饰精美,极具特色,它不仅成为墙壁的焦点,而且还是实用的展示架。虽然王室在公寓里仍然只烧木头,贵族出于某些特殊原因往往仅购买煤炭,例如为了给闲置的房间通风,在你到访期间,在城镇里极有可能是使用煤炭取暖,尤其是伦敦。到1700年,首都的公民每年进口335000焦尔伦(444000吨)煤炭用于取暖。[37] 在苏格兰,因为煤炭燃烧速度太快,苏格兰人会将煤炭与泥炭一起使用,即使像阿伯丁这样繁华的城镇,也在使用泥炭。[38]

科比特医生房子的另一个现代化的标志是他拥有的画作数量。"中产阶层"正在用艺术品填满他们房屋的墙壁,特别是集中在楼梯、餐厅和其他游客可能看到的区域。在一位富有的林肯市公民伊丽莎白·曼比家里,楼梯墙上挂着15幅图片,餐厅里有3幅,有一间装饰华丽的备用房间里还有一幅风景画。这个阶层的你不需要像买绘画大师的真迹那样付出天价:1660年一张油画画像可能花费3

英镑10先令，还包括一个合适的相框。[39]1675年，在布里斯托尔画家约翰·罗斯沃尔姆的工作室里，有18张画作每张售价为1英镑；还有一张名为《三位罗马给天父授乳》的油画售价为3英镑；八张风景画，每张7先令6便士；两张战争主题画作，每张5先令；各色普通和高质量的肖像画，每张6—8先令。[40]或者你也可以去经销商的店里，选购墙上的艺术品。即使是一个相对贫穷的人也可能拥有小型艺术收藏。1668年，布里斯托尔大教堂的管风琴家托马斯·阿迪恩拥有六幅画作，每幅画的价格都只有1先令。[41]一些印刷的名画和风景画也很便宜，可以从文具商店购买。林肯大教堂唱诗班的威廉·诺里斯在他的大厅里有23幅各种尺寸印刷的画作，总共价值1英镑。[42]意大利和法国的风景是受欢迎的主题，关于教堂和古董的印刷画也是如此。到1700年，画作对于城镇住宅的室内装饰至关重要。

不是每个人都足够富裕，可以用艺术品甚至体面的家具来装饰自己的房子。理查德·黑泽尔廷是林肯市的一名工人，他有一间小房子，有一个大厅和两个房间。里面的家具价值2英镑，衣服10先令，一个黄铜锅5先令，一个破碎的锡酒壶5先令，以及壁炉家具3先令。外面还有一头奶牛价值1英镑，母猪10先令，还有一群蜜蜂价值16先令。[43]他无法让客人留宿在家里。埃克塞特的理查德和夏丽蒂·格里芬夫妇也做不到：他们最多也就是为你提供带脚轮的矮床。他们的所有财产包括这张矮床和他们自己的床、炊具、基本的家具，如箱子和长板凳、床单和一些铜器。所有可移动的财产加起来价值3英镑17先令6便士——他们绝对算不上城里最穷的人。[44]还有许多其他人的财产根本不值得估价。

在卫生方面，每个人——富人和穷人——都面临同样的问题。佩皮斯在1660年10月20日上午的经历很好地说明了这一点。当他走到地下室看看新窗户安装在哪里比较合适时，他一脚踩上"一大堆粪便"。他发现隔壁邻居的粪坑已经满了，并且溢进了他的房子里。[45] 无论你有多少个尿壶，或者你的恭凳上的坐垫是多么毛茸茸：它们都必须在某个地方被清空。1663 年 5 月，佩皮斯太太和她的女仆不小心将"一盆大小便"洒在楼上。[46] 幸运的是，每个人都可以付之一笑。但是，如果你目睹有人在白厅的黑暗角落里排便，你就笑不出来了。根据安东尼·伍德的说法，朝臣们习惯于"在每个角落留下粪便，烟囱、图书室、煤房、酒窖都不能幸免"。[47] 富有也好，穷人也罢，都必须定期清空家里的粪坑，并将粪便运输到位于城市郊区的各个垃圾堆放点。这个过程必须在晚上进行。1663 年 7 月，工人整夜劳动，直到凌晨 6 点，为了清理佩皮斯的"办公间"（厕所的委婉说法）。同样，为了清洁起见，他们需要放慢脚步，因为整个搬运过程他们必须小心翼翼地从房中穿过。[48]

农庄和农舍

如我们所见，四分之三的人口居住在农村地区。因此，你到访时更有可能混迹于那些"生活了无生气"的乡村百姓和那些"勉强度日"的穷人之中，而不是加入贵族或士绅的行列。我建议你避开笛福所区分的位于社会最底层的境遇凄惨之人，"他们食不果腹，捉襟见肘"，连自己都无法养活，更不用说再加张嘴了。

在住房方面，普通乡下人享有与城里人不同的优势条件。虽然富人通过重建乡间别墅来展示他们通晓时尚潮流，而城市专业人士会用他们所有的积蓄购买画作、地毯和类似的奢侈品，但不太幸运的人则更关心怎样为下一个歉收年提前做好准备。他们不会单纯因为追求时尚而重建房屋。事实上，如果不是万不得已，他们根本不会重建房屋。他们也不会建造新房子，除非原来的房屋已摇摇欲坠，或者农民设法得到了圈地许可，希望在他的农场中间建一座新的农庄来加强管理。当这种情况发生时，他在村里的旧房子立即就被腾出来，作为农舍，进一步增加了住房存量。

这并不是说农村住房不会发生变化。自 16 世纪中叶以来,人们一直在改造房屋,增设壁炉和烟囱、门廊、玻璃窗、楼梯,并进行扩建。这些改建工作大多数在 17 世纪初完成;除了在苏格兰,或者在英格兰和威尔士最偏远的地区,你不会见到大厅中间还摆放着炉膛,整个房间都笼罩在浓烟之中的情景。[49] 同样,在苏格兰边境线以南地区,很少有哪家农舍完全不安装玻璃窗。你会发现这两个王国有些老房子的大厅里房梁仍然暴露在外面,或者很少有私人空间,或者在侧翼新建客厅与旧的大厅相连。这是 17 世纪末房屋建设最常见的原因:富裕起来的农民和手工业者需要为自己的家庭和仆人提供更多的居住空间,他们不再满足于每晚在大厅中的火炉旁睡觉。

再来看看 17 世纪 60 年代考文垂附近的尼德弗莱彻姆斯蒂德农庄。这是一个自耕农威廉·米的房子。两层楼都安装了竖框窗户,还有高耸的烟囱,显然是 17 世纪初某个地位显赫之人的住宅——由一位生活富裕、有闲钱的农民对建筑进行了翻修。事实上,在威廉去世时,他的货物和动产总价值超过 520 英镑。[50] 然而,他去世的 1695 年,他的大厅陈设非常简单:只有传统的长桌、长凳、一张小桌子和壁炉所需用具——铲子、钳子、柴架和新买的用于烧煤的炉栅。大厅不像过去那样是房子的绝对中心,在它的上方建了一间卧室。隔壁的客厅有一张绘图桌、一张圆桌、一个橱柜、一个箱子、一把扶手椅和六把带俄国皮革软垫的椅子,以及另一个用来烧煤的炉栅,配有火钳和火铲。在第二个大厅里,只有一个旧的铁炮塔钟和一个炉栅。底层的其他房间包括食品贮藏室、厨房、磨房(安装了麦芽粉碎机),以及乳制品或奶酪室,都属于实用性的房间。走进二层的卧室,你会发现,就睡觉而言,它们都非常舒适:最好的房间有带床帐的羽毛床、帷幔、床罩、小毯子和毛毯,还有许多椅子和凳子。但是没有挂画、地毯、屏风、日式家具、镜子和靠垫;房子里一本书也没有,也不配任何便壶。除了俄国皮革椅之外,整个房子里最接近现代奢侈品的东西是一个实用的工具——一只熨衣服的烙铁,在食品贮藏室正上方的卧室里。威廉·米家的粮仓有充足的黑麦、小麦、燕麦、大麦、野豌豆和豌豆。有40英亩的玉米田、92只羊、9匹马、6头猪;母牛、公牛、小母牛和小牛总共58头;以及几百英担的奶酪——你可能以为他会买点儿奢侈品,但绝对不会。他不是个例。17世纪末房屋的改进体现在日常用品的质量上,例如家具。独座的椅子和凳子已经取代了长凳,一些椅子加了软垫。橱柜已经取代了货架。大部分家具由专业的木匠打造。比较富裕的农民家里的财富主要体现在他的田地和谷仓里;非必需品少之又少。

听到穷人的房子里也没有什么奢侈品,你肯定不会感到惊讶。当德文郡邓斯福德的托马斯·杰弗里于1691年去世时,他农舍的租契价值10英镑——比他所有财产的一半还多。在卧室里,除了两个物品箱之外,只有三张旧床——没有任何装饰。同样,除了储物柜、桌子和长凳、高背长椅和饭锅之外,大厅里什么都没有。除加装了玻璃窗外,从他曾祖父那时起,家里就没有做过改建。处在社会最底层的人完全有理由认为整个时代的变迁早已弃他们于不顾。[51]

你肯定还记得不要留宿在托马斯·杰弗里这样的人家里的忠告,他们无法为你提供任何生活上的便利条件。但我还是要不厌其烦地提醒你,大多数人(62%)都属于这一类:劳工、茅舍农和贫民——"勉强度日的"穷人。他们不会在燃烧煤炭或木材之间进行选择,因为二者他们都买不起。泥炭是整个英国——从康沃尔郡到苏格兰——的穷人使用的标准燃料——但并不是到处都能买到。西莉亚·法因斯指出,在彭赞斯周边除了"金雀花、荆豆和蕨类"之外没有燃料;居住在多塞特郡斯沃尼奇附近的人们在海岸上捡拾油石,穷人就用它烧火,它的火苗比较小,也可以起到蜡烛的作用,但却散发出强烈刺鼻的气味。在彼得伯勒附近,她看到"在普通人家房屋的墙壁上,会抹上牛粪,等晒成蛋糕形状的干牛粪后可用来烧火——这种燃料的气味令人作呕,但是这一带的人们几乎没有其他可替代燃料"。[52] 在威尔特郡,托马斯·巴斯克维尔发现海沃思的穷人也是这么操作的:将牛粪涂满农舍的墙壁,在夏天将其晒干,以便在冬天使用。[53] 在苏格兰,除了牛粪和马粪之外,还会使用晾干的海藻。[54] 不要忘记,这些燃料不仅用于加热,也用于烹饪和照明。如果你几乎食不果腹,蜡烛是买不起的。因此,如果你认为参观一座城市是一种多感官体验,空气中夹杂着各种粪便的气味,而且烟雾弥漫,那么请放心,参观农村穷人的家同样会带给你感官的冲击。不过有一件事情你倒是无需担心,隔壁邻居的粪坑不会溢出后流到你的家里。在乡村生活的好处是,你有足够的空间挖洞。

第九章

饮食烟酒

你若觉得回到复辟时期的英国,便可回归到一种更为健康的生活方式,享受纯净天然、营养均衡的饮食,那你可要失望了。且不说当时嗜烟酗酒风气之盛,单是人们如何界定何谓健康的饮食,就足以令你瞠目。在现代社会,我们根据营养需求摄取不同的肉类食品,但也不过寥寥数种而已。但是在复辟时期,人们认为所见的动物皆可食用,是上帝为其准备的,似乎诺亚方舟上所带的各种飞禽走兽就是一份菜单。以下是爱德华·张伯伦列出的一张英格兰食物清单,种类非常之丰富:

遍地都是羊牛猪鹿、岩狸野兔……赤鹿、山羊[和]獐[鹿]。有成群的鸡、鸭、鹅、火鸡、鸽子和云雀;鹧鸪、野鸡、千鸟、水鸭、画眉、山鸟、田鹨、乌鸫(或黑鸟);还有野鸭、野雁、天鹅、孔雀、白颊鸟、鸸鸟、鹌鹑、丘鹬和田兔。[英格兰]不乏沙鳅、矶鹬、麻鹬、贝林鸟、小嘴鸻、牝鹿、炭鸦、山鸦、红雀、滨鹬、海千鸟、黑头红嘴鸥、红脚鹬、水秧鸡、麦翁禽、苍鹭、仙鹤、麻鸦、大鸨、海雀、䴘鹬、黑雄松鸡、红松鸡和歌鸫。水产品也极其丰富,包括鲑鱼、鳟鱼、七鳃鳗、白杨鱼、鲤鱼、丁鲷、八目鳗、梭子鱼、河鲈、鳗鱼、鲷鱼、岩鱼、鲦鱼、小龙虾、比目鱼、鲽鱼、鲋鱼和胭脂鱼;鲱鱼、牙鳕、鲭鱼、鳎目鱼、胡瓜鱼、沙丁鱼、小鲱鱼、牡蛎、龙虾、螃蟹、基围虾、刺鱼……对虾、橘棘鲷、贻贝、乌蛤、康吉鳗、大比目鱼、鳕鱼、鳐鱼、扇贝，等等。还盛产水果，如苹果、梨、李子和樱桃。此外，英格兰还盛产小麦、大麦、黑麦、干豆、黄豆和燕麦，有优质的黄油和奶酪，以及多种可食用的根茎和香草。[1]

这份清单怎么说都算不上均衡的饮食。首先，肉食所占的比重太大。清单上还列有几种水果，而所列的蔬菜，除"可食用的根茎和香草"之外，再无其他。对于素食主义者来说，生活在这个时代无疑会比较难熬，当时普遍认为人人都想要吃肉。其次，不均衡性还表现为所食动物无法持续供应。人们吃掉的野生鸟类太多，有些鸟类甚至很快就濒临灭绝。第三种不均衡性在于人们饮食中的脂肪含量过高。米松先生发现，英国人吃牛肉时，"会搭配五六堆撒满胡椒粉，浸着黄油，用盐腌制过的甘蓝、胡萝卜、红萝卜或其他一些香草和根茎类蔬菜"。[2] 人们还毫无顾忌地食用大量的奶油和鸡蛋。有一种艾菊布丁（一种调味鸡蛋布丁）的做法：

  取 15 颗蛋黄和 6 份蛋白搅拌均匀，放入适量食糖，少许萨克葡萄酒［一种西班牙干葡萄酒］，约 1 品脱奶油，再放入艾菊、菠菜、樱草叶等，切成碎末，搅拌均匀，放入煮锅，点火，不停搅拌直至变稠，然后放入平底锅中，用淡黄油煎炸，再用玫瑰水、黄油和食糖调味。[3]

这样一道含有大量肉类、黄油和奶油的餐点一定会使你增重，不过你得有钱才能吃得起。倘若你是穷人，就几乎不用考虑张伯伦所列的任何食物了。一只鸡至少要花 1 先令，是一名熟练木工一周工资的 1/8。要是那只鸡的价格与木匠的工资涨幅同步的话，那么，2016 年你得花上 66.49 英镑来买这样一只鸡了。这还是最低价呢。[4]

至于水果，单单一只梨就得花 1 便士，相当于一名熟练手艺工人一周工资的 1/96，约合现在的 5.54 英镑。

由此可见，在复辟时期的英国，食品十分昂贵。但是别忘了，这才不过是平均价格而已：那时候的物价，每年的波动要比现在大得多。主要原因是当时处于小冰河时期（17 世纪全球气候变冷）。英格兰老一辈的人依然还记得 1623 年坎伯兰郡和威斯特麦兰郡发生的饥荒。其实年轻人也都知道 17 世纪 40 年代食物短缺，且英国遭遇内战之困，彼时许多人沦落到吃猫狗老鼠果腹的地步。[5] 对饥荒的恐惧在社会各阶层蔓延开来，因为饥荒导致物价陡升，并催生犯罪及动乱，最终也会影响城里的有钱人。这也是佩皮斯和伊夫林等人格外关注天气的一个原因。1661 年的 6 月，天气非常潮湿，伦敦人担心农作物霉烂，继而引发饥荒。[6] 当年全英格兰境内，食物价格确实几乎达到历史最高水平。如果你不想体验饥饿的感觉，就不要选择在 1660、1661、1673、1674、1696 或者 1697 年回到英格兰。在这些年份，小麦价格高出长期均价的 25%。据记载，小麦价格较低（低于均价的 25%）的时期主要出现在 1685、1687、1688、1689、1690 以及 1694 这几年。[7]

毫无疑问，要是回到复辟时期的英国，最糟糕的时间和地点恐怕是 1693 年到 1700 年间的苏格兰，那段时间也被称为"荒年"。这一时期，苏格兰的人口总数下降了约 10%。受灾最严重的苏格兰高地地区，有五分之一的人口死亡。[8] 这怎么可能呢？为何苏格兰受灾情况比英格兰严重那么多呢？要知道 1696—1697 年间的饥荒波及了整个欧洲。造成这种情况的原因有很多，其中最重要的原因恐怕是自给农业在苏格兰占据主导地位：人们自给自足，将余粮储存起来或者交换其他用品。如遇歉收的年景，尚有余粮的人家就将粮食储存起来，其他人就只能吃留作种子的粮食，这就意味着来年无粮可种。连年歉收更是加剧了这种危险。连续三年歉收就足以拖垮一个发展健全的市场经济，比如 1594—1597 年间的英格兰经济。

第九章　饮食烟酒　271

但是，苏格兰并非市场经济，饥荒之年，粮食都被储存下来，不再易手。17世纪90年代，苏格兰共出现了七次粮食歉收的情况。显然，最贫穷的人们只能依靠教区救济，但是，在那些没有救济体系、太过偏远，或者当地没有市场可以购买谷物的地方，救济会也无能为力。妇女们没有食物果腹，难以怀孕。刚生下孩子的妈妈没有奶水，孩子也因饥饿死去。男人们为了找工作，背井离乡，当地的劳动力由此减少了一半。英格兰和威尔士的情况相对要好一些，原因在于这两个地区的气候要好一些，歉收的年景少一些，而且即便是歉收，损失也没有苏格兰那样惨重。最重要的是，英格兰和威尔士有680座集镇，余粮通过集市进行流通，使贫困救济系统能更有效地运行。

当你环游英国时，会发现更多饮食上的限制。季节性显然就是一个限制因素，包括海鲜、羔羊肉和新鲜水果等都有季节性。当时就有了牡蛎只能在单词带"r"的月份里吃的说法。[9]食物价格一年四季波动很大：与夏天相比较，冬天新鲜鸡蛋数量少、价格高（因为母鸡产蛋与日照量有关）。此外，即使是在陈设齐全的城镇住宅中，烹饪过程也存在一些问题。约翰·伊夫林有一天晚上在葡萄牙大使家中用餐时，上了一道烧焦的鸡肉。[10]要是用炙叉烧烤（烹饪过程可随时查看）都能把肉烤焦，那用烤箱烘焙食品的难度就可想而知了。你得熟悉家里的烤炉，否则就不知道食物放在烤炉中要烘烤多长时间。烤炉上没有可视玻璃门，也没有温控装置，门一打开，热量可能全部散失。1660年11月，伊丽莎白与塞缪尔乔迁新居之后，她用嵌在厨房壁炉同侧的烤炉来烘焙水果馅饼和蛋糕。[11]两个月后，她和丈夫与皮尔斯夫妇共进晚餐，食物中有一道"烤牛头（烤架烧烤的），几乎全是生的，我们根本没法吃……"伊丽莎白说皮尔斯夫人"邋里邋遢的，我不喜欢她做的菜"，当然，这里的邋遢是指厨房不整洁，并非是指品行。[12]

也许你在想，吃未烤熟的肉可能有害健康，但事实上却很少有人死于食物中毒。统计学家约翰·格朗特研究了伦敦地区的《死亡率报表》，得出的结论是，在229250人中，只有14人可能死于食物中毒，比例为1:16375。[13] 所以你大可放心，因切到手指流血而死的概率都比死于食物中毒的概率要高。

地方特色食品

苏格兰的"荒年"说明英国各地的食品不能概而论之。地理位置决定了你最主要的饮食是什么。如果你真的穿越到了苏格兰北部地区，你要是喜欢吃燕麦的话，倒是件好事，因为苏格兰家家户户几乎每餐都要吃燕麦。事实上，苏格兰的男女老少，他们摄入热量的四分之三都来自于燕麦。[14] 燕麦还被烤成燕麦面包，熬成燕麦粥或者做成燕麦饼。就算你是个坚定的苏格兰爱国者，这种每餐都吃燕麦的饮食也未免有些单一。

一个地方若盛产某种食物，会出现两种结果：要么是没有替代品，造成当地人饮食单一，营养失衡；要么可能发展成地方特色饮食。康沃尔郡盛产沙丁鱼，产量甚至可以说有些过剩，它促进了当地经济的发展。如果你确实喜欢沙丁鱼，这个地方绝对是不二之选。萨塞克斯郡的胭脂鱼和东盎格鲁海岸的鲱鱼也同样享有盛名。西莉亚·法因斯在英国游玩的时候，时常觉得找不到好吃的东西，但她却对白浪岛和珀尔贝克岛的螃蟹和龙虾、塞汶河的三文鱼赞不绝口，更是对温德米尔湖区的鲑鱼赞叹不已。她还喜欢萨默塞特郡的苹果和梨，盛赞当地的苹果酒。在德文郡，她还吃了奶油苹果馅饼。[15]

有一位作家非常喜欢地方特色食物，他就是托马斯·巴斯克维尔。在格洛斯特郡，他注意到集市上售卖大量鼠尾草干酪；在格洛斯特市，人们将鳗鱼制成蛋糕；在庞蒂夫拉克特镇有大量甘草供应；在雅茅斯镇，人们成船地捕捞、腌制和熏烤鲱鱼。[16] 这些地方特色食物让他想一探究竟，看看到底有多少食物以产地命名。他能想到的有切达奶酪、赫福郡苹果酒、班伯里蛋糕、图克斯伯里芥末、苏格兰肉片、斯塔德利胡萝卜（产自威尔特郡的斯塔德利镇）、泰晤士西鲱、贝斯尔斯利芜菁、巴托洛缪市集的烤猪、萨瑟克区集市的烤猪肉、萨弗伦沃尔登的番红花。他还将一些食物名称记录下来，写成了押韵的诗句："汉普郡的蜂蜜，人人都爱买哩"；"多赛特的母羊产幼崽，沃里克郡的公羊最招财"；"加那利的萨克酒和布里斯托尔的雪利酒，将人的悲伤都带走"。他还提到了一些已经享誉世界的外国饮食，如德国威斯特伐利亚的火腿、法国南斯的白兰地、加勒比的朗姆酒、土耳其的咖啡、波斯的果汁冰糕、东印度的大米、西印度的玉米、巴西的蔗糖、百慕大群岛的柑橘、法国的红葡萄酒、俄罗斯的鲟鱼，以及牙买加的香料。[17]这样看来，整个世界俨然就是个食品储藏室。

斋戒

中世纪时期，虔诚的天主教徒每逢周三、周五、周六、大斋节以及基督降临节都禁止吃肉。在英国，这项传统一直持续到宗教改革之后，直到16世纪90年代才趋向结束。如今，除了天主教徒，其他人几乎天天都吃肉。无论是在公共场合还是私底下，几乎都没有人遵循这一传统了：你大可在周五的那一天在伦敦的酒馆里享用大块羊肩肉，别人连眼睛都不会眨一下。

但是斋戒的传统并未就此废除。大家还是普遍认为在大斋节期间应该以信仰为重，不吃肉类和鸡蛋。1661年，国王命令所有人必须力行斋戒，大力宣扬这一传统。贝德福德伯爵等人更是尽职尽责遵循这种传统，戒绝各类肉食，其他人则对此置若罔闻。佩皮斯认为斋戒不太现实，因为斋戒时人们吃鱼作为替代品，可穷人一般买不起鱼。佩皮斯以自己为例，认为缺乏自制力是不遵守斋戒的一个更为重要的原因。1661年2月27日，他下决心斋戒40天，但只坚持了一天就放弃了，开始吃肉。3月10日，他只吃了"寒酸的芸苔和腌肉"，（在他看来，难道腌肉不算肉吗？）坚持吃了一周腌肉后，他和妻子又忍不住拿出牛肉大快朵颐。在3月26日的晚宴上，他对特纳夫人和餐桌上的人说，他和妻子在大斋节期间原本可以不吃肉的，只是"无奈家里有许多上好的肉"。1663年在整个斋戒期间，他只有一天没有吃肉。[18] 尽管如此，即使到17世纪后期，也还是有很多人认为斋戒是一种美德。1682年，汉娜·伍利列出了可在大斋节和其他斋戒日食用的食物，其中包括一种此前从未出现在英国人餐桌上的食物：烤土豆。[19]

促使人们斋戒的原因不只宗教。查理二世将1月30日定为斋戒日，意在纪念他的父亲（查理一世于1649年1月30日被送上断头台）。佩皮斯发现比起长达40天的大斋节，为期一天的斋戒很容易遵守。此后还流传一种说法：虔诚斋戒有利于风调雨顺。因连日阴雨，1661年6月12日的这个星期三就设为斋戒日，以避免可能出现的疾病和灾疫。次年的1月15日也因同样的原因被定为斋戒日，人们可以借此祈求风调雨顺，免除灾祸瘟疫。[20] 考虑到1660年和1661年这两年谷物的价格极高，以及1665年瘟疫的袭击，我们就不难理解人们这样斋戒的原因。瘟疫肆虐的时候，就有好几天的时间被设为"庄严的斋戒期"。到了17世纪接近尾声的时候，即在17世纪80年代宗教危机之后，在虔诚的圣公会信徒眼中，斋戒与收成之间有关联的说法不再流行。自然科学的发展有助于破除有关斋戒的迷信，因此在威廉三世执政期间，有越来越多的人不再视斋戒为祭祀之礼。

用餐时间和餐桌礼仪

一日早中晚三餐的惯例并非古来有之。16世纪中期之前的英国很少有人吃早餐，只有赶路的人和田里收割庄稼的人，以及工作时间很长的人才吃早餐。大多数人一天只吃两顿饭：上午10—12点吃一顿早饭（正餐）和下午4—6点吃一顿晚饭。但是，有越来越多的人开始为他人打工，于是不得不遵守我们所谓的"办公时间"，他们没法在上午10—12点和下午4—6点的时候吃饭。在大多数地方，越来越常见的是，中午休息一下吃顿午饭而非早饭，以及一天工作结束后才吃晚饭。当时，这种用餐习惯在农村地区也已为人们广为接受。因此，你会看到人们在中午的时候享用正餐，晚餐的时间就说不准了。至于早餐，依然还没有定性：早餐到底算不算一日三餐呢？

啤酒是早餐最常见的食物。英国有个古老的传统：赶路的人早起会喝一到两品脱啤酒再上路，这一传统直到复辟时期都还有人遵循，比如托马斯·巴斯克维尔。小镇居民也会喝上一杯"早酒"（散装的生啤）来开始新的一天。面包和黄油被认为是标准的乡下人吃的早餐，巴斯克维尔倒不会顿顿都喝啤酒，他更喜欢面包、奶酪和冷口条。[21]佩皮斯的早餐可谓丰富，他有时会喝点麦芽酒，吃点蛋糕；有时会去酒馆吃"火鸡馅饼和鹅肉"，或要点"红酒、凤尾鱼和腌制过的牡蛎"；有一次他的早餐是"肉馅饼、腌猪肉和葡萄酒"。[22]不过更多时候，他是不吃早餐的。

主餐是一天中的正餐，菜品依照其正式性决定。在酒馆里吃顿简单的午餐，可能只有一道菜，放在一个盘子里。但贵族家庭的正餐却截然不同，贵族餐厅里一顿丰盛的正餐由三道菜组成：两道肉菜，一道甜品，每道菜都分成12盘菜。请注意，出席这样的宴会时，你无需将面前的菜全部都吃光，你得像吃现代自助餐一样，挑选自己喜欢的食物即可。这是最基本的餐桌礼仪，但也确实有人尝试把面前的食物全都吃光。米松先生说，"英国人正餐吃得很多，他们中途会休息一会儿，再接着继续吃，直到吃撑了才停下。但他们晚餐吃得不多，即午餐暴食，晚餐节食。"[23]在贵族家庭中，晚餐只有一道菜，尽管米松先生说英国人晚餐吃得很节制，但这一道菜也可能分成好几盘。除此之外，你还可以吃夜宵，包括冷盘肉或是萨克牛奶葡萄酒。萨克酒是一种干白葡萄酒，主要产自西班牙。萨克牛奶葡萄酒混合了肉桂、肉豆蔻、白砂糖、蛋黄和奶油，需要煮温后再饮用。夜间饮用这种酒，可让即将归家的你振奋精神，也可麻醉你的神经，让你忽视卧室的寒冷。[24]

至于说餐具，得做好充分准备。在17世纪60年代，你坐在餐桌前，可能面前连刀叉都看不到。这个时候，你得用自己随身携带的餐刀，用餐结束后拿餐巾擦一擦，再带回家。至于餐叉，这是意大利人的发明，在英国还很少见，只有在有身份的人家里吃糖渍水果时才会用到。在正式的宴会餐桌上，摆放的是餐刀和餐巾，而非餐刀和餐叉。就连负有盛名的宴会亦是如此：如果你和伦敦市长在伦敦市政厅用餐，你会看到桌子上摆放的也就是餐刀和餐巾，并无餐叉。[25] 餐巾必不可少，因为切肉时你得用一只手抓着肉，然后用手指将肉送到嘴里，在切肉和吃肉的过程中使用餐巾，可以防止果汁和酱料溅到身上。洛伦佐·马加洛蒂很震惊地发现，1669年英国人通常未习惯使用餐叉，他在宴会上见到摆放餐叉的情况寥寥可数，其中一次还是在有国王出席的宴会上。[26] 但是到了17世纪90年代以后，即使是在乡村家庭做客，在餐桌上也能看到刀叉和汤勺摆放在你的位置上。[27] 至此，英国实际上已经完成了向现代饮食习惯的转变，至少在富裕家庭中是如此。

想要了解为何会有这种转变，就得从餐具本身入手。17世纪初期，你随身携带的餐刀尾端尖锐，刀片锋利，方便切割肉，可以将肉挑起放到自己的餐盘中。餐叉引入之后，人们使用餐叉叉肉，餐刀也不再有尖锐的刀尖了。此外，叉子还可以在你切肉时起到固定作用。一开始只有两齿餐叉，但人们很快就发现，既然你可以使用餐叉把肉叉放到自己的餐盘中，自然也可以用餐叉将食物送入嘴里，让手指保持清洁。不久之后，人们就开始使用三齿或四齿餐叉就餐。

四齿餐叉更受欢迎，因为用四齿餐叉不小心戳伤嘴唇造成的伤害要小一些。人们开始携带刀叉参加宴会，也像餐刀一样，挂在腰带上。但不久之后，上流社会的主人都会为客人提供成套的餐具，随身携带餐具的传统就不再流行。

餐具经历了从手指到餐叉的演变，绅士们家中使用的餐盘也走过了同样的历程。你得十分富有才能用得起银制餐盘：1670年的银价大约为每盎司5先令8便士，那么一只重18盎司的银制餐盘大约要花费5英镑，甚至更多，而全套餐具得花费300多英镑。锡制餐具更为常见一些，因其主要原料为锡，价格要便宜很多（约每盎司1便士），经打磨之后，很像银制餐具。[28] 但是，用餐刀切割食物时，会在锡制餐盘上留下刻痕，即便人们在切肉时，用叉子将肉进行了固定，且下刀更果断利索，但还是会损坏盘子的表面。于是，瓷器开始取代锡器，因为瓷器不会留下划痕。斯塔福德郡的陶工们制造的餐盘一时间大受追捧，其中大多数都是泥釉陶，并采用皇室肖像或复辟时期效忠皇权的徽章加以装饰。

普通百姓的餐具并没有经历这些演变。你得收入丰厚，才要考虑用什么餐具吃饭，否则你得发愁吃什么。大多数手艺人和乡村工人在1700年的时候都还没有使用餐叉。他们可能会有锡制餐盘，不过是为了向邻居炫耀，但也用不起瓷制餐盘。他们大多使用木制浅盘——一种中间凹陷的圆盘，有别于老式的方形木盘。同样地，普通老百姓们使用陶器喝酒，他们用不起玻璃杯，再说玻璃杯多用来盛葡萄酒。贫富差距造成了饮食习惯的差别，但在17世纪90年代这种差别恐怕最为悬殊。

富裕家庭的食物

饮食上的实际花销（当时的食品价格大约是现代物价的14倍），表明富人和穷人享用的饮食定然是不同的。这种不同主要涉及两种日常食品：鸡肉和梨。若说到山珍海味，有些美食，即使是家庭富裕的城镇居民也从未尝过。比如，一条鲤鱼售价可达 20 先令，大约是一名熟练工匠一周工资的 2.5 倍。[29] 想想你一周能挣多少钱，会花一周工资两三倍多的价钱买一条鱼吗？

  正因为如此，即使贵族在食物上也很节俭。拥有大片领地的贵族们通常都有自己的家庭农场，为日常所需提供肉类、家禽、蔬菜、调味的香草、奶制品、玉米，以及水果。他们在自家园子里捕鹿：与牛群不同，鹿群冬天可以自己觅食，无需人们喂养大量饲料并圈养在牲棚里。贵族们还在自家池塘和河流中捕鱼。尽管如此，供养一个几十口人的大家庭并非易事。贝德福德伯爵在其沃本庄园未建有家庭农场，只有鹿园、菜园和池塘为其提供食物，因此大部分食物都得厨师从杂货商、个体商贩和集市上购买。

沃本庄园一周食品杂货账单

肉类	
27 英石 2 磅牛肉（1 先令 8 便士 / 英石）	2 英镑 5 先令 5 便士
小牛胸肉	1 先令 10 便士
羊侧骨、羊脖子和羊胸肉	10 先令 4 便士
12 英石猪肉	18 先令 6 便士
16¾ 磅培根	16 先令 9 便士
牛 / 猪肚	1 先令 8 便士
羊蹄	6 便士
牛舌	10 便士
	小计 4 英镑 15 先令 10 便士
家禽	
5 只家鸽	4 先令 7 便士
18 只野鸽：6 只（6 便士 / 只），6 只（5 便士 / 只），6 只（4 便士 / 只）	7 先令 6 便士
3 只小母鸡	4 先令 8 便士
7 只小鸡：5 只（1 先令 2 便士 / 只），2 只（1 先令 / 只）	7 先令 10 便士
4 只母鸡	4 先令 6 便士
2 只阉鸡	4 先令 2 便士
1 只炖汤的公鸡	1 先令 2 便士
	小计 1 英镑 14 先令 5 便士

续表

奶制品	
24 磅黄油：1 磅（9 便士/磅），5 磅（8 便士/磅），18 磅（6 便士/磅）	13 先令 1 便士
1 磅做燕麦饼用的黄油	5 便士
牛奶	2 先令 7 便士
鸡蛋	3 先令 1 便士
新鲜鸡蛋	7 便士
	小计 19 先令 9 便士
鱼虾类	
3 只龙虾	2 先令
4 条咸鱼	4 先令 10 便士
6 条比目鱼	1 先令 8 便士
	小计 8 先令 6 便士
果蔬	
6 只柑橘，3 只柠檬	6 便士
芦笋	4 先令
洋葱	2 先令
调味香草	1 先令 8 便士
	小计 6 先令 4 便士
面包面粉	
3 斗粗面粉	8 先令
储藏室的面包	2 先令 4 便士
厨房的面包	1 先令
	小计 11 先令 4 便士
	总计 8 英镑 16 先令 2 便士

上述食品总计消费并不能反映沃本庄园真实的消费水平，这是 3 月最后一周的账单，正处于大斋节期间，此间即使不严格遵守斋戒，食物消耗也很少，账单上鱼类和水果的记录较少。贝德福德伯爵喜食梭子鱼，17 世纪 90 年代，他购买一条大梭子鱼通常要花费 10—15 先令。再来看看 7 月底他的厨师所记的账单，可别忘了苹果、梨、柑橘，还有很多其他水果都是他自己的果园里种植的，这时你会发现长在树上的水果也是如此昂贵。

沃本庄园一周水果账单

5 篮树莓	5 先令 10 便士
3 篮草莓	4 先令 6 便士
8½ 打梨	8 先令 6 便士
10 打白李子	10 先令
6 打红李子	6 先令
4 打摩洛哥李子	8 先令
10 打纽因顿桃	1 英镑
4 打大杏	1 英镑 4 先令
4 磅粉红樱桃	8 先令
柠檬和柑橘	5 先令 6 便士
6 磅樱桃	1 先令 9 便士
梨	1 先令 3 便士
醋栗果	10 便士
冰镇果汁酒和鹅莓	1 先令 10 便士
梅子	2 先令 3 便士
总计 5 英镑 8 先令 3 便士	

这些账单还未列出调味品的花费，调味品一般都是从镇上的杂货店批量购买，保存在储藏室中，以备后用。这些调味品价值也不菲：丁香，8 先令/磅；生姜，1 先令 9 便士/磅；大米，4 便士/磅。普通食糖价格在 6 便士/磅到 8¼ 便士/磅，优质食糖 1 先令 4 便士/磅，精炼食糖 1 先令 3 便士到 2 先令/磅。[30] 总之，你只要想想一个绅士一周的饮食要花费 10—15 英镑，是熟练工人一周工资的 30—45 倍，你就会明白他们在食物上的花销有多大了。在 1663 年和 1664 年这两年，贝德福德伯爵厨房的总开销分别高达 735 英镑和 758 英镑。[31]

那么送上餐桌的食物是什么样呢？这取决于食物的储存方法。在没有冰箱的条件下，要想保持鱼肉的新鲜，真不是件容易的事。数百年来，厨师们钻研出的食品保鲜法多种多样，但这些方法也对食材烹饪的方式造成了一定的限制。腌制是一种常见的食品保鲜方式，像鲑鱼、鲟鱼、梭子鱼这样一些比较贵的鱼肉，也和凤尾鱼一样，常常腌制保存。纽卡斯尔的鲑鱼，放在浓啤酒里加盐煮沸后腌制，可以保存一年之久。[32]煮熟的牛肉可放入醋中腌制，或放入卤水煮沸后挂在炉火旁烘干。猪头和猪前段肉通常做成腌肉，浸泡在腌渍卤水中，可以存放很长时间。野兔肉通常被剁碎，与骨髓或板油一起捣烂，做成油酥点心，并涂上黄油封存，肉馅不时会鼓出来。龙虾煮熟后，装入卤水袋中，埋入海沙里，可存放三个月之久。鳗鱼和七鳃鳗经常"罐装"，即用黄油烘烤并沥干之后，再抹上（三指厚的）黄油，可以保存数月。鲑鱼、胡瓜鱼、鲭鱼、龙虾和基围虾都可以这种方式腌制。不久之后，罐装鱼开始流行，取代了冷水鱼鱼肉馅饼在富人餐桌上的位置。此后，其他肉类也开始罐装，特别是牛肉、火腿、兔肉和牛舌，将肉切碎，用黄油搅拌均匀，排出空气后，再涂抹上较厚的黄油。[33]

通常情况下，新鲜肉类要架在火上翻烤，可以手动转动烤叉，或由训练有素的小狗带着轮子走动来转动烤叉，抑或利用重力来转动烤叉（将重物缠绕起来，重物在缓慢下降的过程中带动烤叉转动）。肉通常是塞入填料之后再烤制。海鲜也可用来烧烤：牡蛎被串在连着烤叉的木钉上烧烤；鲟鱼切成块，串在烤叉上烧烤；梭子鱼则是整条烧烤；鳗鱼呈S形串在烤叉上。肉类和小鱼也可放在烤架上炙烤；放在烤架上炙烤的牛排被称为"加味烤炙"。大多数肉类都可以裹上面粉油炸或烧烤，不过这两项烹饪技艺也是相当考验人的，因此谨慎的厨师宁愿遵循食谱，将肉煮烂或是炖汤。

在这一时期，英国人就时尚感而言，已经走向国际化，他们的菜肴也是如此。这一时期引进了多种法式烹饪方式，如砂锅菜、炖重汁肉丁（肉切小丁，加入白葡萄酒、盐、生姜，用黄油煎炸）、回锅肉丁（肉切薄片，放进浓汤炖煮，加入调味香草、香味料、葡萄酒，配面包丁或吐司片吃）。[34]西班牙菜对富人们饮食的影响表现在"什锦菜"上：将煮熟的肉块、禽肉、甜面包层层码放在碗里，再浇上肉汁。意大利面食也开始频繁出现在英国人的餐桌上，常见的有通心粉和意式细面。就连苏格兰也有一道脍炙人口的菜肴，即苏格兰肉片（取羊肉或牛肉切成圆片，加入红葡萄酒、醋、洋葱、肉豆蔻、柠檬皮、凤尾鱼、辣根，以及牡蛎翻炒）。[35] 这些菜并非人人都喜欢，约翰·伊夫林称葡萄牙的什锦菜"一点都不适合英国人的胃，英国人习惯吃纯肉菜"。[36] 这话不假，英国人喜欢把各种肉混在一起吃，包括烤鸟或烤鱼肉。一整条鱼，配面包丁或吐司片吃的时候，要么涂上黄油，要么涂上果酱：鲭鱼涂鹅莓酱，烤梭子鱼涂伏牛花酱，白鱼常配以欧芹酱（将黄油融化，撒入切碎的欧芹，用淀粉勾芡）。你还会看到裹面包糠烤制的烤鱼，表面还刷了一层黄油。[37]

那么，在1663年1月的某一天，你若要与塞缪尔·佩皮斯共进午餐，便可走进他那豪华的餐厅，坐在他的新餐桌前（餐桌价格高达2英镑10先令），这时你的座位前恐怕还没有摆放餐叉，但你可以享受丰盛的三道菜。第一道菜是"牡蛎、兔肉、羊肉和牛脊骨杂碎"，第二道菜是"一道味道鲜美的烤鸡（价值30先令）和一个水果馅饼"，第三道菜是水果和奶酪。这些食物足够他和他的妻子以及六位客人享用，但也不会吃得过饱，因为几小时后他们还得吃晚餐。两顿饭的花费高达5英镑。[38] 佩皮斯为朋友们准备的最丰盛的宴会通常在每年的4月4日这一天（他做膀胱结石手术的周年纪念日）。1663年，八位客人一同前来为他祝贺，加上佩皮斯夫妇俩，他们一共吃掉了"一盘炖兔肉和鸡肉、一条煮羊腿、三条鲤鱼、半只羊、一盘烤乳鸽、四只龙虾、三个水果馅饼、一个七鳃鳗派、一盘凤尾鱼，以及各种好酒"。[39] 要知道，1663年4月4日的这一天还处于大斋节期间，可见佩皮斯家里那一年根本就不禁食。

有必要指出的是，富人们吃的也并非总是山珍海味。实际上，他们吃的有些菜肴让人非常倒胃口。对大多数现代英国人来说，牛头几乎没有任何吸引力。复辟时期的餐桌上还出现了源于法国的蜗牛粥，以及炖蜗牛、炸蜗牛、蜗牛丁和蜗牛派。佩皮斯邀请他妻子的裁缝安萨克先生共进晚餐,他们吃的菜"除了一盘羊蹄外,别无其他"。[40] 此外,佩皮斯据说还喜欢与他的一位朋友分享"上好的牛乳房",他还用自己最喜欢的动物内脏来招待客人,譬如"一道由我亲自指导烧制的味道绝佳的芥末牛肚"。[41] 鉴于他家菜单上的这样一些菜肴,你在同意赴宴之前,最好三思而行。

旅馆、餐馆和酒馆

内德·沃德曾驾马车出行,有次深夜行至赫特福德郡的维尔市,投宿在一家名为"英格兰之冠"的旅馆,他和同伴们问店家晚饭有什么可以吃的。"鳗鱼。"店家答道。他们很快就知道,这是因为店里只剩下鳗鱼了。好在内德和同伴们都喜欢吃鳗鱼,而且煎、炸、烤、焖、煮、焙、烘鳗鱼,或者文火炖鳗鱼、半熟的鳗鱼,以及腌渍鳗鱼,怎么吃都行。一切都很满意,直到他们收到账单:每人2先令6便士!不论用了什么烹饪方法,鳗鱼也值不了这么多钱啊。[42]

住旅馆的时候,一般没法研读菜单,因为你无法选择吃什么。不过,也曾听说有些客人自己到市场上买好食材,拿到旅馆让厨师做。有一天,威廉·谢林科斯突然想吃鹅,就花16便士买了一只肥鹅,让旅馆的厨师为他烤熟了吃。[43] 这种自带食材的方式不仅仅适用于住旅店的人。佩皮斯很喜欢吃龙虾,午餐的时候,他就自带了一只到当地的酒馆,让酒馆的厨师给他烹制。[44] 由此看来,旅馆的饭菜只能说是某种程度上比较固定的,也有相当灵活的地方。有些路边小餐馆的老板会拿出葡萄酒、啤酒或者食物,卖给坐等在马车里着急赶路的人。有些镇上的酒馆里,会专设一些私人房间供人们歇脚、谈生意,还可以让酒馆的侍者去小餐馆给他们买吃的。

吃饭的地点不同,你所享受的饮食质量会千差万别。最便宜的莫过于小贩们沿街叫卖或在市场上兜售的热馅饼,只要不介意饼里硬邦邦的馅儿和外面飞来飞去的苍蝇。好一点的去处就是大城镇里的小餐馆。这些餐馆的烤叉上一般同时烤好几种肉，最好的餐馆有四只烤叉同时工作，可以同时烤不同的肉：牛肉、羊肉、小牛肉、猪肉、小羊肉。你想吃什么肉就选什么肉，或肥或瘦，全熟或半熟都可自己选择。餐馆还会给你提供面包卷，供你卷肉吃，柜台上还提供食盐和芥末。有些餐馆还售卖馅饼，也可以为你烹制鸡鸭鹅肉。[45] 但是，请不要对卫生标准有过高的期望。在巴托洛缪市集上，内德注意到：

　　集市上有个大胖子，来回晃荡着，查看烤的猪肉是不是开始滋滋冒油了，他穿着件汗衫，站在烤架边，还不时用他擦猪肉用的那块湿布来擦自己的耳朵、胸口、脖子和腋窝……因此，在又一次驱散了成群的聚在门口想要叮咬肉酱的苍蝇之后，我们决定找个干净点的地方再吃饭。[46]

　　比小餐馆高级的是"普通小店"——价格中等的餐馆，在那里你可以花上1先令吃一份套餐，含两样菜，每样菜一盘（其中一盘是牛肉）。[47] 吃得再好一点的就是城市酒馆了：招牌菜是排骨肉（小羊排或小牛排），配面包、奶酪和啤酒，总价1先令。[48] 注意这是最低价，好的地段要价就得高上一倍，比如位于查令十字街的"金斯海德酒馆"，每人要2先令6便士。伦敦街头最高级的法式餐馆（英语中还没有"restaurant"一词）花费更多。17世纪60年代，在位于伦敦考文特花园的查特林酒店就餐，每人得花费8先令6便士；到了90年代，在伦敦市区阿巴彻里街的"波塔克总店"就餐，需要花费不止1几尼（约合1英镑1先令）。[49] 但是最昂贵的是专为贵族服务的餐馆。在维尔市的"英格兰之冠"只有鳗鱼可吃，但是在剑桥的"红狮子餐馆"，只要有钱，几乎应有尽有。下面是1689年贝德福德伯爵在该餐馆就餐的账单：

1689 年 10 月 16 日贝德福德伯爵在剑桥红狮子餐馆的晚餐[50]

第一道菜	
一份鲤鱼炖河鲈	1 英镑 9 先令
一份羊脊骨和小牛脊骨	1 英镑
一份糕点	13 先令
一份肉蔬什锦（牛舌、牛乳房、髓骨，配花椰菜、菠菜）	11 先令 6 便士
两只鹅	8 先令
牛肉杂碎配甜面包	11 先令 6 便士
一盘火鸡肉	12 先令
一盘猪肉卷	[免费赠送]
一盘煨牡蛎	6 先令
一份牡蛎炖鸡	6 先令
一大份沙拉	1 先令
	小计 5 英镑 18 先令
第二道菜	
一盘野禽肉	1 英镑 4 便士
一份鲟鱼下颌	[免费赠送]
一盘肥鸡炖兔	8 先令
一盘腌牡蛎、凤尾鱼和牛舌	4 先令
一盘沙鸡云雀	6 先令 6 便士
一大份威斯特伐里亚火腿加牛舌	1 英镑 5 先令
一份外带水果馅饼	3 先令
一盘松鸡肉	4 先令 6 便士
一盘生乳酒冻	7 先令 6 便士
一盘拌洋蓟	3 先令 6 便士
一盘意式凉菜拼盘	2 先令
一份水果拼盘	3 先令 6 便士
柠檬及精炼食糖	3 先令 6 便士
食油和醋	2 先令 6 便士
餐桌黄油	4 便士
奶酪和侍者小费	1 先令
面包和啤酒	6 英镑 19 先令 8 便士
	小计 11 英镑 18 先令 6 便士
	总计 17 英镑 16 先令 6 便士

这一顿饭并非是有什么特殊场合，比伯爵及家人一天前的花销（15 英镑 3 先令 6 便士）稍微多一点而已。但让人瞩目的是，这么

一家小酒馆竟能提供这么丰富的食物。若你穿越到复辟时期的英国，且财物充足，还找对了地方，那你想吃什么都可以。

寻常家庭的饮食

若真有一条放之四海而皆准的经济规律，那便是家庭越贫困，花费在食物上的钱占收入的比重就越大。贝德福德伯爵的饮食支出不到其收入的10%。若一位绅士的收入是贝德福德伯爵的1/20，那么他家饮食开支的比重就要大许多。一位富裕的自耕农，年收入为50英镑，其饮食的开支比重就更大一些。第三章的数据表明，英格兰家庭年平均收入为32英镑，其中2/3家庭都低于这一平均值；而苏格兰的年平均收入则更低。劳动人民一半以上的收入都花在食物上。就算你不会每天花1先令去旅店或酒馆吃饭，一日三餐限额6便士，一年也要花费9英镑。爱德华·巴洛的父亲便是如此，他要养活妻子和六个孩子，还要支付房租、柴火、衣物和教区会费。如果你的家庭收入低于每人每天1便士，那你们所有的收入就得全部花在食物上了。

在复辟时期，农民与上层社会吃的不同，其中一个显而易见的原因是农民没有钱购买食材。其次，农民可用的炊具有限，他们买不起各种煎锅、三脚火炉架、煎锅和炖锅。再次他们缺少燃料。在康沃尔郡，旅行作家西莉亚·法因斯吃惊地发现，由于木材严重短缺，主人家竟然没办法为她做烤肉，而只能用荆豆枝作柴火，把肉放在大锅里煮。[51] 最后一个限制性因素就是法律，你不能随意从河里捕鱼，因为鱼是地主的财产。1671年议会颁布了一条法令，禁止平民百姓打猎或者设陷阱捕获猎物（即使在自己的土地上也不行）。不过，这项法令还没有18世纪那么极端——18世纪，猎场看守人可以依法射击靠近的偷猎者。但不管怎么说，法令使得穷人的处境更加艰难。

那人们又是如何维持生计的呢？一言以蔽之，节俭。动物身上但凡可以食用的部分都被保留下来：骨头、肠、肥肉、脑髓、舌头、心脏、肾脏、肝脏，以及蹄脚。在食物匮乏的家庭里，没有孩子会因为"不喜欢吃"而拒绝吃东西，动物的各个部位都能吃。显然，如果你还比较幸运，养了几只母鸡，你也不会吃掉它们，而是留着下蛋，等到母鸡不能下蛋了再吃掉。节俭也让人变得极富创造力，做到物尽其用。你的花园里（如果有花园的话），种的不是花花草草，而是各种各样的香草、洋葱、豌豆、黄豆、卷心菜、甘蓝、牛蒡、芜菁、甜菜，等等，这些蔬菜可在物价高涨的年景里救你于生死。若保存得当，苹果可以存放一年，其他水果也可以风干做成蜜饯。如果你养了一头牛，你不会将牛杀掉吃肉，你养牛的目的是从它身上获取牛血、牛奶，以及它生下小牛犊。你可以在牛腿上割一个小口，取少量活血，和以香料及燕麦，做成牛血糕。你还可以尝试种植新的农作物。这一时期，英格兰西北部的农民开始种植土豆，把它当作主食。他们发现种土豆不但有助于翻耕土壤，帮助他们度过饥馑之年，而且土豆还比小麦有营养。[52]

这种创造力也体现在食品烹制的方式上，目的就是为了弥补炊具和柴火的匮乏。对于让西莉亚·法因斯很震惊的柴火短缺的问题，英国普通民众数十年来一直想要解决这个问题。汽锅可能是最节省能源的炊具。一口黄铜或铁制的汽锅可以同时烹制多种食物。将肉放入陶罐中，加入调料和盐（所谓"罐煨野兔肉"）放在汽锅上蒸；同时用网子兜住蔬菜放在沸水中煮；蔬菜汁和肉汁流入锅中，可烧制成浓肉汤。糕点也可以这种方式制作，可以和任何一种食材放在一起烹制。若只有木炭或煤炭可用，汽锅更加不可或缺：因为煤烟呛人，不适于烧烤，但是采用汽锅煨炖食物，就不会破坏食物的味道。人们发明了铁篓子，这样烧煤炭的时候就更方便一点。烘焙的时候木柴用得少了，而改用干灌木枝加热烤炉。因此，人们不再烤肉，而是把肉作为肉馅，做成馅饼，以节省开支。

对于海边的穷人和普通家庭而言，海鲜是他们的主食。无论贫富，人人都能吃得上牡蛎，区别在于穷人一顿饭可能只有牡蛎。离海稍远一点的地方，人们还买得起腌制的鲱鱼和咸鳕鱼，但是在内陆地区，因运费高昂，人们买不起海鲜。在苏格兰地区，渔民的妻子在海岸边利用海草生火来烘干和熏制黑线鳕和牙鳕。但对于大多数英国人来说，他们难得吃上一顿海鲜，或者说海鲜属于买不起的奢侈品，他们最重要的主食就是面包（或燕麦饼）和奶酪。就奶酪而言，全脂牛奶制成的软奶酪价格昂贵，而脱脂牛奶制成的硬奶酪价格低廉且保存时间长。就面包来说，面包店的小麦面包价格高昂，但如果你自己动手，用大麦、黑麦、燕麦或杂粮（小麦和黑麦混杂）做面包，就可以大大降低费用。若用豌豆和豆子混杂燕麦或大麦制作面包，费用还可进一步降低。正因为如此，自家得有一个烤炉。这一时期有许多村舍重修壁炉，其中一个原因就是为了加装烤面包炉。烤面包时，首先往炉内添柴（譬如干荆豆枝或干蕨菜），直到炉火熊熊燃烧，能将砖块或石头都烤热了，这个时候炉内热量充足，拨开炉火和炉灰，用长柄铲将面包置于炉内的烤槽中烘烤。接下来，将烤炉的橡木门或石板门关上，用黏土或泥巴密封。若余温还够的话，还可用来烘烤馅饼或糕点，烤馅饼或糕点的温度不用太高。[53]

酒水茶饮

1676年，张伯伦在列英格兰的美酒茶饮时，提到"来自西班牙、法国、意大利、德国和希腊的葡萄酒……白兰地、咖啡、巧克力酒、茶、芳香葡萄酒、摩姆酒、苹果酒、梨酒、啤酒和各种麦芽酒"。[54]他所列未尽，其实当时的饮品远不尽于此，还包括许多其他饮品，比如蜂蜜酒，一种贵族们用来提神的饮品（可替代早晨的啤酒）；还有花香蜂蜜酒，一种添加了香草的蜂蜜酒，如今在威尔士依然盛行。还有一种喝的东西张伯伦未曾提到，那就是水，但不是因为水太普通而无需赘述,而是因为人们很少饮水。用医生的话来说,水"性寒",这就是说医生提醒人们不要饮水,即便是煮沸纯化之后也不要饮用。虽然复辟时期有许多城市——包括伦敦、诺威奇、埃克塞特、爱丁堡、莱斯特和施鲁斯伯里——都有水管将河水引到有钱人家的院子里,但并非为了饮用,而是为了清洁和烹饪之用。1656 年,伦敦安装了泵轮,可以将水送至 93 英尺高的地方,还有一条人造水渠（又称"新河"）向位于伊斯灵顿的水库供水,再由水库向城市北部的家庭供水;但这些服务费用极高,平民百姓负担不起,而负担得起的人却不喝水。[55]

麦芽酒、啤酒、摩姆酒和苹果酒

麦芽酒由大麦发芽和水酿制而成,是几个世纪以来英国各地的传统饮料,苏格兰高地地区除外。一直以来,人们大量饮用麦芽酒,饮用的花样也很多,但问题是酿好的麦芽酒保质期只有短短几天。啤酒中有啤酒花,保质期很长,是英格兰最常见的饮料。摩姆酒也是一种啤酒,是一种用小麦酿制的黑啤并用香草调味,可以发酵数年。但是这种分类很笼统,忽略了很多地区间的差异：英格兰北部流行草药啤酒;在柴郡、兰开夏郡、德比郡、德文郡和康沃尔郡,麦芽酒多用燕麦芽和大麦酿制而成;在肯特郡的部分地区,麦芽酒也是由这两种材料混合制成;[56]威尔士麦芽酒由烘干的大麦酿制而成,散发出一股烟熏味。总之,无论你走到哪里,都会发现那里的啤酒不一样。

还有有实用价值的麦芽酒和啤酒。公鸡啤酒据说可用来治疗肺痨（结核病）而名声大噪。这种酒由普通的大麦麦芽酿制而成,其独特之处在于配料：公鸡煮至半熟,先用萨克酒浸泡,再将其浸泡在加入了葡萄干、枣和香料的麦芽酒中。一些售卖公鸡啤酒的酒馆常以"公鸡啤酒酒馆"为招牌。

法老王麦芽酒是另外一种特色麦芽酒,位于赫特福德郡巴利村的一家酒馆因售卖该酒而得名。根据内德·沃德的描述，这是"一种烈性麦芽酒，喝了使人兴奋"。[57] 马尔盖特麦芽酒，也被称为"诺恩道麦芽酒"，是佩皮斯喜欢的一种烈性酒，可以让人不知不觉中喝得酩酊大醉。苦黄瓜酒是一种淡啤酒，加入药西瓜或苦黄瓜调味。[58] 喝完这些品牌各异的酒，你便可以大体领略麦芽酒的风味了。黄油麦芽酒是将麦芽酒加入黄油，食糖和肉豆蔻煮沸，用鸡蛋液增稠。浆果麦芽酒与之类似，不同之处在于浆果麦芽酒是用燕麦增稠，这种酒在苏格兰地区受欢迎。蛋黄麦芽酒则是与蜂蜜、糖和蛋黄混合，常用作病人滋补剂。羔羊毛酒则是将麦芽酒加入鸡蛋、香料、糖和烤苹果的果肉，常在万圣节、圣诞节前夕和主显节前夕饮用。

人们通常不用玻璃杯来喝啤酒。但你若是在一个高档的场所，可能会使用锡制容器盛酒，用木制啤酒杯喝酒。啤酒和麦芽酒种类多，对储存环境要求极高，因此出行的人们常常谈论的话题就是酒的质量，与现代英国人谈论天气如出一辙。谢林科斯曾盛赞多佛城堡下洞穴里保存的啤酒和桑威奇镇海豚酒店的啤酒"非常之好"。[59] 在诺丁汉，麦芽酒和啤酒储存在市中心地底下石头砌的凉窖里。[60] 啤酒零售价格一般为每夸脱（2品脱）2便士或3便士，麦芽酒稍微便宜一点，淡啤酒酒精含量低，适宜儿童饮用，价格还要便宜一些。约克郡的麦芽酒十分浓烈，价格更高一些——"至少要花4便士"，西莉亚·法因斯称。[61] 瓶装酒自伊丽莎白时期（那时瓶子经常爆炸）问世以来，已经有了很大的改善，城市和小村镇里都可以见到。然而，人们大多还是在家庭作坊中酿酒。另外，啤酒的长距离运输也困难重重，显然这个时期还未出现大型酿酒厂。

苹果酒最著名的产地是赫里福德郡、萨默塞特郡和德文郡，当然，其产地绝不仅限于这些地区。此外，在伦敦还买得到进口的法国苹果酒。苹果酒经常以酿酒的苹果品种命名。在赫里福德郡，用斯库达莫尔苹果酿造的苹果酒价格最高。红纹苹果酒度数高，价格也很贵。苹果酒往往比麦芽酒价格高：1673年，托马斯·巴斯克维尔在赫里福德郡买的苹果酒 6 便士/夸脱；1693 年，瓶装苹果酒零售价为 6 便士/瓶。[62]

葡萄酒

如果你是一位葡萄酒鉴赏家，那么你穿越到的这个时代可能是葡萄酒酿酒史上最激动人心的时代，英国在此进程中扮演了重要的角色，这倒不是说英国国内葡萄酒的酿造有了很大的发展。尽管英国国内的确有那么几家葡萄园（例如位于埃塞克斯郡沃尔瑟姆斯托城的巴顿夫人庄园），但英国葡萄酒却几乎从未对外出售。[63]而真正的原因在于新兴的伦敦资产阶级将葡萄酒视为地位的象征，因此对葡萄酒的需求相当可观，促进了波尔多优质葡萄酒的发展以及勃艮第葡萄酒的新型酿造方法。

要理解这些让人激动的事实，你得对葡萄酒的买卖及储存有所了解。首先，《1636 年议会法案》禁止葡萄酒瓶装出售。然而，葡萄酒的保存，以及将葡萄酒从酒窖带到餐桌或宴会厅，瓶装都是最方便的。[64]因此，绅士们购买桶装葡萄酒，再自行装瓶。你可以向酒瓶制造商订购深色玻璃瓶，附加玻璃盘，刻上你的名字、族徽或纹章，以及日期。但是请注意，这些东西价格昂贵，一打酒瓶的花费就可高达 4 先令 5 便士，所以你瓶子里装的酒肯定便宜不了。[65]与此同时，随着瓶装葡萄酒的问世，人们不再用油麻塞或玻璃塞，而是开始用软木塞封瓶。[66]人们还没有意识到，瓶装葡萄酒（将葡萄酒卧放可使软木塞保持潮湿）可以让酒更加醇厚，所以大多数葡萄酒"尚未成熟"就被饮用了。不过，你要是去酒馆喝酒，可能看不到任何有关这场葡萄酒工艺革命的痕迹。酒窖里堆满了大大小小的酒桶，每一桶都标记了酒的原产地，而葡萄酒被送到你的餐桌时，通常是装在长颈瓶或壶里，然后再倒入玻璃杯中饮用。瓶装葡萄酒以及收藏葡萄酒完全是富人们的专属。

香槟。你一定听说过奥特维耶修道院大名鼎鼎的修道士唐·培里侬的故事，他种葡萄并用葡萄酿酒，据说是香槟的发明者。不过，故事是虚构的，事实与之恰恰相反。唐·培里侬实际上是奥特维耶修道院的财务主管（自1668年），他给自己的任务是消除"气泡"，而不是增加"气泡"。[67]位于法国北部的香槟地区，气候更寒冷一些，气温低的时候，葡萄酒在桶内的发酵进程通常会减缓，而随着气温的升高，葡萄酒又开始二次发酵，这就使得该地区的红白葡萄酒中都出现了不受欢迎的气泡。因此，如果你到了奥特维耶，你就会发现，为了增加葡萄酒正常发酵的几率，不再产生气泡，唐·培里侬发明了葡萄剪枝和隔行种植葡萄，以及在适宜条件下存储葡萄酒的方法。此时，法国德·圣埃弗雷蒙侯爵自被流放到英国后，就一直居住在伦敦，他在香槟地区拥有一块土地。于是，他让人把自家的葡萄酒送到伦敦，他和他的朋友们再将葡萄酒装瓶。碰巧的是英国的玻璃酒瓶比法国的酒瓶结实，当瓶内的葡萄酒产生第二次发酵时，许多瓶子都能够承受压力。后来，我们熟知的香槟酒就开始在黑暗的英国酒窖里悄然酝酿。富人很快开始谈论这种特殊的新型饮料：1676年，剧作家乔治·埃斯里奇爵士在他的喜剧《摩登人物》中称他喜欢起气泡的香槟酒。[68]香槟酒很快就供不应求，香槟酒的酿造者摩拳擦掌、兴奋不已。唐·培里侬对此可能会大吃一惊，但在其他人看来，不过是历史的发展使然。

葡萄酒。这一时期另外一项取得了重大进展的举措是从波尔多进口优质葡萄酒。17世纪50年代中叶，葡萄园主们开始更科学地思考葡萄酒生产的问题：每英亩应该种植多少葡萄树，给葡萄树剪枝应该到什么程度，等等。阿诺特·德·波塔克便是这样一位葡萄园主，他的奥比昂庄园生产的葡萄酒质量上乘。查理二世在法国期间无疑就久闻其盛名，在他即位后便购买了大量奥比昂庄园的葡萄酒。[69]许多伦敦人也纷纷效仿国王。佩皮斯觉得人们有些大惊小怪，但又实在抵不住好奇，于是在1663年4月10日这一天前往位于伦巴第街的皇家橡树酒馆亲口品尝。他得出的结论是，奥比昂庄园的葡萄酒"味道醇厚独特，毕生罕见"。[70] 阿诺特·德·波塔克称他的订单全都来自伦敦，他还从中看到了巨大的商机。1666 年，他派自己的儿子弗朗索瓦·奥古斯特前往英国，在伦敦开了一家酒馆来推广葡萄酒。这家酒馆名为"波塔克总店"，简称"波塔克"，它将奥比昂庄园的葡萄酒卖到了富人宴饮的餐桌上，并迅速成为伦敦最负盛名的餐厅。约翰·德莱顿、约翰·伊夫林、丹尼尔·笛福和乔纳森·斯威夫特都曾是该店的座上宾。哲学家约翰·洛克对该店印象深刻，还于 1677 年拜访了奥比昂葡萄园。当然，只要赢得了文人的赞誉，宣传就会变得很有力度。在这方面，波塔克家族相当成功，在伦敦一度成为了优质葡萄酒的代名词。即使后来的"葡萄酒新贵"，玛尔戈、拉菲以及拉图葡萄酒可与之媲美，但奥比昂葡萄酒仍然盛名不减。[71]

还有其他数十种葡萄酒，从伦敦以及布里斯托尔的一些葡萄酒进口中心输送到全国各地。这些葡萄酒的名字涵盖了从 A 到 Z 的 26 个字母，A 指的是"阿利坎特"酒，是一种西班牙葡萄酒，Z 指的是"桑特"酒，一种希腊葡萄酒。最常见的红葡萄酒是从波尔多进口的普通红葡萄酒。如果你想要白葡萄酒，最常见的是来自莱茵河地区的"莱茵葡萄酒"。此外还有来自希腊的马姆齐甜酒、加那利群岛的加那利甜酒、克里特岛的糖果酒、托斯卡纳的弗纳夏酒和西班牙的拉里贝拉酒。意大利的基安蒂红白葡萄酒首次出现在英国市场上。[72] 拉姆尼是一种从西班牙进口，但却是希腊风格的甜葡萄酒。布朗混球酒的名字让人忍俊不禁，是一种来自葡萄牙的混合甜葡萄酒。前文提到的萨克酒名字源于 seco，西班牙语中"干红"的意思。这是一种少有的可以存放多年的葡萄酒。1663 年，佩皮斯品尝了一瓶 30 年珍藏的马加拉萨克酒，认为这款陈年葡萄酒"味道很好，更像是一种烈酒"。[73] 这一时期还有一项重大发展，就是将葡萄牙葡萄酒引入了英国市场。雪利酒开始大量从赫雷斯进口，那时的雪利酒还不是强化酒。未强化的波特酒也开始进入英国。1692 年，约伯·比尔兹利开始从事波特酒的业务，将强劲的红酒从杜罗河谷带到波尔图港再到伦敦（该公司在 21 世纪仍在运营，现名为"泰勒酒庄"）。

现在来看看葡萄酒的账单，你就会知道为何说葡萄酒是身份的象征了。《1660 年法案》规定了葡萄酒的最高零售价：西班牙葡萄酒和甜葡萄酒售价不得高于 1 先令 6 便士 / 夸脱；法国葡萄酒不得高于 8 便士 / 夸脱；莱茵葡萄酒不得超过 12 便士 / 夸脱。如若违反，罚款 5 英镑，但你可以想象这项法令能有多大效力，尤其是在"波塔克"向富人敞开大门之后，更是形同虚设。所以，喝一瓶奥比昂葡萄酒得花 7 先令，其他酒也得花 2 先令。17 世纪 70 年代，在伦敦以外的地方，一夸脱标准红葡萄酒一般约合 1 先令，一夸脱雪利酒约合 1 先令 8 便士，一夸脱加那利甜酒约合 2 先令。[74] 在伦敦市一家好的葡萄酒馆里，一夸特萨克葡萄酒估计得花费 2 先令 6 便士。[75] 大多数有钱人都买桶装的葡萄酒：例如，1644 年，贝德福德伯爵花 10 英镑向伦敦有名的葡萄酒商詹姆斯·胡布隆购买了两大桶波特酒。[76]1678 年，英国禁止进口包括葡萄酒在内的法国商品，这迫使商人们转向西班牙和葡萄牙葡萄酒，以弥补空缺。1685 年，进口禁令放宽，法国葡萄酒重回英国。尽管法国葡萄酒的关税每大桶增加了 8 英镑，但其他葡萄酒的关税也增加了 12 英镑，相比之下，法国葡萄酒还要更便宜一些。1689 年，法国葡萄酒又遭禁运，该禁令于 1696 年被取消，但关税每大桶增加了 25 英镑，这使得法国葡萄酒的价格贵得离谱，从而滋生了葡萄酒走私。[77]1696 年以后，即便是那些喝奥比昂葡萄酒的人，看到伦敦葡萄酒商的价格也会吃惊。即使价格如此之高昂，嗜爱葡萄酒的人也不愿降低酒的品质，因此对新型葡萄酒的需求依旧不减。

烈性酒

蒸馏是一门古老的技术，但直到中世纪后期英国人才知晓这门技术，而且那时的蒸馏技术还不是用于酿酒，而是用于制药。药剂师将植物分解后的混合物进行蒸馏提取精华，他们有时会制造出近似于纯酒精的"高强度水"或烈性酒。最早酿造出烈性酒的是荷兰人。16世纪后期，人们（包括荷兰的英国士兵）喜欢喝从杜松子果汁中蒸馏提取的杜松子酒。这个时候喝烈性酒的人越来越多，主要是因为人们可以随便生产蒸馏酒，而无需缴纳罚款。随后人们开始尝试蒸馏手边各种各样的东西：麦芽、糖蜜、水果、蜗牛和鸡。是的，你不仅可能喝到公鸡麦芽酒，还有可能喝到"公鸡水"：这种酒跟尿液不是一回事（但可能还不如尿液）。人们想，如果喝公鸡麦芽酒有好处，那么在公鸡麦芽酒的基础上蒸馏提取的精华应该会更好。同样地，蜗牛水是将蜗牛同萨克酒和草本香料一起蒸馏提取得到的。如果你还有点品位的话，你就会避开这些酒，而选择优质的陈年白兰地。1670年爱德华·德林爵士称，肯特郡的白兰地市场"突然变得非常混乱，现在每个村子都在售卖白兰地，而且卖家罔顾治安官的权威，觉得自己销售的不是麦芽酒和啤酒，不在法律管辖的范围之内"。[78] 当然了，有钱人并不满足于家庭自制的蒸馏酒，而是设法寻求最好的法国白兰地。散装白兰地售价为3先令8便士/加仑；若瓶装购买1先令/瓶。[79]

在白兰地风靡英格兰的同时，蒸馏玉米酒也开始风行苏格兰，于是苏格兰人，无论男女，每天不再喝水、牛奶、酪乳和乳清，而是威士忌。但威士忌仍然是以家庭为单位酿造的，因此很少有威士忌向苏格兰以南的地方传播。因此，首先引起英国人注意的是爱尔兰威士忌。进口的高度酒还有朗姆酒，它也被称为"致命之水"，由此可窥其烈性。你可能喝到的其他烈性酒还包括宾治（喝宾治的时候，将酒倒入碗中，上面放上一片面包，这便是英文中表示"干杯"的"to drink a toast"的由来）和亚力酒（将白兰地、苹果酒、果酒、水、香料和糖混合而成）。[80]

咖啡、巧克力和茶

英格兰的第一家咖啡馆于1650年在牛津开业。1652年，伦敦紧随其后，也拥有了一家咖啡馆。到 1660 年，咖啡大受欢迎，政府决定对其征税，但这并不能阻止人们对咖啡的追捧。尽管人们担心喝咖啡会导致不孕，但是咖啡馆的数量还在持续增加。到 1663 年 5 月，伦敦至少有 82 家咖啡馆，到 1700 年可能有上千家。[81] 此外，你在其他很多地方也能找到咖啡馆，如布里斯托尔、约克、埃克塞特、巴斯、诺威奇、大雅茅斯、切斯特、普雷斯顿、沃里克、爱丁堡、格拉斯哥以及其他许多大型城镇。这些咖啡馆为男性专用，除了女侍者之外，女性不准入内（这可能就是大量喝咖啡的男性生不了孩子这一说法的来源）。除此之外，只要你付款，就可以进入。伦敦的劳埃德咖啡馆和葛瑞威咖啡馆主要面向商务人士，而圣詹姆斯咖啡馆和可可树咖啡馆则主要面向政界人士——若你是辉格党人，就得去后一家咖啡馆，而前一家咖啡馆是为托利党人服务的。大多数咖啡馆不允许讨论宗教问题，但圣保罗附近的咖啡馆则可以讨论。如果你热衷于文学，那么考文特花园市集的威尔咖啡馆就是个不错的选择，在那里，人们围着约翰·德莱顿，听他发表对最新的书籍或戏剧的看法。[82]

咖啡馆一般只有一间屋子，里面摆上几张桌子几把椅子供客人喝咖啡用，不过也有些咖啡馆要大一些。走进约翰·金伯在布里斯托尔开的大洛厄咖啡馆，你会看到三张带椅子（还包括长凳和凳子）的桌子、一只挂钟、柜台上放着的咖啡碟和玻璃杯，以及一个壁炉。地上铺着木地板，空气中弥漫着咖啡和烟草的味道。楼上还有一间咖啡屋，也是同样的摆设，但楼上的咖啡屋里备有沙发、镜子和窗帘等奢侈品。[83] 和酒馆一样，一些店主也利用历史文物来吸引顾客，有些文物真是令人捧腹：伦敦一家咖啡馆声称拥有"本丢·彼拉多的老婆的女佣的姐姐的帽子"。[84] 进门缴付 1 便士，即可享用热腾腾的黑咖啡，还可以用陶土烟斗抽烟，[85] 想待多长时间就待多长时间。你还可以翻阅周报精选和时事通讯，或在你所属的"俱乐部"中讨论重大事件，此时的"俱乐部"是指一群朋友平常定期聚会，费用平摊。

如果你想买咖啡回家喝，价格大概为 3 先令/磅。1689 年，消费税增加，到 17 世纪 90 年代，价格逐步上涨到 6 先令/磅。你还得买咖啡壶和陶瓷杯：咖啡壶只需花费 6 便士，但每个杯子都要花费 1 先令 6 便士，因为陶瓷杯是从中国进口来的。[86] 然而，咖啡仍是一种大众饮料，在公共场合饮用。17 世纪时期，若有人独自喝咖啡，会让人觉得很奇怪。独自喝酒可以，但喝咖啡不行，无论你在哪里独自喝咖啡，都会引起一些人的不满。据《反对喝咖啡的好色之徒》的作者称，咖啡散发着"旧皮革碎屑燃烧并碾成粉末的气味。是旧鞋子散发的气味……是饮马池里的水，是女巫用死人头骨饮用的酒……是外来的秽物"。[87]

在 17 世纪 50 年代后期，皇家交易所附近的咖啡馆开始出售中国茶。尽管价格昂贵，还是很快就受到了人们追捧，第一批茶叶经销商的开价高达每磅茶叶 10 英镑。1660 年，一家咖啡馆的老板托马斯·加威希望扩大茶叶的销量，将价格降低至 16 先令/磅，并大肆宣传，果然成效显著。1660 年 9 月 25 日，佩皮斯喝到了人生中的第一口茶。[88] 同年年底，茶叶同咖啡一道，被列入征税项目。1664 年东印度公司开始进口茶叶，此后茶叶价格趋于稳定，质量最好的茶叶 3 英镑/磅，最差的不到 1 英镑/磅。[89] 因此，如果重返复辟时期的英国让你觉得喘不过气来，喝杯茶冷静一下应该不成问题，当然你喝不到熟悉的品种。这个时期主要有三种茶，均来自中国（印度茶在 19 世纪才进入英国）。武夷茶色泽乌褐，沸水冲泡，茶色棕红。松萝茶颜色近蓝绿色，可反复冲泡三四次，十分耐泡。第三种为御茶，是一种绿茶，也是三种茶叶中最昂贵的一种。按照我们的标准，通常是喝淡茶，不加牛奶，但有很多人在茶中添加糖和蛋黄。

茶与咖啡一样，也是一种大众饮料，但与之形成鲜明对比的是，茶通常是人们在私人住宅内聚会的饮品。招待上流社会的人喝茶是很奢侈的消费，需要选取合适的器具，包括茶碟、茶壶和糖罐，以及放置这些茶具的银托盘。当然，茶碟和茶壶应该是货真价实的中国瓷器，这些由东印度公司供应的茶具价值不菲：一只茶碟的价格为4先令，茶壶为10先令。还可以选择英式银茶壶，伦敦银匠从1670年开始制作这种茶具。茶具可以彰显主人的身份，所以富有的家庭都希望拥有自己的茶具，同时也喜欢上了饮茶这项活动。此外，女士们可以在自己家中享受茶会服务，不必像去咖啡馆一样，受性别的限制。沃本庄园的账单显示，伯爵和伯爵夫人自1685年开始在家饮茶，并购置了几套茶具和茶几，喝茶的花销要远远高出咖啡。[90]

还有一种新型热饮是巧克力饮料，这种饮料由在拉丁美洲森林里发现的可可豆制作而成，对人们来说更为古怪神秘。过去的几十年里，西班牙人和葡萄牙人偶尔会进口巧克力蛋糕，但是巧克力蛋糕的制作方法一直以来都严格保密。到了1655年，英国占领了牙买加岛后，这一情况就发生了改变，因为西班牙人在岛上种植了很多可可树。两年后，伦敦的一位企业家开始做广告，称其为"一种源自西印度名为巧克力的绝佳饮料"。自此巧克力饮料迅速风靡全国，到1660年，同咖啡和茶一样，政府也开始对巧克力饮料征税。巧克力饮料之所以吸引人，部分原因在于它是一种极好的早餐饮品，更重要的原因在于人们认为巧克力可以止吐：佩皮斯早上写作的时候，偶尔会喝巧克力，有一次特意选择喝巧克力，是因为他前一天晚上饮酒过度了。[91]要制作巧克力蛋糕，取1磅可可粉，6盎司白砂糖，1/2盎司肉桂，1粒磨碎的肉豆蔻和香草荚，微微加热后，用滚筒碾碎混合，趁热压入模具中。若想将其做成饮料，可将蛋糕碾碎，取红酒加入蛋黄煮沸，再加入食糖调味，最后将碎蛋糕加入红酒中。巧克力饮料还有许多其他做法，可与牛奶、水、白兰地混合而成，也可只加入波特酒或者雪利酒混合而成。[92]有很多人早餐喝巧克力加雪莉酒混合而成的饮料。

抽烟

最后要说的消费品是烟草。自 16 世纪 70 年代人们将烟草引进英国之后，烟草就广受欢迎。尽管詹姆斯一世曾发表言论抵制烟草，称抽烟是"一种见之厌恶、闻之呕吐的习惯"，但人们对其热情不减。每个到英格兰的外国游客都会提到英国普通民众有抽烟的嗜好。洛伦佐·马加洛蒂曾描述道：

> 普通民众抽烟很是常见，但贵族却不然，他们抽的烟要少一些。对于普通民众而言，吃完晚饭后，或是在酒馆谈论生意时，总要抽上一口烟。街上酒馆林立，手艺人们成天泡在酒馆里，不管工作紧急与否，统统抛却一边。[93]

有一天早晨，威廉·谢林科斯在康沃尔郡的时候注意到，"市场上有许多人，无论男女老少都在抽烟，这种景象在当地早已司空见惯，孩子们早上甚至只抽烟不吃早餐，比起面包，他们更喜欢烟草"。[94] 米松先生和西莉亚·法因斯还提到了西部各郡县妇女和儿童大肆抽烟的情况。有一天凌晨 4 点钟，托马斯·巴斯克维尔乘车经过格洛斯特郡的温什科姆镇时，看到镇上所有老年妇女都坐在大门口，抽着烟斗做针线活。[95]

你或许很疑惑，生活在这么艰难的年代，为什么人们，特别是穷人这么喜欢抽烟呢？其中一个原因是政府鼓励抽烟，因为可以对从弗吉尼亚州进口的烟草征税，从而增加政府的财政收入。米松先生还提出了另外一种说法：抽烟使人变得富有哲理。他认为，没有人能像英国牧师那样抽烟，英国神学如此之深奥复杂，抽烟一定有助于深度思考。[96] 但是，主要原因无疑是纯粹的享受，而且有必要指出，这是一种不用担心健康警示的享乐，因为大多数人不认为抽烟有利于健康。人们普遍认为抽烟可以预防瘟疫，因此伊顿公学的男孩们常常因为不抽烟而遭到殴打。据说抽烟可以使嗓音清脆、口气清新、视野清晰、听力良好、嗅觉灵敏，还可以治疗忧郁症。[97] 正因为如此，你才能理解人们为什么让孩子抽烟，自己也大量抽烟。在德文郡和康沃尔郡的一些地方，男孩们带着烟斗上学，在指定的时间与老师一起抽烟，学习如何握烟斗，以及如何将这些有营养的烟雾尽数吸入体内。[98]

那么，"大量抽烟"到底是多大的量呢？答案是很多很多。贝德福德伯爵个人每年消费约 30 磅烟草，相当于每天超过 1¼ 盎司，但这个量绝没有人会说他抽得多。而且，这种烟草在吸食的时候没有经过任何过滤，为什么要过滤呢？那个时候人们可是认为抽烟有益健康啊。人们使用一次性黏土烟斗将烟吸入（19 世纪才发明卷烟）。这种烟斗最多可以使用三到四次，但并不贵：普通的烟斗 1 便士 9 只。弗吉尼亚烟草每磅 3 先令 4 便士，西班牙烟草每磅 10 先令。[99]

或许你会心存疑虑，不过，贝德福德伯爵可是活到了 87 岁呢。

第十章

卫生与健康

　　生病了怎么办呢？这是个重要的问题，每一种文化都无法回避，它定义了文化的内涵，甚至从广义上讲，定义了文明的内涵。其答案是基于医学观察、推理、迷信、宗教，还是兼而有之，并不重要；重要的是确实存在某种答案，且答案令人信服。我们都知道，人有旦夕祸福。人人都不想听到病痛无法缓解的消息，不想听到孩子得的是不治之症的消息。即便真的就要死了，医生也无法挽救了，还是需要医生的建议——哪怕只是告诉自己还能活多久，这样就可以在写好遗嘱后安然离世。正因为如此，当我们审视一个社会，仅仅关注健康人群，好像健康才是常态，那我们就是无视基本事实。实际上，考虑到传染病带来的羞耻感、对死亡的恐惧、医疗费用，以及病情本身的影响等因素，你就会发现，没有了疾病，社会的运转方式也会发生变化。

　　漫游在复辟时期的英国，你一定会发现，这一点对于穷人和富人来说，毫无差别。上一章，我们比较了这一时期富人和穷人在饮食上的差别，但与之截然不同的是，人人都会生病，无关穷富。1660年，在查理二世骑马游行伦敦庆祝自己的生日时，他的两个弟弟（约克公爵詹姆斯和格洛特斯公爵亨利）都还健在。可是短短几个月后的9月13日，亨利就死于天花。又过了三个月，查理二世的姐姐，玛丽·亨利埃塔也死于天花。1685年，短短六个月的时间内，约翰·伊夫林就失去了两个女儿，都是因为天花，真是令人伤心。

1694年，天花还夺走了威廉三世的妻子玛丽王后的生命。富人们也许能吃得起更好的食物，请得起医术更高明的医生，但他们的寿命并不比普通人更长。这一时期，特权阶层亦是命悬一线。

儿童的死亡最能说明这一点了。查理一世有9个孩子，他们的平均寿命只有24岁，其中只有查理二世和詹姆斯二世活过了30岁。詹姆斯二世的第一任妻子给他生了8个孩子，其中只有2个活到成年；第二任妻子给他生了10个孩子（还不算2次流产），却只有1个孩子活到成年。安妮公主无疑是整个家族中最不幸的人：7次流产，生了10个孩子，有5个胎死腹中，2个在出生后就夭折了，还有2个在一两岁时死于天花，而最后一个孩子在11岁时也夭折了。尽管怀孕17次，她死时仍然膝下无子。把所有这些都加起来看，在1660—1700年间，王室有35次合法怀孕，却只有3个孩子活到成年。

医学思维

想要漫游医学领域，就有必要了解当时人们对疾病的看法。当时的人们对细菌或病毒还一无所知；显微镜还不够强大，看不到如此微小的物质。但这并不意味着他们对疾病的原因一无所知——或自以为是。一千多年来，人们有一个基本的认知，认为身体的健康取决于四种体液（血液、胆汁、黄胆汁、黑胆汁）的平衡，就好比地球是由亚里士多德提出的四种元素（土、气、火、水）组成的一样。胆汁过多的人易怒，血液过多的人容易兴奋，等等；体液的失调，累积起来就会导致疾病的产生。体液失调的原因有很多。吃了变质的肉食，或是呼吸了死水散发的有毒水汽，甚至几颗恒星不幸连成了一条直线，都有可能导致体液失调。一旦体液失调，疾病入侵，就会传染给他人，导致他人体液失调，并以此类推。此外，因为一种体液的波动与另一种体液有关，所以人们认为一种疾病可以转变为另一种疾病，食物中毒可能导致高烧，而高烧又会变成麻疹。[1]

你若了解英国皇家学会及其院士们所做的大量实验性工作，那么听到情况正在发生变化这样的说法时，你一定不会觉得意外。新的观点开始不断涌现出来，比如，世界并非由四种元素组成，而是由众多细小的粒子或原子组成。1628年，威廉·哈维的血液循环理论公开发表，打破了陈旧的观点，即体内有两种血液：肝脏产生的静脉血液和心脏产生的动脉血液，两种血液在体内起起落落。意识到古典文献在这方面的错误之后，医生们也开始从其他角度大胆质疑传统学说。继帕拉塞尔苏斯之后，医生们提出用"医药化学论"（iatrochemical，iatro 是希腊语里"医药"的意思）来解释身体的状况，医生的工作主要是利用盐、硫磺、水银类的药物来治疗疾病。提出"微粒子说"的一些自然哲学家们，譬如托马斯·威利斯和罗伯特·博伊尔，认同扬·巴普蒂斯塔·范·海尔蒙特的理论，强调酸碱在生理过程中的重要性。支持"医药化学论"的人利用物理法则来描述呼吸的过程及类似的身体功能，也就是说，利用物理法则来解释人体器官为何退化。

医学思维的另一面却可能会让你迷惑不解，这就是其与宗教信仰的关联程度。第四章介绍了当时的人们是如何根据自己的信仰来评价他人，这说明人们不会相信和自己持不同信仰的医生。其中的缘由在于医生只是起到传达上帝的医治能力的作用，如果医生惹怒了上帝，无论他的医术有多高明，治疗也不会有效。这就是为什么医生向主教申请行医许可时，既要考核医生的医疗知识，还要调查他们的私生活。但这仅仅只是宗教和医学交叉的起点。在许多人看来，仅仅依靠医学是不够的，祈祷才能痊愈。这就产生了一个问题：为什么仁慈的上帝要让我们生病呢？针对这个难题，有一个答案是，人生病是有目的的。大多数虔诚的基督徒现在还依旧认为，疾病是由上帝赐予那些罪恶较少的基督徒的，目的是为了让他们有机会在尘世间通过部分或全部肉体折磨的方式来赎罪，这样，这些人死后仍然可以去往天堂。这就是为什么"善终"十分重要：你得感谢上帝让自己拥有体会痛苦的机会。甚至遭受剧痛的孩子也要坦然面对疾病。但也有很多人认为疾病是上帝给予的惩罚，尤其是瘟疫。死亡面前，无论贫富贵贱，人人平等，人们认为这是神的旨意。你看，复辟时期的宗教观包罗万象，这意味着，针对人们为何生病、上帝为何让人生病，以及如何缓解病痛这些问题，人们在持续不断地进行思考。

17世纪，还有一种有关疾病的精神解读，那就是，上帝创世之初不仅创造了所有的疾病，还创造了药物：在世界的某个角落，一定会找到解药，只要你足够仔细。所有的草药似乎能证实这一点。众多植物可以缓解疼痛的事实也说明了造物者的仁慈：你会发现丁香有缓解牙痛的作用，秋水仙（一种番红花）有治疗痛风的作用，愈疮树脂有治疗梅毒及其他众多疾病的作用；耶稣会树皮，又称金鸡纳树皮，似乎更是这种观念强有力的证明。耶稣会树皮中含有奎宁，是治疗疟疾真正的天然药物。17世纪70年代，英国外科医生罗伯特·塔尔博特因其看似神奇的药方而闻名于世，他的药方就用到了耶稣会树皮。对上帝创世之初一定创造了药物的信仰，反过来激励人们去探索更多的地方，发现更多的药用植物，从而为"科学革命"注入更多的活力，这一点我们在第四章已经探讨过。

不是所有的疾病都可归因于体液失衡或神的判决；人们知道饮食也会影响健康。你会发现，他们比现代的你还要确定。亚里士多德认为，人们的日常健康由六种"非自然物质"决定：饮食、排泄、运动、空气、睡眠以及激情。人们认为，生病可能是因为他们疏于照顾自己的身体。在这六大"非自然物质"的基础上，你还可以加上第七个——受寒——作为人们生病的一个病因。1662年11月的某一天，佩皮斯尿痛，他将此归结为"今早为了拔鸡眼，光腿站立时间过长，受了寒"。1665年9月，因为不在家里，旅居在外，他有足够的理由后悔让自己受寒了：

于是我睡下了，但晚上肚子很不舒服（我想可能是今晚睡的床单还有点潮湿的缘故）；我想要上厕所，可是屋里没有夜壶，我只好爬起来，在烟囱里拉了两次。[2]

这就可以很好地解释，为什么住在别人家里时，主人会主动提出让侍女带着夜壶去你屋里，为你暖床的原因了。

温泉疗养

人们意识到，摄入体内的物质会影响我们的健康，不仅包括饮食，还包括偶尔通过皮肤毛孔和其他孔窍进入体内的任何物质。倘若有害物质能以这种方式进入人体的话，那么有益物质也能如此。因此，在富含矿物质的水中泡澡会有益身体健康。此外，如果想要尽快摄入一定量的矿物质，为什么非要采用洗澡这样麻烦的方式呢？直接饮用就可以了。因此，水疗小镇开始流行起来。多数名人、富人和中产阶级每年至少有一次会去"泡温泉"。甚至不太富裕的群体也加入到这一潮流之中：水手爱德华·巴洛在柴郡巴克斯顿镇的一个温泉池中泡澡，据说"在这个池子中泡澡能够治疗多种疾病"。[3]但人们泡澡都不会去大海。如果去海滩，即使是一年最炎热的一天，沙滩上也会只有你一个人。海水富含温泉水的某些特性要到下一个世纪才为人所知。

英国最主要的温泉小镇当属巴斯，小镇里含硫的温泉水已经喷涌了几个世纪之久。泉水分流到三个主要的温泉浴场（国王浴池、热浴温泉和十字浴池温泉）和两个分浴场（女皇温泉和麻风浴场温泉）。其中最大的浴场要属国王浴池，巨大的长方形水池中间有一个带有顶棚的十字架。这个十字架坐落在石头基座上，四周柱子环绕，你可以在那里坐下来让泉水没过你的脖子。据《天然浴池和矿物质水漫谈》的作者爱德华·乔登称，泡温泉的好处在于：

> 温泉能够暖和身体各个部分，调和体液，打开毛孔，发汗，利尿，清洁子宫，促进女性通便，清除异常体液，强身健体，舒缓神经，清洁皮肤，打通阻塞，缓解关节疼痛、神经和肌肉疼痛，消散硬性肿块，等等。[4]

温泉的这些特性有助于治疗"瘫痪、肌肉痉挛、风湿、非炎性肿瘤、皮肤问题、疼痛，等等"。乔登甚至认为温泉有助于治疗"愚蠢"。[5]

早上太阳升起后的一两个小时是泡温泉最好的时间。女士们穿着宽松硬挺的黄色帆布浴袍进入浴池，浴袍浸满水后就鼓起来，掩饰了她们的体形，不至于太露骨。绅士们则穿着类似的黄色帆布内裤和马甲。不太富裕的人就穿着亚麻直筒裙（女人）或者短裤和衬衫（男人），但这些衣服会紧紧地贴着他们的身体。[6]乔登建议，泡温泉的时候要将头包住，以免受寒。他还建议泡温泉的时间尽量长一点，至少要一到两小时，而且只要负担得起，每天都要泡温泉——最好是20天到30天不间断。如果你患有某种特定的疾病，并且医生建议你泡温泉，你就要告诉温泉的服务人员，他会安排将热温泉水抽出来直接作用于你身体被感染的部位。谢林科斯1662年在巴斯期间看到，1000多个温泉水柱直接喷向男人女人的头部和背部。还有侍者候在水中，用小刀帮你剔除鸡眼、疮疣，以及修理指甲，给他们一点小费即可。每天早浴过后，浴池的水会被放空，然后再放满水，以备第二天用，这样真不错。[7]

在约克郡广受欢迎的哈罗盖特温泉疗养地，沐浴仪式却很不一样。首先，小镇本身并没有浴池，只有温泉井。温泉井水蕴含两种矿物质：硫和铁。西莉亚·法因斯到访过哈罗盖特，她将"含铁的井水"描述为"甜蜜的温泉"，而将含硫的温泉水描述为：

硫磺温泉可真是名副其实的臭蛋温泉，散发出强烈刺鼻的味道，我根本就无法将我的马赶到井水边。两口井中间放着一些浴盆，井水喷到盆里，盆里漂满了白色的泡沫：要是你用杯子接水，只要几个小时，杯子上也会漂满这样的白沫……井水喝起来闻起来都有硫磺的味道，而且还带有一种类似腐肉或者茅坑的刺鼻气味……[8]

这就是你要喝的水。井水富含矿物质，还能够疏通肠道，清除体内所有杂质。西莉亚写道，"我每天早上喝一夸脱（两品脱）的温泉水，连续喝了两天，我认为温泉水是一种很好的肠道清洁剂，可以屏住呼吸喝下它们。"

用此法清洁肠道之后，你应该翻山去往七英里之外的圣芒戈井。在那里，可以将自己浸泡在矿泉水中。但与巴斯不同的是，这里的水极冷，你是不会在水里泡上几个小时的。这倒是很适合西莉亚，"我总是选择泉水刚冒出来的地方，因为那里的泉水最冷"。[9]在她所生活的时代，托马斯·西登纳姆提倡的洗冷水浴、呼吸新鲜空气（尤其对那些发烧患者）已经开始流行起来。

拉尔夫·托雷斯比会定期去哈罗盖特。到达后的头天早上所喝下的温泉水，通常会让他五脏六腑翻江倒海，接下来的一天，他几乎什么也做不了。1680年，这就意味着，他没法去做礼拜——因此饮用温泉水不仅让他的肠胃翻江倒海，还让他内心不安。但这两天过后，他就会沉浸在各种乐趣之中：喝含硫的温泉水，和新朋友走路锻炼身体，还一起骑车去圣芒戈井，和他们一起在刺骨的冷水中瑟瑟发抖，并在一整天的活动结束之后共进晚餐。[10]但这并不是说所有人都热衷于饮用温泉水。托马斯·巴斯克维尔写道：

第一次到这里，你会喜忧参半。这里的温泉侍浴女有点难缠，跟伦敦的侍应生一样太热情了。你去井边沐浴的时候，她们负责帮你加水；要是不去井边的话，她们就会把温泉水送到你的住处。她们这样强行推销，我们不太乐意接受，因为我们还没有定下来什么时候饮用温泉水，也许是今晚或者明早——但她们会在我们起床之前就把水送到房间——她们手里捧着一壶一壶的温泉水，有人大声说："我是可爱的贝蒂，让我来服侍你们吧。"又有人说："凯特和科尔·多尔，就让我来服侍你们吧。"但说句老实话，她们不太合格，她们的脸色黄得像熏肉皮一样，硫磺水已经玷污了她们纯洁的肤色。[11]

你的医生和朋友们肯定会建议你尝试其他各种不同的水疗。有钱人都很喜欢去滕布里奇威尔斯：大巴车从伦敦开过来，通往温泉的路上还设有咖啡馆和饰品店。[12]如果你不能亲自去泡温泉，不管你身处英国的哪个地方，都可以让人把水装在瓶子里，用木塞密封后派送给你。埃普索姆温泉水也可同样封装在陶罐中派送给你。但无论你喝的是哪里的温泉水，功效都差不多。1662年，谢林科斯看到，埃普索姆的男男女女们在喝完几品托温泉水后，就会从井边四面散开，"在灌木丛中留下自己的标记，"[13]他隐晦地写道。

如果说体液论还只有一点点奇怪的话，那么，花点钱"买温泉水喝"，在冷泉水中把自己冻得瑟瑟发抖，在满是别人剪下来的脚指甲、疣疮、鸡眼的浴池中游泳，每天早上当众清空肠胃，这些行为却简直让人匪夷所思。

个人卫生

你现在可能已经认识到，你对个人卫生的认识与17世纪的真实情况并不一致。这并不是因为人们不关心清洁卫生。佩皮斯就很重视这个问题。1668年6月在游览巴斯的时候，他不禁想到，这么多不健康的人一起进入浴池泡澡更可能会传染疾病，而不是治愈疾病。[14] 我们也是这么想的。17 世纪的卫生观与现代的卫生观，其不同之处大体在于"是否必要"的问题。现代社会，不是所有的人都会在饭前洗手，更别说饭后了。但在 17 世纪，用餐前后不洗手则会让人感到恶心：当你用手指吃饭的时候，洗手就非常的重要了。至于和他人一起泡澡，并不是因为他们不在意被感染的风险，而是因为温泉的药用价值超过了所带来的风险。在一些民间疗法上，你可以看到类似的思维方式。在奥克尼和设得兰群岛，要是你流鼻血了，你就会用猪粪堵住鼻孔来止血。你会用牛粪来治疗擦伤，人尿治疗黄疸，牛奶煮羊粪治疗天花。[15] 正常情况下，人们不会将猪粪抹在鼻子上，或者用牛奶煮羊粪，但得病时就不一样了。这是个普遍现象，可以解释过去人们生活中许多不太卫生的情况：这并非疏忽的问题，而是事情的轻重缓急的问题。

一般而言，"何谓卫生"，人们的观点也在不断变化。普通人大多每天早上都会用冷水清洗手、手腕、脸和脖子，即暴露在外的部分。人们很少为了清洁卫生而泡澡，因为在不干净的水里泡澡感染的几率太大。相反地，如果有必要的话，他们会用亚麻巾或者毛巾用力擦拭自己的身体和头发，以去除身体表面的死皮和浮尘。他们穿的亚麻直筒裙、衬衣和内衣都很吸汗，衣物也很容易清洗。这样，穿着亚麻衣物可以有效地保持身体卫生，而用肥皂和清水即可有效清洗亚麻。而在浴盆里用水一点一点地擦洗身体则是另一种清洁方式。为了安全起见，要把洗澡用的水烧开后晾凉。

佩皮斯的日记显示，除了一次游览巴斯的经历外，他在长达十年的游历生涯中，再也没有泡过澡。在这点上，他并非例外。但也有泡澡的人。原因之一就是治疗需要。医生可能会推荐你独自泡热水澡，并在水中加入一定的药膏和草药来治病。医生还可能会建议你定期泡冷水澡。早在 1693 年，有些时尚的人便听从托马斯·西登纳姆的建议，认为冷水澡有益身体健康。[16] 这一观点在约翰·弗洛耶 1697 年出版的重要著作《英格兰热水、凉水、温水浴的使用正误研究》一书中得到了证实。在书中，他提倡人们泡冷水澡，因为泡冷水澡可以阻塞毛孔，令人振奋。此外，少数富人提倡泡澡，也是泡澡习惯得以日益流行的一个原因：约翰·圣巴比爵士在汉普郡的布罗德兰兹有自己的澡堂。伦敦商人托马斯·波维在他的别墅屋顶上也设有一间浴室。[17]

人们为了个人卫生而洗澡主要是受中东地区的影响。到摩洛哥或者土耳其的英国外交官们发现，穆斯林会定期沐浴，且希望他人也讲究卫生。回到英国的外交官们对个人卫生的观念，尽管未被完全颠覆，但也多少有了些变化。从北非逃跑或者获得自由的英国奴隶在回到英国后，也会讲述穆斯林的沐浴习惯。约瑟夫·皮茨对此的描述尤其有趣：

> 他们有很多哈曼（hammam）或者澡堂可供沐浴，他们进澡堂几乎是裸体的……把衣服放在外面的房间，穿上木屐，跟着向导走进热气腾腾的地方，不一会儿他们就已经大汗淋漓了，但他们还会在里面继续待着，请向导帮他们剃腋毛，然后到单人间将阴毛剃干净，他们认为不剃阴毛就是原始人。之后他们躺在光滑的地上，有侍者过来为他们擦洗全身，去除污垢。这些侍者们手上戴着的搓澡手套，或粗糙或精致，是那种分指手套，手套里还填塞了擦洗用的东西。他们的双手非常灵巧，当他们为客人搓澡时，从沐浴者胳膊上搓下来的污垢有如一条条蠕虫（可能有两英尺长）……搓完全身，再打上肥皂清洗一遍后，向导便会离开，沐浴者便可自行淋浴。淋浴有两个水龙头，一个是热水，一个是冷水，冷热水汇流到一个陶盘或者大理石的大盆里，以调和成他们喜欢的温度。[18]

这种"土耳其浴室"如今在伦敦还有。1660年，伊丽莎白·佩皮斯在拜见女王的前夕就去过一个"土耳其浴室"。[19]她可能并没有将阴毛全部剃光——要是全部都剔除了的话，塞缪尔在日记中就一定会提到——但这似乎从另一个角度说明，中东人正在教伦敦人如何正确地清洁自己。伊丽莎白·佩皮斯在参加重要场合前夕沐浴的事情，说明人们很重视个人卫生，尽管这种重视还未能对人们的日常行为有所影响。

皮茨还提到了另一项进步，即人们开始使用肥皂来清洁双手和身体。有很多用来洗衣服的清洁液，味道难闻，还会刺激皮肤，但现在橄榄油皂饼已经很便宜了（6便士/磅），完全可以用它来洗手。爱德华·乔登指出，在巴斯的十字浴池洗手会使"手指头皮肤干瘪"，就如同在肥皂水里洗过一样。[20] 你要是不想被虱子困扰（即使是讲究如佩皮斯一样的绅士也时常为此困扰），那就应该保证定期更换干净衣物，每天用肥皂洗手、洗身子。这样，唯一让人烦恼的就是入住旅馆床上的跳蚤了。当然，还有牙疼。[21]

疾病及治疗方法

疾病类型复杂，有些疾病发展很快，就像海边被春潮侵蚀的石灰崖一样，有些则是慢性病，就像山脉的顶峰一样。疾病总是很难归类的。17世纪的人们对疾病的了解不必说肯定比你了解得少。例如，当时人们绝对想不到1665—1666年间的瘟疫其实是英国境内最后一次大规模爆发的疾病，以至于其后几十年间，人们对此一直心有余悸。此外，当时人们所患的一些疾病，在现代医学却是闻所未闻。你还会发现，比疾病归类更难的是确定哪些疾病并未影响17世纪的人们，但却影响了现代的我们。简而言之，所有的疾病就像是故事，走进我们的生活，停留一段时间，在不同的文化间传播，几十年过后，其讲述方式发生变化，再过几个世纪或者几千年，它们消失了。在被人们遗忘之后，它们的起源、发展和结束也就无迹可寻了。

针对过去与现在存在的差异，最为清楚的一种解释可能就是对比主要死亡原因。现代社会中，占据英国前八位的疾病杀手是：心脏病、肺癌、肺气肿/支气管炎、中风、痴呆、肺炎/流感、肠癌、前列腺炎（男性）或者乳腺癌（女性）。对比一下《伦敦死亡统计表》的记录，成人最大的疾病杀手主要集中在：

伦敦人口主要死亡原因

疾病	1663—1664	1673—1674	1683—1684	1693—1694	平均
肺结核	20.58%	18.41%	16.19%	16.15%	17.83%
痉挛	6.52%	10.35%	15.99%	20.50%	13.34%
冷热病	13.03%	10.26%	11.58%	18.12%	13.24%
肠胃痉挛	5.95%	11.69%	12.35%	7.46%	9.36%
天花和麻疹	4.85%	10.27%	8.56%	6.27%	7.49%
牙痛	6.01%	6.21%	5.19%	6.26%	5.92%
衰老	6.97%	4.91%	5.77%	5.60%	5.81%
水肿	5.99%	4.72%	3.17%	3.07%	4.24%

虽然有些疾病与现代疾病有相似之处——17世纪因衰老而死亡的人也许在21世纪会被诊断为心脏病或痴呆症——但这两者之间其实很难找到共同之处。现代社会，几乎没有人再死于天花，死于肺结核的人在现代英国也极少。麻疹和水肿也不再是主要的死因。"痉挛"是复辟时期儿童的主要死因，但在21世纪却很少发生。大部分复辟时期的英国人并不担忧癌症，他们更关心自己的牙齿。什么？牙痛会致命吗？我们都知道，回到过去就意味着会有患龋齿的风险，还要忍受一些令人毛骨悚然的外科手术工具，但牙疼确实如同我们所想象的那样，无比疼痛。我们从未想过牙病会成为主要的死因。但你瞧，疾病其实在不停地发生变化。

瘟疫

瘟疫的发生具有间歇性，因此它并没有出现在上述主要死因列表中。1660—1664 的五年间，伦敦地区约有 85096 人死亡，但只有 61 人死于瘟疫（约占 0.007%）。这个数字几乎都不值一提。即使将 1660—1700 这十年间的死亡统计记录都考虑在内，瘟疫在主要死因中也仅排第五位。[22] 但就人们的感觉来看，瘟疫却是长期以来人们最害怕的一种疾病。1665 年，伦敦地区有约 68596 人死于瘟疫。但这一数字低于实际情况：人们会贿赂调查人员，谎称他们没有患上瘟疫——或者他们所爱的人患的是斑疹热或者疟疾——这样他们就不会被关在自己的房子里。在 1665 年瘟疫爆发的前五年，伦敦地区年平均死亡人数为 17019 人；因此，当年死于瘟疫的人数可能在 80000 左右——约占伦敦人口的五分之一。

你可能知道的，伦敦大瘟疫是由细菌——鼠疫菌——引起的。这种细菌通常寄居在虱子的体内，然后传染给了黑鼠，黑鼠又将细菌传播到英国每个城镇和村庄的家家户户。当虱子咬了人之后，人就会感染这种细菌。如果被感染的人身体上本就有虱子，那么这些虱子也会被细菌感染；如果有人穿了这个被感染了的人的衣服，那么也会被感染。那个时代的人们并不知道屋内的老鼠和虱子就是传染源，他们怀疑是狗在传播瘟疫。

如果你感染了瘟疫，体温会上升到 40℃左右，可能会呕吐、头疼、高烧，可能还会发狂。虱子叮咬过的皮肤会出现黑绿色的痈疖，腹股沟、脖子或者腋下会出现黑色的淋巴结。过一段时间后，瘟疫的症状就会出现：皮下会出现大量的橘色、紫色、蓝色、黑色等各色大斑点。大部分瘟疫都是由调查人员进行诊断的——每个教区派两名妇女走访有人病死的家庭，她们拿着白色的手杖，检验尸体，弄清死因，上报官方，她们会有一头山羊（4 便士）作为酬金。

当然，1665 年的大瘟疫并非是英国爆发的第一场瘟疫。此前的几百年里，伦敦也多次爆发过小型瘟疫，主要集中在1563、1603、1625这几年。这三场瘟疫夺去了伦敦超过五分之一人口的性命。每一次爆发的新瘟疫都被称为"大瘟疫"，因为每一次瘟疫造成的灾难都被认为是史上最严重的。1665年的瘟疫也是如此，但是按人口比例来讲，这场瘟疫还不如上述三次瘟疫严重。[23]人们总是很健忘。实际上，也正因为人类的健忘才导致了1665年瘟疫的大爆发。人们基于过往的经验教训发布了一系列指令，规定某地发现瘟疫之后，地方官该采取何种措施防止其蔓延。官员们要每三周会面一次，询问调查人员，安排杀狗事宜，并向地方征税以维持病患的救治。如果调查人员发现有人染病，其所居住的房屋就会被封闭起来，所有居住者都要关在屋内，门上会被画上红色十字的记号，且有专人看守确保无人出入房屋。离开房屋的人会受到严厉的惩罚：离开即属重罪，无论染病与否，都会被处以绞刑。当然，这些规定主要是为了防止疾病的蔓延。但到了1665年，有些人已经忘记了瘟疫有多致命。他们认为将病患监禁起来的手段非常残忍无情。1665年4月，发现有第一位感染者居住的房屋位于圣吉尔斯教区。地方官命令将房屋封锁，但周边的邻居却反对这种粗野的行为：他们清除了门上的红十字标记，卸掉了门锁，释放了屋内所有被囚禁的人员，认为他们遭受了不公正的待遇。[24]他们的心情可以理解，但他们却犯下了致命的错误。染病的人和营救他们的人混杂在一起——瘟疫很快就在整个教区蔓延开来，最终导致该教区3000多人死亡。

如果你是在1665年下半年造访伦敦，那里的情形也许会让你终生难忘。目之所及全都被涂上了红十字的标记，有时候整条街的大门都被封锁了，一个接一个的，旁边还站着看守的人，实在让人恐慌。无论是考文特花园广场豪华的别墅，还是巷子里老旧的木屋，都被涂上了红十字的标记，看到这样的场景真让人不安。处处都有危险。街道上空空如也，很多商店都关了门。教区的丧钟不断敲响，尤其是到了晚上，当一具具尸体被运走埋葬时，钟声更是绵延不断。

街道上都是装满尸体的棺材。有些人被发现死在屋子里、倒在街道上、码头的台阶上或者漂浮在河面上。在调查人员拿着白色的手杖挨家挨户检查时，街上的行人都掩面行走，生怕被调查人员看到。街上燃起大火，烟雾弥漫。那些能离开的富人都离开了伦敦，而因为公务不能离开的人，则把家眷送往乡下。人们每天都在棺材铺集合，急切地等待《死亡统计表》，看看这场瘟疫有无减缓的趋势，但却发现情况越来越糟。8月有几周的时间，他们看到有6000多人死亡的记录。9月则是瘟疫的高峰期，一周之内就有8000多人死亡。此时已经不可能再监禁所有感染者了。人们意识到，他们在街上遇到的人可能都已经感染了瘟疫，恐惧笼罩了整个城市。9月7日，在去往伦敦圣詹姆斯教堂的路上，约翰·伊夫林说，"看到许多棺材横放在大街上，路上行人稀少，实在是危险；商铺都关门了，一切都沉浸在悲伤的寂静之中，人们不知道下一个倒下的会是谁。"[25]此时，道路上杂草丛生，船只闲弃在岸边，船夫要么死了，要么逃走了，因为害怕被上船的人感染。接下来的一个月，佩皮斯写道：

> 主啊，街道上空空如也，弥漫着悲伤的气氛，路上全是患病的穷人，可怜至极，我路过的时候听到了太多悲伤的故事，人们都在议论着这个人死了，那个人病了，这个地方死了多少人，那个地方死了多少人。他们还告诉我，威斯敏斯特一个医生都没有了，只剩下一个药剂师，其他人都死了。[26]

1665年，英格兰全境因瘟疫死亡的人数，比过去五年的平均数多出了86859人，其中绝大多数都是伦敦及周边地区死亡的人。其他地方也受到了瘟疫的影响，在外省的城镇里，人们也开始恐慌起来，人们意识到那些逃离伦敦的人很可能会把瘟疫传染给他们。集市和聚会都被禁止了。旅馆关门，北安普敦境内旅馆的牌子被一块块地摘除，以防旅客逗留。[27]埃克塞特禁止从伦敦来的商人和其他所有人进入。[28] 有人死在了路旁，但村民们害怕碰触尸体，有时候会任尸体腐烂。有人从伦敦一路走到多切斯特，但被拒进城，最后死在一家农场的小屋里。当地人并没有埋葬他，而是在小屋旁挖了一个大坑，将小屋推倒，死去的人就和小屋一起被埋在坑里。在守卫森严的南安普敦，有一家三口死在了一座山坡上，妻子死前最后的动作是徒手为死去的丈夫掘了一个坑，丈夫的尸体只埋了一半，妻子就断气了。[29]

1665年至1666年间，瘟疫冲破了众多城镇的封锁。伊普斯维奇约有8000居民，其中就有1000人死于这场瘟疫。在科尔切斯特，瘟疫夺去了4817人的性命，是当地人口的一半。[30] 而德比郡一个叫作伊姆的小村子则给人留下了最深刻的印象。1665年9月，一名仆人打开了从伦敦寄来的一包衣服，这个名叫乔治·维卡斯的仆人发现包裹内的衣物潮湿，于是就把衣服打开晾放在火炉旁。三天过后，瘟疫的各种症状在他身上显现出来，9月6日他去世了。9月尚未结束，就又有5人死亡。10月有22人死亡。在寒冷的冬季，瘟疫以低感染率持续传播着，每周都有人死亡，但大家都知道等到了5月和6月这两个月，天气转热，死亡人数就会猛增。有人建议投奔邻近的村镇，但教区牧师威廉·蒙佩森警告人们这样做会有让几千人感染的风险。他劝人们将整个村子隔离起来。于是，在伊姆村的周边围起了一圈石头作为边界，任何人不得逾越。食物集中放在一个地点，村民们把钱放在一个石头蓄水池里，池子里有流水进行冲洗。然后就开始了漫长的等待。到1666年6月，有17人死亡，到7月又有56人死亡。孤独无助中，自我隔绝的村民们相继死亡，照料他们的只有身边的人和牧师。1666年8月，仅仅一周的时间，一名叫伊丽莎白·汉考克的妇女就失去了她的丈夫和六个孩子，她亲手将他们埋葬在屋旁。8月底，威廉·蒙佩森牧师失去了他挚爱的妻子凯瑟琳，他在给赞助人乔治·萨维尔爵士的信中写道：

这是我写过的最为悲伤的一封信,毁灭天使夺走了我的教民,我最亲爱的她也永远安息了,她戴着正义的王冠走了,也算是一个幸福的结局。她爱我就像爱她自己一样,她本可以带着可爱的婴儿逃出死亡的手心,她本可以多活些时日,但她决意为了我而献身。

1666年10月11日,伊姆村埋葬了最后一位瘟疫感染者。蒙佩森在有关这场瘟疫的总结中写道:"我们的村庄变成了一座骷髅山,遍地都是尸骨。我从未听过如此悲伤的恸哭——我从未闻过如此恐怖的味道,我从未见过如此骇人的场景。"在这场瘟疫中,伊姆村共有267人死亡,占整个村子人口数的38%,是伦敦地区死亡人数占比的两倍。[31]

其他疾病

17世纪,最有可能夺走生命的就是痨病——我们今天称之为肺结核——伦敦和英国大部分城市及周边地区可能有超过六分之一的人死于此病。当时人们并不知道这个病有传染性:如果一家有好几个成员都得了这个病,人们认为这是家族遗传病。约翰·伊夫林坚信伦敦上空"又厚又脏的雾霾"至少得负部分责任。他在《伦敦雾霾纪实》里写道:"这使得人们容易患上各种疾病,使他们的肺受到污染,身体紊乱,所以伦敦地区城区患黏膜炎、咳嗽以及肺结核的人比其他地方都要多。"但肺结核真正的罪魁祸首是细菌,通过被感染了细菌的牛产的奶、病患的喷嚏以及咳嗽进行传播——因此这种病主要集中在人口密集的地方。教区的教堂也加剧了此病的传播。伊夫林写道,"天底下再也找不到一个像伦敦的教堂一样的地方,能听到那么多人的咳嗽声和喷嚏声,……人们还不停地吐痰。"[32] 各种症状差别很大——脖子上淋巴结肿大,典型的淋巴结结核是肺结核的一种——但最典型的还是咳血、四肢无力、消瘦、夜间盗汗和发烧。据尼古拉斯·卡尔佩珀的《伦敦药典》记载，治疗的药方包括绿核桃、羊黄（山羊胃里的结石）或者将锦葵花磨碎，用蜂蜜熬煮后，再加甘草糖服用。[33] 约翰·斯姆科特医生在其病历中指出：

> 那些病人长期干咳，面色蜡黄，身体消瘦，感觉一阵冷一阵热，饭后脉搏尤其短促，外寒内热，手脸容易冰冷，面色苍白，嗓子沙哑，我从未见他们痊愈过。[34]

这就是说，如果得了肺结核，就算真的服用了山羊胃里的结石，似乎也无力回天。

"冷热病"是泰晤士河沿岸地区的第三大死因，但在埃塞克斯郡、肯特郡以及萨塞克斯郡的海岸沼泽区，林肯郡和诺福克郡的沼泽区，兰开夏郡的里贝尔区，约克郡的萨默塞特平原和霍尔德内斯大平原，"冷热病"却是最大的死因。这是因为"冷热病"包括疟疾，而疟疾则是人类历史上最大的杀手。你很可能知道，疟疾是通过携带疟原虫的蚊子传播的。上述地区的居民常将疟疾称为"沼泽热"，也叫"间日热"（因为每三天，不包括第三天在内，也就是间隔48小时发作一次），或者"四日热"（每四天，或者72小时，发作一次）。这是人体感染了疟疾之后，体内的红细胞定期破裂的表现。症状包括发抖、高烧、大汗、头疼、呕吐和腹泻。唯一有效的治疗药物是奎宁，前文提到的耶稣会树皮中就含有奎宁。医生和药剂师们开出的处方或者药方还有很多，但似乎都没有什么用。

"肠胃痉挛"，你可能不是很熟悉。但说它是一种痢疾，譬如"血痢"，你可能就知道了。《伦敦死亡统计表》将其单独进行记载，但在复辟时期的伦敦，这种病不是很常见。这种疾病是由细菌传染所致，尤其和粪便有关。因此，咬手指，未将手彻底清洗干净，或者用污染的水洗手，都是可能致命的行为。得了痢疾，会出现"出血性腹泻"。卡尔佩珀开出了一系列药方，包括葡萄叶、石榴花，以及酸模种子。另一位药剂师理查德·汤姆林森在他的《药物处方集》中也列出了很多药方，包括聚合草、委陵菜、野桑葚，等等，但伦敦地区痢疾的高死亡率说明人们还是缺乏有效的治疗手段。[35]水肿也是如此。患上水肿的人身体的某一部位会肿胀，这种病是其他疾病的并发症，致病的因素很多。去找医生看水肿病，医生可能会给你一粒含有醋泡过的紫花欧瑞香、矮接骨木种子和伞菌制成的药丸。[36]伞菌是生长在意大利境内落叶松上的白色菌类，它像哈罗盖特和埃普索姆温泉水一样，可以有效疏通肠胃。除此之外，没有丝毫药用价值。

《伦敦死亡统计表》将1687—1700年爆发的天花和麻疹归为一类记载。这可能是因为这两种病都与儿童和年轻人有关，都会在皮肤上留下难看的小麻点。它们都是通过病毒感染的——17世纪的人并不知道这些——而且这两种病早期很容易混淆。但两者之间其实差别很大，尽管都是一样的致命。在1687年之前，伦敦地区天花致死的人数是麻疹的10倍：每年平均有1199人死亡，而麻疹则只有109人。但两者不时会同时爆发，使感染的可能性增大。1674年，死于麻疹的人数多达795人（而1675年只有1人）。1681年，天花夺去了2982人的性命，而1666年只有38人死于此病。1677年，经医生迪奥达蒂诊断，罗伯特·胡克的仆人汤姆·贾尔斯患的是麻疹，但是，病人身上的红疹子已经变成了明显的脓包，显然，他得的其实是天花。当他开始尿血的时候，迪奥达蒂医生建议他从鼻子和嘴部放血，因此，有两个医生从他的胳膊和舌头底下抽走了七盎司的血。他不停地咳血，当医生再来的时候，却告诉他一个震惊的消息，他就要死了。不久之后，他就断气了。[37]同一年，胡克挚爱的外甥女（也是他的管家）格雷斯·胡克得的麻疹痊愈了，不料竟在1679年又患上了天花。医生给她开了当时流行的一种新药方"加斯科因粉"，喝下药之后她大汗淋漓，最后得以痊愈。即使存活下来，脸上却会布满脓包留下的疤痕，终生都不会消失，不过好在得过天花之后，就会终生免疫。1685年，伊夫林的两个女儿感染天花去世，伊夫林说他在那一年就曾看到有妇女鼓励其他孩子和患病的孩子一起玩耍，目的是为了让这些孩子在很小的时候就能得上天花。[38]

《伦敦死亡统计表》里记载的最后一种致命的疾病是"牙痛"。为了努力不让牙痛夺走你的生命，可以使用伦敦商人罗伯特·特纳售卖的那种洁齿剂（一种刷牙的粉末），它可以"清洁牙齿，让牙齿洁白如象牙……坚固牙齿，让口齿生香，预防牙龈和口腔溃疡或脓肿"。[39] 口腔有了脓肿，牙痛就成了致命的杀手。口腔不清洁（不得不说，当时用布清洁牙齿达不到保证口腔卫生的要求），牙龈或者靠近牙根的地方就会长满脓疮。如果感染引发了败血症或者脓肿造成了呼气道阻塞，就可能带来致命的威胁。如果牙痛难忍，有多种选择。你可以无视牙痛，任牙龈脓肿；你也可以让铁匠用老虎钳帮你把有问题的牙齿拔出来；你还可以去看牙医，比如彼得·德·拉·罗什（两位皇室御用牙医之一），请他用特殊的工具把有问题的牙齿拔出来。[40] 其中，有一种工具叫"鹈鹕钳"，是一只金属制的手，固定在一只与底座相连的金属胳膊上。将金属手放在牙齿边，将底座塞入口腔，与下颌相对，医生将患者的头紧紧地按在自己的膝盖上，将牙齿拔出。还有一种工具叫"钥匙钩"：从钥匙状物体的边缘凸出来的钩状物。技术娴熟的外科大夫同时使用左右向两种"钥匙钩"，就可以准确地拔出目标牙齿。使用"钥匙钩"拔牙的准确度要高于"鹈鹕钳"。用这几种方式拔牙显然都很痛苦，而且拔牙还不能止痛，但好在拔牙可以挽救你的性命。缓解牙痛可以使用鸦片（要是你能买得起的话）或者大量的酒精。药剂师也有许多药用于紧固牙齿、拔牙前松牙，以及拔满口牙。据库尔佩珀说，用碾碎的蚯蚓粉末可以拔牙。但拉尔夫·乔斯林的妻子简在被牙痛折磨的时候，并未服用蚯蚓粉末，而是采用了另外一种更有效的老方法：烟草。[41]

你可能还想了解其他一些疾病的情况。佝偻病是一种儿童骨骼发育畸形的疾病。大约在 1630 年，佝偻病突然出现，此后就蔓延开来。得这种病是因为晒太阳不够，缺乏维生素 D 所致。伦敦城市化的进展导致了这种病的发展，这种病本可以避免，但每年都有 300—500 名儿童死于这种疾病。"法国痘"，也叫梅毒，是一种通过性传播的疾病。在首都伦敦得梅毒的人越来越多，这是意料之中的事。据记载，17 世纪 50 年代，每年只有 6 个人因梅毒死亡，但到了 60 年代，快乐国王查理二世在位时，伦敦平均每年因梅毒死亡人数增长了至少十倍。

就精神疾病而言，其本身并不致命，精神病人表面上看起来没有任何问题，但行为举止异于常人，与这样的病人打交道需要常年不间断的努力，这才是最令人痛苦的地方。传统医学认为有四种疯癫：疯狂、躁狂、忧郁和愚蠢，都是因为体液不平衡所致。外行人还会把"月夜梦行症"（据说是由月相引起的）和"精神涣散"都归为精神病。库尔佩珀提出用黑色嚏根草治疗忧郁症，用迷迭香花强健大脑，饮用乳清治疗忧郁和疯癫，但实际上疗效甚微。[42] 因此，很多家庭往往将疯癫的亲人关在地窖或谷仓里，关在人们看不见的地方。[43] 17 世纪 50 年代，伦敦报纸上刊登了几家私人精神病医院的广告，但住院费用高昂。最有名的要数"伯利恒医院"，通常被称为"疯人院"，位于毕晓普斯盖特，是伦敦专门收治精神病人的医院。如果你愿意，可以进去参观那里的精神病人：医院向好奇的人们敞开大门，里面上演着一场永不谢幕的疯人秀，目的是为了筹集资金。伯利恒医院 1676 年重修，由罗伯特·胡克设计，位于城市城墙北面的穆尔菲尔兹，规模庞大，里面有一个巨型长廊，参观者可以从走廊上观看医院的病人。令人难过的是，大部分病人都会下意识地取悦来参观的好奇的人们，他们余生再也没有离开过疯人院。

最后还有必要说一说生孩子的事情。在英格兰，每出生 1000 个孩子，就有 17 个母亲去世，这是个令人悲伤的事实。这意味着每一次怀孕就有 1.7% 的死亡风险——也就是说，如果生 3 个孩子的话，死亡风险就是5%；如果生6个孩子的话，死亡风险就是10%。总之，约有4%的女人死于难产。[44] 复辟时期，在伦敦定居有一个好处，那就是张伯伦家族就在伦敦。医生彼得·张伯伦那时是整个家族的首领，他继承了一个能使难产的女人顺利生产的秘密武器。通常情况下，如果一个孩子生不下来，产婆就会请来医生，用钩子和绳索将孩子拉出来，这一定就会导致孩子的死亡。极端情况下，孩子还在子宫的时候，就已经被四分五裂了，以便拉出子宫。锋利的手术刀显然对母亲也有很大的危险，而且很多时候，死亡并不是分娩本身造成的，而是因为忙着抢救母亲而造成的。张伯伦的秘密武器在运输的时候故意装在一个巨大的、雕刻繁复的木头盒子里，但实际上却很小，其实就是一把助产钳。多年来，张伯伦家族努力改进完善助产钳，使钢刃弯曲，正好符合婴儿头部的大小。欧洲再也没有第二个人能够提供此类服务。张伯伦在做手术的时候，除正在生产的妇女外，其他任何人都不允许在场。这个秘密武器给张伯伦家族带来财富的同时也招致了嫉恨，因此，伦敦医学院与张伯伦家族的关系并不融洽。张伯伦的儿子休、保罗和约翰，以及他的孙子休，全部都是产科医生。直到1728年，张伯伦家族的最后一位成员死亡，死时并无子嗣，这一秘密武器才得以被人们发现——并造福后世每一位外科医生、助产士，当然了，还有焦急待产的母亲。[45]

从医人员

在复辟时期的英国，你更多的时候是自己的医生，而在现代社会，你可能就会跑去看家庭医生了。去看内科医生或者外科医生，费用都很贵。要是你感冒了，即使医生就住在你家附近，你也不想花钱去看医生。此外，因为大部分人住在乡下，而医生却住在城镇里，因此你还得将医生的车马费考虑在内。要是你想让医生来家里看病，替你联系医生的信使就得提前支付医生的车马费，即便是资历相对较浅的地区医生，车马费大约也会要到 2 先令 6 便士 / 英里。[46] 拉尔夫·乔斯林在日记里经常提到家里人和他自己生病的事情，但他几乎从未看过医生，因为他住在厄尔斯科恩，离他最近的两位医生，一个住在九英里之外的布伦特里，一个住在十英里之外的科尔切斯特。因此，如果你的病可以自己处理的话，你也就不会去看医生了。

  为了帮助你进行自我诊断和自我治疗，人们编写了很多有用的医学书籍，比如约翰·坦纳写的《医疗技术背后隐藏的宝藏大揭秘》，以及针对妇女的畅销书，比如已故肯特伯爵夫人写的《内外科秘笈手册》。书店还出售一些药典，价格也很合适，比如库尔佩珀翻译的《伦敦药典》，该书主要介绍了在田野、森林以及灌木丛中可以找到的廉价的药材（因此，这本书后来有个更流行的名字《库尔佩珀草药集》）。[47]《女士药箱揭秘：已故著名药剂师鲁思文勋爵收集并使用的药方集》一书，含 270 个药方，涉及许多不同的方面，比如怎样制作人工温泉水，怎样用丁香油和鸦片治疗牙疼（这听起来似乎还不错），以及怎样用蛇油和蝰蛇油提高听力（但实际上并不能）。你肯定会很好奇，怎样用蛇油和蝰蛇油提高听力。药方是这样的："在六七月的时候，取肥硕的蛇或者蝰蛇，切掉蛇头，剥去蛇皮，开膛破肚，然后把它们放到玻璃容器里……"治疗双脚痛风的药方更是匪夷所思："五月底六月初，从刚宰杀的牛肚子里取出还有体温的牛胃，在上面打两个孔，放在你的脚底下……"[48] 注意了，还有更糟糕的。1698 年，伍斯特的大主教得了痛风病，伦敦的副主教给他写信，推荐了一个可靠的药方："禁食，饮用新鲜的牛尿，每天早上喝一品脱。"[49] 我自己就是一名痛风症患者，我会坚持使用经过验证了的古药方秋水仙素；我并不认同这些新奇的牛肚及牛尿的疗法。

  多数人在进行自我诊断和治疗的时候，都会和别人聊一聊自己的症状。因此，除非你家里碰巧有医生，否则他们会建议你去问一问附近街区的女眷们。作为从医人员，年老的妇女和护士的声誉并不好，而且经常被讽刺为粗心大意的、醉醺醺的母夜叉，但你最好还是相信她们的经验，尤其是她们对病情的判断。当有人病得很严重的时候，教区里贫穷的老年妇女们就会受雇去照顾病人。她们因此掌握了病情每一个阶段的第一手情况，哪些药物及饮食是有效的，哪些是无效的，都积累了大量的经验。此外，17世纪50年代，我们现代所理解的"护士"（nurse）这一职业开始出现。而在此前，"nursing"只是指"喂奶"；现在这个词还可以用来指半职业性的照顾病人的女性了，她们需要有一定的技能和经验。照顾类似天花和瘟疫等传染病的护士，其报酬会相对高一些——通常是每周8先令，也可能会更高。照顾精神疾病的报酬也能达到这个水准。[50] 尽管重视护士的建议是明智之举，但实际上，她们是不允许进行诊断或者开药方的。可是，如果她们开的药方很有效，且当地药店就可以买到的话，大家也就不会介意她们是否有资质了。

如果根据症状，无法确定自己得了什么病，家人和朋友也帮不了你，村里的老年妇女们也都表示无能为力的话，那么就只能去看医生了。但是，在复辟时期的英国，谁是"医生"呢？去哪儿找"医生"呢？

在1660年以前，"doctor"（博士/医生）这个词只是指那些从大学里获得博士学位的男士，而你遇到神学博士的可能性要大于医学博士。在复辟时期，这个词在医学领域里用的就比较宽泛了。拥有执照的内科和外科医生都被病人们称作"doctor"。托马斯·西登纳姆早在取得博士学位之前就称自己为"Doctor Sydenham"了。甚至一些药剂师也会使用这个头衔。你有必要了解这些职业理论上是干什么的，以及他们实际上是怎么做的。

内科医生

内科医生负责身体内部的情况，有诊断疾病和开药方的权力。最有资历的内科医生是那些上过大学，获得了医学学士或者博士学位的人。最受欢迎、最受尊敬的内科医生是皇家内科医师学会或者爱丁堡内科医师学会（1681年在爱丁堡成立）的会员。这些专业人士的收费最为昂贵，每次出诊都要收取约2英镑的诊费，不过治疗严重疾病的诊费极有可能是这个数的十倍。[51] 对于富有的病人，他们会不远千里出诊。如果你很有钱的话，这是个好事，但问题在于，他们可能常常不能来给你看病，因为他们正忙于给那些比你更有钱的人看病。此外，这些医生往往居住在伦敦或者爱丁堡。1693年，由约翰·霍顿印制的内科医生名单表中提到只有施鲁斯伯里、巴斯、埃克塞特、坎特伯雷、北安普敦、格洛斯特和毕晓普斯托福德这几个地方拥有皇家内科医师学会会员。[52]

如果你请不起这样一流的医学院高材生，那么最好的选择就是请一位有行医许可证的内科医生。当时有很多种行医许可证：有些是皇家学会颁发的，有些是大法官颁发的，有些是大学颁发的，还有一些是英格兰主教颁发的。为了成为皇家内科学会一名合格的会员，候选人需要通过解剖生理学、病理学和临床用药三门考试。毋庸置疑，这些考试都需要大量的知识。要求相对简单一些的就是申请主教颁发的行医许可证，这也是那个时候最常见的资格证书。申请者需要接受一位已获得资格证的内科医生的考核，由他向主教推荐是否授予申请人许可证。很多情况下是由病人代表申请者提交申请，以证明申请者拥有高超的医术和纯洁的道德生活。拥有行医许可证的医生至少收取2.5先令的问诊费，车马费除外，药费也另算。在药费这一方面，富人支付的费用通常是穷人的两倍。这并不是因为给穷人打折了，而是因为医生会给有钱的病人开最好的药。

内科医生里资历最低的是那些自学成才的人，他们没有任何行医许可证，但却可以开处方和进行诊断。这其中包括乡绅（觉得有义务帮助佃农及其家人）、神职人员及其妻子（神职人员的妻子也同样响应神的号召帮助那些被上帝惩罚的人）和药剂师（有给病人提供哪些药能够对症哪些病的建议权，但药剂师并没有接受过任何诊断培训）。此外，你将会碰到很多游医、江湖郎中、庸医，等等。从中甄别出医术高超的医生的确是件头疼的事。这些没有行医许可证的医生不应该收取问诊费，因此，如果他们收费过高，就很令人可疑。有一句话这样说，神父可能不会要你一分钱，且充满善意，但他对医学的无知可能会夺走你的性命。要特别警惕那些站在市场上高声叫卖灵丹妙药的人，以及他们的药膏——尤其是塔山一个叫亚历山大·本托的人（实际上是一个伪装成罗切斯特伯爵的骗子）。同样地，也不要信任那些上门推销包治百病的人。就像是生活中很多事情一样，如果这件事情听起来好得不真实，那就不是什么好事，也不会真有这么好的事。

任何一位内科医生都可以给你治病吗？这显然还要取决于你的病情以及他们的经验。有时候，即使是医术高超的皇家学会的医生也无法挽救最富有的人的生命。请别忘记了埃德蒙·金爵士的故事，他是医学博士，皇家内科医师学会会员，查理二世的医生。1685年2月，在国王中风发作时，他采取立刻放血的方法，挽救了国王的生命。国王对此感激不尽，并下令赏赐他1000英镑，但接下来国王很快就死了。

如果真要在众多医生中挑出一位最有能力的医生的话，那就非托马斯·西登纳姆莫属了。他于17世纪50年代在牛津大学学习，获得医学学士学位，然后前往伦敦，并通过了考试，于1663年获得皇家内科医师学会颁发的许可证后开始行医。他一直没被评上皇家内科医师学会的会员，而且年纪很大了才获得博士学位。造就他巨大影响力和成功的是他具有创新性，坚持走自己的道路，他还觉得没有必要遵循在公元3世纪就定下的医学准则。他并不认为体液失衡导致了疾病的产生，也不认为一种疾病可以演化为另一种疾病。相反地，他认为每一种病都有其独特性，是由致病因子引起的。他认为症状是自然移除这些致病因子努力的结果，因此内科医生应当顺从自然，而不是对抗自然。他坚决反对放血疗法，坚信每一个病人都是不一样的。约翰·洛克评价道："你无法想象，对于一个不受什么四种体液平衡说，或者什么盐、硫磺、水银，或者近期流行的酸碱平衡等学说禁锢的人，他所做的一个细微的观察，会对病人的治疗产生多大的影响。"如果一个男人日渐消瘦，西登纳姆可能会让他去吃烤鸡。如果一个女人得了天花，他不会让她裹得严严实实的发汗，也不会给她放血，这些都只会让她更虚弱，而是让她站起来四处走动，呼吸新鲜空气。在治疗疠病上，他是第一个提倡使用耶稣会树皮进行治疗的英国内科医生。因使用这个药方治疗疟疾而闻名的罗伯特·塔尔博特，其实在很大程度上借鉴了西登纳姆有关疠病的著作。1678年（塔尔博特被查理二世册封为爵士的那一年），西登纳姆对约翰·洛克说，"我连10英镑也未曾获得，而他倒是获得了5000英镑。"[53]但最后，时间还是给了西登纳姆应有的奖赏。塔尔博特已基本被人遗忘，而西登纳姆却以疗效高、方法独特而名垂千古，渐渐被称作"英国的希波克拉底"。

药剂师

药剂师制作并且销售内科医生所开的药，他们的工作是社会医疗的核心所在。一个不容忽视的事实是，回到1600年，要是人们得了致命的病，即使是在相对富庶的英格兰东南部地区，也只有约5%的人会寻求专业医疗人士的帮助。多数人可能会接受命运的安排，或者咨询非专业人士，譬如神职人员的妻子。1660—1689年间，英国东南部的重病患者中约有三分之一的人会寻求专业医疗人士的帮助。1690年以后，有50%的人会这样做。英格兰其他地区要稍微落后一些。唯一能让人们改变态度，开始寻求专业医疗帮助的原因就是新药物的推出。1700年进口的药物金额差不多是1600年的50倍。[54]

对药品药物需求的日益增长是人们医疗态度转变的基础，也是医学专业不断扩大、迅速变化的原因所在。17世纪的坎特伯雷，作为城市自由民的药剂师从 1610 年的 13 人增加到 1700 年的 27 人，数量增长了一倍。在埃克塞特郡，人数增长了三倍到 25 人。[55] 此外，他们所供应的药物的种类和数量都比以前任何时候都要多。1685 年，大约有 1 吨耶稣会树皮被运送到伦敦，还包括半吨牛黄石，10 吨番泻叶和 1 吨鸦片。大部分药材马上就变成了人们预定的药丸和药剂，由药剂师们炮制并在其柜台售卖。至此，药剂师和内科医生开始有了冲突。内科医生意识到药剂师在给他们的病人建议，认为药剂师侵占了原本属于他们的领地，使他们无钱可赚。但是，如果一位妇女进来买加斯科因粉，那这是药剂师的错吗？为什么药剂师不能卖给她呢？毕竟，治好病才是最重要的。到了 1700 年，大小城市满街都是药剂师，忙着推销他们的药品。

走进药剂师的药店真是一次让人难忘的经历。房间靠墙摆满了药品架，从地上一直延伸到天花板，架子上存放着一排又一排药房用的蓝白色陶瓷广口瓶。你可以在瓶子上看到各种异域物质的名称，简单举几个例子如下：伞菌、芦荟、龙涎香、茴香、牛黄石、龙血竭、胺黄树胶、耶稣会树皮、愈创木、鸦片、大黄、洋菝葜、黄樟根皮、番泻叶、硫磺、苦艾草，等等。你还会看到一些酒瓶，例如威士忌酒瓶、香料和调味瓶（肉桂、孜然、丁香、胡椒，等等）。药店还售卖诸如巧克力、茶叶及咖啡等奢侈品。屋子正中间摆放着一张长桌，桌上有研钵，药剂师用捣臼将药物的根磨成粉后，用天平称重，然后用瓶子装起来给顾客。请注意墙上还挂着铲子和长柄勺，而账本就放在工作台上。抬头你可以看到天花板上悬挂着具有异域特色的纪念品，譬如鲨鱼头骨或者鳄鱼标本。不远的地方是药剂师用来制药的模具，制好的药丸就存放在抽屉里，随时准备卖给顾客。这些药物中，你还会看到一些不太想看到的东西，比如，将蜈蚣研磨成粉并以酒冲泡（利尿），油炸木虱（放入耳内），蛇肉（有利视力），烤螃蟹粉（用于被狂犬咬过的伤口），麻雀脑（助性），以及黑猫头骨灰（有利视力），等等。[56] 其实，只有约 10% 的药方用到了动物的某部分身体。不过，尽管比重不大，意义却很大，因为将碾碎了的动物用酒或油冲泡后给人治病，这和现代医学有着本质性的差别。这不禁让人想起人们对食物的态度：上帝在地球上创造的每一种生物，都是为了造福人类。

你在药剂师的店铺里最不想看到的东西可能就是人体的某个部位。多数药剂师都会存储"木乃伊粉"——将埃及的木乃伊制成粉末状。1668年，佩皮斯在一个商人的仓库里看到了一具还未被碾碎的木乃伊，他注意到尸体全部都是黑色的，而且硬邦邦的。商人将木乃伊的一只胳膊送给他留作留念。木乃伊粉有什么药用价值呢？他们会告诉你说，用木乃伊粉擦拭皮肤可提亮肤色。此外，将木乃伊粉用酒冲泡后喝下去可以治疗内出血。但是，为什么只用古埃及的木乃伊呢？一名优秀的药剂师能为你提供刚去世的人身上的油脂，来治疗关节疼痛。他们认为，这样的油膏也可用来治疗天花脓疮留下的疤痕。查理二世曾经服用过用酒冲泡的人的头盖骨粉。这并不是什么江湖医生开的庸方，而是医学权威推荐给国王的药方。著名的外科医生托马斯·威利斯，拥有英国皇家学会会员和皇家内科医师学会会员双头衔，就用人的头盖骨粉末、龙涎香、麝香以及巧克力的混合物来治疗中风。伟大的科学家罗伯特·博伊尔也推荐服用头盖骨粉末治疗痉挛。[57]托马斯·布鲁吉斯也曾用此药方治疗癫痫。

> 取过逝仅一年的人的头盖骨，埋放在火堆的灰烬中，让其燃烧直至变白，至用手指就可以轻易戳破的程度；去除最上层的部分后，将其尽可能碾碎；然后加入磨碎的肉豆蔻粉，再加入干狗血粉；将所有材料全部混合在一起，让病人喝下去……发病期和痊愈后均需坚持饮用，每次服用少量，以白酒冲服。[58]

这听起来像是巫婆炼的药。显然，抽烟有益健康的说法似乎是越来越有吸引力了。

外科医生

传统上，内科医生治疗身体内部的疾病，而外科医生则负责外在的疾病——皮肤病、伤口、肿块、骨折，等等。与内科医生相比较，他们的工作往往少了些理论，与古老的体液说这样的无稽之谈关系不大，而实际观察则要多一些。实际上，许多外科医生都很厉害，因为在一个暴力的时代，他们有很多实践的机会。人们总是受伤，不断地卷入斗争。很多外科医生为陆军或者海军服务，在激烈的战斗中学会了如何灼烧伤口或者截肢。即便是在伦敦两家医院（圣巴塞洛缪医院和圣托马斯医院）工作的外科医生，也都会看到川流不息的伤员：有在道路交通事故和建筑工地事故中骨折的病人、在决斗中被剑刺伤的病人、谋杀未遂被枪伤的病人，以及酒醉斗殴被刀砍伤的病人。在此基础上，还有皮肤病、水肿、斑疹、肿块、溃疡、腹股沟淋巴结炎、动脉瘤、疝气、瘘管、息肉、皮脂以及皮疹患者，而医院的外科医生兢兢业业，但每年的报酬不过30英镑。

前面说过，与内科医生相比较，外科医生的工作少了些理论性的无稽之谈，但他们有些做法同样也令人难以置信。其中之一就是放血疗法。从病人体内放血的疗法持续了相当长的时间：体液说催生了放血疗法，在体液说消亡之后，放血疗法继续存在了很长时间。前文提到过几个放血的人：1667年得了天花的汤姆·贾尔斯，罗伯特·胡克的仆人；1685年中风的查理二世。这一时期，几乎人人都曾体验过放血疗法。1662年，佩皮斯从胳膊上抽了16盎司的血出来——只是为了预防疾病——但放血严重影响了他的胳膊，第二天他只好在家休息。[59]这次放血还花了他5先令。[60]这钱花得并不值。放血使人虚弱，还徒增患败血症的风险。圣巴塞洛缪医院的外科医生约瑟夫·宾斯就为几个人放过血，他们最后都得了坏疽。[61]

外科医生令人震惊的另一方面就是对泻药极度依赖。面对新病情的时候约瑟夫·宾斯的第一反应就是开一副泻药或者灌肠剂——包括任何能清空病人肠胃的药物。头痛？先生，你得吃一副泻药。马车事故中摔断了腿？来一副泻药。枪伤？还是先来一副泻药，再清除子弹。主祷文街上的城堡酒馆里有位侍酒生被啤酒杯砸伤了头，去看宾斯医生，宾斯给他开了一副泻药，然后放血。这两件事做完之后，宾斯才开始清理骨头碎片，用温热的药物处理伤口，再将头部进行包扎。病人离开之前，宾斯给他开了每天一副泻药的方子。后来，这个病人痊愈了——其实，宾斯医治的大部分病人也都痊愈了——但是他们可能会聚在城堡酒馆里，聊一聊自己看病的经历，他们可能都会说，这个医生就是让他们疯狂地泻肚子。宾斯甚至为腹泻的病人都开了泻药。[62]

外科的本质特征意味着外科医生得亲自去看病——他们不能像一些内科医生一样，仅凭一封信或者信使的话就能诊断病情。这还意味着外科医生遍布全国，甚至是最小的城镇也开有他们的诊所。他们与周围的邻里建立起良好的关系，常常凭借现在或以前的病人所签署的请愿书获得行医许可证。因为他们常常是该地区唯一的医生，慢慢地他们担负起了内科医生的职责，诊断内科疾病并且开药。因此，即使他们没有获得任何医学学位，也开始被称作"doctor"。有些获得行医许可证的人，既看内科也看外科。在他们的这些实践活动中，你可以看到现代全科医生的雏形。

不过，说来说去，他们还是外科医生，而且麻醉剂要在一个世纪以后才出现。这就意味着他们治疗时候产生的疼痛可能会超出你的想象。只要看一眼外科医生的工具箱，就能感觉到自己的神经即将被撕裂割开；鲜血就要流出来了，就像醉汉酒杯中四溅的麦芽酒一样；如果他们能保持石膏的强度和硬度的话，骨头也许能免遭厄运。无论是处理牙齿问题时保持嘴巴张开的宽螺纹开口器，还是用来从细小的腔管中取物的细长锯齿扩张器，这些闪闪发亮的工具都会让你瑟瑟发抖。当你看到手术刀、小刀、头盖骨锯子、骨头锯子、钳子、18英寸长的钳子、剃刀、截肢专用的小刀、在头盖骨上开洞的钻子（用来打开破碎的头盖骨）、瘘管刀（用来打开瘘管），还有超大号的尖叉（用来切除乳房），你会不寒而栗。

　　最令人害怕的常规手术——也许仅次于截肢——是切除结石。如果膀胱里面长了结石，你会尿痛，还时常伴有尿血、呕吐和恶寒等症状。这种情况非常危险——伦敦地区每年有40—60人死于此病。但是，膀胱结石的治疗不像在公园里走一走那么简单。你被绑在手术台上，医生会在你的阴囊和肛门之间切开一条长达3英寸（7.5厘米）的口子，然后把你的阴部拉开，露出膀胱，在膀胱上切一个足够大的口子，再将手伸进去把结石摸出来。佩皮斯就做过膀胱结石手术，他的医生托马斯·霍利尔从他的膀胱里取出了一颗桌球大小的结石。[63] 对于佩皮斯而言，手术是成功的。此后，佩皮斯每年都要在手术成功的这一天大吃一顿以示庆祝。他还热心地向受此病困扰的病人提供建议。1669年，约翰·伊夫林让佩皮斯将他取出来的结石给他的哥哥理查德看看，因为理查德很害怕手术。佩皮斯成功地说服了理查德去做手术，手术日期都定好了，但在最后一刻，理查德还是放弃了手术。1670年5月，理查德在疼痛中去世，后来发现他膀胱内的结石其实只有肉豆蔻大小。[64]

　　但是，从外科的角度来看，结石切除术绝对是那个时代最为成功的外科手术之一：不做手术而死亡的人是做手术的人的20倍。如果你原来认为17世纪的医疗水平一无是处的话，你应该再思考思考，这个时期的医疗还是可以救命的。

第十一章
法律与混乱

爱丽丝·莱尔夫人不属于你们所谓典型的革命者。说起来，她只是个贵妇人，年过七旬，有点耳背，是个极其虔诚的宗教徒，没出过远门。位于汉普郡的美丽的莫勒斯宫就是她的家。她的丈夫约翰·莱尔是名议员，曾签署过查理一世的死刑执行令，最终在流亡瑞士期间被两名爱尔兰极端分子暗杀。在此之前的20年里，莱尔夫人与政治没有过任何接触。1685年7月6日，蒙茅斯公爵领导的叛军在塞奇莫尔战役中败给了效忠于英王詹姆斯二世的军队，由此引发了一连串的意外事件。其后的7月25日，一名不信奉英国国教的牧师约翰·希克斯（战败后，他和一名同伴躲了起来）给莱尔夫人写了一封信，请求她收留他们住在莫勒斯宫。她天真地答应了他的请求，当晚便邀请他俩到莫勒斯宫共进晚餐。当地的一名工人便向地区军事指挥官彭拉多克上校举报莱尔夫人私藏逃犯。次日早晨，彭拉多克把整个莫勒斯宫里里外外搜了个遍，最后在麦芽作坊里发现了希克斯及其同伙。他将这两人连同女主人一起逮捕，并把这三人带到温彻斯特接受审判。莱尔夫人在狱中待了一个月之后才等来了王座法院的首席法官，她走上了被告席，被控犯有窝藏叛国贼的罪行。这怎么说都不是个好消息，还有两件事让她的处境更加严峻。其一，在近2000起涉及蒙茅斯公爵拥趸者的案件中，对莱尔夫人的审判是首例，要为其他案件的审理定下基调；其二，审理此案的审判长正是乔治·杰弗里斯，也就是著名的杰弗里斯法官，他也许是英国法律史上最臭名昭著的法官了。他毫不留情地反驳了大胆替莱尔夫人辩护的证人们的证词。审判持续了六个小时,依据当时的标准,审判的时间可谓相当之漫长。陪审团认定莱尔夫人有罪,杰弗里斯法官以叛国罪判处她火刑。深受打击的莱尔夫人请求英王宽恕,但英王决定还是不宽恕她,只是将火刑改为了斩首。1685年9月2日,莱尔夫人在旅馆度过了人生最后一夜后,被押送上了断头台。行刑前,她讲了一小段话。她说,她原谅那些判她死刑的人,但坚持认为她唯一的罪行就是为一名教会牧师提供了住所,而她这么做仅仅因为他是一名牧师。然后,她双膝跪地,刀起头落。[1]

莱尔夫人的遭遇还算是好的。几周之后,伊丽莎白·冈特在伦敦被控有罪,原因是为其朋友詹姆斯·波顿提供住宿。波顿同样也是塞奇莫尔战役的逃犯。他被捕后为了获得国王的赦免,揭发了伊丽莎白。1685年10月19日,伊丽莎白在老贝利街的中央刑事法庭受审,被判叛国罪。尽管除了帮助过波顿,再无任何证据能够证明她事实上参与过反叛国王的活动,她仍被处以火刑。她请求从轻发落,可英王对她的请求置若罔闻,甚至拒绝了她希望能在行刑前先被勒死的请求。10月23日,她被带到泰伯恩刑场。她手持《圣经》,站在绞刑台上说她是"遵从《圣经》的旨意",出于对波顿妻儿的关心才为他提供了住宿。随后,她让人点燃了堆放在她身体周围的柴堆下的稻草。尽管她是极度痛苦而死,但死得很有尊严——"她的行为让所有围观者都感动得流下了眼泪"。[2]然而,真正背叛了詹姆斯二世的波顿却因为揭发伊丽莎白而获得了皇家赦免。

这样两起司法审判并不是每天都有,但却揭示了当时人们对法律的普遍态度。一个人若是被判有罪,那么获得公正的审判应当是首要问题。然而,在17世纪的司法体系中,还有一些更重要的问题要考量,比如君主的安全、国家的稳定,以及英国国教至高无上的地位。许多法官宁可误判,也不愿放跑一个叛国嫌疑犯。许多法官决心用最严酷的刑罚来维护法律。所以,伊丽莎白·冈特才会因自己的善举而被活活烧死。具有讽刺意味的是，她之所以能够如此坦然地面对死亡，是为了说明火刑不足以让她害怕到后悔自己的行为。在现代社会，我们不需要采用诸如砍掉老妇人的头或烧死妇女之类的酷刑来使民众安分守己，因为接近百分之百的破案率和长时间的监禁生活一般就已具有足够的威慑力。但是，在一个追查罪犯极其困难的时代，国家只能重点采用酷刑。除此之外，别无他法。

掌握审判权的法官们还要考虑的一个重大问题就是维护社会秩序。在他们看来，保护土地和财产远比区区几条性命重要。你可能会因为盗窃价值几先令的东西而被处以绞刑，但是，如果你杀死了一个人或者打死了一个仆人，你可能只会背上个恶名而已。这种对财产的重视也没有降低的趋势：自 17 世纪 90 年代开始，每年几乎都有一例应判处死刑的侵犯财产罪案例被载入法典。[3] 要是你认为这不合理，因为生命应当比财产更宝贵，那就来看看更糟糕的情况吧。有些罪行，对女人的惩罚要严苛得多，因为她们所犯下的这些罪行有违天理伦常。如果一个男人杀死了他的妻子，罪名是谋杀罪，最高处罚为绞刑；但是，如果一个女人杀死了她的丈夫，则罪行相当于叛国罪，要被判以火刑。在某些情况下，女性在审判时面临有罪推论。1624 年出台的《杀婴法案》规定，如果一个未婚妇女杀死了孩子，她就会被推定为犯有杀婴罪。除非她能证明自己已婚，或者孩子是死于疾病，否则她便"坐实"了勒杀自己孩子的罪名，将以谋杀罪处以绞刑。

那个时代的道德风气要求法律极其严厉地处罚某些罪行，比如重婚罪。在你看来，对一个重婚的人适当的处罚是什么？也许你会说，因为不可能离婚，加上这种情况也很常见，而且即便属于犯罪行为，也只能算是个普通犯罪，最适当的处罚可能是罚款，但复辟时期的法官们通常会判以死刑。1674 年到 1700 年间，有 61 人在中央刑事法庭以重婚罪被起诉；其中，有 30 人被判有罪，6 人被处以绞刑。例如，詹姆斯·卡里在 1681 年与安·克里尔结婚，随后抛弃她，又在1694年娶了玛丽·沙金特。根据1681年教堂记事簿上的记录，他被认定有罪并处以绞刑。与之相似的是，1693年玛丽·斯托克斯被控与4个男人结婚，最后被绞死，理由是她是个"游手好闲的荡妇，尽可能地从这些男人身上榨取钱财，之后便逃之夭夭"。[4] 1676年，一名上过大学的男人被带到中央刑事法庭。据说，全国至少有17名富婆与他结过婚。他对其所犯的4项罪行供认不讳，并认为自己会被流放到西印度群岛。显然，他很向往海外生活，想要引诱种植园主的遗孀。法官摇了摇头，判处他绞刑。[5]

其他一些被认为违背人伦的罪行也面临严厉的处罚。其中最严重的是违法的性行为，如强奸、鸡奸和兽交。婚内强奸不算犯罪，因为男人可以随心所欲地对待自己的妻子。同样，强奸仆人也不算犯罪。然而，家庭之外的性犯罪则会被严肃对待。法律对强奸10岁以下女童的罪犯尤为严厉，因为这些女童年纪太小，不可能自愿与罪犯性交。不幸的是，法庭经常要审问像威廉·哈丁这样的罪犯。1680年，哈丁用苹果将八岁的莎拉·索西诱骗到一间地下室，对其实施了强奸，他捂住她的嘴以防她喊叫。其罪行在他将性病传染给莎拉之后才被发现。至于说鸡奸，即使是在双方自愿的情况下，也是死罪（见第四章）。如果不是双方自愿的情况，陪审团会认为这是罪大恶极的罪行。土耳其人穆斯塔法·波揩瓦切特与其14岁的荷兰仆人安东尼·巴萨同寝。1694年的一个晚上，他用枕头捂住安东尼的头，防止他喊叫，并强奸了他。陪审团毫不犹豫地以鸡奸罪判处波揩瓦切特死刑。[6]

某些被告发的性行为引发了人们强烈的反感，以至于忽视了取证与审判的一般标准。1677年的一个案件就很好地说明了这一点：

> 一位约莫三四十岁，家住伦敦跛子门地区的已婚妇女近日被传讯，因为她对眼前的上帝没有敬畏之心，枉顾人伦。去年的6月23日，她与一只杂种狗性交。她的行为是如此邪恶，严

重违背了人性，令所有女性蒙羞。此案的目击证人证实该罪犯言辞淫秽，表示通过房间墙上的几个孔，他们经常看见她和她带回家的恶棍行苟且之事。有一天，其中的一名目击证人（一位年轻的女士）碰巧看见罪犯和一只狗在做此处不便描述之事。她大吃一惊，随即叫来另一名女士，后来又叫来了一名男士。他们都目睹罪犯多次实施了这一兽行。几位证人在法庭上所供证词完全一致。那只狗也被带到了法庭上，放在被告席的围栏前，狗摇着尾巴表示对主人的顺从，它做出想要亲吻罪犯的动作，证人发誓说，罪犯在对这只狗行龌龊之事时也是这么做的。罪犯本人无话可说，只是否认事实，声称目击证人心怀恶意。她的丈夫也帮她说话，认为是有人心怀恶意，但却完全找不到这些恶意产生的理由。因此，全面考量了所有的情况之后，法官认定她有罪。[7]

也许你会认为这次审判算得上是一次公正的审判，因为在现代法庭，三个目击证人就足以定罪了。不过，让我们再仔细地审视一下案情。三名目击证人是通过墙上的孔目睹了犯罪的过程。如果墙那边的被告都没有注意到这些孔，那说明这些孔很小很隐蔽。目击证人之间相互认识。事发当天，三名证人均在场，很有可能就住在被告的隔壁。他们承认经常偷窥被告。他们看不起那些被她引诱上床的男人，称那些男人为"恶棍"，这说明他们也看不起被告。显然早在6月23日之前，他们就已经对被告怀有偏见。到了案发那一天，也许他们当时真的是被眼前所见到的场景吓坏了；也许他们只是讨厌这位"言辞淫秽"的邻居，决定赶走她；也许他们害怕她的狗会把传染病带到他们的房子，因为她让狗进入她的卧室。答案不得而知。但你可能会注意到，尽管三名证人有时间多次目睹了犯罪的过程，但却没有派人通知警察或其他相关的权威性人士。可以断定，他们肯定是串通一气举报她，想置她于死地，此类案件绝不会轻判。

法官没有因证据有漏洞而不予采信，也没有质问证人为何要偷窥自己的邻居。他没有询问这些孔最初是如何形成的，甚至都没有问这些孔是否真实存在。相反地，他仅仅因为狗认出了被告是自己的主人这一点就给她定了罪。简单说，有三个人讨厌她的邻居，并且意识到邻居有弱点可以利用。如果该案的法官不想对处于这种情况之下的女人做无罪推定，那被告就死定了。

遇到上述情况，很可能会用钱来洗刷污名。1694年的爱德华·巴洛已经是个经验非常丰富的水手了。有一天，他用鞭子抽打了一名不服从命令的船员。十天后，该船员和其他三名船员死在船上。大多数人都认为他们是死于疾病（因为同时死了四个人），但挨打的这名船员在临死前称自己的死和之前挨的那顿打有关系，他的同伴相信了他所说的话，认为巴洛应对他的死负责。这些人回到英格兰之后就把他的遗言告诉了被打船员的妻子。他的妻子在巴洛下一次回家时找到了他，扬言要以过失杀人罪将他绳之以法。巴洛自认为不必担心，但他的朋友劝他最好还是给这位女士50英镑作为赔偿，免得吃官司。[8]

地位和财富同样也能发挥作用，尽管这在现代人看来"不太合适"。你会难以接受当时大多数议员推选的方式：要么贿赂所在选区的选民，要么设法讨得地主的欢心，让地主指挥佃农为其投票。约翰·伊夫林的哥哥乔治不惜花费2000英镑购买食物和饮料，以确保其在议会选举中获得成功——他认为选举不公平，主要是因为花钱太多。[9]也许更可恶的还是挪用公款的行为。詹姆斯一世统治时期，账单抄录官的年薪最初只有91英镑。到了17世纪末期，多方官员一起努力，将这一数字提高到近300英镑。但更重要的是，在职官员每年收取的费用高达6000英镑，并争取到了每年1500英镑的养老金——这些都是通过克扣普通士兵军饷得到的。[10]

我要重申一下：公平在任何一个时代都只是个相对的概念。如果你想从所在的司法体系中获得公平，我建议你去游历这样一个历史时期：人比财产重要，现实比宗教重要，科学比迷信重要，平等比地位重要，公正比法律程序重要。历史上能否找到这样一个时期呢，我祝你好运！

维护治安

"警察"这个词这时还没从法国传到英格兰，但英格兰有一些官员和组织行使相似的职能。每个郡都设有一名郡督、一名郡长，以及一到两名副郡长，这些官员和治安法官一起共同负责维护当地的法律和秩序。总的来说，郡长主要负责抵御外来威胁，郡督负责解决郡内事务，包括治安。每个镇还设有若干执达员或执事。每个县都有自己的民兵团，由受过半军事化训练的兼职人员组成。这些民兵可以召集起来，用来镇压暴动或打击非法集会。教区至少设有一名治安员，由地方治安法官或教区居民指派，负责逮捕并控制嫌犯，以及调查案件。治安员通常有其他常规工作要做，只是兼任法律事务，因此逮捕罪犯的人可能是一名面包师、屠夫或者蜡烛匠。伦敦每26个区配备一名治安员，负责解决争端，遇到严重案件时，负责逮捕罪犯，将他们押送至班房或监狱。更夫负责夜间巡查门窗。[11] 挑选出来的居民负责巡逻所在区域的街道，巡逻时配有长戟。这些人构成了乡镇的监控体系，全国上下乡镇都能看到和他们一样的身影。

有几件关于郡督和治安员各自权力的事情有必要了解下，以免违反法律。郡督负责保护国王安全，执行国王令状和指示，召集陪审员审判被告，遵照国王的审判对罪犯施以绞刑或其他刑罚，收缴罚款，以及审查地方法院的普通申诉案件。法律赋予郡督及其官员无需出具逮捕令即可执行逮捕的权力。他们可以任何时候拘留人，甚至是星期日（尽管星期日这一天不会提起诉讼，也不会在任何起诉文书上日期标注为星期日）。在处理重大案件时，郡督有权破门逮捕罪犯或者扣押物品。治安员也可因他人扰乱治安罪行使用相似的权力。然而，逮捕了罪犯之后，除非是在晚上实施的逮捕，他们必须把罪犯直接带到监狱，不能将其锁在私人房屋或教区班房里。治安员在没有逮捕令的情况下，无权因他人实施暴力行为而逮捕行为人。他有权逮捕重罪嫌犯，尤其是夜间作恶的人；有权搜查可疑的淫秽窝点，搜捕卖淫的妇女；有权拘留大白天睡觉的人，理由是如果一个人大白天睡觉，那他很有可能夜间起来活动，而且很有可能是做坏事。不过，要是有人仅仅因为白天打了个盹就被捕的话，那似乎有点倒霉。[12]

司法行政

如果你犯了罪，治安员就会大喊，所有邻居都会出动追捕，将你逮住。等被押到县监牢里，肯定会觉得又冷又潮，被同在一个黑牢的几十名男女犯人团团围住，有人还会上下打量你，看看你身上有没有值得偷走的东西，或者有没有别的利用价值。现在怎么办呢？这当然取决于你被控的罪行。你只是行为不当呢，还是犯了某项重罪，诸如谋杀、入室抢劫、强奸，或者偷了价值超过12便士的东西呢？但不管怎样，你可能都得在阴暗的牢房里待上几周，等候开庭审判。

17世纪的司法体系包含许多层级。最高法院有王座法院、财政法院和高等民事法院。这些法院不大可能会审理你的案件。尽管王座法院有权从下级法院提审案件，但不会干涉地方法院对重罪的审理，只有你对下级法院的判决提起上诉，或参与了暴动，你的案子才会由王座法院接手。[13] 不过，三大法院都会派出巡回法官定期到全国各地进行巡回审判。他们以巡回法官的名义审理被捕的重刑犯，这些重刑犯所犯的罪行通常严重到足以被判处死刑。地方法院负责处理较轻的罪行（行为不当），由地方法官进行审理。尽管他们不能绞死犯人，但仍然拥有广泛的权力，包括罚款和鞭刑，以及一般的行政事务，比如颁发执照等。他们还负责本地日常事务，诸如私生子纠纷和桥梁维修等。再往下一级就是庄园法庭：如果你"妨害了公共利益"，如让自家的粪水漫出到大马路上或是让牲口糟蹋了他人的庄稼，庄园法庭将会对你处以罚款。

与这套世俗的司法体系并行的是教会法庭，同样有不同的层级。地位最高的是大主教法庭，管辖坎特伯雷和约克地区。往下是长老法庭，管辖单个教区。再往下是副主教法庭。所有教会法庭都负责处理诸如遗嘱管理和宗教建筑等日常事务，但他们同时也会听审涉及道德律的案件。如果是奸夫，案件就会由教会法庭听审。倘若酒鬼、登徒子、渎神者、诽谤者或每周日不做礼拜的人，副主教的传令者负责传唤，并威胁对你施加酷刑，除非你的辩护人能在法庭上发誓说你是无辜的。和庄园法庭一样，这些法庭大体上旨在维护邻里间的秩序；然而，你应当清楚它们的存在，以免违背其道德标准。

你在受审时所适用的法律原则与现代相比有几点不利之处。首先，"无罪推定"的原则尚未确立。欧洲大陆的法学专家们针对"无罪推定"的探讨才刚刚开始，还未传到英国。[14]其次，你在法庭上无权保持沉默，你必须回答问题。另外，律师制度也尚未建立起来。法律案件基本上可以说是被告和原告在法官和陪审团面前的对决。在1696年之前，没有律师为你辩护，只有涉及叛国罪和行为不端的案件时，重罪犯需要为自己辩护。[15]这里的想法是这样的：如果你是清白的，法官会查明此事，并相应地指导陪审团，所以律师没有存在的必要。这正好可以起到警示作用。自17世纪90年代起，律师开始为公诉方出庭辩护，尤其是在涉及叛国罪、煽动罪和诽谤罪的案件中。因此，如果你没有辩护律师，你肯定会面临更加不利的局面。此外，审理案件的速度之快，令人费解。你可能犯了死罪，但审讯的时间不超过半小时。有些案件甚至不到十分钟就结束了。

审讯开始时，会宣读起诉书，详述被指控的罪行。大陪审团负责决定罪名是否成立，以便进行下一步的审理。这个阶段是出示证据的阶段，你不能为自己辩护。如果大陪审团认定证据不足，案件就会被驳回，你也就自由了。忘了那段待在牢房里等待审判的苦日子吧；你并不会因错误拘留而获得赔偿。如果大陪审团认定你的确犯案了，起诉书就会被标记为"应予起诉"，案件会先交由小陪审团审理。首先，你会被正式起诉；然后，你需要举手承认你是否就是被告，并为自己进行辩护。如果你认罪，法官就会立即判刑。如果不认罪，就会开始审判。无论如何你都要为自己辩护，否则你将面临极其恐怖的折磨。

假如你不认罪，传令员就会将你传唤到法庭，站在栏杆前。这个栏杆把你和身着红袍的法官及助手隔离开。法官召集24个人成立陪审团，从中选出12个人，询问你是否同意他们听审你的案件。在重罪案中，你最多可反对20个陪审员候选人；而在叛国案件中，最多可反对35个陪审员候选人；凡是被反对的人都会被替换掉。一旦确定了12人陪审团，就会宣读起诉书和你的证词，并传唤控方证人宣誓作供。你可以质问证人——实际上你也必须这么做，因为没有律师可以帮你证明清白，责任全在你自己。等到相关程序都结束后，法官就会发表总结陈词，请陪审员做出裁决。陪审员在做裁决的时候，不得吃东西、饮水或取暖；法律要求他们尽快做出统一的裁决。在17世纪60年代，如果陪审员做出的裁决令法官不满意的话，他们会因藐视法庭罪被囚禁。这一状况在1670年得以改变：有个陪审团拒绝裁定两名贵格会教徒犯有非法集会罪，于是法官将该陪审团囚禁起来，不改变裁决就不让他们吃饭。但他们拒绝这样做，于是法官对他们每人处以40马克（约合26.67英镑）的罚款。陪审团主席爱德华·布什尔拒绝缴纳罚款，又被关了起来。后来他获得了人身保护令，不仅重获自由，还因此影响了法律发展的历史。给他颁发人身保护令的是法官约翰·沃恩爵士，他规定陪审团从此以后有权做出与法官不同的裁决。爱德华·布什尔案是人类在走向文明的漫漫长路上，向前迈出的一小步。

　　苏格兰和英格兰的法律都传承于封建法，有许多共同点，但也有许多不同之处。苏格兰法律有自己的法院系统：最低一级是地方法院和乡镇法院，往上是县郡法院，最高一级是高等法院（1672年成立）和最高民事法院。高等法院负责审理罪行重大的案件，如谋杀、强奸、叛国、信奉异教、使用巫术、造假等罪行。苏格兰法律在很大程度上借鉴了罗马法律，所以程序上和英格兰法律不大一样。苏格兰法律还是允许法官囚禁陪审员，允许严刑逼供（这在英格兰是行不通的），通常不允许妇女作证。惩罚的方式也有所不同。在苏格兰，巫术属于异端行为，巫师会被处以火刑——虽然在行火刑之前，要先将犯人绞死。在苏格兰，人身保护令尚未确立，是被拘禁还是被释放，你没法自行决定。但两者最大的不同在于苏格兰高地和岛屿地区基本上不理会国王的法令。毕竟除了苏格兰，英国再也找不到还存在家族世仇和中世纪式强盗贵族的地方了。尽管政府也试图强迫宗族的族长一年到爱丁堡报到一次，保证让族人安分守己，但许多族长都不去；而且即便去了，他们也还是我行我素。1671年，阿辛特的麦克劳德向驶入欣弗湖水域的船只征税；他还抓了一个邻居索要赎金。当县治安官去抓他的时候，他令400人防守住宅。1674年，政府派了一支武装军队去抓他，西弗斯勋爵和洛瓦特勋爵率领800士兵包围了他的房子，其间还用到了攻城锤。他们抓住了他，并把他押送到监牢接受审判，但陪审团却害怕遭到他的报复，判定此案证据不足。最后，麦克劳德又回到了阿辛特，还像以前一样继续为非作歹。[16]

刑罚

　　你也许已经意识到，行刑地点大多在公众场合，一方面是为了羞辱犯人，另一方面也是为了威慑他人。在有些案件中，公开羞辱是惩罚的关键。1660年,有几个人因审判过查理一世而被捕,其实他们还不是查理一世死刑执行令的签署者。他们的土地、头衔及荣誉都被没收,被判处终身囚禁。此外,他们每年都要被囚车拉到刑场,脖子上被套上绳索,似乎马上就要被处以绞刑。除了因审判国王之外,其他罪犯也会被公开行刑。所有戴过枷锁的犯人都会说,给他们造成伤害的并不是枷锁,而是公众的行为。公开行刑后,相关报导会以小道消息和官方形式广泛流传。例如,每次伦敦有人被处死刑,就会印刷出版《纽盖特监狱罪犯之行为、忏悔和遗言常例录》。所传达的信息很简单:犯罪的代价就是死刑——还不是简简单单死,而是极其痛苦的死法。

对叛国罪的处罚

所有的公开刑罚中,在火刑柱上被活活烧死无疑是最惨的。复辟时期的男人们很幸运,不会被判处火刑。尽管严格意义上来说,男性会因信奉异教被判火刑,但1612年之后,英格兰一直未通行此项法令,到1671年还撤销了这项法令。然而,女性却会因叛国或信奉异教罪被判火刑。因此,有一段时间,伦敦的泰伯恩和史密斯菲尔德地区的空气中都弥漫着木材和人肉的焦味。有几十位女性被判处火刑,有些是犯了重大叛国罪,有些是小叛逆罪。

重大叛国罪不仅包括冒犯国王,还包括削剪钱币罪。许多人为了获得额外的收入,会从钱币的边缘削下少许金属。他们通常是先用剪刀剪下少许金属,再用锉刀将边缘磨平,然后将金属屑熔化后出售。根据中世纪的法律,一旦发现女性犯了此罪,通常会被处以火刑。爱德华·科尼尔斯及其妻子简就是两名犯了削剪钱币罪的犯人。1683年年初的一天,简给了她女儿两枚刚被剪边的先令,让她出去买面包和其他杂货。有个商人对这两枚先令产生了怀疑,便向治安员举报了这个女孩。治安员询问了女孩,她崩溃大哭,将其父剪钱币的事情和盘托出,还承认家里有锉刀、剪刀和熔炉。于是搜捕了女孩的家，从她家中搜出了这些工具，并逮捕了爱德华及其妻子。两人均以重大叛国罪被判处死刑。死刑在同一天执行：爱德华被拖行和绞死；简被烧死。

小叛逆罪包含四种不同的情况：仆人杀死主人；孩子杀死自己的父亲或者母亲；牧师杀死主教；妻子杀死丈夫。第一种和最后一种情况最为常见。以最后一种情况为例，让我们从妻子的角度来看看这一罪行。总的来说，女性在嫁给谁上没有太多的发言权；大多数父亲都想尽快把女儿嫁出去，不论是出于家族联姻的目的嫁给上流社会的人士，还是为了减轻家庭负担嫁给底层人士。因此，尽管理论上而言，新娘可以在结婚时说"不愿意"，但巨大的压力让她不得不说"我愿意"，哪怕她的未婚夫体臭、酗酒、打鼾、吐痰、好赌、渎神、不忠，还满嘴脏话。假如她同意嫁给一个自己日益厌恶的男人，他们发生了争吵，丈夫还打她，试想在打斗的过程中，她抓起了一件离她最近的东西进行自卫。1662年，伦敦有一位年轻的女性就不幸地陷入了这种局面。她用一个烟斗捅她的丈夫，烟斗的柄断了，碎片刺伤了她的丈夫，导致他失血身亡。[17]经审判，她显然是一怒之下打了她的丈夫并杀死了他，不管是有意或无意为之，她被判小叛逆罪，等待她的只有一种惩罚。

她被关进囚车，从监牢押送到刑场。一路上数千人前来围观，有人辱骂她，也许为了宣泄自己的情绪，尤其是死者的亲人；还有人朝她扔臭鸡蛋。到了刑场，她被推搡着下了囚车，带到火刑柱前。火刑柱由橡木制成，牢牢地固定在地上。然后，用一只底部掏空了的柏油桶从头往下将她套住，她的身体被铁链捆住，锁在柱子上，脖子上还套着一根细长的绳索，绳索从木柱上的一个洞穿过。然后一位牧师告知她大限将至，请上帝宽恕她，并要求她面对人群忏悔自己的罪行，随后牧师和她一起祈祷。牧师退下后，刽子手将干草塞入柏油桶中，在周围的地上也铺上干稻草，将一捆捆柴草堆在她的身体周围。教区事务员严防值守，必要时会挥舞手中的长棍，将嘈杂的人群往后推。小贩们穿梭在人群中，售卖馅饼、啤酒或印有以往绞刑和火刑木版画的印刷册。许多家庭为了找到好的观看地点，甘愿等上好几个小时，小孩子们等得不耐烦了，就在人群中跑来跑去。现在，等待结束了，刽子手点燃了稻草，孩子们停下来，目瞪口呆地站着。

当火焰开始上升，柴捆燃了起来，浓烟四起时，刽子手可以拉紧绳索，勒死这名女犯人。她的胳膊向外伸展，仿佛在向人群中的朋友道别。前文提过，苏格兰法律规定执行火刑前必须要先勒死罪犯，但英格兰则不然。除非是国王的命令（参考伊丽莎白·冈特案件），否则完全由刽子手决定。如果她犯了极其严重的罪行，群众想听到她被火烧死时的尖叫声，刽子手就不会拽绳子。那位用烟斗杀死自己丈夫的女犯就是这样的。还有一种情况是，风太大，火苗迅速蹿起来，刽子手不得不退后，这样，即使他想要仁慈一点，也无法拽住绳索了。此时，你会听到犯人的惨叫声，人们的叹息声，你会产生一些本能的反应，比生活中任何时候都要强烈——气味和尖叫声让你恐怖不已，还有极度的震惊，震惊于此时的社会竟然会把人活活烧死，让她在痛苦中死去，直至烧成灰烬和一堆碎骨。

如果一个男人犯了小叛逆罪，比如，杀死雇主，会被判处"拖行和绞死"。对重大叛国罪的处罚是"拖行，绞死，再分尸"。这里的"拖行"指的是把犯人关进囚车，将其拖到绞刑台的过程，目的是为了让犯人在人前受辱。如果犯的是重大叛国罪，法官会在法庭上宣布必须被：

> 关进囚车或绑在滑板上拖行至刑场。到刑场后，马上就会被绞死，然后分尸。生殖器会被割掉，内脏会被掏出来，在你面前烧掉；头会被砍掉，身体会被分成四块，至于怎么处置，悉听国王尊便。[18]

罪犯的头被砍下之后，刽子手立即将其高举示众，并大喊"天佑吾王！"有些罪犯可以允许用亚麻帽罩住脸。这样，他们被绞死之后，刽子手会先将他们的心脏而不是头割下来高举示众。[19] 分尸的时候是先用特制的宽刃斧将尸体从中间切成两半，然后从腹部开始把胸部分成两半。如果罪犯是政治叛徒，他的躯体会被分成四个部分，每一个部分都连着手或脚，被悬挂在其家乡的城门口之上。他的头会被挂在伦敦桥的长钉子上、城门口上，偶尔也会被挂在伦敦城门入口处。你也许会认为这很怪异，但事实上在那个年代，你可能在喝着香槟和巧克力奶，聆听着艾萨克·牛顿的演讲和欣赏珀塞尔的歌剧的同时，还能看到血淋淋的尸块挂在进城主路的上方。

对重罪的处罚

几百年来，大多数死刑犯都只是被处以绞刑。有些地方使用的是常见的单臂绞刑架，而伦敦使用的是三边木制绞刑架，能同时处决十多个人。许多被判刑的重刑犯会在行刑那天特意打扮一番，比如戴上帽子、手镯，拿着花束，以此来纪念这一天。有些男犯甚至在被处死的那天打扮成新郎的样子。精心打扮的他们还是会和其他犯人，以及一名牧师一起关进囚车，押送至刑场。大批人群会聚集在刑场观看行刑。一些观众说不定也会特意打扮一番：要是一名年轻又帅气的罪犯，出了名的潇洒浪漫——就像拦路抢劫犯克劳德·杜瓦尔一样，此人在打劫了一名男子之后，还与该男子的妻子和女儿共舞，由此出名。要是这样的话，在离开人世的时候，可能就会看到身着白衣的女孩子们为你抛撒花瓣。[20] 在去往刑场的路上，罪犯会喝到最后一杯啤酒。到了绞刑台上，罪犯可能会被允许说几句话或是读一段话，但不能称自己是无辜的（要是这样的话，会被打断）。然后罪犯会被蒙上眼睛，脖子被套上绳索。刽子手鞭子一挥，马就会拉着囚车迅速离开，留下罪犯悬在半空中，慢慢被勒死。罪犯痛苦地扭动身体，不断碰撞着旁边的尸体。他的朋友们会跳到他面前，试图一下子拧断他的脖子。但要是没能迅速拧断他的脖子的话，他就会本能地呼吸，身体开始痉挛，此所谓"绳端的舞蹈"。

对于特殊的罪犯，上述常规流程主要有两大变化。海事法庭负责判处海盗绞刑。海盗们通常被关押在萨瑟克区的马歇尔西监狱。和被押送到泰伯恩刑场的罪犯一样，他们被关押在囚车里游行示众，囚车穿过伦敦桥，通过市区，再到达位于伦敦东部的沃平。他们在路上也能喝到一杯啤酒，也可以发表临终演说，在泰晤士河水退潮时在岸边被绞死。人们在船上、在河岸上观看行刑。死亡之舞结束后，刽子手不会把他们的尸体从绞刑架上取下来，而是将其留在原处，等待涨潮的潮水将尸首冲刷三次。最惨的是，他们无法下葬：他们的尸体被涂上柏油，接下来几年的时间都被挂在绞刑架（一个金属架）上示众，以警示他人。可以想象，当你坐在一条向上游行驶的小船上，耳边听着河水轻轻拍打着岸边的声音以及海鸥的叫声，向外张望，却看到了一具干尸凹陷的脸颊、黑色的眼洞、骨头上干枯的皮肤，该是怎样一幅恐怖的景象！

另一大变化是在案发现场附近绞死重刑犯——这种刑罚通常适用于拦路抢劫犯。拦路抢劫让整个社会都人心惶惶，一想到他们随时都可能在日常上下班的途中突然拦住你，就让人害怕不已。让我们来看一看发生在1699年7月11日的罗伯特·利弗尔案。在你看来，他也许已经做好了防范被抢的一切必要准备。事情发生在晚上10点到11点间，利弗尔还在骑马赶路，他带着一名仆人，身上配有一把刀，还有手枪。然而，在他经过芬奇利公地时，被一群由埃德蒙·图尔带领的抢劫犯袭击。强盗们抢劫了他和他的仆人，还抢走了他们的马。图尔把他们带到路边，他的手下准备把他们绑起来，但利弗尔拒绝趴下，于是强盗们在黑暗中踩着他的脸和肚子逼他就范，他请求饶命，正要乖乖趴下的时候，一名强盗叫着说利弗尔的仆人要把绳子解开了，于是图尔在黑暗中开了一枪，打中了利弗尔的背部。熬到第二天晚上，利弗尔还是因失血过多而亡，但在临死前他指认了凶手。几个月后，图尔被抓，被带到老贝利受审。审判时，他表示自己应该直接朝利弗尔的心脏捅上一刀。毫无意外，他被判在案发现场附近用铁链绞死。[21] 他的尸体也被涂上柏油，挂在公地的绞刑架上示众。强盗们被处死二三十年之后，他们发黑的尸体还有可能被挂在路边，如佩皮斯所言，"萎缩成枯骨"。[22] 每具尸体本身就成为了一个地标，当地人都很清楚哪里挂有强盗的尸骨。这些尸骨不分昼夜地在风中嘎吱作响，就像他们生前那样阴森森地盯着来往的过路人。

如果被判处的是过失杀人罪，而不是谋杀罪，那就不会被绞死，只是拇指上会被打上烙印（但世袭的贵族不用受此刑罚）。复辟时期，在拇指上烙字的习俗还依然流行，以标识那些申请了牧师特典的人。这是中世纪时期遗留下来的一个习俗。在中世纪时期，凡是识字的人都被假定为牧师，因此不能被当成重刑犯处决，而是交由主教进行处罚。但现在，到了复辟时期，识字的人多了起来，许多人在第一次犯罪时申请了牧师特典，不过，他们不是被转交给主教，而是被释放了。在拇指上烙字则是为了防止他们再次申请此特权。字母"T"代表盗窃罪，"M"代表谋杀罪，"F"代表其他重罪。此外，你必须得识字：倘若你申请了牧师特典，却并不识字，你会被处以绞刑。女性可以申请有限的牧师特典，条件是所盗物品的价值不超过10先令。不过，到了1691年，该法被修订，女性可以申请和男性同等条件的牧师特典。不过话说回来，不管是男性还是女性，都不要主动犯罪。自1699年起，盗窃犯会在其左脸靠近鼻子的地方烙字。从积极的角度来看，命是保住了；但从负面的角度来看，这个烙印会让人很难找到工作，更别说找老婆了。

另一种替代绞刑的惩罚是把罪犯流放到种植园。17世纪60年代以来，某些类型的死刑犯可以申请皇家赦免，条件是同意到西印度群岛或美洲（但马里兰州和弗吉尼亚州从1670年开始拒绝接收重刑犯）当一段时间的契约劳工。前文提到，国王提出这种惩罚方式的目的是为了解决海外劳工短缺的问题。然而,英国的法官们却把流放当成一种有效的法律手段:流放使他们找到了一种比拇指烙字更严酷,但比死刑要宽容的判处方式,例如菲利普·约翰逊案。此案于1683年4月审理,诉因是约翰逊杀死了一名六个月大的婴儿。

> 约翰·希尔的母亲在圣马丁教区经营一家酒馆。上个月初,是个周日的晚上,约翰逊到这家酒馆喝酒,一杯接一杯地喝白兰地,还要和一名他自称为妻子的人到包房去喝酒。女老板拒绝了他的要求,他扬言要在下周六前报复她。周三晚上8点左右,约翰逊粗鲁地闯进酒馆,砸碎了玻璃,还有其他一些暴力行为,并声称他的报复还没完。为了保护财物,女老板冲过去制止他,她手上还抱着孩子,约翰逊手中的棍子打着了孩子的头部。大约七小时之后,孩子死了。然而,陪审团认为他并非是有预谋地要杀死这个孩子,而是因为母亲碰巧抱着孩子,他要打的其实是这个母亲。陪审团判定他为过失杀人罪。[23]

显然,法官想让约翰逊面临比烙刑更严酷的惩罚,于是判处他流放牙买加,服刑时间不少于七年。

有些案件,根据法律要求得判处死刑,但又存在重要的从轻处置的因素时,流放也是一种有效的惩罚方式。1682年2月,伊丽莎白·布朗因盗窃钻石戒指再转卖给金匠而被判有罪。显然,其罪行可以算得上重罪,因为被盗物品的价值远远超过了12便士。根据法律,她应当被带到泰伯恩刑场处以绞刑。但伊丽莎白年龄太小,还不满12岁,于是判处她流放海外。她因此免于死刑,尽管接下来要作为契约劳工在海外服刑七年。[24]

其他惩罚形式

如果你拒不认罪的话,就会对你处以"严重而残酷的刑罚",即通常所说的被"活活压死"的"压刑"。

> 将罪犯押至监牢，关在一间破烂的黑屋子里，强迫其躺在地上，地上光秃秃的，连枯树枝、稻草都没有；衣服也不能穿，只能保留私处的衣物；罪犯面朝上躺，蒙头，光脚，手脚被绳子系住拉向两边，将大铁板、石头及其他重物压在罪犯的身体上。第一天罪犯只能吃三小口面包，不能喝水。第二天他可以喝水，可以去牢房门口处饮水三次，但却不能撒尿，不能吃面包，其后也是如此，直至其死亡……[25]

1673年，大卫·皮尔斯和威廉·斯托克斯在老贝利受审时，拒绝举手宣誓。他们认为自己是在家乡犯的罪，应当在当地的县法院，交由当地的陪审团进行审判。法官给他们一天的时间，让他俩决定是在伦敦受审还是被处以"压刑"，等到重新开庭时，他们就都表示认罪了。1676年，詹姆斯·帕克同样也拒不认罪，于是被压在几英担重的石头之下，难以承受，接受了审判，最终被处以绞刑。1672年，亨利·詹姆斯也拒不认罪，他的罪行"在上帝和世人看来都是可恶之至的"，但他认为自己不应被审判，最终被重石压了两天之后死亡。[26]

正因为不仅要让罪犯遭受痛苦，而且还有必要让他人看到其痛苦，所以很少有罪犯被判监禁。将犯人囚禁起来，人们就不会关注他，也就不能起到威慑的作用了。尽管全国上下有许多监狱，但这些监狱主要用来关押待审的犯人。

不过也有例外的时候。法官有时会判处罪犯监禁，但通常附带有其他惩罚。泰特斯·奥茨因造谣天主教阴谋论，造成了严重的后果，被判处巨额罚款，终身监禁，以及鞭刑，且每年还要戴上枷锁游行示众。如果是被判处监禁，你要知道，这本身就无异于死刑。大多数监狱都拥挤脏乱，疾病肆虐。斑疹伤寒所谓"监狱热病"的称号可不是凭空得来的。因此,老贝利完全是露天庭审,以免罪犯把纽盖特监狱的疾病带进法庭。托马斯·巴斯克维尔称,格洛斯特监狱是英格兰最好的监狱,四周是古城堡的围墙,氧气充足,有一个草地滚球场和一个"整洁的花园"。他在1683年写道:"如果我被迫入狱,要是能选择的话,我选择被关在这里。"[27]这话听起来不错,但其实罪犯是不能自主选择监狱的。1661年,谢林科斯在科尔切斯特镇上看到一个年纪很大的老人因偷了一头猪而"被绑在街边的柱子上。他的脖子和脚上都被套上了沉重的铁环,双脚被铐在一起,脖子上还固定着一条铁链。他央求路过的行人给点施舍,自己就要饿死,渴死了"。[28]看起来,科尔切斯特的地方法官找到了一种公开监禁的方式,能起到威慑的作用。

欠债是被判监禁的另一大原因。债案犯在还清债务前被关押在伦敦的弗利特监狱。这种监禁可能和你想象的不大一样:犯人须支付住宿费,但白天可在狱卒的陪同下外出。有些犯人在弗利特监狱待了好几年,不仅没能还清债务,还面临越来越高的住宿费。1670年施行了一项法令,多少减轻了一些负债人的压力。该法令要求,贫穷的负债人得发誓说其所有家当不超过10英镑;那些坚持要把负债人关起来的人必须替他们支付监狱住宿费。不过,这项法令并不能帮助像摩西·皮特这样的人。皮特是一名出版商,他野心勃勃,想要出版一本12卷的列国图志。然而,在他的第四卷书出版之后,就已经债台高筑了,1689年他还被关进了弗利特监狱。接下来,他写了一本关于他在狱中头两年的所思所想的书。这本书的全名相当冗长,《受压迫者的呐喊:贫苦负债人悲惨遭遇之实录,现行恩典旨在把贫穷的负债人从债务和伤害中解救出来,但英格兰大多数监狱还是笼罩在狱卒和其他压迫者的暴政之下;他们不仅戴着脚手铐,和猪、重刑犯及死刑犯住在一起,还被打断骨头;有人被毒死、被饿死;有人没有水喝,连睡觉的稻草垫也没有;有人的妻女险遭强奸;还有其他一些野蛮行径,史无前例:本书所录证据确凿,并结合本出版商之亲身经历》。摩西·皮特在弗利特监狱总共待了七年。

体罚仍然是大多数法官最喜欢的一种惩罚方式。在伦敦，体罚可分为两类：鞭刑和枷刑。1690年，一个名叫菲利普·克拉克的男孩因从商店里偷了一副手套而被判鞭刑。他的双手被绑在囚车的后面，从纽盖特监狱穿过伦敦的街道到达阿尔德盖特，一路被鞭打。这种体罚并不轻，目的就是为了让罪犯流血。犯了罪的妇女和儿童被送到感化院接受"感化教育"，但其实是在鞭笞柱上受刑。1689年，托马森·波顿偷了一块60码长的黑绉绸，价值3英镑。因为她被抓了现行，所以应当被判处绞刑，但陪审团和法官都很可怜她，于是称被偷的商品只值10便士，法官判她在感化院接受鞭刑，不用游街。

枷刑也许是人们最为熟悉的一种羞辱罪犯的惩罚方式。罪犯的头和手被颈手枷锁住，面向人群，持续一个小时。你也许会想：那会怎样呢？一个小时不算长啊，而且看到有人以这种方式示众，难道不是很有趣吗？不，你一定笑不出来。这一个小时可能会永远改变罪犯的人生，甚至会终结其生命，枷刑有时候是致命的。受刑的时候，罪犯动弹不得，人们可以恣意地在他身上宣泄自己的情绪，因为人们很少有机会表达对鸡奸犯、谋杀犯、渎神者、谣言传播者、诈骗或伪证犯的真实看法。人们认为还要对罪犯的名声进行审查。如果是男性罪犯的话，人们的做法一个比一个狠，他们会向罪犯扔臭鸡蛋和烂菜叶，往他头上倒尿液和粪便，朝他扔石头、碎砖头、木块和死猫。有的时候，人们在不知不觉中就将罪犯杀死了。即便罪犯没死的话，人们也彻底毁掉了他的名声，让他从此在原来的镇子里抬不起头。

如上文所述，英格兰和苏格兰的教会法庭仍在运行。教会法庭负责对不道德行为给予正式的处罚，例如，让你在赶集日披着白色的床单站在集市上，承认自己犯了通奸罪。同样地，这种惩罚也强调对罪犯的羞辱。当你在所有的亲朋好友面前，包括自己的丈夫及其家人在内，被迫承认自己与已婚男人通奸时，这种羞辱感会尤其强烈。复辟时期，驱逐出教会仍然算是一种惩罚形式，以惩罚那些没有进行苦修或极不敬神的大逆不道之人。在英格兰，这些惩罚给人带来的耻辱感不如过去那样强烈。但苏格兰人要狠得多，苏格兰的通奸罪，包括乱伦、鸡奸、兽奸和强奸，都由世俗法庭进行审判。苏格兰对待通奸罪也非常严苛：通奸者会被处以巨额罚款；情节严重者会被流放，甚至会被绞死。[29]

那些希望严惩通奸犯的极端分子开始独揽大权，1688年查理二世和詹姆斯二世统治下的罗马天主教王朝终结之后，尤为如此。这两个王朝素以道德败坏而臭名昭著，覆灭似乎是上帝的旨意。狂热的地方法官将妓女们抓起来，公开施以鞭刑。为了改良社会风气，成立了很多社团。截至1699年，这些社团遍及伦敦、考文垂、切斯特、格洛斯特、赫尔、莱斯特、利物浦、纽卡斯尔、诺丁汉，以及施鲁斯伯里等地；英国其他地方还打算再建12个社团。[30]这些社团筹集资金，雇用律师来起诉妓院老板和顾客。伦敦的陶尔哈姆莱茨社团制定了一个年度黑名单。名单上包括数百名经他们确认过的淫荡可耻之徒。每年伦敦地方法官审理有关行为不检点的案件超过1000起。罪犯被判处鞭刑，游行示众，或被判处苦役。妓院老板被处以重金罚款。结果，截至1770年，性行业的监督和处罚大多由这些社团负责。[31]

在这个谈性色变的年代，你还会面临"粗暴审判"——也就是"舆论法庭"，这是一种比较古老的惩罚形式。你也许会注意到某一间屋子的大门上悬挂着一对鹿角，这表明这家女主人不忠。有时还会有人游行，领队的人用一根杆子将一对鹿角高高举起，以昭示女人不忠的事实，这样全村的人就都知道了。这种游行有时候还会演变为一场大声喧嚣仪式：村民们举着熊熊燃烧的火炬，聚集在罪犯的房前，打鼓敲锅敲盘子，这种喧嚣仪式要持续三晚；休息三晚之后，他们又回到这里继续进行三晚的喧嚣，然后再进入仪式的第三个阶段。在最后这个阶段,村民们神情严肃地在罪犯的房子前烧掉这名不忠的女人和她那被戴了绿帽子的丈夫的模拟人像。在有些地方的喧嚣仪式中,游行的队伍领头的是一个头戴白帽,顶着一对鹿角,贴着假胡子的男人。这个人骑在马上,马肚子还有锅碗瓢盆叮当作响,他的后面跟着几百号人,唱歌打鼓大声喧闹。到了罪犯的门前,他们开始一个接一个地打扫门槛。一般他们不会进屋,但有时事态失控的话,他们就会冲进去捉住奸夫,强迫他面朝后坐在马背上;他们会把不忠的女人扔进池塘,或者强迫她坐浸水椅(庄园法庭中,浸水椅通常被使用教训泼妇,让她们闭嘴),让她浸泡在池塘或河水里。这种处罚非常残忍,羞辱带来的伤害远甚于冰冷的河水。

逃避制裁

犯罪率似乎在不断上升,因为法官宣判惩罚的次数越来越多。好多人甚至说英国就要堕落了,不过人们总是会这么说的。他们已经忘记了过去的事情,只是把听到的最近发生的几十起案件和脑子里还记得的少数几个案件做一番对比后,认为法律和秩序正在不断瓦解。其实,英国复辟时期的犯罪情况有所改善。当然,违法的标准不尽相同,但根本上还是呈下滑的趋势。尽管新出台了专门针对盗窃罪和破坏财产罪的法案,但判处死刑的频率下降。在中世纪时期,三名重刑犯中就会有一名被绞死。在伊丽莎白一世统治时期,四名或五名重刑犯中就有一名被绞死。到了1700年,这个数字下降到十分之一。[32]

死刑率下降的一个原因是因为社会变得更加宽容。在复辟时期以前,人们曾经努力推行宗教一体化,抵制非国教,但到了复辟时期,人们不再恪守一个宗教的政策。除了更宽容的宗教政策外,社会对轻罪也更加宽容。可以说,陪审员更注重改良社会风气,而不只是对罪行进行判决。此外,个性的解放也促使陪审员更多考虑他人的感受,变得更加宽容:他们在审判他人的同时希望他人也是如此审判自己。被控偷了珍贵物品的女人可能不会被判绞刑,因为有陪审团成员坚持认为被盗物品不超过 10 便士,尚未达到施行绞刑的标准。同样地,许多被控谋杀的男人最后被判过失杀人罪,因为案件情节较轻不足以判罪犯绞刑。第四章提到过英国人残忍的一面,但在刑罚方面,英国人的态度变得越来越缓和了。

如果一名女性被控犯了重罪,还有两项古老的法令也许能让她免于绞刑。其一,已婚妇女可以声明她在犯罪时受到了"婚姻的胁迫"。我们知道,妻子应当在所有事情上对其丈夫言听计从,因此,如果丈夫命令她去做违法的事情,而她照做了的话,这不应当是她的错。这条法令对女性十分有利,如 1677 年伦敦有一名被控剪钱币的女性,被免于火刑:

> 其实,真正作案的是她的丈夫,而她只负责找来钱币。经证实,她经常把剪过的钱币换出去,而且要求换成大额的钱币,否则她不收,这引起了他人的怀疑,最后被抓了。这引起了她丈夫的警觉,他逃跑,躲了起来。人们从她的住所里搜出了锉刀、熔炉及其他相关工具,这些工具被呈上法庭。然而在这种情况下,法律倾向于认为妻子是受到丈夫的胁迫才犯案的,而丈夫逃跑等于承认自己有罪,因此她的行为不构成叛国罪。[33]

其二,孕妇不会被判处绞刑。这项对女性有利的法令,在复辟时期使用也比较频繁。如果被判死刑,可以称自己"刚进入胎动期"。于是,庭审现场就会成立一个"女性陪审团",对嫌疑人进行检查。如果有胎动的迹象,则被判死缓,被关在监狱等待孩子出生。理论上,孩子出生后就得执行死刑,但事实上,大多数妇女都被赦免了。1685年,有29名女性在老贝利被判死刑,其中有8人(27%)怀孕。接下来的一年里,14名女性中有6人(43%)怀孕。这样的比例显然太高,其实在伦敦,怀孕五个月或五个月以上的女性,比例一直都只有约5%。[34] 由此可以断定,原因要么是孕妇一窝蜂地犯罪,要么是听审的女性和女性陪审团常常会形成对女性有利的判决,而不论嫌犯怀孕与否。考虑到女性所面临的种种不利的法令,有人出于同情决定用谎言帮助她们逃脱罪名,免除最终的惩罚,似乎也是一个合理的解释。

第十二章
休闲娱乐

人们常说，要评判一个社会，可以看它如何对待穷人和需要救济的人，但还有一种观点：一个时代的精神风貌也可以通过人们自娱自乐的方式来衡量。当然，"自娱自乐"可能包括五花八门的社交活动，可以全面反映那一时期的不同兴趣、品位和当地习俗，更不用说财富了。许多城镇居民觉得在欢宴上大快朵颐是他们生活中最大的乐趣。但是，作为一个名副其实的旅行者，你无疑会想看看外面的世界，尝试体验那个时代所能提供的一切，从国王的运动到低俗刊物上的文学作品。

集市的乐趣

在第五章中，我们了解到一些较大的集市仍然是买卖的重要场所，即使它们提供饮酒、赌博和其他休闲方式。但是一些集市完全失去了原有的存在理由，已经发展成为单纯的娱乐场所——尽管所提供的大部分娱乐活动都跟"单纯"沾不上边。其中最重要的是在伦敦西史密斯菲尔德举行的巴塞洛缪集市。在现代，大多时候集市从圣巴塞洛缪日（8月24日）前夕开始，持续两周，尽管1691年当局将其限制为三天。数百个摊位聚集起来有如迷宫一般，三教九流，无所不包，每年举办时很少有伦敦人能抵制住诱惑不去参观。

最具吸引力的地方在哪儿？你需要亲身体验。请车夫把你送到圣巴塞洛缪医院,这是马车能到的离集市最近的地方了,再往前就会有摊位、帐篷、平台和人群挡住去路。也许在进一步冒险之前应该先喝上一杯——来一夸脱浓啤酒壮壮胆,因为接下来体臭、烤猪肉和呛人的烟草味将扑鼻而来,喧闹的人群与鼓手、小号手和街头表演者的声音会震得你耳膜发颤。看看大街上,提着银色手杖的花花公子们在人们迷恋的目光中漫步;而女人们在仰慕者艳羡的眼神中也"失去了该有的淡定"。观赏人群是这里的一大卖点。事实上,这就是巴塞洛缪集市的真正意义所在,演员、翻跟头的、吞剑的、吞火的、魔术师、赌徒、摔跤手、大胡子女人、杂技演员、花花公子、扒手、出老千的、发明家、漂亮女人和英俊男子,群英荟萃。向上看看,史密斯菲尔德周围街道上的画廊里,一群业余演员正在表演朱迪思斩杀赫罗弗尼斯或重演特洛伊沦陷的场景。驻足倾听,巷子里的小贩在推销各种怪诞的表演。在这里,每一分快乐都如昙花一现,每一件商品都如过眼云烟。即使是那些你可能会购买的纪念品和礼物——例如市井民谣或内带吊饰的玻璃首饰——也瞬间消弭于无形。[1]

  一项不容错过的表演就是走绳索。六便士进入围场,你会看到杂技演员表演的某些滑稽动作真是匪夷所思——有时在高高的绳索上,有时借助较低的松弛的绳索,甚至表演空中飞人。1698年,内德·沃德看到形形色色的人手持长杆在悬空绳索上行走:有"臀部丰满的年轻女性",她们衬裙下面穿着马裤,走到人群上方时就脱掉衬裙;还有一个身材高大的爱尔兰女人,大腿"像牛脊肉一样鲜嫩",像一只鹅在谷仓门槛上一样"沿着绳子蹒跚而行";还有"科曾-邦普金医生",他肥胖的身躯懒洋洋地躺在松弛的绳子上,仿佛要在上面睡觉。但这项表演里最大的看点还是"德国女佣"。内德几乎不能自持,毫不掩饰对她的钦慕和欲望,她"动作优美,身材匀称,面带羞涩,让我想入非非,我发誓自己已竭尽所能,才遏制住想和她一起睡觉的念头"。[2]

17世纪60年代和70年代，著名的表演者大多是意大利人，但最优秀的也许是英国人雅各布·霍尔。佩皮斯多次看他的表演，对其青睐有加。他在绳子上的表演包括后手翻和180度空翻、"飞跃三十个剑杆"，以及"纵身穿越铁环"。女士们对他情有独钟，认为他是赫尔克里士和阿多尼斯的结合体。霍尔的无穷魅力征服了国王的前情妇卡斯尔梅因夫人，1667年她将霍尔纳为情夫，为他发放薪水，犒赏他提供的服务。[3]

动物也在悬空绳索上表演。约翰·伊夫林描绘了他1660年9月在伦敦另一处大型集市上看到的场景：

> 在萨瑟克的圣玛格丽特集市上，我目睹猴子和猩猩在悬空绳索上表演。它们着装时髦，直立起来，向观众鞠躬并脱帽致敬；它们还互相敬礼，动作像经过舞蹈大师训练一样优雅自如。它们举着一篮鸡蛋翻跟头，里面的鸡蛋从不破裂；还可以用手和头托举点燃的蜡烛而不熄灭或托举装水的容器而一滴也不会溅出。[4]

1660年，你可能会有幸看到一个被称为"土耳其人"的赤脚舞者在悬空绳索上险象环生的表演。他的特技包括蒙上眼睛在高空绳索上跳舞，他一只脚上还捆绑着一个12岁的男孩，在他脚下20英尺处荡来荡去。他还在一个非常高的桅杆上表演倒立，大头朝下，两臂伸展，前胸贴紧绳索俯冲下来——哎呦！[5] 如果你1700年前后到访，也许会看到一个意大利家庭的表演，父亲推着一辆手推车走钢丝，车里是他的两个孩子和一只家养的狗——他头上还总是顶着一只鸭子，嘎嘎的叫声引得观众哄堂大笑。[6]

更为惊心动魄的是"著名的食火者理查森"的表演，伊夫林于1672年亲眼目睹这一幕：

> 他在我们面前吞噬了烧得发红的煤炭，咀嚼并将其吞咽下

去；他还熔化了一只啤酒杯，把它立刻吃掉；接下来，他将一块燃烧的煤炭放到舌头上，上面再放上一只生牡蛎，用风箱对着炭火猛吹，直到它在嘴里火星四溅，就这样一直持续到牡蛎裂开并煮熟。后来他用硫磺融化了沥青和蜡，在溶液燃烧时喝了下去；我看到溶液在嘴里燃烧了很长一段时间。[7]

你禁不住会想总得有些更为容易的谋生方式吧。

虽然绳索舞者、吞剑者和食火者的表演都令人惊叹，但集市的另一个吸睛之处会让你感到毛骨悚然。这个时代的强烈好奇心产生的副作用令人反感，它把那些不受命运垂青的事物当成了观览对象。如果仅限于展示畸形的动物，还不会造成什么伤害——例如羊角蹄的马，四只脚的鹅，三只脚的公鸡，这些都在 1663 年的巴塞洛缪集市上展出过——但是当涉及人类时则令人心中难以安生。在这里，你将发现观赏人群的阴暗面。如果你想看到一个身材奇高的爱尔兰人，他站在地面上高度可达 10 英尺 6 英寸，他的手掌展开达 15 英寸，那么来集市你就选对了地方。还有毛茸茸的女人，她不仅留着胡须，而且全身被浓密的毛发遮住，包括从她的耳朵里长出的毛发和鼻子上的几簇毛发。[8] 快来，快来，大家都在围观一个 46 岁的矮人，他站在地上只有 1 英尺 9 英寸高，但其臂展可达 6 英尺 5 英寸；他用手走路，可以一只手臂支撑跳到 3 英尺高的桌子上。1681 年，你可以看到"世界第八大奇迹"：一个生来没有上肢的男人，用脚梳理头发和剃胡须，用脚趾脱下帽子向游客致敬。他还用脚拿刀叉、穿针、写信、倒水，以此取悦观众。最令人揪心的景象是成对的连体双胞胎——1699 年展出的"双头小孩"，还有 1682 年展出的头顶相连的双胞胎女孩，姐妹俩的身体成直角相交，两人永远都无法坐直或移动，只能来回滚动，直到死亡。[9]

许多人也是在这种场合第一次见识到意大利即兴喜剧中的人物。他们可能会以牵线木偶的形式出场，也可能是戴着半遮半露面具的演员，甚至是绳子舞者。其中大多数知名人物你可能都很熟悉：身穿五颜六色服装的仆人，哈莱昆；夸夸其谈的懦夫，斯卡拉莫克；悲伤的小丑，皮埃罗；他的爱人，科伦拜恩；老人家，潘特鲁；还有恶魔，庞奇——鼻子如鸟喙，额头有疣，下巴突出，驼背凸肚。是的，这个脾气暴躁、挥舞着棍棒、诡计多端又自私自利的小丑，到了1662年，就已经为社会各阶层所熟悉，他吹着镀锡口哨或斯威泽尔①，逗观众发笑。人们来集市不仅仅是看到畸形的同胞目瞪口呆，对他们指指点点而已；他们也意识到人类所共有的缺陷和人性的伪善——因而，至少在一定程度上也是对我们丑恶天性的自我嘲弄。

现在请把地点转移到冰面。

在这个时期，泰晤士河几次在伦敦桥上面结冰——在1683年至1684年间的长霜期，在河上举行了"冰雪游园会"。1684年1月2日，冰足够坚固，人们可以从上面穿越。1月5日，某个爱开玩笑的人与一位绅士打赌，说他不敢驾驶他的六驾马车穿越冰面——结果绅士却证明冰已冻实，足以承受六驾马车在上面驶过。三天内，河上已建起了摊位、餐厅、厨房、啤酒屋、木偶戏台和绳索舞者的表演场。客运马车在泰晤士河上穿梭。人们租用溜冰鞋，开始学习滑冰。有人用诱饵将公牛和熊引到冰上捕获，2月2日那天烤了整只牛。[10]这一事件成为这个时代的一大奇迹；许多画家用画记录了这一场面，所有伦敦作家都提及此事。在泰晤士河上还专门设立了印刷社，女士们和先生们只要支付6便士，就可以在此刻下他们的名字，长久纪念这一活动——对于经历有史以来最寒冷的冬天的人们来说也是一种慰藉。

---

① swazzle，一种将两个金属片缠绕于棉布带之上制作而成的类似芦笛的民间乐器。——译者注

斗兽游戏

如第四章所述，清教徒禁止纵狗斗兽。现在已解禁，且风靡一时。斗熊一般很少见，但几乎每个屠宰公牛的城镇和村庄都有斗牛游戏。公牛被引入斗牛场——其实就是一大片空地，专门为这项娱乐而备，将一根15英尺长的绳子一端牢牢系在牛角上，另一端系在一根深深地插入地面的木桩上。人群从四面八方聚拢过来。屠夫们抓着自家狗的耳朵，它们狂吠不止，随时准备扑向公牛。让法国绅士米松告诉你接下来会发生什么：

狗向公牛身上扑去；公牛无动于衷，它俯视着那只狗，眼中露出鄙夷之色，只是把一只角对着狗，以阻止它靠近。狗不为所惧；它绕着牛奔跑，试图钻到牛肚子下面，想咬住牛鼻子或牛颈部的赘肉。随后公牛摆出防御的姿态；它用蹄子连续踩着地面，尽可能不留任何间隙，主要目的不是用尖角戳穿狗的身体，而是把牛蹄子伸到狗肚子下面（狗匍匐着身体躲避），并把狗扔到空中，掉下来时就会摔断脖子。这事儿时有发生。当狗确信已找到下嘴的地方时，牛角忽然一转，狗毫无防备之下会被四脚朝天甩到空中30英尺高的地方，掉下来时会咔嚓一声摔得很惨。要不是狗群的其他同伴在它身下做好预防工作，这一摔肯定会骨断筋折。其他斗牛犬会用背部接住它缓冲一下，还有些斜叼着长杆，让它能滑行而下，以减轻坠落的力量……有时第二次被抛到空中就会让它晕头转向而丧失攻击能力，但有时它也会在空中盯紧敌人，下落时它就像水蛭一样粘在牛身上，宁死也不松口。然后公牛就吼叫着连蹿带跳，试图将狗从身上甩脱。公牛怎么跳，这条狗都像毫无重量一样，尽管表面上看来被牛折腾得很惨。最后要么是狗撕掉了它咬住的那块皮肉摔到地上，要么就是狗依然死死咬住公牛，如果人们不把它拉下来就永远不会松口……要想分开它们，得有人抓住公牛，其他人则试图将撬棍插入狗嘴里，颇费一番功夫才能撬开。这是分开它们的唯一方法。"[11]

斗鸡是另一个吸引大量人群的血腥场面。斗鸡成瘾的查尔斯·科顿在其1674年的作品《竞技大全》中宣称，斗鸡"这项运动充满喜悦和快感，这就是我首选它而不是其他项目的原因"。[12]斗鸡运动非常流行，如果走在大街上，或来到农家院，都很有可能遇到公鸡酣战的场面。然而，最为激烈的比赛则是在城镇斗鸡场举行。

斗鸡场的中心有一个圆形区域，可以用锯末覆盖（如果在地面上）或者用垫子（如果在台子上，类似于现代的拳击台）。斗鸡场周围是一排排阶梯形长椅，每位观众都可以尽览比赛过程。观众来自社会各个阶层——从公职人员和绅士，到学徒、面包师、车夫、屠夫和普通穷人。更重要的是，他们都在为比赛结果下注；很多人下的注已经远远超出了自己的承受能力，因此都翘首以盼最后的结局。当打开盛放公鸡的木笼，把它放出来时，会发现鸡冠和肉垂已经被切除。在此之前，已经给它们喂了胡椒、丁香和蛋黄，用来提升战斗力。在被带入赛场之前，还要给鸡腿绑上长而尖锐的银制或钢制靴刺。如果在公鸡斗得正欢时入场，混杂鸡粪、汗水、烟雾和啤酒的污浊气味将给你带来巨大的冲击，每当公鸡斗到激烈之处，看得聚精会神的观众都会激动得大喊大叫。洛伦佐·马加洛蒂描述了他目睹的一场斗鸡赛：

> 一旦将公鸡放下，它们就会雄赳赳地走上战场，虎视眈眈地盯紧敌人，伺机而动，寻找压制对手的机会。首先受到攻击的一方会采取防御姿势，它的双翅忽而展开，忽而收起，并出

其不意向敌人发起反击。在比赛过程中，它们相互挑衅，怒不可遏，用喙互相啄着头顶，腿上的靴刺将敌人扎得体无完肤，最后当占据上风的公鸡对胜利充满信心时，就会踩着对手的后背，敌人不断气之前它绝不罢休，然后在赢得满堂喝彩后则会出于本能地引吭高歌，庆祝胜利。[13]

比赛结束后，死掉的公鸡卖给屠夫或餐馆老板。任何试图逃离战斗的鸡都会被当场拧断脖子，也会和战败的公鸡一样在餐桌上结束自己的职业生涯。

体育和游戏

爱德华·张伯伦在他的《英格兰现状》一书中宣称：

说到娱乐、体育和消遣方式的多样性，没有哪个国家能够与英国人相媲美。国王在郊外的森林、猎场和公园常年好戏连台；可捕猎红色和淡棕色的小鹿、狐狸和水獭；可以放鹰打猎；还开设围场课程、赛马等；在城里，有网球、棒球、台球、插剧、芭蕾舞、假面舞会，等等。贵族和绅士有他们的公园、育猎地、诱猎场、围场、赛马场、狐猎、猎犬捕猎、钓鱼、捕鸟、放鹰捕猎、放狗捕猎、杂耍、杂种猎狗、猎鸭、斗鸡、捕鸟枪、低音铃、捕蝙蝠、垂钓、撒网、网球、保龄球、台球、桌球、国际象棋、桶装啤酒、卡牌、骰子、计算捕猎总量、设定问题和目标，还有舞台剧、假面舞会、晚会、舞蹈、唱歌以及各种乐器表演，等等。市民和农民则有手球、足球、九柱戏、桌上游戏、收纳球（stow ball）、高尔夫、轨面夫人（torl-madams）、耍棍、斗熊、斗牛、射箭、投掷公鸡、羽毛球、保龄球、套圈、跳跃、摔跤、投球，还有一项英国专属的娱乐活动：摇铃铛。[14]

这个清单听起来很详尽，但还不算滴水不漏。他忘了提起投球——西部乡村的一种球赛，类似于一场超级暴力的橄榄球比赛。也没有提到射箭，尽管可能无法与中世纪的射箭相比，但仍有350名弓箭手经常出现在伦敦北部芬斯伯里菲尔兹打靶，并且每年在约克郡和苏格兰银箭奖的竞争都非常激烈。[15] 而且，偶尔也会出现一些即兴的游戏，例如在圣詹姆斯公园的运河上滑冰或在冰冻的泰晤士河上滑冰，或在湖上划船。还有孩子们的游戏，比如"给野马钉掌"和投掷硬币（正反面）。还有上面单子中未列出的成人游戏，比如板球、曲棍球和"羽毛毽"，也就是我们现在所熟知的羽毛球？简而言之，如果你手头富裕，又可以抛却所有的社会不公、疾病和痛苦，你的生活可能会乐趣无穷。事实上，你有太多选择，可能会无所适从，不知道该选哪种游戏。这里简要介绍一些英国最受欢迎的游戏和运动。

垂钓

那些喜欢垂钓的人肯定会格外钟爱去17世纪的英国旅行，首先是因为钓鱼本身，其次是有机会遇见现代人心目中的所有钓鱼界精英。1651年，托马斯·巴克的《巴克乐事》（又名《垂钓艺术》）第一版刊印。两年后，艾萨克·沃尔顿的著名作品《垂钓百科》在书店上架热销。将这些作品的各种版本集中对比，追溯这项运动的发展历程，一定是件非常有趣的事。例如，两位作者在早期版本中都没有提及使用卷轴，但二人在17世纪60年代刊印的版本中则均有提到。可以从伦敦的查尔斯·柯比（柯比钩的发明者）商店买到现代钓钩。随着17世纪60年代涂漆钓线的发明，钓鱼线改进了；托马斯·巴克在其1667年版的作品中首次提到了将大鱼拉出水的鱼叉。基于这些进展，又发明了飞蝇钓，在1676年第五版《垂钓百科》的附言中，查尔斯·科顿用颇长的篇幅对其进行了详细的描述。飞蝇钓很快与其他钓法齐头并进。飞蝇钓的迅猛发展让马加洛蒂惊骇不已，他在1669年目睹英国渔民钓鱼的场景后，写道：

> 他们这里的垂钓模式与平时截然不同；因为通常情况下，我们的渔民抛出吊钩后会在同一个地方长时间坚守，这些渔民却要连续甩动吊钩，像抽打鞭子一样将钓线抛入水中；然后，连续抽打几下，又将钓线重新甩入水中，就这样重复操作，直到鱼被钓上来为止。[16]

台球

台球的历史可能比你想象的还要有渊源，至少能追溯到1600年之前。当然，并没有莎士比亚剧中写得那么久远。克利奥帕特拉说"我们去打台球吧"这句台词时，不过是想暗示法老们闲来无事的晚上可能会变身为好色客。然而，早期的台球与现代版大相径庭，更像是一种桌上高尔夫球。传统台球玩法借助"钉锤"，在那一时代人们将其定义为"短而粗的警棍或棍棒"。[17]早期台球竞技时，用"钉锤"推动球在球台上运动。17世纪60年代，玩家开始将"钉锤"反转过来，用末端击球（"榔头"末端的英文词"cue"来自"queue"，法语意为"尾巴"）。反转的原因是球台上刻有轨道，很难用锤头的粗端将球推离轨道。1674年，查尔斯·科顿的《竞技大全》第一版刊印，其中描述的球台边沿用亚麻或棉花做的垫子围成"堤岸"，像现代球桌一样有六个"陷坑"或球洞。台球的某些版本跟我们现在的"弹子"游戏（落袋台球）相似；其他版本的球台上还会增设一个环形"拱门"和一根称为"王"的象牙立柱。台球桌往往价值不菲：1664年，贝德福德伯爵在沃本庄园安装了一个全尺寸的台球桌，覆以绿色布料，总计花费了25英镑3先令3便士。[18]

人们不会因为价高而却步。到1680年为止，大多数城镇和乡间别墅都装上了台球桌。约翰·伊夫林、塞缪尔·佩皮斯、约翰·洛克、西莉亚·法因斯和法国绅士米松休闲时都会打打台球。

保龄球

"在保龄球场或保龄球馆,"查尔斯·科顿写道,"除了掷球之外,还会掷出三样东西,那就是:时间、金钱和诅咒。"[19]然而,保龄球场馆随处可见——我的意思是都建在最惹眼的地方。有个苏格兰人甚至还在泰晤士河的驳船上建了一个保龄球馆。[20]总之,整个国家都非常热衷于这项运动。威廉·谢林科斯提到,格洛斯特的一家监狱里建有一个保龄球馆,军舰监狱里也有一个。[21]几乎所有贵族和绅士的住所都有一个保龄球场。托马斯·巴斯克维尔到全国各地旅行时,特别记录了哪些旅馆有上乘的保龄球场:贝德福德的天鹅旅馆、贝里圣埃德蒙兹的公牛旅馆、沃特顿的乔治旅馆,以及斯宾汉姆兰的大熊旅馆,不胜枚举。[22]

这项运动为什么风靡一时呢?首先是可以下注。与许多其他运动和竞赛一样,人们在保龄球上也投入大量赌资,非常令人兴奋。另一个原因是这是男女皆宜的极少数几项运动之一,可以夫妻组合上场。1661年佩皮斯夫妇就和另一对夫妇打过比赛。[23]这不仅拓宽了社交面,可能还增添了异性带来的刺激感。但是如果你打算以这种方式赢得真爱,请注意:这是一个高风险的策略。根据科顿的说法,保龄球"将各种情绪都宣泄得淋漓尽致,尤其是观察输球方时,你会发现他们会以各种方式表达不满,有人会焦虑、抱怨、咒骂、苛责一切,而另一些人则会开怀一笑。"[24]

纸牌游戏

所有人都爱打牌——但有阶层之分:富人和穷人并不为伍。科顿在他的《竞技大全》一书中列出了不下二十几个游戏,包括"翁博牌(ombre)、普里美洛纸牌(primero)、巴吉度(basset)、皮克特牌戏(picquet)、卢牌戏(lanterloo)、英格兰拉夫牌戏(English ruff)、欧乐棋牌游戏(honours)、惠斯特牌戏(whist)、法国拉夫牌戏(French ruff)、勃莱格牌戏(brag)、克里比奇纸牌(cribbage)、高游牌戏(high game)、格里克纸牌(gleek)、全四牌戏(all-fours)、五张牌(five cards)、豪华色彩牌(costly colours)、骨王牌(bone-ace)、机智与理智牌戏(wit and reason)、记忆术牌戏(the art of memory)、公正交易牌戏、女王拿撒勒牌戏、彭尼牌戏(penneech)、发牌配对(post and pair)、班卡萨莱特牌戏(bankasalet)和怪兽纸牌"。如果你想要了解任何一项纸牌的规则,他的书是最佳选择。

玩牌会输掉大笔的钱财。科顿指出,每年价值2000英镑和3000英镑的田产以此方式挥霍一空。[25] 为避免这种毁灭性经济损失,1664年,政府通过了《博彩法案》,规定任何超过100英镑的损失都不具备强制力。但现实是所有女士和男士都在玩,100英镑仍然不算小数目;而且,如果人们决心反复冒险,他们可能会在很多场合损失100英镑。

国际象棋

你所熟知的国际象棋在17世纪常常被称为"皇家游戏",只是规则上仍然存在一些小差异。当你的一个棋子到达棋盘的另一边并且有可能被晋升时,请注意:它只能晋升为已经被吃掉的棋子,所以不会出现第二个女王。你在开始下棋之前要澄清一些规则,其中一个重要原因是许多人会在你的棋局下高额的赌注。例如,除了"将死"和"僵局"之外,还有"盲配":这种情形出现是由于你的对手把你逼到无法逃脱的死局里,但是他本人并未意识到这一点,还没有说"将死"。然而,有些人可能会告诉你该局比赛结束;其他人则认为你该局失利并没收赌注,还有人认为比赛赢了但是赌注要没收。

板球

与国际象棋不同,复辟时期的板球远未达到其现代形态。在

《竞技大全》一书中根本没有提到它，关于它的首个规则到 1744 年才有书面记载。然而，当你在全国各地旅行时，仍经常会见到乡村的板球比赛。这项运动早期雏形可追溯到英格兰东南部的一种凳球，逐渐流行开来，现在比以往任何时候都受欢迎。当然，最主要的原因是贵族赌博：领主和绅士下注大笔资金，赌他们的团队将赢得比赛。但是，为本队感到自豪也是不容忽视的原因之一。毕竟，如果能给邻村球队中最好的投球手致命一击，来个完美的本垒打，让他必须走回家才能把球捡回来，那可比单纯参加比赛来得有意义得多。

复辟时期的板球运动通常只有一个三柱门和一个击球手。球棒弯曲，就像一条长趾曲棍球棒。投球手一般低手投球，目的是将皮革包裹的球投进仅由两根门柱和一根横木组成的三柱门里。可以将球沿地面滚动进门，或者也可以反弹进去。但是，由于三柱门横梁很低，投球也需要低手。如果你是击球手，你必须跑回击球区界线投球手的位置线上再折返回到你自己的三柱门，还要触碰裁判员，才能得分。球场上球员数量不限——不限于场边的 11 人——没有护膝、手套、头盔或任何套装。队伍也是临时组合：当队长要求你上场时，你就直接上场。最后，女性不会与男性一起参加这种高风险的比赛。她们一般会遵照老式凳球（板球的前身）的规则（见下文）；如果她们坚持要按照板球的打法，通常是受到了一些愤怒的板球队长的女儿的怂恿。[26]

击剑

击剑仍然是年轻绅士教育的一项重要部分。在那些决斗的日子里，也是如此。男士要去击剑学校学习各种决斗，在野外用棍棒进行练习。然而，大多数公开的击剑表演都不是发生在绅士之间，而是工人为了竞争奖品而上场对决。决斗安排在剧院和旅馆中进行，以便绅士可以对比赛结果下注。谢林科斯于 1662 年 5 月前往红牛剧场观看一名屠夫和一名搬运工之间的击剑比赛：他们没有必要的武器，而是从现场的绅士手里借剑决斗："比赛现场惨不忍睹，"艺术家评论道。[27] 如果你 1663 年来到林肯律师公会广场附近的新剧院，也会看到击剑双方都伤痕累累，只为取悦欢呼的人群。佩皮斯于 6 月 1 日前往新剧院观看了一场对决后，评论道：

> 场上的决斗在马修斯和韦斯特威克之间展开，马修斯确实将所有武器都运用到了极致，韦斯特威克的头部和腿部都被刺出多处伤口，全身都是血。他们毫不松懈，又给对方造成了多次致命的打击，直到韦斯特威克遍体鳞伤，惨不忍睹。他们用了八种武器决斗，每种武器都进行了三个回合。非常值得一看，我曾认为决斗不过是场骗局，直到今天我才改变想法。这次决斗因私下的争吵而起。我摸了他们的剑，剑锋如平常的刀剑一般锋利。令人震惊的是，在每次回合之间，观众都会向舞台上投掷大把的钱币。一群可怜而粗鄙的乌合之众，声音吵得我整个晚上都头痛欲裂。[28]

足球

大卫·韦德伯恩是阿伯丁的一名校长，他在 1633 年写了一本书《拉丁词汇》，通过日常用语给学生教授拉丁语。基本的想法并不新鲜：几个世纪以来，校长们一直这样做。韦德伯恩的天才之处是书中有一部分包括学生们可能在足球场上用到的术语。起初，这本书的销量很少——这不奇怪，因为在英格兰共和国时期不允许踢足球——但复辟时期之后，足球运动和这本书都越来越受欢迎。也许现代教师也可以借鉴这种方法——不仅可以普及拉丁语，还可以让来自世界各地的运动员在足球场上增进理解。我期待有一天，从足球场边走过时，能听到 Praeripe illi pilam si possis（想办法铲断那个家伙的球）和 Nisi cavesiam（小心防守，别让他得分）。

到 1660 年，足球已经存在很多年了，那时已经形成了一些不成文的规则。球队在一个封闭的场地进行比赛，球场两端各有一个球门。双方球员人数必须相同，当有人将球踢到树篱外，就等于出界，必须将球取回，从出界的地方踢进（而不是扔进）场内。不能径直踢到另一个球员小腿上，必须踢到球。如果你充分停住球，球没有先弹跳，你可以用脚跟停球；你可以从那个位置踢球而不用担心被铲断。[29]

你会发现有些地方仍然禁止踢足球。虽然温彻斯特允许男孩们参与这项运动，但牛津大学和剑桥大学肯定不行。在其他地方，在英格兰共和国覆灭后，许多村庄开始在每个星期天与邻居一起愉快地踢足球。一些清教徒仍然坚称这触犯了安息日的戒律，但更多具有前瞻性思维的人意识到，年轻人出现在足球场上总好过在啤酒屋里。法国绅士米松指出，冬季伦敦的街道上随处可见踢足球的年轻人，他向读者解释说这是"一种迷人的运动"。[30] 其他外国人却不大认同。一位瑞士旅行者亲眼看到伦敦的房屋和马车车厢的玻璃被球砸碎，而踢球的年轻人听到住户和乘客抱怨时却只是冷嘲热讽，这位游客感到震惊不已。[31]

高尔夫

高尔夫是一种奢侈的运动。羽毛填充的皮革球被反复用力击打，很容易变形或裂开。通常每个球员每个洞需要一个新球，所以如果每只球4便士，仅一场18洞的高尔夫球比赛就会花费6先令。球杆也容易损坏：每根球杆能坚持大约10个洞。铁头球杆每根可能需花费2先令。[32] 当然，你的花销远不止这些。1679年，约克的詹姆斯公爵在访问苏格兰时，打了一场高尔夫球。爱丁堡的约翰·道格拉斯根据比赛需要提供了高质量的高尔夫球，每只球5便士，总共花费3英镑；他还为4名球员提供了充足的"球杆"，这一项开支是3英镑9先令2便士。[33]

事实上，这一轮比赛被认为是英格兰和苏格兰之间的第一场国际比赛。到底高尔夫球算是英格兰的运动还是苏格兰的运动，公爵与他的几位英国出生的贵族随从各执一词。英格兰人的主张并非没有道理：张伯伦所列出的英格兰运动中包括高尔夫；此外，几个世纪以来，英格兰人一直在玩一项类似的运动，斯托球（stow-ball，见下文）。但这位苏格兰血统的公爵坚决捍卫苏格兰人的说法。以他本人的声望，遇到这种历史问题自然不会求助历史学家，他决定通过一场比赛来摆平这件事。因此，他想找个理想的苏格兰人做搭档，听人说皮匠约翰·帕特森是当地的冠军。公爵和皮匠就着手捍卫苏格兰的荣誉。他们击败了英格兰的新贵领主，事情圆满解决。如果所有的历史问题都能这么轻松搞定那该多好。

赛马

赛马可要砸上一笔巨款——从购置或饲养马匹到训练马匹和提供马厩、兽医费用、马鞍和缰绳，还要将它们运到比赛现场参加比赛。查理二世每年仅马厩的花费就达到10000英镑。但是，如果你真的是国王，那么"国王的运动"会更加昂贵，因为你必须在比赛期间招待你的客人和来访贵宾，提供最高级的食物和饮料。此外，1660年建在纽马克特的皇宫已变成一片废墟，此前清教徒不仅摧毁了宫殿，也把赛马养殖场夷为平地。因此，查理必须从零开始重建这项运动。

他用了六年的时间才重建了纽马克特，使其再次成为举办大型社交活动的场所。赛马比赛于1663年重新开始，三年后查理又建设了圆形赛马场，每年10月举办赛事。他为这场比赛制定了一套规则，有20条之多：骑师的体重不得超过12英石；骑师不得互相拉扯或互相攻击；仆人或马夫不可担当骑师；获得亚军的马匹出场费由最后一名马匹的主人支付，等等。所有这些规则可能听起来并无特别之处，但制定出一套书面规则却是前所未有的。一直以来，几乎所有其他运动或游戏规则都是逐渐形成的，从未以成文的方式书面记载下来，比如，没有皇家权威规定你应该如何下象棋、踢足球、打高尔夫或板球。直到下个世纪，大多数体育运动才会有一套书面规则。

国王的倡议立即得到了贵族的青睐。国王在纽马克特发起的每年两次赛事的模式很快在埃普索姆被效仿。伦敦人还会前往萨里的班斯特德高地观看比赛。种畜场配种培育出专门的赛马品种，法国绅士米松 1697 年访问英格兰时，许多赛马可在 16 分钟内跑完传统的 4 英里赛道（给你提供一个参照，现代世界的纪录是一半的时间）。他看到一匹赛马在 55 分钟内跑了 20 英里。约翰·奥布里声称，他听说过一匹名为"孔雀"的赛马跑完 4 英里的索尔兹伯里赛道用时才 5 分钟多一点儿。[34] 尽管这个用时不靠谱，但确实会发现真正的快马，不过清教徒曾想尽一切办法消灭它们。贵族们为这项运动押上了最大的赌注，在一场比赛中的赌资高达 2000 英镑。[35]

狩猎和放鹰

对许多人来说，狩猎的鼎盛时期已经过去。野猪被猎杀得早已灭绝，随着越来越多的土地被用于农业，猎鹿的势头也在减弱。最重要的是，放鹰狩猎的技艺很快就会失传。贝德福德伯爵仍然饲养着猛禽：1671 年，他花了 51 英镑 14 先令养鸟，其中包括一只 15 英镑的南非隼和一只 8 英镑的苍鹰。[36] 国王有时也养猛禽用于狩猎。但是，总的来说，鹰猎的艺术马上就会被遗忘。

其中一个原因是猎狐的兴起。只有少数富人可以带着猛禽捕猎，但人多可以一起骑马享受追逐狐狸的快感。因为人数众多，这种形式的狩猎有很强的社会影响力：约克郡 1668 年开始的比尔斯戴尔狩猎赛，只是这一时期建立的几个有组织的狩猎活动之一。猛禽狩猎减少的另一个原因是猎枪在富人中日益普及。1671 年颁布的《狩猎法案》规定，年收入必须达到 100 英镑才能使用枪狩猎，使用枪狩猎就成了身份的象征。枪支比鸟类更容易保养，射手在射杀猎物时的个人体验要比单纯放飞训练有素的猛禽捕杀猎物来得更为直接。

铁圈球

铁圈球（Pell-Mell 或 Pall-Mall），在玩法上类似于槌球。它在查理一世统治时期传入英格兰，并受到了贵族们的青睐。贵族们前往位于伦敦的圣詹姆斯广场南侧的铁圈球场观看比赛。这项运动在英格兰共和国时期曾经中断，1660 年又恢复了昔日的辉煌。比赛设在一个狭长的场地上，两端各有一个拱形的铁圈。球员轮流击打黄杨木制作的球，先让球同时穿过两端铁圈的选手获胜。像大多数复辟时期的运动一样，如果每场比赛没有人豪赌押注，那就没什么看头。

赛跑

虽然竞技跑步定然是最古老的运动之一，在古代世界的文本中经常被提到（想想伊利亚特中的飞毛腿奥德修斯，或者最为古老的奥林匹克运动会），人们却一直没有把它当成一项运动。但是在复辟时期发生了变化——你可以猜出原因：赌博。通常会有两位绅士会像赛马那样押注，赌自己支持的赛跑者会夺冠。佩皮斯于 1660 年 8 月在海德公园观看了一场赛跑，参赛者一位是爱尔兰人，另一位是绰号"乌鸦"的英格兰人，他曾经是克莱波勒勋爵的仆人（跑步跟在主人马车旁的仆人）。他们在公园周围跑了三次（总距离大约 12 英里），"乌鸦"领先对手两英里多到达终点。显然，做一名跟车仆人本身就是很好的训练。三年后，国王到萨里郡的班斯特德现场观看了的一场赛跑，选手中一位姓李，是里士满公爵的跟车仆人，另一位是颇有名气的赛跑选手泰勒。全部赌注都押泰勒获胜，但是，再一次，仆人先跑到终点。[37]

不要错误地认为英国所有的竞技性运动都是因赌博而生。我们前面提到过"罩衫赛跑"（见第六章），在这些比赛中，女性脱掉外衣，只穿罩衫参加比赛，胜出者的奖励是新衣服或银汤匙。在有些地方仍然有传统的团队比赛。1661年夏天，谢林科斯在肯特郡观看了一场"赛跑"：在平坦的赛场上，两个角落里各聚集着一队选手，每队20人，双方玩的是一种复杂的捉人游戏，场外围着几百名观众。[38] 这些传统运动和游戏都没有演化成一系列成文的规则或鼓励追求卓越。具有讽刺意味的是，田径最终变成有益的竞技运动，竟是赌博这一恶习的功劳。

凳球

不要把凳球和斯托球混为一谈——这是一种与板球相似的传统游戏。用凳子做三柱门。队员通常都是女性，但在某些地方，比赛在年轻男女团队之间进行，奖励是艾菊布丁——我们在第九章见过的调味鸡蛋布丁。但是，由于人们在这项运动上投注金额较小，没有得到更广泛的关注。只不过是挤奶女工和喜欢她们的男孩之间的一场球赛——或者说，男孩至少看上了她们的艾菊布丁。

斯托球

也被称为斯多普球（stop-ball），与高尔夫球非常相似，它使用球杆或"棍棒"击球，球身坚硬，里面用羽毛填充。约翰·奥布里认为它只在北威尔特郡、北格洛斯特郡和萨默塞特郡的某些地方进行，但实际上它更广为人知：约翰·洛克说，在威斯敏斯特的托西尔赛场上举办过斯托球比赛。[39] 高尔夫球和斯托球之间的区别是，在高尔夫球场上，球员试图将球打进一系列球洞中；而在斯托球比赛中，队员从一个标志处将球击出，然后跑向远处的球杆，在球杆周围轮流击球，再回到起点。这种比赛可能完全没有聊天的机会，好的击球手短时间内就会领先对手几百码的距离。相反，高尔夫球需要每隔几百码就需要展示一些技巧，而不仅仅比纯粹的击打力度；

对手相距不远，可以相互交流。最重要的一点，在复辟时期，高尔夫提供的投注机会不是仅有一次，而是 18 次。

桌游

这本身并不是一种游戏，而是用来玩双陆棋或十五子棋的棋盘，还有一组骰子。在复辟时期，人们不只玩双陆棋，也会玩多种其他游戏。查尔斯·科顿在《竞技大全》中提到了八种：弗奎尔（verquere）、大特里克-特拉克（grand trick-track）、爱尔兰棋（Irish）、双陆棋（backgammon）、蒂克-塔克（tick-tack）、道布莱特斯（doublets）、赛斯-埃斯（sice-ace）和凯奇-多尔特（ketch-dolt）。但是，他对规则的解释却令人费解。这是他记录的凯奇-多尔特棋的游戏规则：

> 先掷骰子，设法将棋子走入己方内盘，掷出的结果可能会出现 6 点或平分。如果对方掷出的是 6 点或平分，则不能将棋子从对方盘内走到己方盘内的相同点上，而只能走其他棋子并放弃王牌，这就意味着被淘汰并输掉比赛，或者如果走棋时与其他棋子发生触线，己方棋子就要退回，也会导致输棋。

听明白规则了吗？没懂，我也一头雾水。那就还是玩双陆棋吧。

网球

别指望有草坪和黄瓜三明治：这个时期的网球专属于我们今天所知的室内网球，如宫廷网球或皇家网球。沿着室内球场左侧建有复式结构，发球时将球打到复式结构的棚顶上弹回，击球时可以到棚顶上，也可以打到墙壁上。如果将球命中复式结构上称为"楼座"的积分格，可立即赢得一分。游戏规则非常复杂——尤其令人费解的是球在发球方两次落地反弹后却并不一定会丢分，选手后续还可以进行一系列的追球动作。如果选手在球第二次落地后没能击中球，可以让球在比第二次落地时更靠近后场的地方再弹跳两次，就可以赢得比赛。你跟上我的节奏了吗？相比之下，查尔斯·科顿对桌游的描述反倒显得简单直接一些。但是这项运动很受富人欢迎，这才是最重要的。

摔跤

摔跤几乎无需解释。在全国各地的集市和各种露天场所你都能看到这种运动。在伦敦，如果你走出内城进入莫菲尔德或去班克塞德的老熊园，你一定会看到正在进行着某个回合的摔跤比赛。裁判员将两条皮带扔进场内：两名参赛者脱下马裤或衬裤，拿起腰带，将它们系在腰部以上。不允许击中腰带以下身体部位，但允许用脚踢对手的腿部。[40]这就是你需要了解的所有规则。

除了动作本身之外，摔跤比赛还有两点让场上欢声雷动。首先，存在长期的竞争，例如德文郡和康沃尔郡之间的竞争，或者西部和北部的竞争。另一个原因是投注——摔跤是为数不多的可以在投注和奖金的数额上与赛马相媲美的体育项目之一。如果你1667年2月19日前往伦敦的圣詹姆斯公园，将有机会目睹在与北方队的比赛中获胜的西部乡村摔跤队赢得1000英镑的巨额奖金的过程。国王是比赛发起人，两位裁判员地位相当，一个是北部的杰拉德勋爵，另一位是普利茅斯的议员威廉·莫里斯爵士。许多人下了很大的赌注。工人阶层男女成群，喊声震天，他们中的许多人看起来好像自己亲自上场经历过很多场比赛似的。像伊夫林这样的绅士们则三五成群地站在一起，全神贯注地盯着场内，摔跤手先是僵持不下，一番纠缠扭打之后，只听哐当一声，其中一位选手已经将对手重重地摔到坚硬的地面上，然后又连摔一次。巨额奖金意味着每位在场观看比赛的观众都像被施了魔咒一般无法自拔。[41]

看到西部乡村队赢得比赛，我感到非常高兴。

观光旅游

休闲旅行是一个相对较新的现象。即使在 16 世纪中叶的"探索时代"，也很少见。人们确实会长途旅行，但只有在必要时才这样做；大多数人认为待在家里更安全、更实惠。然而，复辟时期的一大标志就是人们在强烈的好奇心驱使下，在并非必要的前提下，开始走出家门四处观光旅行。可以这样说，旅游业已经跨越了卢比肯界河。

大多数来英国的外国游客都特别希望参观四个城镇：温莎（为了城堡）、牛津和剑桥（为了大学）、伦敦（理所当然要去）。在首都及周边地区最受欢迎的目的地包括：白厅（尤其是伊尼戈·琼斯设计的宴会厅）、皇家交易所、威斯敏斯特教堂的皇家陵墓、无双宫（直到 1682 年卡斯尔梅因夫人命人将宫殿拆除并出售材料）、圣保罗大教堂（还没有被伦敦大火摧毁）、汉普顿宫、莫特莱克的皇家挂毯艺术品、伦敦塔。有些地方需交纳门票：参观皇家陵墓 3 便士；登伦敦塔 12 便士。后者可能听起来贵，但很值。在这里你不仅可以看到《末日审判书》和自威廉一世统治以来英格兰政府的档案，还能欣赏到皇家动物展览、皇家军械库（包括亨利八世的盔甲），还有皇冠上的珠宝——布拉德上校 1671 年曾企图持械抢劫这些珠宝，但以失败告终。

国内外的游客都希望参观巨石阵。几乎每个提到它的人都认为它是英国的一大奇观。西莉亚·法因斯、约翰·奥布里和塞缪尔·佩皮斯都去参观过。伊夫林看到巨石阵后，将其描述为"震惊世人的纪念碑"。[42] 米松先生认为巨石是"世上罕有的值得男士舟车劳顿远道参观的景观"，他说：

无法确切推断出这些巨石出自当地，还是从其他地方运送，也无从得知设计它们的真正用途。由此引发了大量的探索，写成了冗长的研究论文，毕竟我们的智慧与过去相比也没有多大改变。[43]

他的最后一句断言说的没错。有些人认为巨石阵的建造者是古代的巨人，有些人说是撒克逊人，有些人认为是丹麦人或维京人的杰作，伊尼戈·琼斯则归功于罗马人。谢林科斯参观后概述了他所听到的理论，比如其中一种说法是巨石阵由墨林从爱尔兰带到这里，另一说认为这是罗马将军安布罗修斯·奥雷利安纳斯在大战撒克逊人之后竖立的纪念碑。连大公柯西莫三世也在1669年与洛伦佐·马加洛蒂一起乘坐马车参观了巨石阵，他们二人也像其他人一样，对巨石的规模以及将巨石摆放到位所需的浩大的工程深感震撼。当伊夫林拿起凿子并试图敲掉一角时，他发现这些石头远比他想象的坚硬。巨石阵象征着没有历史记载的复杂而又神秘的远古时代，此时学识渊博的约翰·奥布里和约翰·科尼尔斯才逐渐意识到，考古学将在揭示人类远古历史方面发挥它的潜力。[44]

除了巨石阵，大教堂和富丽堂皇的宅邸也让品位高雅的旅客大饱眼福。只要你社会地位够高，大多数建筑都将对你开放——你不会在查茨沃斯庄园看到仆人带着一群劳工参观富丽堂皇的房间或花园。如果你心存疑虑，不敢敲开公爵的前门请求进去参观，你大可放心：达官贵人很少会禁止旅行的绅士和女士进来参观他的房子和花园。如果他家里种着橘子树，而西莉亚·法因斯刚好经过，希望进门参观，他会非常乐意向人展示。如果他的住所是一所精美的都铎王朝风格的宅邸，摆放着新近从法国购置的华丽家具，他当然会盛情款待到家中参观的游客，因为他们可能会在人前提起他的家世背景，夸赞他的精美家具，他的社会地位也会因而提升。

博物馆

绅士的宅邸是你寻找各种新奇收藏品的最佳去处。绅士们不仅有足够的资金购买最好的艺术品，他们也有获取这些的必要渠道、赏鉴藏品的学识、储存藏品的空间，以及——最为重要的——向人展示藏品的欲望。因此，16世纪后期开始，学识渊博的人引以为傲的就是他们的"古董收藏室"：他们会在家中专门辟出一个房间，用于收藏各种新奇玩意儿，一般要么历史悠久，要么富有异国情调，让参观的人们啧啧称奇，对大千世界更是无限向往。

所有这些博物馆的鼻祖要算是特雷德斯坎特方舟，由老约翰·特雷德斯坎特和他的儿子小特雷德斯坎特共同收集的藏品组成。老约翰的足迹遍及世界各地，包括前往俄国和北非的旅行，从各地收集了稀有的植物标本和其他有趣的物品。他的儿子三次去美洲旅行，寻找新的花卉、植物、矿物质和贝壳。父子俩还结交了许多志趣相投的朋友，他们会从国外寄回富有异国情调的标本。父子俩与贵族们保持良好的联系，这些贵族会让自己的代理人给特雷德斯坎特父子寄送新奇的物品。通过这种方式，到1638年，特雷德斯坎特家中的收藏品在英格兰的众多博物馆中获得了卓越的地位。那一年他们陈列的展品琳琅满目：

> 两根鲸鱼肋骨……蝾螈、变色龙、鹈鹕、鲫鱼、来自非洲的兰哈多、一只白鹇……一只飞行松鼠，还有一只像鱼的松鼠。许多成为化石的物品，其中有一块骨头上还带着人肉……来自印度的羽毛鲜艳的各种鸟类、各种贝壳、一只美人鱼的手、一只木乃伊的手……各种宝石、硬币、用羽毛制作的画卷、基督受刑的十字架上取下的一小块木头……两杯犀牛角……西印度群岛刽子手所使用那种印第安箭矢（当一个人被判处死刑时，他

们用箭划开他的后背，犯人因而丧生）……弗吉尼亚国王的长袍、几只玛瑙高脚杯、类似土耳其人在耶路撒冷系的那种腰带、在梅花石上雕刻的精妙绝伦的《基督受难图》、一块巨大的磁石……传说查理五世用来鞭策自己的鞭子、一条蛇骨做成的头箍……[45]

满足一下你的猎奇心理，"弗吉尼亚国王的长袍"是一件巨大的鹿皮斗篷，上面镶嵌着成千上万的白色贝壳，曾经属于波瓦坦，弗吉尼亚印第安原住民酋长，波卡洪塔斯之父。但仅靠这一切，你可能还无法想象博物馆的藏品有多珍贵，品类有多丰富。1656年，出版了一本183页的藏品图册《特雷德斯坎特博物馆》（又名《位于伦敦南朗伯斯区的珍稀藏品集》），这是英格兰的第一本的博物馆目录。当小特雷德斯坎特六年后去世时，他将收藏品留给了伊莱亚斯·阿什莫尔。阿什莫尔将特雷德斯坎特家族博物馆与自己的博物馆合并，于1683年全部捐赠给牛津大学，大学新建了一座特色建筑，命名为阿什莫尔博物馆，专门用来展出这些藏品。

阿什莫尔的不寻常之处在于它向公众敞开大门。任何人都可以参观，只需支付小额入场费。许多绅士对此感到沮丧：他们不希望与"普通民众"分享体验。如果你也持相同的看法，我要对你表达同情。曼彻斯特的切塔姆医院博物馆也同样面向公众开放。如果你希望参观印度展馆中东印度公司的藏品，包括他们的天堂鸟，你需要有熟人帮忙疏通关系。托马斯·布朗爵士的伦敦住所中设有专门的收藏室，但也值得一去：在那里你可以看到他著名的鸟蛋收藏，以及他的各种奖章、书籍、植物，等等。拉尔夫·托雷斯比不仅参观了国内所有的博物馆，还管理着他在利兹的家族博物馆，该博物馆的硬币收藏特别丰富。在我们复辟时期结束之时，最让人趋之若鹜的是属于威廉·查尔顿的珍品（据称价值5万英镑）、格雷沙姆学院的皇家学会藏品，以及现在由一位富有的医生汉斯·斯隆爵士收集的藏品。汉斯爵士到17世纪结束时才40岁——他还有超过50年的寿命——当他去世时，他所拥有的收藏品无人能及。他的藏品不仅来自查尔顿家族（遗赠给他），还包括许多其他刚刚在英格兰出现的艺术品收藏家，包括像威廉·丹皮尔这样的探险家。而且，在阿什莫尔的启发下，汉斯·斯隆做了一件非常有意义的事情：他将博物馆交给了国家，这样让所有人都有机会一睹藏品风采。在未来的某一天，这些收藏将会成为新落成的大英博物馆的镇馆之宝。[46]

艺术

乡村别墅和皇家宫殿成为国家的艺术画廊。让我们估算一下，17世纪90年代英格兰绅士阶层及与之社会地位相当的群体超过16000人，如果他们平均每人收藏15幅画作（有些人的收藏是这个数字的十倍），那么他们收藏的艺术品总计就会达到大约240000件。地位较高的神职人员、政府要员、商人及律师——按总共24000人算的话——如果平均每人收藏5幅画作，那么他们总共拥有120000件艺术品。再加上还有成千上万件艺术品分布在皇家宫殿、城区的市政厅、制服公会、战列舰的船长舱和博德利图书馆一隅的艺术画廊，在英格兰你可以欣赏到的画作可能会超过40万幅——这还没有把苏格兰和威尔士计算在内。当然，还有几十万幅版画。复辟时期英国的"艺术世界"在一百年前根本不存在。如果你是这一时期的艺术爱好者，那么你可以花上数月的时间到全国各地游览，尽情欣赏绅士们的收藏品。

约翰·伊夫林就是一个很好的例子。他去过意大利，看过莱昂纳多·达芬奇和其他许多大师的原始画作。如今，他的住所离伦敦很近，无需远行就可以尽享收藏的乐趣。每次去白厅，他都找机会进宴会厅，驻足欣赏鲁本斯绘制的天花板。艺术家谢林科斯指出，在白厅还有一处地方，"挂满了来自意大利、荷兰和其他国家绘画大师的经典和现代巨作"——他在此能欣赏到拉斐尔、霍尔拜因和提香的画作。1676年,与张伯伦勋爵一起用餐时,他看到一幅拉斐尔画作、一幅莱昂纳多的画作和两幅范戴克的作品。三年后,在白金汉宫用餐时,他又有机会近距离欣赏提香的名作《维纳斯和阿多尼斯》,以及提香的其他作品,还有巴萨诺和范戴克的画作。他的艺术鉴赏力颇受推崇,朋友参加拍卖时都希望有他为伴。1693年,梅尔福德勋爵陷入经济困顿,不得不出售他的收藏品,伊夫林与朋友一起去了拍卖会,看到牟利罗的作品以84英镑成交(伊夫林认为这幅作品是"稀世之作"),而一幅出自鲁本斯之手的肖像画以20英镑售出(我知道你在想什么:只要20英镑就可以买到鲁本斯的画作确实是去英国复辟时期参观的一个令人无法抗拒的理由)。第二年,伊夫林亲眼目睹柯勒乔的《维纳斯》——被马尔格雷夫勋爵以250英镑的价格收购——他宣称,这是他"见过的最为美妙绝伦的画作之一"。显然,如果这些古代大师的作品是你的挚爱,没有公共的"国家艺术馆"并不会阻断你满怀激情徜徉于这些艺术作品之中。[47]

复辟时期人们在评估艺术作品时,你会听到他们提到"画种层级"。分级标准由法国作家安德烈·费利比恩于1667年首次颁布,并迅速在整个欧洲普及。根据这一标准,等级最高的艺术作品是历史画和宗教画,其中的最佳范例往往寓意深刻。第二级是肖像画,之后是风俗画,例如洗衣服的女佣或烹饪前处理鱼内脏的家庭主妇。第四级是风景画;第五级是活体画;最低一级是动物临摹画和静物画。这种等级划分与所需的技能无关,与绘画传递的信息相关:通过描绘人和事件要比简单地展示动物和物件更能富有道德意义。因此,记载罗马沦陷的历史画所传递的信息绝非池塘游弋的鹅或插在瓶里的鲜花可比拟的。有一点很重要,17世纪人们的观点是:等级分类的一端,你看到的是艺术;而另一端,你看到的只是图画。

当你徜徉在挂满名家巨作的画廊中时,安东尼·范戴克爵士的持久影响力随处可见。他1599年出生于荷兰,曾与鲁本斯师出同门,在意大利游历甚广,还断断续续地在伦敦居住过,直到1641年去世。他的突出贡献是开创了英格兰肖像画的新式画法。只需一瞥，你就可以从自然主义、人物的姿势和表情看出这幅英格兰的画作是范戴克早期还是后期作品。他还帮助查理一世购买了许多欧陆艺术收藏品，包括曼图亚的冈萨拉公爵的藏品。因此，即使他已经去世将近20年，你仍然会在艺术品鉴赏的场合听到他的名字。范戴克的作品集所有佳作之大成，他在复辟时期英国艺术界的地位独一无二，堪比伊尼戈·琼斯对英国建筑界的影响。

继范戴克之后，许多优秀的艺术家纷纷来到英格兰。事实上，复辟时期是欧洲大陆的艺术界精英如潮般涌入英国的最真实写照。首先是彼得·莱利爵士，他在艺术界的地位堪比内战前的范戴克。莱利1618年出生于威斯特伐利亚，在范戴克去世后不久便来到伦敦，登门求画的贵族客户络绎不绝。当查理二世于1660年回到英国之时，莱利已功成名就，理所当然地得到了他梦寐以求的工作——国王的首席画师。他为国王、王后、国王的情妇、约克公爵及夫人还有许多王公贵族画像，还创作了几幅宗教画。他还绘制成套的肖像画，包括《温莎美人》系列（宫廷中14位最美丽女性的四分之三身画像），也为斯宾塞勋爵在奥尔索普的宅邸绘制了一套类似的"美女图"，还绘制了《旗手》，画的是约克郡一位须发花白的公爵，他在第二次英荷战争中任海军军官（当然他们的形象跟"美女图"可有着云泥之别）。如果你也想让他给你绘制一幅肖像画，你需要预订，在他位于考文特花园广场北侧的房子端坐一个小时，他会先画好你的姿势、面部和双手，然后从众多助手中选出一位，让他来接手剩下的工作，不过费用还是按照最高价收取。从1670年起，头部肖像每人需支付20英镑，半身像费用为30英镑，全身像为60英镑。相比来说，第八章中提到的布里斯托尔画家约翰·罗斯沃尔姆一幅普通尺寸的肖像画仅收取7先令，大幅肖像画只收取15先令。毫无疑问，莱利收入着实可观，但他并没有投资于乡村庄园，而是将钱花在了更多的艺术品上。到1680年他去世时，他的艺术收藏规模在欧洲已跻身前列，仅画作就有 575 幅——其中包括鲁本斯、丁托列托和巴萨诺的作品，范戴克的画作不止 24 幅——还有超过 10000 幅版画。[48]

莱利作为首席油画大师的地位很快被其他两位外国出生的艺术家威廉·维辛（来自荷兰）和戈弗雷·内勒爵士（来自吕贝克）所取代，彰显了这些年来英国艺术界的国际化步伐。1685 年 10 月，伊夫林去"著名的内勒"府上请他画像。1689 年，伊夫林再次登门，这次画像时他手里拿着一本自己的名作《森林志》（*Sylva*），之后伊夫林将这幅肖像画赠给了他的朋友塞缪尔·佩皮斯。伊夫林在评价这幅肖像画时写道，"内勒精湛的画技从中得到了完美的体现。"[49] 伊夫林和佩皮斯对当时的另一位油画作家约翰·迈克尔·赖特的关注度要低得多。佩皮斯说，他在 1662 年 6 月的某天先后去过莱利和赖特的工作室，发现他们的作品有着天壤之别。1673 年，市政厅法官请赖特画了一组肖像画，花了将近 1000 英镑，伊夫林在品鉴画作时宣称，"我一直认为赖特算不上大师级画家。"[50] 然而，查理二世加冕时赖特为他绘制的全身像堪称是复辟时期最具标志性的形象：他手中握着宝球和权杖，直视前方，眼神犀利，仿佛在审讯被指控叛国的罪犯。虽说不上惟妙惟肖，却是气势逼人。如果说一位优秀艺术家的标志是在观者离开画布之后，画像及其激发的情感依然长久刻印在观者的脑海中，那么赖特绝对称得上一位优秀的艺术家，无关伊夫林如何评价。

当你在英国的乡间别墅品鉴众多画家的作品时，总会有一些作品对你的口味。然而，真正能流芳几百年的画家屈指可数，所以应该再多介绍几位这一时代的大师。再次让你感到震惊的是，在国外出生并受训的画师数量可观。例如，约翰·克洛斯特曼（John Closterman，出生于奥斯纳布吕克）、雅各布·休斯曼斯（Jacob Huysmans，出生于安特卫普）、杰拉德·索斯特（Gerard Soest，出生于威斯特伐利亚）和施洗约翰·梅迪纳（John Baptist Medina，西班牙人，但出生于布鲁塞尔）都是肖像画大师。如果想欣赏风景画，就去这些画室：亚当·德科罗尼亚（Adam de Colonia，出生于鹿特丹）、阿德里安·范迪斯特（Adriaen van Diest，出生于海牙）和扬·希伯瑞兹（Jan Siberechts，出生于安特卫普）。想欣赏历史画，有迈克尔·达尔（Michael Dahl，来自斯德哥尔摩）；想欣赏可以像贝利奥画作规模的历史壁画，有路易斯·拉盖尔（Louis Laguerre，来自凡尔赛）；而那个时代最优秀的海洋画家则非威廉·范德·维尔德（Willem van de Welde，来自莱顿）莫属。当英国张开双臂拥抱世界之时——从与远东地区的贸易往来到控制西印度群岛的种植园和北美的定居点——欧洲其他地区也与英国如胶似漆，英国文化因而更加绚丽多姿，这一切绝非巧合。

所有这些可能会让你误以为英国本土没有艺术大师。实则不然。英国本土人对艺术的兴趣也在增长，无论是业余爱好者还是专职画师。伊夫林和佩皮斯的妻子都将绘画作为一种爱好。1677 年，拉尔夫·托雷斯比花费 2 先令 6 便士购买了 60 支一套的蜡笔，用来临摹新教教会创始人的肖像画。[51] 专业画师中有一批非常出色，比如约翰·格林希尔，他是莱利的弟子，有些人评价说他的画技与师傅不分伯仲。虽然已经结婚，但他仍然让戏剧家阿芙拉·贝恩为之倾倒，他在考文特花园的生活放荡不羁，最终在 35 岁时因醉酒昏迷而死。然后是艾萨克·富勒，也是一位整日与酒为伴的艺术家，他在牛津大学教堂的天花板上绘制了十几个赤裸身体的仙女，也在伦敦小酒馆的墙壁上留下类似主题的画作。他还以作家为题作画，创作了一系列栩栩如生但又有些荒诞的历史画，讲述查理二世伍斯特战役逃离的场景。富勒的学生约翰·莱利生活和画风都要比师傅检点得多，在威廉和玛丽共同执政之后成为宫廷画家；他也表现出一种非正统倾向，他给皇室的仆人画大幅全身像，包括给国王倒夜壶的布里奇特·霍姆斯。除了这些特立独行者之外，还可以看到完美主义者：这个时代技艺最精湛的细密画画家是复辟之初的塞缪尔·库珀和复辟后期的托马斯·弗拉特曼,他们画得出神入化,让你觉得微小相框后面的画中人正凝视着你,鲜活得仿佛在现实世界中一样。约翰·斯库格尔是苏格兰最为优秀的肖像画家。罗伯特·罗宾逊打破了画种层级的界限,从历史画、寓言画到风景画、静物画,各种品类,都创作出了大量佳作。多才多艺的罗伯特·斯特雷特创作的风景画可与众多荷兰大师级画家匹敌。不仅如此,他还绘制了牛津谢尔登剧院的天花板,佩皮斯、雷恩和他们的朋友在1669年看到剧院的天花板后,他们中有人认为他的作品可与鲁本斯媲美。[52] 尽管人们普遍轻视动物画和静物,弗朗西斯·巴洛仍致力于描绘鸟类和动物,创作出大量精美的作品,还成为英国第一位专业蚀刻师,弥补了他艺术上被划为"低层级"的缺憾。[53] 不要忘记马默杜克·克拉多克,他画笔下的飞禽惟妙惟肖、斑斓多姿,令人忍俊不禁。没错,他画的大多是鸭子,所以没有人会把克拉多克与鲁本斯相比,但他也占有一席之地。当你看到他画的鸭子时,你就会明白我的意思。

最后,让我们热烈欢迎第一批专业女画家的降临,为这个滨海的国度增光添彩。威廉·桑德森在概述英国复辟初期艺术成就的时候提到了四位女性:琼·卡莱尔夫人、玛丽·比尔夫人、萨拉·布鲁曼夫人和维米斯夫人。[54] 后两位女性相对低调,但前两位则勇于开辟新天地。桑德森对卡莱尔给予了很高评价。她给人画像时,倾向于描绘穿着精美的白色缎面礼服站在如仙境般森林边的场景。在卡莱尔1679年去世时(可能还要早上几年),玛丽·比尔成为了英国绘画界无与伦比的女王。她的丈夫查尔斯·比尔是专利局的副书记员。当他工作上岌岌可危之时,玛丽成了家中的顶梁柱,她视自己为专业艺术家,丈夫和儿子都给她做助手。她画全身肖像只收10英镑,半身像收5英镑,很快就吸引了一位有钱的客户。彼得·莱利爵士来到她的工作室,对她的画作颇为赞赏,邀请她观摩自己作画。她的绘画收入1671年是118英镑;到1677年,达到了429英镑。她的收入逐渐稳定在这个水平上，她总是会将其中10%留给穷人，她后半生的画风也更加自由奔放，富有创意。她的小儿子查尔斯·比尔继承了她的衣钵，在她1699年去世后，也成为一名成功的肖像画家。

图书馆与文学

虽然超过一半的男性人口识字，但这并不意味着每个人都拥有一本书。大多数能阅读的人甚至连一本《圣经》都没有——十个乡村百姓也许只有一人有《圣经》——大多数有《圣经》的人也没有其他藏书。[55] 因此，教会图书馆和乡间别墅是当地重要的资料来源。许多城镇教堂都有50—100本图书，主要是神学书籍，各大教堂藏书量还要更多。至于私人收藏，大多数绅士很乐意接待那些有身份的人来家中查阅书籍，就像他们愿意向人展示自己的宅邸一样。例如，拉尔夫·乔斯林在金博尔顿城堡使用曼德维尔勋爵的图书馆，诗人安德鲁·马维尔曾使用过位于安格尔西伯爵伦敦宅邸的图书馆。[56] 如果你住在肯特郡的诺思弗利特附近，离你最近的有一定规模的图书馆是旅行家爱德华·布朗医生的图书馆，藏书达到2500卷。位于诺福克的阿什维尔思罗普厅的图书馆藏书达1400多卷；历史学家彼得·莱斯特爵士在柴郡的塔布莱厅有1332卷；在德文郡的阿什庄园有340卷。[57]

英国当时规模最大的私人图书馆为亚瑟·安格尔西伯爵所有，多达30000卷，大多保存在他建在德鲁里巷的庄园中。令人惋惜的是，1686年他去世之后，这些藏书被拆分拍卖。根据约翰·伊夫林1689年的记载，伦敦地区家中藏书位居第二位的是伍斯特的主教爱德华·斯蒂林弗里特，他在特威克汉姆的宅邸藏书达6000卷。伊夫林的私人图书馆藏书也颇为可观，包括5000卷印刷本和500份手稿。让他感到担忧的是在安格尔西伯爵的藏书被拍卖之后，伦敦地区可能再也不会有如此规模的私人图书馆。而且，大多数珍贵的手稿收藏都不再对学者开放。罗伯特·科顿爵士个人收藏的大约800份中世纪手稿谢绝阅览。由艾萨克·沃休斯博士的收藏馆收集了762份手稿——温莎王朝的经典著作，被安东尼·伍德称为"世界上最棒的私人图书馆"，也在1689年收藏家沃休斯博士去世后封存起来，待价而沽。圣詹姆斯宫收藏的自爱德华四世时期以来的2000份手稿也被束之高阁。[58] 这种状况确实令人惋惜，只有到下个世纪才会有所改变。

这一时期最像公共图书馆的是曼彻斯特的切塔姆图书馆。根据该镇富商汉弗莱·切塔姆的遗嘱条款，它从1655年开始面向"学者和其他受到良好教育的人士"开放。最初图书馆规模很小，但藏书稳步增长：到1685年，上架图书有2455卷，为防止失窃还给书架上了锁。[59] 牛津大学用于学术研究的博德利图书馆规模要大得多。早在1610年，其创始人托马斯·博德利就与出版业公会达成了协议，英格兰出版的所有图书该图书馆都会收录一本。图书馆还会获得大笔捐赠，藏书年增长率得到进一步提升，例如1654年由律师约翰·塞尔登遗赠了8000本书。牛津大学几所学院的图书馆也颇具规模：伊夫林特别提到马格达伦学院、基督教会学院、大学学院和巴利奥尔学院。[60] 因此，不论你需要从事哪方面的学术研究，牛津是你的理想去处。如果你在剑桥，三一学院图书馆则是你的最佳选择。

如果你想要创建自己的图书馆，该怎么办？如果你购置新书，价格与生产成本密切相关，所以图书版面越大，价格越高。对开本《圣经》（最大尺寸、最佳排版和最大字号）可能会花费你10先令；四开本需要支付7先令；八开本（现代精装本）则是4先令；十二开本（与现代平装版尺寸大致相当，字号最小）每本3先令6便士。[61] 根据《1666年伦敦特大火灾之后英格兰出版图书目录》（1673）记载，一本由出版商约翰·奥格尔比最新发行的两卷对开本插图版《伊索寓言》，售价为3英镑；约翰·弥尔顿的《失乐园》（1667）的四开本第一版售价 3 先令；弥尔顿的《复乐园》（1671）八开本第一版又降回到 2 先令 6 便士。[62] 珍藏本的定价则远远高于这些。1688 年 2 月，在伦敦举行的拍卖会上，你出价要超过 9 英镑 15 先令才能拍下约翰·杰拉尔德的《植物大全》（1633 年第三版），而拍下一套让·布劳的《大地图集》（12 卷，阿姆斯特丹，1663 年）则要出价超过 40 英镑。[63] 虽然价格昂贵，但与它们现在的价值相比，则只是九牛一毛，所以当时财力雄厚的绅士们想购置这些有收藏价值的精美印刷本，建造个人图书馆也可以实现。在这次拍卖会上，最近发行的莎士比亚作品（1685）的对开本第四版在同一拍卖会上以每本 15 先令的价格售出两本。

在选择阅读书目时，如果你刚好在复辟末期来这里访问，那你的选择会极大丰富。在 17 世纪每十年在英国出版的新书（包括小册子）的数量增加了 300%。在苏格兰，增长速度更为可观，达到 800%，如下表所示。

1610—1699 年大不列颠出版图书数量[64]

	1610s	1620s	1630s	1640s	1650s	1660s	1670s	1680s	1690s
英格兰	4290	5029	5578	18455	12658	11344	11975	18539	17116
苏格兰	134	147	214	403	285	356	393	895	1289

因此，从中世纪到 1700 年年初，英格兰共印制了超过 120000 册书籍，苏格兰有超过 4400 种书籍：不列颠群岛在复辟时期的 40 年里出版的书籍在数量上相当于之前两个世纪的总和。这些数字还不包括在国外出版的英文书籍。如果算上其他国家出版的英文书籍，还要包括荷兰（1610 年至 1699 之间共出版 746 本英文图册）、法国（702 本）、德国（25 本）、瑞士（8 本）、意大利（8 本）和美国（925 本）等国家的。

小说和散文

说到阅读书目的题材，大多数 17 世纪的人都选择神学。前面提到的《1666年伦敦特大火灾之后英格兰出版图书目录》，涵盖1666年10月至1672年12月期间的图书目录总计79页，其中22页书目的标题属于宗教主题。篇幅仅次于神学主题的是历史题材，共有10页；接下来是法律和公共法案，共9页半；然后是医药，6页；诗歌和戏剧，6页；建筑、音乐、园艺、科学和食谱题材的书籍标题每一类都不足1页。至于小说这一类别根本就不存在。复辟时期的一些习惯在现代生活的许多方面仍有迹可循，但阅读习惯和我们现在却截然相反。17世纪对神学的偏爱使相关题材在新版图书中占比四分之一以上。在现代世界，新上架图书中占四分之一以上的是小说类。他们不热衷于读小说，而我们对神学也不感兴趣。[65]

话虽如此，小说在17世纪开始重新抬头。1678年，约翰·班扬的《天路历程》出版，以类似于梦境的形式讲述从俗世到天国的历程。十年后，阿芙拉·贝恩的《奥鲁诺克》面世，讲述的是一个虚构的王子在西属美洲抗议奴隶制的故事。这两部书都绝对称得上是小说类，都有强烈的道德说教色彩；如果你想从语料库中选取最早出现的英文小说来读，那么它们将是良好的开端。然而，你需要记住，如果你把班扬和贝恩的书称为"小说"，他们会非常沮丧，因为在复辟时期这个词意味着昙花一现。从这个意义上说，最早的英国小说从标题上还会以其他文类出现。例如，《威尔士王子都铎：一部历史小说》《卡佩罗和比安卡：一部小说》都于1677年出版。更早的"漂流"探索故事是小说的另一种形式，与现代的科幻小说类似。其中一本是亨利·内维尔的《松树岛》（1668）：讲述一个男人孤身一人流落到一座荒凉的热带岛屿上，岛上食物极大丰富，还有四位年轻貌美的女子，他与四人繁衍生息，最后形成了四个独立的部落。还有一部更早的幻想类小说作品，玛格丽特·卡文迪什的《炽热世界》（1666）讲述的是一个非常奇怪的故事：一个女孩在前往北极的路上遭遇海难，进入一个"炽热的世界"，她嫁给了国王并发现他的臣民都可化身为熊、狐、鹅、蠕虫、鱼、苍蝇、喜鹊和蚂蚁的形象，他们在她回归之后帮助国王征服真实的世界。如果你再算上从法语翻译成英文的小说，还有更多选择。1660 年 12 月，当佩皮斯与妻子坐在床上读书时，他读的是托马斯·富勒的《英国教会历史》，而妻子读的则是法国女性玛德琳·德·库德里于 17 世纪 50 年代出版的小说《阿塔梅尼》(Artamène) 或《大赛勒斯》(Grand Cyrus)。你也许会先入为主，认为她选的书跟丈夫的巨著相比肯定是更轻松、更易读的风流韵事。事实上，10 卷本的《阿塔梅尼》字数总计 200 万字，是有史以来发表的最长的"小说"，不论你怎么衡量应该都属于小说范畴。[66]

佩皮斯在 1660 年 12 月阅读的书单让我们意识到，那时人们会阅读大量的历史书籍。事实上，如果你对过去的伟大历史著作稍有耳闻，那么下面列出的名字一定让你如雷贯耳。吉尔伯特·伯内特的《英国改革史》的前两卷出版于 1679 年和 1681 年。克拉伦登勋爵在这些年间写下了《英格兰叛乱和内战史》（但直到 1702 年至 1704 年间才得以出版）。也许最重要的成就当属威廉·达格代尔爵士的两部著作，《基督教圣公会修道院》（三卷本，1655—1673）和《英格兰男爵》（三卷本，1675—1676），不仅在细节描写和援引文献方面有所突破，还为英国的修道院和显赫家族绘制了历史图景。其他历史学家都以达格代尔的历史巨著为蓝本，创作出同样高水平的国家和地方历史作品。就个人而言，让我最受启发的是约书亚·巴恩斯的巨著《全胜英王爱德华三世史》(1688)，这部恢弘的对开本著作篇幅长达 900 多页，在所有记述爱德华三世的历史著作中独领风骚，直到 21 世纪才有作品可与之匹敌。至于托马斯·富勒，除了成为佩皮斯睡前独宠的《英国教会历史》，还著有《英格兰名人传》(1662)，这是一本关于各郡最杰出绅士的传记，堪称一本早期的传记综述，为许多其他参考书提供了编写范例。人们公认复辟时期是科学革命的时代，但有时人们也许会忘记，这一时期在历史写作方面也取得了巨大的进步。

哲学方面，当托马斯·霍布斯的《利维坦》于 1651 年出版时，捅了马蜂窝。1666 年，议会认为该书是无神论和亵神论的始作俑者，将最近发生的瘟疫和大火这双重灾难都归咎于它。上议院的几位主教提议将 78 岁的霍布斯当作异教徒活活烧死。在他去世四年后的 1683 年，这本书和他的其他作品几乎被付之一炬。

《利维坦》为什么会引起如此极端的反应？它向知识分子介绍了社会契约的概念——一个支撑所有政治生活的社会个体成员之间的协议。霍布斯提出第一自然律，询问社会存在的原因。他想象人类最初生活在一种"孤独、贫穷、讨厌、恶劣、野蛮而且短暂"的"自然状态"。他认为，在这种状态下，人类拥有权利——包括相互杀戮的权利——但他们可能为了和平共处而放弃这些权利。例如，某个社群中的人们可能会同意相互保护，以便可以保护社群成员免受潜在敌人的攻击。这是社会契约的基础，也是政府的基础。霍布斯只承认三种可能的统治形式——君主制、贵族制和民主制——并宣称君主制是三者中的最佳选择。但他坚持认为，君主权力的基础在于社会契约，而不在于神力。因此，宗教在政府中没有地位。他破坏了王权天授的古老概念——这就是为什么他将自己置于水深火热之中（他的著作也被付之一炬）。借此，在 1611 年出版的英王钦定版《圣经》和 1687 年出版的牛顿的《数学原理》之间的那段时期，该书可谓是英格兰最重要的一部著作。

霍布斯的原始思想为其他哲学家所接受，最著名的是约翰·洛克和阿尔杰农·西德尼。在霍布斯认为君主的统治取决于社会契约的观点的基础上，洛克在他的《政府论两篇》（1689）中指出，国王不能对他的臣民拥有绝对的权力，因为他的权威取决于他是否能够保障人民的生命和自由。因此，如果国王不遵照集体利益并为他的人民服务，人民就可以剥夺他的权力。这无疑是投下了一枚政治炸弹。但奇怪的是，当时的人们并没有意识到这是多么重要。无独有偶，阿尔杰农·西德尼在他的《论政府话语》（1683）一书中也提出了一些类似的论点，反对绝对君主制和君权神授论。与他之前的霍布斯一样，他认为，治理权属于人民的政府，未经他们同意，国王无权统治。这本书在这些问题上毫不避讳——国王对此忍无可忍。查理二世将其逮捕，并以叛国罪对其进行审讯。杰弗里斯法官为对他作出有罪判决，裁决时已远远超出了他的权力范围。西德尼于1683年12月7日被斩首。在他的脚手架演讲中，他宣称"我们生活在一个将真理错当成叛国的时代"，至死坚守书中真理。因此，他成为真正的自由殉道者。

诗歌

在大多数情况下，这一时期的"文学"意味着诗歌。正如法国绅士米松所说：

> 英语地区的人赋予诗歌非比寻常的价值。如果说他们相信自己的语言是全世界最精美的语言，虽然事实上不列颠群岛鲜有人会说这门语言，那么他们对自己的诗歌相比语言本身更为推崇备至：他们用世界上绝无仅有的腔调阅读及朗诵诗行。当他们朗诵时，如果从散文变成韵文时，你会发誓自己听到的声音绝非出自同一人：他的嗓音磁性十足；他陶醉其中，忽而亢奋狂喜，忽而情绪低迷。[67]

说得恰如其分，我也认为如此。但是哪些作家能让英国人产生这种自我陶醉呢？

似乎在所有年代，售出的诗歌之中有四分之三的作者已经离世，上架销售的在世诗作中有四分之三出自两三位出类拔萃的诗人之手，而所售诗作中有四分之三是被诗人的家人和朋友买走。马加洛蒂在向意大利观众介绍英国的主要作家时，提到了乔叟、斯宾塞、德雷顿和莎士比亚——所有人都已去世。[68]《1666年伦敦特大火灾之后英格兰出版图书目录》也强化了去世作家的这种主导地位：其中包括1666—1672年间出版的多卷本诗集，出自伊索、维吉尔、贺拉斯和奥维德等十位死去的英国诗人。在这六年之中，除了那些匿名出版的作者，只有九位在世的诗人有新书出版——亚伯拉罕·考利、约翰·德纳姆爵士、亨利·金、玛格丽特·卡文迪什、约翰·弥尔顿、约翰·德莱顿、爱德华·霍华德、埃德蒙·沃勒和罗伯特·怀尔德。玛格丽特·卡文迪什被同时代的人普遍认为是有史以来最糟糕的诗人之一。伊夫林夫人认为不应该允许她离开家门，更不用说让她出版了。

在决定读什么书时，你的选择可能会受到以下事件的影响：1668年，查理二世走出了大胆的一步，他设立了桂冠诗人——这是英国历史上首次设立这一官方认可的职位。第一任获此殊荣的是约翰·德莱顿，在诗歌和戏剧上都取得了卓越的成就。但是，他非常不明智地跟随他的皇家主人走向罗马教堂。在他皈依天主教之后，不得不在1689年威廉和玛丽执政之时放弃桂冠诗人。他的继任者是信奉新教的对手托马斯·沙德韦尔，其作品一再受到德莱顿的抨击，称其无聊空洞。沙德韦尔1692年去世，随后内厄姆·泰特被授予桂冠诗人称号。同样，泰特的名字也不太可能被收入"人生必读复辟时期图书"清单之中。我并不是不尊重他——不论是谁，如果将吉罗拉莫·弗拉卡斯托罗所作关于梅毒主题的拉丁文诗歌译成1400行英雄双韵体诗，你都必须脱帽向其致以敬意——但桂冠诗人这一头衔绝非17世纪90年代杰出文学作品的最佳指针。

那么到底应该读谁的作品呢？

这些年来大量的作品选集意味着你可能对十大名字了然于胸：约翰·弥尔顿、约翰·德莱顿、塞缪尔·巴特勒、安德鲁·马维尔、亚伯拉罕·考利、亨利·沃恩、托马斯·特拉赫恩、罗切斯特伯爵约翰·威尔莫特、埃德蒙·沃勒和约翰·奥尔德姆。其中，特拉赫恩、沃恩和马维尔在现代被认为是"玄学派诗人"，他们自己应该不会认同这种分类；那时根本没有玄学"流派"之说。马维尔也不会认可他因诗歌《致他羞涩的情人》和《爱的定义》所享有的现代世界中赋予他的声誉。他的大部分抒情诗都未曾付印，直到他去世三年后的 1681 年才由他的遗孀辑录为《杂诗》出版。塞缪尔·巴特勒的名气几乎完全取决于他的《赫迪布拉斯》(Hudibras)。虽然他确实以同样的方式发表了其他作品，但没有什么能与最初的成功相提并论。罗切斯特伯爵在世时从未出版过他写的任何一首诗；它们都以手稿形式流传，读过他作品的人或愤慨或愉悦；他的个人生活更像是四溅的火花，而不是火焰，很快就熄灭了。考利的诗歌是在 1660 年之前出版的，而沃恩和沃勒的诗作也大多如此——不过沃勒最著名的诗行，来自"书中最后一节经文"，被收录在他的《诗集》第五版，在他去世前一年（1687）出版。也许你没有读过，将原文收录如下：

> 当风势渐弱，海面波澜不兴，
> 当我们激情不再，内心竟如此平静：
> 因为我们清楚过去的荣光
> 只是虚妄一场，再难觅其踪影。
> 我们年轻时爱情的云朵从眼前飘过
> 历经岁月消磨，只余无尽虚空。
> 心灵的小屋陷于黑暗，飘摇而凋敝，
> 让新的光辉穿透时光造成的罅隙，
> 智者在临近永恒的家园时，
> 虽身体羸弱，内心却愈发坚强。
> 眼前两个世界同时显现，告别老年后，
> 他们就站在新世界的门槛上。

让我们回到这个时代最受欢迎的诗人约翰·德莱顿。1658 年 11 月 23 日，他与约翰·弥尔顿和安德鲁·马维尔一起参加了奥利弗·克伦威尔的葬礼游行：这三位诗人都是英格兰共和国的狂热追随者，发誓与这位护国公生死与共。可以想象，查理二世掌权时，这三人都处于非常危险的境地。但是三人中最年轻的德莱顿几乎在一夜之间就改旗易帜，加入了复辟君主的阵营。为欢迎斯图尔特王朝的回归，他写了《正义得到伸张》（"Astraea Redux"），将英格兰共和国视为无政府状态。国王一重新开放被清教徒禁止的剧场，德莱顿就开始写剧本。他清楚地知道自己该靠什么维持生计：我们会在后面讨论他的剧作家身份。虽然舞台给了他财富和名望，但他从不背弃诗歌，持续创作诗歌、翻译著作并创作戏剧，直到1700年去世。德莱顿的诗歌不可一概而论，既有过分夸张和乏味的败笔，也有诙谐而轻盈的佳句。这是喜剧《时髦婚姻》（1673）中的一首：

> 为什么愚蠢的婚姻誓言，
> 订立在很久以前，
> 现在却仍束缚着我们
> 尽管激情已霉烂？
> 我们缠绵，我们缱绻，
> 从彼此爱恋，直至相看两厌；
> 当快乐离我们远去，婚姻业已凋残：
> 因宣誓之初以快乐为源。
> 如朋友般快乐相处，
> 爱才能持续不减，
> 他的快乐既已枯竭，又何必苛责
> 他不能继续奉献？
> 他妒恨我，是疯狂的举动，
> 我约束他，亦是不明智的选择：
> 因为怨怼愈甚，伤害愈深，
> 此时此刻，彼此再无牵绊。

然而，大多数德莱顿出版的作品都是长诗。这些诗歌介于讽刺诗和宗教诗之间，这两种主题都保留了惊人的完整性。如果你认真研读他的作品，包括他为许多戏剧创作的诗歌，会发现其中不乏精品，很多都闪着智慧的光芒。"阴谋也好，阳谋也罢，都不可或缺／可送英格兰共和国上云端，可踩王权于脚下"……"爱是心灵最高尚的弱点"……"我妻长眠此地需要静寂，她已驾鹤西去我亦安息。"而他的戏剧《奥伦-蔡比》的台词更是引人注目：

> 生活在我眼中，不过是骗局一场；
> 然而，人们却心存幻想，甘愿上当；
> 他们笃信，明天终会得偿所愿：
> 空等明天，只会错上加错；
> 编织无尽谎言；祈盼生活佑得平安
> 得觅新欢，对曾拥有失却眷念。
> 荒诞的骗局！谁人可阻岁月步履，
> 然而，却渴求余生尽享欢愉；
> 妄想从生活的糟粕中求取
> 挥霍青春时错失的圆满。
> 我已经厌倦了空等生活眷顾，
> 年少时一叶障目，到老只得乞求垂怜。

毫无疑问，这期间最有天赋的作家是约翰·弥尔顿。他是一位忠诚的共和党人，1652年失明，1658年克伦威尔、他的第二任妻子凯瑟琳和他们的女儿相继去世之后，开始创作描绘人类从天堂堕落的史诗《失乐园》。作为克伦威尔政府的喉舌，他在散文作品中为其行为辩护，原则上反对复辟，并且知道这对他来说将是一场灾难。当国王回归时，他隐匿踪迹。刽子手收集了他的书籍和小册，在伦敦销毁。1660年8月颁布的一般赦免令中未将其列入，当他从藏身处露面时，被拘捕并囚禁于伦敦塔。他的大部分财产被没收。弥尔顿生活窘迫，他口头创作诗歌，由书写员记录，赖以维持生计，勉强抚养几个十几岁的女儿。然而，女儿们也强烈反对他。54岁时，他娶了比他年轻30岁的第三任妻子伊丽莎白·明舒尔。当他的女儿玛丽被告知父亲要再婚时，她回答说，"听到他结婚不是什么新鲜事儿，但如果我能听说他死了，那才算新闻。"[69]

恐惧、入狱、贫困、悲伤、家庭冲突和失明——《失乐园》的创作背景可谓是异常艰辛。尽管如此，九年后书完稿，准备付印。弥尔顿于1667年4月签订了一份出版合同，第一版印刷1300册，他得到了5英镑的稿费。他"为向世人昭示天道的公正"而写出的一万行诗在现代旅行者看来，其主题也许不是最引人注目的，但这部史诗确实震撼心灵，读起来就像是坐文学过山车，在黑暗的山谷和天堂般的光芒间来回穿行。在亚当和夏娃被逐出伊甸园的尖峰时刻，诗中主人公撒旦的演讲就像魔鬼在你耳边窃窃私语一样摄人心魂。这是撒旦被扔进地狱之后的第一反应：

> 难道这就是我们用天堂换来的土地？
> 换来的就是这块地盘，这片疆域？
> 天上的光明只换得这可悲的幽冥？
> 也罢，如今他是至尊，无论对错都可以
> 颐指气使：躲开他越远越妙
> 论谋略，我们可平分秋色
> 论武力，却无人可与其抗衡
> 再见吧，幸福之所，永乐之境！
> 来吧，恐怖！来吧，冥府！
> 还有你，最幽深的地狱。来迎接你的新主人：
> 他带来一颗永不因时因地而改变的心。
> 心即其居所，它自身可以

> 将天堂变地狱，地狱变天堂。
> 只要我本心不改，在哪里有何分别？
> 我将会如何？大不了仅逊于他，
> 他稍胜一筹，不过有霹雳在手。
> 起码在这儿，我们会自由：那营造地狱的全能者，
> 总不至忌妒地狱，把我从这里赶走。
> 我们在这里可以稳坐江山，
> 能一展宏图，纵然在地狱也心甘
> 与其在天堂为奴，不如在地狱称王。

然而与火焰和硫磺、烟雾和冥河幽暗（反映弥尔顿失明后的永恒黑暗）相交杂，还出现了优美的画面，例如在伊甸园的傍晚：

> 此刻夜晚悄然降临，苍茫的暮色
> 将万物包进它深灰色的外衣。
> 万籁俱寂，因为走兽已归窝，
> 飞鸟已归巢，一切都已安睡
> 唯有那夜莺仍神清目明；
> 她彻夜咏唱那婉转的恋歌
> 沉寂也欢愉起来：长庚星
> 闪亮如碧玉，率领群星
> 光耀出众，直等到月亮
> 在云雾托衬下绰约升起，
> 摘下面纱，显露女王无上的容光
> 她银线织就的斗篷将黑暗遮蔽

一些与弥尔顿同时代的人第一次读到这部史诗立刻就领悟了其中的伟大。1667年10月底，诗人兼建筑师约翰·德纳姆爵士冲进

下议院，带着一页刚刚刊印《失乐园》的报纸，宣称它是"所有年代所有语言中最高贵的诗歌之一"。[70]广大公众的反应速度相对较慢。1688年第四版印刷时，才广受民众欢迎。之后它成为英语创作的民族史诗：与荷马、维吉尔和但丁用各自语言创作的诗歌并驾齐驱。当然，到那时，弥尔顿已经死了——这也验证了我所总结的规律，上架售卖的诗歌中大约有四分之三的作者均已去世。

音乐

一个夏日的黄昏，当你走在最为繁华的伦敦市区某条街道上时，各种各样的声音会冲击着你的耳膜。马蹄铁在鹅卵石上哒哒作响，铁轮子在石头上咯吱碾过。主人将仆人呼来喝去，母亲或家庭教师呵斥着孩子，还有百叶窗被用力关上的哗啦声。在这些声音之上，是低音唱片播放的舞曲伴奏下弹奏琉特琴的声音，不知哪位绅士正在陪着某位夫人打发傍晚的时光。再过去几户，有人在唱歌，这是某位绅士正在宅中举办私人独奏会。从另一栋建筑的二层，传来琉特琴、大键琴、维奥尔琴和小提琴组成的四重奏。下一条街上，某个庄园的后院，一个年轻女佣一边收起晾晒的衣物，一边哼唱着调子。再过去几个街区，在一家小酒馆里，一个颇有些名气的合唱团正在表演，几个酒客争相加入到吉格舞曲的独唱中，声音喧闹而嘈杂。接下来看到一处精美的宅院，敞开的窗户中传出维金纳琴声，一位少女正在为自豪的父母和应邀参加晚宴的宾客娴熟地弹奏。经过教区教堂时，你可能会听到风琴、短号和唱诗班在排练第二天早上的经文歌。如果你沿着希兴里走，也许会听到塞缪尔·佩皮斯在跟妻子争吵后，回到自己房间里边弹奏琉特琴边唱歌。复辟时代音乐遍及城区的每一个角落——不分男女老幼，无论贫富贵贱。

听着所有这些演奏和歌声，很容易忘记在复辟之前你几乎很少能听到什么曲调。清教徒禁止教堂音乐。大教堂合唱团被解散。教堂的风琴被毁坏。在做礼拜时定期表演的乐师们成批失业。在戏剧开场前、场幕间和谢幕后都演奏音乐的剧院也纷纷被关闭。皇家礼拜堂的乐师班和合唱团已经解散。不再像查理一世统治时那样举办假面舞会和豪华舞会。在小酒馆和旅馆里，地方法官严格审查，采取一切行动，禁止播放任何不符合他们所订立的高标准的歌曲。音乐没有完全消失，但不允许人们自由地唱歌跳舞，而且允许在公共场合播放的音乐很少。当复辟时期剧院再次开放时，才允许教堂奏起旧风琴，大教堂召回合唱团，好像顷刻间英国所有窗户都同时打开，音乐带着数百万次颤音和明亮的节奏开启阳光明媚的新时代早晨。

　　皇家音乐无法轻易恢复17世纪40年代的原貌。太多的技巧已失传，太多的传统已被淡忘。但查理二世不畏挑战，努力使其恢复生机。他效仿法国路易十四，任命24位小提琴手为皇家服务。[71] 年迈的国王乐队首席乐师尼古拉斯·拉尼尔再次受命，国王从欧洲大陆招募新的音乐家在拉尼尔手下工作。17世纪60年代和70年代，有许多外国人在英格兰演奏音乐，与荷兰的画家在这里工作一样。毫不奇怪，国王首先向法国人伸出了橄榄枝，并建立了一支长期乐队，名为"国王的法国乐团"。1666年，查理对他们感到厌倦，决定建一个意大利乐团时，之前的乐师就被解散了，所以维森佐·奥尔布瑞希和他的兄弟巴特洛梅奥在同年应邀掌管了"国王的意大利乐团"，成员中还有两位意大利女歌手、两位意大利演员、一位男高音和一位低音歌手。[72] 当尼古拉斯·拉尼尔1666年去世时，国王乐队首席乐师的继任者是一位出生于加泰罗尼亚、在法国受过训练的音乐家路易斯·格拉布。所有来到宫廷服务的外国音乐家也在伦敦各地的私人住宅中演出。在1679年伊夫林在场的一场演出中，所有四位音乐家都来自欧洲大陆。[73] 皇家音乐的复兴意味着英格兰跨越国界、在更广阔的音乐世界中重新夺回其长期失落的地位。

　　在这方面最重要的发展是乐团的成立。1673年，四名法国木管组乐师来到宫廷，不久就与国王的小提琴手并肩演奏。17世纪80年代，英格兰小号也加入乐团。尼古拉斯·斯塔吉斯1685年任国王乐队首席乐师时，为詹姆斯二世加冕仪式创作音乐，乐团包括小提琴、中提琴、低音提琴、小号和双簧管。这些乐团是现代交响乐团的前身。在17世纪的最后20年间，英格兰王室，再加上意大利、德国和法国王室，他们的赞助促进了皇家音乐的国际化发展。[74]

不要认为所有这些来自欧洲大陆的影响会损害英国的传统。现在英格兰共和国的限制被解除了，过去的歌曲和舞蹈在宫中和乡村都获得了新生。在舞蹈方面做出重要贡献的是约翰·普莱福德的著作《舞蹈大师》（又名《乡村舞蹈指南》）。该书最早创作于克伦威尔执政时期，复辟之后大受欢迎，到1700年为止曾多次再版重印。1698年第十版刊印时，许多著名的英格兰乐曲都收录其中，包括《一串绿帽子》《牙买加》和《勒里不利罗》，都附带如何跟着节奏跳舞的说明。新的歌曲也得以发行——有些由"严肃的"作曲家创作，在书中广为流传；有的由匿名词组作家创作，张贴在小酒馆的墙上（说明人们应该唱这个还是那个曲调）；还有一些歌曲单页可在街头的小贩手里购买，人们边走边哼唱。还有托马斯·杜尔费这样的专业词曲作者。在这期间出版了数百首他的歌曲，其中许多歌曲将被后人收录在他的《智慧与欢乐》第六卷《清除忧郁的药丸》中。

这一时期音乐的另一大发展是公共音乐会。音乐表演基本上在17世纪60年代是私人事务。你可能会看到一位绅士邀请了一些音乐家，其中一些可能包括收取酬劳的专业人士，但他们只会为受邀观众演出。因此，极具历史意义的是1672年12月30日，小提琴家约翰·巴尼斯特在伦敦圣殿附近的乔治酒馆相邻的房间里举行了第一场公共音乐会。入场费为每人1先令。场景跟剧院一样。幕布拉开，舞台上的表演者呈现在眼前。所有的音乐家都是一流的，表演的都是由巴尼斯特创作或精选的乐曲，而且还可以根据观众的需要进行即兴演奏。此后，巴尼斯特定期举行此类活动，直到他1679年去世。到那时，第二波公共音乐会又在克拉肯韦尔如火如荼地举办起来，由托马斯·布里顿主持，每周举行一次，一直举办了36年。伦敦音乐家每年都会在圣徒节（11月22日）举行新创作乐曲的公开演出，以纪念音乐的守护神圣塞西莉亚。17世纪90年代后期，这将演变成一场竞赛，获奖作曲家会赢得一大笔奖金。到1700年，公共音乐会将成为伦敦娱乐节目的常规演出。[75]

从挤奶女哼唱的小调，到大键琴演奏，再到国歌，你都听上一段之后，无疑会开始思考是谁创作了最好的音乐？所有那些与复辟时期相关的巴洛克式声音来自哪里？我们的脑海中立刻会浮现出一位著名作曲家，但在我们说他之前，先倾听一下与他同时代的其他名家之作。马修·洛克和亨利·劳斯是17世纪60年代英格兰最重要的作曲家：洛克是国王小提琴乐队的普通作曲家，而劳斯作为皇家礼拜堂的绅士，是三本词曲著作的作者。17世纪70年代，又涌现出年轻一代的作曲家，以佩勒姆·汉弗莱、威廉·特纳和约翰·布洛为代表。汉弗莱年仅27岁便英年早逝，但在此之前，他在法国宫廷所受的培训影响了所有和他同时期的英格兰作曲家。特纳为皇室成员创作歌曲，在皇家礼拜堂唱歌，在伦敦城内行色匆匆，到各大剧院表演。布洛是威斯敏斯特大教堂的风琴师：1683年，他为宫廷和第一部英国歌剧《维纳斯和阿多尼斯》创作了数十首赞美诗。这是所有一流作曲家的模式：为皇家小教堂创作圣歌，创作用于国家庆典的赞美诗，并为戏剧创作音乐。

下面我们来说说亨利·珀塞尔。

出生于1659年，珀塞尔五岁丧父，母亲被迫带着六个孩子搬入更便宜的住所。珀塞尔在音乐方面很有天赋，在皇家礼拜堂取得了一席之地，先后师从亨利·库克和佩勒姆·汉弗莱。1682年，他在皇家礼拜堂获得了著名的风琴师职位，从那一年到他36岁早逝，他的作品多得数量惊人，创作了60多首赞美诗、48首圣诗和十几首皇家礼拜堂做礼拜时用的乐曲。此外，还有50多首"轮唱曲"（几个声音先后联唱的歌曲）；24 首颂歌；大约 200 首流行歌曲；40 多部戏剧中的配乐；5 部歌剧（《迪奥克莱西恩》《亚瑟王》《仙后》《雅典的泰门》和《印度女王》）；1 部正歌剧《狄多与埃涅阿斯》（1689）；还有 100 多种乐曲，包括奏鸣曲、小步舞曲、吉格舞曲、前奏曲、独奏曲、号笛舞曲、孔雀舞曲、组曲、仪式终始曲、序曲和进行曲。他的许多作品都超越了时代的界限，在现代世界仍然大受欢迎，如《印度女王》剧中的序曲和小号曲、《狄多与埃涅阿斯》剧中的"狄多的悲歌"、从配乐到《阿贝德拉泽》的回旋曲、来自《仙后》第四幕的"交响曲"、余音绕梁的《玛丽女王葬礼音乐》，等等。历经几个世纪，不仅珀塞尔的名气没有消减，他的音乐也盛行不衰。

戏剧

英格兰共和国时期如果说音乐表演只能在有限范围内进行的话，戏剧则是全面禁止的。剧院于 1642 年 9 月 2 日关闭，另作他用。仅有的表演都要关上家门，在私人场合进行。每当克拉肯韦尔红狮剧院的主人胆敢尝试进行公开表演时，当局就会来敲门查禁。环球剧院被拆除，在其旧址上建起廉租公寓。到了 1660 年，尽管莎士比亚的名气越来越大，但他和他的剧团曾让伦敦人如痴如醉的舞台现在却横七竖八地拴着晾衣绳，充斥着婴儿的尖叫声和孩童的哭闹声，随处可见瘦骨嶙峋的老人。

在清教徒镇压的 18 年中，透过黑暗闪耀出来的一点点光芒是歌剧《围攻罗德岛》。1656 年威廉·戴夫南特爵士想到一个绝妙的主意。如果将 1522 年奥托曼围攻罗德岛围攻的剧本改为音乐，他就可以把它作为一场独奏音乐会来宣传，从而绕过法律的查禁。他还可以使用以前在英国剧院不曾见过的布景。因此，他委托五位主要作曲家创作音乐（包括马修·洛克、亨利·劳斯和亨利·库克），并说服约翰·韦布来设计布景。1656 年 9 月，《围攻罗德岛》的帷幕拉开。人们常说，必要是发明之母：在这种情况下，审查就是发明之父。戴夫南特的戏剧理念是在剧中穿插歌曲、舞蹈和器乐，并配以奢华的布景点缀，将歌剧搬上了伦敦舞台。因此，复辟时期的戏剧发展很大程度上归功于他的远见卓识——特别是他对舞台布景和音乐的使用。

与复辟时期的许多其他文化方面一样，王室也在其中发挥着重要作用。1660年6月6日，国王的兄弟们去克拉肯韦尔的红狮剧院观看了本·琼森的戏剧《阴阳人》。[76] 一个月后，国王授予托马斯·基利格鲁和威廉·戴夫南特爵士在伦敦演出舞台剧的专有权。基利格鲁的剧团获得了国王的赞助，冠名为国王公司。戴夫南特得到公爵的赞助，其剧团冠名为公爵公司。由此，两个主要的演出公司成立，这将是未来150年伦敦剧院的模式。

基利格鲁的国王公司首先选定维尔街的吉本网球场，在那里建剧院。与竞争对手相比，它享有明显的优势：曾经属于国王剧团的老公司的所有戏剧的专属权归它所有——包括莎士比亚及其同时代剧作家的作品。基利格鲁很快就制订了在必列者士街上新建一个皇家剧院的计划。该剧院1663年开放，基利格鲁和他的合伙人投入2500多英镑，剧院为演出设计了最奢华的舞台布景，得到许多人的赞誉。1669年，基利格鲁向艺术家艾萨克·富勒支付335英镑的天价，用于德莱顿的戏剧《残酷的爱情》布景：该剧连续演出了14天，每天的收入高达100英镑。一切进展顺利，直到1672年1月25日傍晚，从剧院后面的楼梯处燃起一场大火。到了早上，整座建筑变成一片冒着黑烟的废墟，多年来设计的所有布景和服装化为灰烬。尽管剧院耗资4000英镑重建，但国王公司再也没有从灾难中恢复过来。观众数量和票房收入锐减。公司保留了内部歌唱演员，说明了管理层在优先事项的决策上刚愎自用。1682年11月16日，国王公司不再是一家独立的公司，被并入公爵公司，由后者管理，此后更名为联合公司。[77]

威廉·戴夫南特爵士比基利格鲁更有经商天赋。他一边将公爵公司安置在索尔兹伯里庭院剧场，一边等待林肯律师公会广场的莱尔网球场改造成剧院的项目竣工。他的问题是手头几乎没有戏剧：基利格鲁几乎取得了所有剧目的专属权。直到1660年12月，戴夫南特才获得了演出11部经典剧作的权利，其中包括莎士比亚的9部戏剧。与基利格鲁相比其优势在于，他将当时的最佳男演员托马斯·贝特顿收入麾下。1661年，戴夫南特的剧团搬进林肯律师公会广场的新公爵剧院，开场剧目就是重新上演他自己创作的歌剧《围攻罗德岛》，使其再度风靡一时。该剧连续演出12天（当时大多数剧目只持续3天）。两个月后，他又将《哈姆雷特》搬上舞台，由贝特顿扮演王子一角。男主角和戏剧性的布景使该剧大获成功。此后，公司不断壮大，直到1668年戴夫南特突然去世。尽管有此变故，经营权由可靠的贝特顿和亨利·哈里斯接管，保障了公司的良好运转。[78]1671年11月，公司迁新址，入主多塞特花园剧院。该剧院装饰华美，请格林林·吉本斯为其雕刻，造价高达9000英镑。在这里，对布景和音乐的运用发挥到了极致，歌剧和演出愈发精美绝伦。1682年4月，接管国王公司之后，新的联合公司在多塞特花园剧院演出场面恢弘的音乐剧，在皇家剧院上演普通的剧目。一切进展顺利，直到1695年，联合公司的分部经理克里斯托弗·里奇的表现令托马斯·贝特顿和女主角大失所望，几乎所有的演员都愤然辞职，另起炉灶，回到林肯律师公会广场的旧公爵剧院——伦敦再次拥有两家剧院公司。

如果你打算观看戏剧演出，请记住以下几点。首先，剧院在四旬期关闭。在1665年的瘟疫期间剧院也不开放。有些人甚至希望它们永久关闭：即使到了1680年，拉尔夫·托雷斯比仍然因过于担心别人的道德判断而从不涉足剧院。[79]然而，其他人却每天不止一次光顾剧院——虽然这样做可能很快就会让你的钱包空无一文。最便宜的座位通常是池座最前面的长椅和上廊的座位，费用是12便士。

池座中最好的位置需支付 2 先令 6 便士。最昂贵的座位是周围的包厢，每个座位的价格根据你所在的位置而有所不同，最高可达 4 先令。因此，你所坐的位置在别人眼里变得至关重要：如果与你共事的人坐在 2 先令 6 便士的包厢里，却看到你在 1 先令 6 便士的座位上将就，这件事到了星期一早晨肯定会传得尽人皆知。[80] 有鉴于此，观众可分为三六九等。上层看台里到处都是仆人；中间看台上挤满了普通市民的妻子和女儿、侍应生、熟练工和学徒工；池座是专业人士的座位，再加上几个"花花公子、泼皮无赖和妓女"；包厢里则专属绅士们及其女眷。[81]

但是你应该去看哪些剧目呢？

很快就会发现，戏剧爱好者眼光并不挑剔：那些忠实的粉丝几乎是什么剧目都来者不拒。一场演出是否成功取决于他们去看的次数，以及他们说服了多少朋友陪同前往。1660 年，佩皮斯多次去看菲利普·马辛杰的《奴隶》和本·琼森的《阴阳人》。1661 年 10 月，佩皮斯观看了戴夫南特的《爱与荣誉》的前三场演出，观看德莱顿的《马丁·马尔爵士》至少七次。1668 年的前八个月里，他去了剧院 73 次，在整个十年的日记里，他观看的各种类型的戏剧有 140 多部。

在这一时期可能还有一件事会让你感到惊讶，那就是上演剧目中古典剧占比之高。有点奇怪的是，整个时尚的伦敦城都热衷于听超过 50 年历史的古典对白。原因再明确不过，你几乎无法责怪基利格鲁和戴夫南特。毕竟，如果你有权排演莎士比亚的作品，你会弃之不用而上演新手作家的作品吗？因此，当你在 17 世纪 60 年代前往剧院时，可以欣赏到从 1590 年至 1620 年间的大部分戏剧作品，包括莎士比亚的《哈姆雷特》《奥赛罗》《第十二夜》《仲夏夜之梦》《罗密欧与朱丽叶》《温莎的风流娘们儿》，以及《亨利四世》的第一部。你可以看到本·琼森的《阴阳人》和他的《炼金术士》、克里斯托弗·马洛的《浮士德博士的悲剧》、约翰·韦伯斯特的《马尔菲公爵夫人》和《白魔》、弗朗西斯·博蒙特的《燃杵骑士》，以及几乎所有约翰·弗莱彻独著或与人合著的剧目。请注意，有机会看到舞台上上演所有这些经典作品并不意味着那时的戏剧爱好者会欣赏他们。佩皮斯宣称，韦伯斯特的《白魔》是"我一生中看过的最了无乐趣的戏"。他认为《第十二夜》是一部"愚蠢的戏剧"，《仲夏夜之梦》是"我见过的最无聊、最荒谬的戏剧"。[82]

新剧的情况怎么样？显然，复辟时期伊始，为数不多。明知道不能公开上演，你为什么还要写剧本呢？但是在1660年之后，新一批剧作家很快就填补了空白。事实上，如果没有莎士比亚和马洛，我们可能会把复辟时期看作是英格兰舞台剧的黄金时代。有鉴于此，在众多填补这一时期戏剧空白的剧作家中选出几位介绍一下：

约翰·德莱顿，这个时代最成功的剧作家，也是在这里列出的新剧作家中资历最深的。虽然复辟时还未满30岁，但他的第二部个人戏剧《印度皇帝》在1665年由国王公司在皇家剧院演出获得了成功。1667年，当他接受戴夫南特的邀请一起合作为公爵公司排演莎士比亚的《暴风雨》时，获得了更多赞誉；他还在同一年为公爵公司创作了《马丁·马尔爵士》。1670年，他创作了第一部"英雄剧"《格拉纳达的征服》，由国王公司上演。他总共写了15部戏剧，其中3部给公爵公司，其余都给了国王公司。他的几部作品在17世纪90年代初得以复兴，亨利·珀塞尔为其配乐。人们普遍认为，德莱顿在所有著名作家中是第一位完全依靠写作收入谋生的作家，他的大部分收入来自舞台剧，尽管他翻译的维吉尔作品在1697年出版时也为他带来了1400英镑的可观收入。

乔治·埃斯里奇，比德莱顿年轻几岁，但性格却截然不同。他与巴克赫斯特勋爵、查尔斯·塞德利爵士和罗切斯特伯爵是至交。或者，更直接地说，他是一个自我放纵、挥霍无度的花花公子兼天才。如果不是因为懒惰，他可以称得上彻底的天才。他的第一部戏剧《滑稽的复仇》（又名《浴缸里的爱情》）1664年写成，反响非常好，但其后四年他一部新剧也没写过。他的第三部也是最后一部剧作《摩登人物》(1676)是他最受欢迎的剧作。该剧讲述了一个叫多利门特的花花公子如何千方百计引诱一位新来城里的美丽女继承人的故事。从他那轻浮而富有挑逗意味的风趣话语中，可以体会到为什么拉尔夫·托雷斯比在1680年时仍惧怕踏入剧院。

查尔斯·塞德利爵士，他的第一部戏剧《桑树花园》(1668)并无出彩之处；塞缪尔·佩皮斯对剧本和配乐都颇多微词。《安东尼与克里奥佩特拉》(1677)也未能激起佩皮斯看第二遍的兴趣。然而，他的第三部作品《贝拉米拉》(1687)，由联合公司在1687年上演以后取得了成功。放荡的花花公子已经长大，但他仍然像以往一样敏锐机智、眼光独到。有美的地方，也有疾病；有钱的地方，也有贪婪；有肆无忌惮的欲望，也有随时可能发生的强奸。你可能会觉得这就是自由主义的逻辑终结。塞德利，曾以此为人生信条，积极践行并为其所累，现在又为其写下了墓志铭。

阿芙拉·贝恩，1670年开始为剧院写作。在接下来的17年里，除了长篇小说、短篇小说和诗歌之外，她还创作了15部戏剧。她可以说是英国第一位以写作为生的女性。她最成功的剧本《流浪者》讲述一群流亡到那不勒斯和马德里的英国自由思想者，男主人公是花花公子威尔莫尔，其创作原型可能是她的一个朋友，罗切斯特伯爵约翰·威尔莫特。她是一位极富创意的女性，小心谨慎地在随俗守规（为了不对现有传统造成太大威胁）和革命理想（例如，在她的小说《奥鲁诺克》中对黑人奴隶表现的同情）之间保持了一种微妙的平衡。阿芙拉与许多其他剧作家相交甚笃，并成为下一代女作家的灵感之源。她的戏剧在17世纪90年代得到新生，珀塞尔为其配乐。1695年珀塞尔为她的《阿贝德拉泽》(又名《摩尔的复仇》)(1675)创作的回旋曲是他最著名的乐曲之一。

威廉·威彻利，在法国接受教育，原计划从事法律职业，但最终难抵舞台的诱惑。之后，他的第一部戏剧《林中之爱》的成功使他在1671年又受到国王的前情妇卡斯尔梅因夫人的垂爱。威彻利以诙谐睿智著称,在国王公司 1675 年将他的第三部戏剧《乡下女人》搬上舞台时,他已功成名就。剧中主人公是一个叫作霍纳先生的花花公子,他来到镇上时假装自己性无能,以便品性端正的男人放心让自己的妻子们与他接触。他引诱了其中的几个,包括一位年轻的天真的"乡下妻子",其丈夫平奇怀夫先生因她缺乏经验才与她结婚——认为她如此纯真,不会给他戴绿帽子。经霍纳多方调教,她很快就对男女之间的事儿驾轻就熟。到该剧结束时,周边的女士们都意识到她们一直在分享霍纳的宠爱,但都同意保守秘密。平奇怀夫先生猜到霍纳先生给他戴了绿帽子,但最终相信,假装他的妻子对自己忠诚才更有利。由此而引发一起丑闻:两个女士借着看瓷器为由,到后台与霍纳一番云雨,结果事情败露。大家都认为这是对女性尊严的冒犯,但它却大获成功。威彻利的朋友(包括白金汉公爵、罗切斯特伯爵和巴克赫斯特勋爵)对剧本赞不绝口。它的成功使威彻利在他的下一部戏剧《坦诚的经销商》(1676)更加轰动,该剧以其对当代道德的敏锐展现使观众震撼不已。两年后,在滕布里奇威尔斯的一家书店里,他听到一位漂亮的年轻女士来求购一本《坦率的人》。年轻女士是德罗伊达伯爵的妻子,当有人向她介绍剧作家本人时,作家夸赞她作为女性竟能忍受"坦诚的交易",她回答说,"我喜欢坦诚以待,特别是它能让我认识到自己的缺点。"浪漫不期而遇,当德罗伊达伯爵去世时,她嫁给了威彻利。[83]

托马斯·沙德韦尔,德莱顿的竞争对手,也是桂冠诗人的继任者。他创作了 18 部戏剧,其中最成功的是他快 50 岁时写的喜剧,包括《阿尔萨提亚乡绅》(1688)和《布里集市》(1689)。然而,令他盛名不衰的是《学者》,于 1676 年在公爵剧院演出。在这部剧中,他用"尼古拉斯·吉姆克拉克爵士"暗讽罗伯特·胡克,一位尝试了许多次毫无意义的科学实验的自然哲学家。人们通常认为这是对皇家学会的讽刺,但实际上要比那复杂得多,该剧批评一些知识分子愚蠢地追求无价值、无意义的知识,而不去做真正能够有利

于民的事。当尼古拉斯爵士声称能够像任何鱼一样游泳时,他侄女们的追求者,布鲁斯和朗韦尔在这件事上取笑他:

朗韦尔:先生,你在水中尝试过[游泳]吗?

吉姆克拉克:没有,先生,但我在陆地上游得最精致。

布鲁斯:先生,你打算在水里练习吗?

吉姆克拉克:绝不,先生;我讨厌水,我从来不会碰水,先生。

朗韦尔:那么游泳就没有任何用处了。

吉姆克拉克:我想象着游泳即心满意足,不在乎它的实际用途。我很少将任何东西付诸实践,这不是我的行事方式。知识是我的终极目标。

布鲁斯:先生,你说得有道理;知识就像美德,本身就是回报。

最后,尼古拉斯爵士的遗产被查封,用于偿还他在进行科学调查时所欠的债务。他最终倾家荡产。但沙德韦尔本人则完全不同,他因该剧大赚了一笔。然而不幸的是,他患有痛风,依靠鸦片来减轻疼痛。1692年,因服用过量而死。

托马斯·奥特维,悲剧作家。正如他的悲剧艺术一样,1685年33岁正当年时不幸去世。他是度日维艰的天才诗人的典型代表,在塔山乞讨面包时,有人给他钱让他买面包,他因为吃得太快被呛到,不幸去世。他创作了许多悲剧,包括两部伟大的悲剧《孤女》(又名《不幸婚姻》)(1680)和《得救的威尼斯》(1682)。

约翰·范布勒,这个名字更有可能让你想到建筑,而不是戏剧。1699年他绘制了霍华德城堡的蓝图,并在下个世纪设计了一些英国最伟大的巴洛克杰作,包括布莱尼姆宫。然而,他还创作了两部情节复杂且深受欢迎的婚姻和性爱喜剧《复发》(1696)和《被激怒的妻子》（1697）。

威廉·康格里夫，是这里列出的几位剧作家中最年轻的一位，也可算得上是最卓越的一位。他的第一部戏剧《老光棍》得到了德莱顿的指点，有最好的演员阵容，珀塞尔配乐。不出所料，联合公司于1693年公开演出时，它取得了巨大的成功。他的第二部作品《两面派》（1694）却反响不大，但他的第三部作品《以爱还爱》交给了1695年离开联合公司另起炉灶的明星演员之后，他们把剧本发挥得淋漓尽致，该剧连续演出了13天。剧本大受欢迎，最终康格里夫入主新公司，成为持股人之一。接下来的一部悲剧《哀悼的新娘》（1697）更是风靡一时，诗中的第一行你肯定非常熟悉——"音乐的魅力可以抚慰狂野的心房"——第三幕的结束部分也是妇孺皆知："爱化为恨，比天堂之怒更加危险；女人遭怠慢，比地狱之复仇更加可怕。"1700年，你可以看到他的第五部也是最后一部戏剧《如此世道》。看完这部剧，复辟时代也到此结束了，尽管那时的康格里夫还未满30岁。他的诗行会萦绕在你的脑海里——也许有一些你会经常引用：

"你自带光环，魅力无边。"（《老光棍》）

"婚姻之前的求爱，恰如枯燥的戏剧前面那段诙谐的开场白。"（《老光棍》）

"爱情和谋杀一样，总是要暴露的。"（《老光棍》）

"什么面具都比不上公开的真相更能遮蔽谎言，/因为赤身裸体是最好的伪装。"（《两面派》）

"女人的诡计变化多端，/只可远观，不可亵玩。"（《以爱还爱》）

"尽情表白吧，即使分手，也好过不曾拥有。"（《如此世道》）

当然，看戏并非只为剧院和剧本。很多人去剧院仅仅因为特别钟爱剧中的男演员或者女演员。在这方面，一个名字占据了中心，所有其他名字都变成了附庸：托马斯·贝特顿。当剧院重新开放时，佩皮斯最初认为迈克尔·莫恩是"世界上最好的演员"，但当他在 1661 年看到贝特顿在《奴隶》中的演出后改变了想法。[84]1663 年贝特顿扮演哈姆雷特时，他的表演给了佩皮斯"一种新鲜感，贝特顿让人永远看不厌"。不止如此，贝特顿 30 年后的表现仍然可圈可点。威廉·康格里夫 1693 年的第一部戏剧之所以博得好评，其中很重要的原因就是贝特顿出演男主角，两位女主角在当时也名气不小。虽然还有其他伟大的男演员——迈克尔·莫恩、威廉·温特沙尔、查尔斯·哈特和爱德华·基纳斯顿——他们都是托马斯·贝特顿的陪衬。

那么女士们呢？

女演员是英国复辟时期的新现象。1660 年，女性角色仍然必须由成年或少年男性反串。少年爱德华·基纳斯顿长相俊美，刚开始表演生涯时就是反串女性角色，佩皮斯称之为"我一生中见过的最可爱的女士——只有声音不够完美"。[85]1661 年 1 月 3 日，《乞丐的灌木丛》的第一次演出时，佩皮斯在舞台上看到了一个真正的女人。他很欣赏这种变化。那年晚些时候，他记录道，"一个女人穿着男人的衣服登上舞台，她的美腿我前所未见，令人赏心悦目。"[86]这是他第一次看到"马裤角色"。剧院经理们意识到，他们可以让女演员放弃惯常穿的宽松长裙或连衣裙，换上男性服装，包括长袜和紧身马裤，来展现她们匀称的身材，吸引观众。穿上男装，她们可以表现得更为自信和大胆，甚至向另一个女人发表爱情宣言。女演员在这些角色中所制造的紧张气氛让男人们意乱情迷，包括那些富有而强大的领主，纷纷把这些反串男性角色的女演员纳为情妇。伊夫林在 1666 年指出，他看到了"肮脏和不光彩的妇女（之前从未有过）被允许登台表演，几个年轻的贵族和纨绔子弟为她们神魂颠倒，某些成为了他们的情妇，还有一些成为他们的妻子"。[87]如果他希望将女性赶下舞台，那他无疑是毫无胜算："马裤角色"在 17 世纪剩下的时间里仍然颇得人心。

在可以观看的所有一流女演员中，伊丽莎白·巴里独领风骚。

15 岁时，她进入公爵公司担任小角色。她没抱多大希望，但她富有个性，声音甜美，表情丰富，入了罗切斯特伯爵的法眼。他打赌说六个月内就可把她捧红。他将她带到乡村，一遍又一遍地让她扮演阿芙拉·贝恩剧中的角色。1676 年 3 月回到伦敦时，她在埃斯里奇的《摩登人物》中担任主角——第一次赢得满堂彩。第二年，她为罗切斯特伯爵诞下一女，在怀孕期间继续登台表演，广受赞誉。1678 年，罗切斯特伯爵抛弃了她，指责她与他人有染。（简直是贼喊捉贼！）她后来又与巴克赫斯特勋爵、乔治·埃斯里奇和亨利·圣约翰爵士韵事不断。她一边在台上说着天真无瑕的处女的台词，一边又禁不住诱惑，观众知道一切之后，现实会多么残酷——他们公开嘲笑她——那时她才 18 岁。她设法在羞辱中挣扎求生，拜倒在她石榴裙下的不下百人。其中有一位贫穷的剧作家，托马斯·奥特维，他发誓永远爱着她。她没有回应，但她担任了他的悲剧《孤女》和《得救的威尼斯》的主角。她演技娴熟，在这两部戏剧中激情四射，观众对其痴迷不已。就在那时她成了著名的巴里夫人。因此，要想看她的演出，你要做好排长队等待的心理准备。

17 世纪 90 年代，巴里夫人将竞争对手安妮·布雷斯格德尔收入麾下。安妮有幸在托马斯·贝特顿的家中长大，六岁左右开始了自己的舞台生涯，在托马斯·奥特维的《孤女》中反串一个小男孩。演过几个小角色之后，1689 年，18 岁的她扮演了人生中第一个"马裤角色"。她的身材和神态都与角色极为相称。演员兼经理科利·西伯后来回忆说：

  论美丽，她与那些搔首弄姿的黑发女郎相比并无优势。但是她的青春和生动的气质却散发出如此健康和快乐的光芒，在舞台上，几乎没有哪个观众看到她后，能压抑住对她的欲望。

最重要的是，她还有一副好嗓子。这对理查德·希尔上尉的诱惑力太大了，他和年轻朋友莫恩勋爵试图一起在 1692 年绑架她，幸好被另一位男演员威廉·芒福特撞见，及时阻止。随后在她家外面的决斗中，希尔用他的剑刺穿了芒福特，杀死了他。这使大多数女士终身不敢穿着马裤表演，但安妮不在乎。她继续俘获更多男人的心，表演她的悲剧角色，成为演技更加娴熟的女喜剧演员。联合公司在 1695 年内部闹分裂，在很大程度上是因为安妮、巴里夫人和托马斯·贝特顿一致认为他们不想被里奇先生呼来喝去，他们知道不论他们去哪里，他们的观众都会追随他们。因此，当他们三人在 1695 年 4 月 30 日在林肯律师公会剧院首次演出威廉·康格里夫的《以爱还爱》之时，恰是这一时期最优秀的男演员和最优秀的女演员上演了这一时期最优秀的戏剧之一。他们都在康格里夫接下来的两部剧中发挥了主导作用。从理查德·伯比奇扮演莎士比亚以来，在剧院度过的所有夜晚中，《以爱还爱》的阵容肯定是最好的。[88]

如果你在复辟时期的伦敦，还有一位女演员的演出值得看。毕竟，她长期以来一直享有盛名。内尔·格温从一开始就以女性化的魅力作为资本，先是因盗窃而被监禁于纽盖特监狱，获释后不久就成为演员查尔斯·哈特的情人，15 岁登舞台，有极高的喜剧天赋。在查尔斯·哈特抛弃她去追求卡斯尔梅因夫人之后，她又与巴克赫斯特勋爵在一起。1668 年，她成为国王的情妇，放弃了舞台；1670 年 5 月她为国王诞下了第一个孩子。那年下半年，她又回来参演德莱顿的《格拉纳达的征服》，但是演出结束后，她的演艺生涯也画上了句号。她开始扮演国王的出身最低的情妇角色，没有任何脚本或提示，每天面对不同的对她品头论足的观众，他们对她诸多挑剔，因她的野性、轻浮、宗教、道德和出身低下，还有他们的嫉妒。然而内尔却战胜了他们。更重要的是，她比任何竞争对手都更得国王的长期垂青。查理在临终时，伯内特主教听到了他的最后一句话："不要让可怜的妮莉饿死。"值得赞扬的是，詹姆斯二世确保了她在生命的最后两年得到了很好的照顾。1687 年 11 月她在帕尔摩街的家中去世。令人感动的是，她在遗嘱中为纽盖特监狱的囚犯留下一笔捐赠。[89]

现在剧已落幕，掌声已经平息。你身边的人正起身离座，朝着画廊和池座后面的出口走去，斑驳的人影在烛光中摇曳不定。当观众离开时，伙计和门房微笑着送走顾客，等到最后将灯熄灭。在外面，夜晚的空气中一股寒意袭来。蜡烛灯燃得正旺，哈克尼车厢上的镜子灯更加明亮。黑暗中马车排成一条长长的队伍，等着接人们回家，提灯一盏接着一盏。伙计们殷勤地忙前忙后，缠着离开的戏剧爱好者要打赏小费。很好，真是漫长的一天。让我们支付其中一人六便士，为我们照亮道路。现在，我们回顾一下我们走了多远，伦敦这座城市发生了哪些变化；它如何经历瘟疫、大火、重建，再次迎来形形色色的男男女女熙来攘往？我们今晚看到的剧本可能是粗鄙的，甚至有些下流，但是在撕掉尊贵的外衣之时，作家向我们讲述着现实的生活。在克伦威尔时代没有戏剧，一切都是关于理想和敬虔的世界中应该有的美好事物，但许多人只是道貌岸然，满嘴仁义道德。事实证明，一些最伟大的理想主义者内心龌龊不堪。现在真正的社会道德赤裸裸地暴露在我们眼前。我们谈论事情。我们嘲笑自己。仰望星空，我们比以往任何时候都更了解它们。但我们比以前更了解自己吗？

在家里，关上门，脱掉外套。壁炉里的炭火已燃烧殆尽，女仆已上床休息；只有在架子上燃烧的灯照亮了楼梯。也许你在上床睡觉前，会给自己倒上一杯红酒。上楼时你举着提灯，数着客厅里的落地钟的钟声。再过几秒钟，教区教堂的钟声就会在一个街区以外响起。然后，你坐在房间里，四周万籁俱寂。把灯放下，看着灯光映照在房间的墙板上，你脱掉外衣，就着桌上的水盆净手洗面。桌上铺着一层亚麻桌布，桌旁的梳妆台上摆着一面镜子，还有几把梳子，早上起来你对镜端坐，女仆为你梳理头发，新的一天在向你招手。一个问题来了：新的一天将会发生什么呢？

千头万绪，一言难尽。

后　记

哦，永恒！永恒！永恒！
我们对它的认识多么肤浅！

夏普先生，引自拉尔夫·托雷斯比，
《日记》，238 页。

　　在复辟时期之初，我的祖先中大约有 1560 位在世，还不包括任何旁支的叔伯、姑婆或堂兄弟。[1] 这或多或少也适用于你，要看你年龄几何。与此形成鲜明对比的是，今天与我血缘关系在五级以内的亲人只有 34 位——包括叔伯、姑姨、甥侄、甥侄女、堂表亲，以及旁支中隔一层或两层的堂表亲。换句话说，1660 年我祖先的人口总数是我在写作时整个大家庭人数的 500 倍。我不知道所有这些祖先都是谁，我想你也不会了解自己家族 17 世纪后期的所有长辈，但这并不重要。关键在于你回溯得越为久远，你的国家的历史就越会成为你的家族历史。如果回到 11 世纪，那时生活在你的国家的每一位有后代留下的先人现在都是你的祖先。[2] 可以这样说，历史愈悠久，就愈发与我们每个人休戚相关。有时，这可能会令人感到不安——尤其是当你想到英格兰人的共同祖先中有像约翰国王这样的人之时。但如果你想知道你和你的同胞的真实品性，就需要在千年的历史镜子里认真审视一番。

　　然而，通过近距离观察我们的祖先，会令人想到一些非常有趣的问题——既有关于祖先的，也有关于我们自身的。你是否能像爱德华·巴洛那样，不论天气多么恶劣，连续几个月在阴冷潮湿的大海上度过？我认为我们中的许多人都无法平静地面对这一点，即便并没有要求我们定期参加海上战事：事实上，即使你一生都在陆地上，在伦敦有一所精美舒适的房子，要适应17世纪的生活也将是一项艰难的任务。你是否能忍受对动物的不断虐待和对孩子的殴打？你能否接受复辟时期加诸于女性身上的所有苦难和偏见？如果作为一名法官，你是否会身不由己地判处同胞绞刑、挖空内脏、四分车裂？或者，作为一名行刑的刽子手，你是否会活活烧死一名因无法忍受丈夫虐待而将其刺伤的年轻女子？作为公众，我们能否对这一切泰然处之？我们是否会想出各种理由，为当时极端的社会不公开脱？这些问题中可能有一些会让你如坐针毡，因为你现在肯定已经意识到，所有问题的答案都将是肯定的。我们可以宽恕这一切，这一切都有存在的理由，因为我们的祖先这样做了。现在我们可能认为这些都是非人道的暴行，但与当今我们所保持的礼貌行为相比，我们的性格充分地暴露在千年的镜子中。如果我们处于与祖先相同的境遇，在同样的压力下，受到相同传统的影响，知识水平同样受限，同样愚昧无知，那么我们就会发现自己的表现与他们大致相同。

那么，人的生活环境呢？设想一下：在极度寒冷下，苏格兰闹饥荒的灾年，收成不可预测，与荷兰、法国和雅各布派的海战惨烈，以及许多可怕疾病带来的灾难。瘟疫或天花肆虐时，在门窗被木板封印的房子里，看着自己的孩子在恐惧中遭受折磨，你会怎么办？还会憧憬以后的日子吗？会不会简单地找一根绳子往横梁上一吊，就此一了百了呢？

显而易见，我们的祖先遭受的许多困难，对于现代世界的我们而言，都无从想象。同样显而易见的是，他们中绝大多数人很难拥有舒适和自由的生活，而我们却相反。然而，尽管生活如此艰难，但选择自杀的人数只有今天的一半。确切地说，1700年英格兰的自杀率每百万仅为56人。1905年（正值爱德华执政时所谓静谧期过半之时）达到峰值，每百万有303人，在第二次世界大战期间回落到每百万 100—120 人，并且在过去的 50 年中一直在这个水平来回波动。[3]

这里有一个值得探讨的问题：如果我们在本书中观察到的生活方式比现代世界中的生活方式更糟糕，为什么很少有人选择退出呢？

你可能会用人口构成来解释这种现象：15 岁以下儿童在 17 世纪的人口比例比现在更大，而且儿童比成年人更不可能自杀。但这不是答案。在高度自毁的爱德华十年中，15 岁以下人口的自杀率甚至高于复辟时期（前者大约 34%，而后者是 30%）。到 20 世纪 60 年代中期为止，自杀率下降到 25% 左右，基本稳定下来，每百万人中只有 100 多一点。一些历史问题不能仅通过历史研究来回答，毫无疑问，有些人会争辩说，这些问题从一开始就没有提出的必要。然而，彼时的人们度日维艰依然能坚持下去，而现在尽管生活水平大大改善却有更多人选择自杀，这一问题的前因后果，值得我们深入探析。这类问题只靠历史证据无法找到答案；相反，必须离开办公桌，好好看一看外面的世界。

在本书开头，我提出了另一个重要问题：可否认为"伊丽莎白退位后，安妮统治时期开始前那段时期，英国社会没有发生过革命性的巨变"？问题源自彼得·拉斯利特极受欢迎且颇具影响力的著作《我们失去的世界》（1966）。拉斯利特是一位历史人口统计学家，他所提出的许多研究问题都跟数量有关：一个家庭有多少成员，非法居住的人口比例，男女结婚年龄，生育多少子女，诸如此类。然而，他未能充分考虑到生活中某些深层的方面，这些无法轻易度量。例如，17 世纪的人们在理解世界如何运转方面经历了巨大转变——根植于迷信、宗教和魔法的信仰体系有所动摇，代之以基于科学实验和理性主义的信仰体系——但这些在家庭规模或人口增长表格中无法得到体现。在英格兰，因施巫术而被施以绞刑的情况有所下降，这个例子表明，认识层面的变化不仅对知识分子，对所有人都产生了实际的影响。另如，不再处死异教徒和不从国教者，而是允许后者在他们自己的教堂中做礼拜。再如，受过教育的人在世界观上变得越来越人性化，憎恶"残忍和非人的惩罚"。人们开始相信瘟疫将不再定期肆虐人类。他们空谈意识形态的时候少了，更多的是追求世俗的享乐，而不是死后升入极乐世界——例如，在新春花园漫步或前往纽马克特，喝香槟或不远千里游览巨石阵或湖区。最重要的是，他们越来越多地把自己视为个体，而不仅仅是更大的宗教和社会实体的元素——因此这一时期的日记数量有所增加。

拉斯利特的著作出版之后的 50 年间，社会历史学家对更为广泛的社会现象进行了评测。由此得出的数据表明，社会确实在 17 世纪经历了一系列深层的革命。从第十章我们了解到，1603 年，生命垂危时只有不超过 5% 的人会去看医生；1702 年，大多数人都会这样做。这些数字意味着人们不再仅仅依靠圣灵来保佑身体健康，他们会求助受过教育的专业人士。如果在保命方面从求神拜佛到求助专业人士的转变还不算革命性的，那就没有什么能算作革命性的了。同样，到 1700 年为止，人们逐渐认识到数学在大量的社会功能上起着至关重要的作用，从计算寿命的表格到回答特定的科学和经济问题，例如空气的重量或与他国贸易是否持平，抑或人口规模和财富水平。人们不再需要纯粹依赖模糊的哲学理论。这些发展说明了 17 世纪的学术变迁对人们日常生活的深远影响。你不能凭借关于上帝毁灭邪恶财产的神学论证来计算火灾险的保费金额。相反，您雇用数学家，就可以确定风险。

对过去有了充分的体验，现在该是我们回归现代世界的时候了。这不仅意味着要告别复辟时期的变化和机遇，还要告别这里的人。在写这本书时，我逐渐熟悉了许多历史人物，我希望你也能从其中一些人身上看到他们闪光的品质。临别之时，我对勇敢的西莉亚·法因斯、烟瘾很大的贝德福德伯爵、直言不讳的爱德华·巴洛、特立独行的罗切斯特伯爵，甚至是高冷的拉尔夫·托雷斯比都感到依依不舍。我也会想念精通辞令的内德·沃德、善于交际的威廉·谢林科斯、精致的意大利人洛伦佐·马加洛蒂和热爱英格兰生活的法国绅士米松。但更让我念念不忘的是我们的两位伟大的日记作家：塞缪尔·佩皮斯对日记这一媒介得登大雅之堂功不可没，他的朋友约翰·伊夫林则是用个人日记形式记录复辟时期生活的绅士中最为博学和富有同情心的一位。跟他们说再见让我不胜伤感。在最终关闭通向他们世界的大门时，我知道他们的意见、笑话、见解和回忆都将被无尽的沉默所取代。因此，当我关上门的瞬间，我竖起耳朵，希望能听到其中某个人最后的只言片语。一个声音确实触动了我。令我惊讶的是，这一声音并非来自这些历史名人。它不是国王查理二世在与情妇你侬我侬，不是失明的弥尔顿在黑暗中大声呼喊，也不是伦敦的戏剧观众在为巴里夫人高声喝彩。相反，声音来自埃克塞特的地位卑微的14岁男孩，约瑟夫·皮茨，他于1678年被巴巴里海盗在英吉利海峡捕获，在阿尔及尔的奴隶市场出售。如果你还记得，在遭受了15年的奴役之后，他前往麦加朝圣，大约一年后成功返回英格兰。他回来的时候已经30岁，和复辟回归的国王同岁。但你不知道的是，当约瑟夫终于回到家乡时，得知母亲已经逝去，他的朋友们不再寄希望见到他，但他受人敬仰的父亲仍健在。约瑟夫说：

> 我认为直接向父亲道明自己的身份是不明智的，以免他情绪过于激动；因此，我去了离他住处不远的一个公共场所，并向人打听我出海前的一些玩伴。他们告诉我，有一个叫本杰明·查普尔的就住在附近，他是我儿时非常亲密的玩伴。我派人把他找来，说明了我的身份，希望他能去找我父亲，慢慢向父亲透露这一切。他很乐意帮忙，他深知作为使者他定会受到礼遇，没过多久就把我父亲带到了我身边。我的房子很快宾客盈门，左邻右舍都来看我。见面时的喜悦之情读者自行想象吧，因为实难用言语表达。我父亲满含热泪，对我说的第一句话是

"你是我的儿子约瑟夫吗？"我回答道："是的，父亲，我是。"他立即把我带回家中，很多人跟随在我们身后。父亲先是闭门祷告，他双膝跪地，虔诚地感谢上帝神迹显现，解救我于危难之中。

如果你在通往过去的大门边仔细聆听，听得最为真切的——跨越漫漫历史长河中所有凡俗的喧嚣——将是那颗心脏跳动发出的最强音符。

注　释

引言

1. Devon Archives and Local Studies Service: QS 1/9fol. 51r（1654年4月4日），55r（1654年7月11日）。婴儿出生后几经辗转，最后交到她丈夫手里（而他却拒绝照看孩子）。
2. *Global Crisis*，第22页。
3. *The London Gazette*，1684年1月24—28日。
4. *WWHL*，第167页。

第一章　伦敦城

1. *Schellinks*，第48页。
2. John E. N. Hearsey, *London and the Great Fire* (1965)，第97页。另见Claude de Jongh分别于1630年（在肯伍德）、1632年（在耶鲁英国艺术中心）和1650年（V&A）对伦敦桥所做的评价。
3. Jonathan Swift, 'A description of a city shower' (1710).
4. Sir John Hobart, 转引自 *PL*，第20页。
5. 此处的数据出自 the Survey of London，第36卷，第25—34页，2015年11月6日下载。http://www.british-history.ac.uk/survey-london/vol36/。
6. *Schellinks*，第58页。
7. *Cosmo*，第200页。
8. 出自 'A Ramble in St James's Park'。
9. 此处的数据出自 https://www.royalparks.org.uk/parks/hyde-park/about-hyde-park/history-and-architecture，2016年10月19日下载。
10. 这是转述布里多尔的话，原文一半用拉丁语书写，引用如下："It [London] is stiled the epitome or breviary of all England, the seat of the British Empire, the king of England's chamber, *camera regis, reipublica cor, & totius regni epitome*"。
11. 这是米松于1697年所写，比现在要晚很多年，但这是他对大火之前伦敦的印象。参见 *Misson*，第134—135页。注：书中有些内容引自其兄弟的话，François Maximilien Misson（如 *ODNB*），他是米松所写游记的编辑。该游记1698年第一版中也有签名为"H. M. de V."的部分评论，即为其兄弟亨利·米松，不清楚究竟谁是原作者。

12. Defoe, *Journal of the Plague Year*, 转引自 Hearsey, *London and the Great Fire*, 第 19 页。

13. Rosemary Weinstein, 'New Urban Demands in Early Modern London', *Medical History*, Supplement no. 11 (1991), 第 29—40 页, 此处引自第 31 页。为便于理解, 删除了原文最后一行的两个单词 "if no"（在 "increase" 之后）。

14. *Pepys*, vii, 第 268 页。

15. Thomas Vincent, *God's Terrible Voice in the City* (1667), 转引自 *PL*, 第 136 页。

16. *Pepys*, vii, 第 271—272 页。

17. *Evelyn*, ii, 第 12 页。

18. 此温度经过对熔化的陶器进行考古研究后得出, 陶器残片现存于伦敦博物馆。数据出自: http://collections.museumoflondon.org.uk/Online/object.aspx?objectID=object-750122, 2015 年 11 月 9 日下载。

19. *Pepys*, viii, 第 87、114 页。

20. Hearsey, *London and the Great Fire*, 第 158 页。

21. *Evelyn*, ii, 第 14—15 页。

22. *Pepys*, viii, 第 60 页。

23. Owen Ruffhead (ed.), *Statutes at Large*, 第 3 卷（1786）, 第 289 页。

24. M. J. Power, 'East London housing in the seventeenth century', 文章见 *Crisis*, 第 237—262 页, 此处引自第 244 页。

25. 这家公司后来更名为 "手拉手火灾和人身保险协会"（Hand-in-Hand Fire and Life Insurance Society）。注: 火灾险最早于 1664 年由德国的汉堡行会发明, 时间比文中的伦敦稍早一点。参见 *Global Crisis*, 第 635 页。

26. Edgar Sheppard, *The Old Royal Palace of Whitehall* (1902), 第 383—388 页。

27. Power, 'East London housing', 文章出自 *Crisis*, 第 237—262 页, 此处引自第 237 页。

28. *PL*, 第 208 页。

29. *Urban growth*, 第 688 页; Ogg, *J. & W.*, 第 132 页。关于都柏林, S. J. Connolly (ed.), *The Oxford Companion to Irish History* (1998), 第 161 页给出的数据是 50000—60000。

30. 这些是同一年份伦敦人口与紧随其后的英国十个最大城市人口之和的比值。选取的年份有 1377、1600、1670、1700、1750 和 1800 年。1377 年的数据参见 *TTGME*, 第 10 页（伦敦的人口仅仅占其后十个最大城市人口之和的 59%）; 1600 年的数据参见 *TTGME*, 第 16 页（伦敦人口是其后十个城市人口之和的 225%）。至于其他几个年份, 可参见 *Urban growth*, 第 700 页。1750 年为 282%; 1800 年为 172%; 1861 年为 136%; 1900 年为 160%; 1951 年为 159%。

第二章　伦敦之外

1. *Thoresby*，i，第 267—268 页。
2. *Fiennes*，第 168 页。
3. *Fiennes*，第 166，183 页。17 世纪时，黑石崖在兰开夏郡；从 1974 年至今，则划归西约克郡。
4. *Schellinks*，第 34 页。
5. *Schellinks*，第 64 页。
6. *Lincoln*，第 111 页。
7. *Schellinks*，第 130 页（多切斯特）；*BEG*，第 106 页。
8. 大部分 17 世纪末的作家将蒙茅斯郡视为英格兰而非威尔士的领土，因其在查理二世统治时期采用的是英格兰的法律体系。如果照此计算，威尔士的总领土面积应减去蒙茅斯郡的 507 平方英里，并加到英格兰的总领土面积上。然而，并非所有评论家都这么认为；比如查尔斯·戴维南特就不认同这一看法，而格雷戈里·金则为其制作数据图表。见 *SED*，第 802 页。
9. 见 *Urban growth*，第 700 页。在这一时期，乡村中务农比例从 70% 降至 66%。然而，金对于城镇的定义是人口不低于 5000，因此许多小城镇也被他算作"乡村"。如果他在计算务农比率时减去这些小城镇的话，务农比例还会再高一些。
10. 文中总人口的数据参见 *Urban growth*，第 700 页。注：*PHE*，第 528 页，给出的总人口数量则为 496.2 万。这是通过反投影法（back-projection）计算得出的。E. A. Wrigley, R. S. Davies, J. E. Oeppen and R. S. Schofield, *English Population History from Family Reconstitution 1580—1837* (Cambridge, 1997)，第 614 页，采用了另一种方法（广义逆投影，generalized inverse projection）来估算，其数据显示，1696—1700 年这五年过半之时，人口约为 511.8 万。同时，他们也没有将蒙茅斯郡算作英格兰的一部分。按照格雷戈里·金的算法，1695 年人口达到了 550 万；见 *SED*，第 772 页。我在文中讨论乡村人口时，按照总人口是 506 万、乡村人口占比 75% 来计算。1695 年城市人口密度为 562 人/平方英里，采用的是金提出的 25% 的比率。
11. *Enclosure*，第 502 页。
12. Ian Mortimer, *Berkshire Glebe Terriers 1634*, Berkshire Record Society (1995), xx. 1738 年之后，议会又从该郡圈占 16 万英亩，如果按照 1974 年之前的圈地边界计算，大约是原来土地的三分之一。相比之下，18 世纪初土地圈占的情况较少，那时私下签订的协议逐渐减期，而领主们还没有普遍利用《圈地法案》对土地进行严格管控。参见 *Enclosure*，第 498 页。
13. 此处指的是牛津郡、剑桥郡、北安普敦郡、亨廷顿郡、贝德福德郡、莱斯特郡、约克郡东区、拉特兰市、林肯郡和诺丁汉郡。见 *Enclosure*，第 500—501 页。还应该加上达勒姆郡；另见 *AR*，第 149 页。
14. 数据来自 *Enclosure*，第 502 页，对原书作者沃迪的数据——圈地面积在 1600 年占比为 47%，1700 年为 71%——略作改动，1914 年仍以大块田地存在的土地未计算在内：这样做的目的是突出敞开式田地已大范围缩减，而不是讨论未被圈占的空地总面积。

15. Robert C. Allen, 'Community and Market in England: Open Fields and Enclosures Revisited', in M. Aoki and Y. Hayami (eds), *Communities and Markets in Economic Development* (Oxford, 2001), 第 42—69 页，此处引自第 62 页。
16. *BEG*, 第 54 页。此处马匹数量从约 32 万增长到 64 万，基本呈对数级增长趋势。另见 Nat Alcock, *People at Home: Living in a Warwickshire Village 1500—1800* (Chichester, 1993)，第 190 页；John Langdon, 'The Economics of Horses and Oxen in Medieval England'，*Agricultural History Review*,30,1 (1982)，第 31—40 页。朗登的解释是，中世纪时牛比马便宜，因为牛是共有财产，所以许多成本由庄园主承担，而无需佃户支付。
17. *BEG*, 第 106 页。与此相比，2015 年英国共有约 2300 万只羊，平均每人只有 1/3 只；其中英格兰大概有 1090 万只，平均每人只有 1/5 只。
18. *AR*, 第 100，106 页。
19. *Pepys*, iv, 第 356 页 (1663 年 10 月 29—30 日)。
20. John McCann, *Clay and cob buildings*（第 3 版, Princes Risborough, 2004），第 35 页。
21. *Fiennes*, 第 168 页。
22. *AHEW*, ii, 第 409—411 页。根据约翰·亚当斯的统计，1690 年的集镇总数量为 874 个（包括威尔士的 73 个）。然而，他一定是把很多极小的集镇也算进去了；另外，1693 年的数据要跟之前和之后的数据对比才更有价值。英格兰约克郡的城市包括达勒姆、约克、卡莱尔和切斯特；坎特伯雷教省的坎特伯雷、罗切斯特、奇切斯特、温彻斯特、索尔兹伯里、埃克塞特、威尔斯、伍斯特、赫里福德、伦敦、林肯、伊利、诺威奇、利奇菲尔德、布里斯托尔、格洛斯特、彼得堡和牛津。威尔士的城市包括：班戈、圣亚萨、圣大卫和兰达夫。位于马恩岛的索多和马恩教区也隶属坎特伯雷教省。
23. 1690—1715 年期间的多卷本"议会历史"中对此进行过详尽的调查。（见如下网站：http://www.historyofParliamentonline.org/volume/1690—1715/survey/constituencies-and-elections, 2015 年 12 月 20 日下载）我在计算英格兰的城市行政区数量时，将五港同盟（Cinque Ports）的八个行政区以及达勒姆和纽瓦克也计算在内，因为这两地在 1673 年通过的国会法案中，被赋予了选举权。我没将孟莫斯郡考虑在内，这样纽波特和阿斯克两个行政区就被排除在英格兰之外，而计入威尔士的市区总数里。
24. John Toland, *The Art of Governing by Partys ...* (1701)，第 75 页。
25. http://www.clickonwales.org/wp-content/uploads/4_Factfile_Settlements.pdf, 2015 年 11 月 24 日下载。Christopher Chalkin, *The rise of the English town*, 1650—1850 (Cambridge 2001)，第 8 页。该数据显示，雷克瑟姆 1650 年的人口数量仅为 2500 人。
26. 数据来源见 *Urban growth*, 第 700 页。

27. 对于彼时埃克塞特的房屋样貌，可见 Michael Laithwaite，*Exeter Houses 1450—1700* (Exeter，1966)，第 58 页。
28. *Fiennes*，第 198 页。
29. *Cosmo*，第 133 页。他这样描述大教堂："一座不可思议的宏伟建筑；虽整体采用哥特式风格，但其宏伟的气势及外部形态各异的石雕都令人赞叹不已。石雕包括高低两种浮雕，描绘的是《新约》与《旧约》中的圣徒。可惜许多都在克伦威尔统治时期遭到损毁……"
30. *Cosmo*，第 137 页。
31. *Cosmo*，第 137 页。19 世纪时的翻译版本极为生涩，这里稍作润色。
32. 关于这条注释，我要感谢一篇优秀的博客文章，'Demolition Exeter'，http://demolition-exeter.blogspot.co.uk/，downloaded 25 Nov. 2015。而下一句提到的压舱物，参见 Michael Laithwaite，*Exeter Houses 1450—1700* (Exeter，1966)，第 60 页。
33. *Fiennes*，第 197 页。
34. *Fiennes*，第 197 页。
35. *Baskerville*，第 308 页。
36. *Cosmo*，第 124—125 页。
37. Philip Jenkins，*A History of Modern Wales 1536—1990* (2nd edn, 2014)，第 34—35 页；Paul Slack，'Great and good towns 1540—1700'，出自 *CUHB*，第 347—376 页，此处引自第 350 页。
38. *Lincoln*，第 143—144 页。
39. *Fiennes*，第 172 页。
40. Michael Faraday，*Ludlow 1085—1660* (Chichester，1991)，第 160 及 168 页。1700 年的人口数据是根据当年的 66 场洗礼估算出的，刊载于 *Abstract of Answers and Returns Made Pursuant to an Act Passed in the Forty-first Year of King George III...* (1802)，第 251 页。按照每年每 1000 人中会诞生约 31 位新生儿的出生率，大致推算得出。
41. *Magna Britannia*，iii，第 99—101 页。
42. *Magna Britannia*，iv，第 22—26 页；*AHEW*，第一章，第 7 页。
43. 此处平均值的计算方法基于格雷戈里·金 1700 年的统计数据，先按照英格兰和威尔士总人口（550 万）乘以 25% 计算出城市总人口，再减掉大型城市的人口之和（85 万），最后除以英格兰和威尔士规模低于 5000 人的 648 个集镇和小城市，得出平均数 810 人。
44. *Schellinks*，第 81 页。
45. *Cosmo*，第 140 页；*Fiennes*，第 181 页。
46. 关于莫顿汉普斯特德镇的人口：该镇所在的教区登记人口总数约为 1600 人，17 世纪末增长到 1700 人，1672 年之后为数不多的长老会教徒也应计算在内。在 1639 年的市镇房屋调查中，该镇的房屋总量和莫顿庄园相当，而另外三分之一居民住在教区的其他庄园里（包括 Doccombe，Wray 和 South Teign）。这个小镇的人口大概占其所在的教区人口的四成。更多细节可参考 1639 年的调查结果（出自雷丁大学农业历史中心的档案），以及 18 世纪的几次调查结果（档案属于考特尼藏品，存放于埃克塞特的德文郡文化遗产中心）；Ian Mortimer, 'Index of Medical Licentiates, Applicants, Referees and Examiners in the Diocese of Exeter, 1568—1783', *Transactions of the Devonshire Association*, 136 (2004), 第 99—134 页；Bill Hardiman and Ian Mortimer, *A Guide to the History and Fabric of St Andrew's Church Moretonhampstead* (Friends of St Andrew's, 平装本, 2012)；*Magna Britannia*, vi, 2, 第 357 页。

47. *Baskerville*, 第 289—290 页。
48. *OCSH*, 第 488 页。
49. 关于最后一只英国狼被射杀的确切日期说法不一。我此处选用的日期出自《斯图尔特王朝后期》(*Later Stuarts*) 一书, 第 409 页。
50. Pepys to W. Hewer, Rawlinson MSS A 194, 第 276—277 页, 转引自 Arthur Bryant, *Samuel Pepys* (3 卷本, 1954—1958), ii, 第 379 页。
51. *A Trip to Barbarous Scotland* (c. 1708), 转引自 *EoaW*, 第 49 页。
52. *Fiennes*, 第 182—184 页。
53. 其他 11 个教区大教堂分别是阿盖尔、布里金、凯斯内斯、邓布兰、敦克尔德、马里、罗斯、加洛韦、群岛、奥克尼和圣安德鲁斯。
54. 关于"屯子"的平均面积, 见 *HELS*, 第 31 页。
55. *HELS*, 第 37 页。
56. *CUHB*, 第 419 页。
57. Ogg, *Charles II*, i, 第 400—402 页。
58. *HELS* 一书第 5 页指出, 5.3% 的苏格兰居住在人口规模在 1 万或以上的城镇, 即格拉斯哥和爱丁堡。Robert Allen Houston, *Population History of Britain 1500—1750* (Cambridge, 1992)［援引 Ian D. Whyte, 'Urbanisation in early modern Scotland: a preliminary analysis', *Scottish Economic History Society*, 9, 1 (1989), 第 21—37 页, 此处引自第 22 页］一书在第 20 页给出了相同的数据，该书根据规模在 1 万以上的城镇总人口为 5.3 万人，进而假设全国总人口为 100 万。然而，1691 年的壁炉税显示人口接近 120 万，这个数字与韦伯斯特的 1755 年人口普查中的人数 126.5 万人接近，*OCSH* 一书第 487—488 页对此表示认同。此外，1700 年的城镇人口数量似乎也存在一些争议。较早的作品往往认为爱丁堡的人口为 5 万人，格拉斯哥为 1.2 万人。保罗·斯莱克在 *CUHB* 一书的第 350 页比较含混地将这一数字定在 4 万或更多，并指出格拉斯哥 1700 年的人口为 1.8 万人。大卫·哈里斯·萨克斯和迈克尔·林奇在同一卷中（第 419 页）将 1691 年的爱丁堡、修士门和南利斯的人口总数定为 4 万人；格拉斯哥 1.5 万，丹地 0.9 万人，阿伯丁 1 万人，埃尔 0.5 万人；因此它们的总人口为 7.9 万。假设 1691 年全国 120 万人的数字是正确的，这表明 6.6% 的人住在大城镇。如果斯莱克关于格拉斯哥的数据是正确的，那么这座大城市的城市人口将增加 3000 人，这意味着比例将为 6.8%。

59. *OCSH*，第 220 页。

60. Sir Alexander Grant，*The Story of the University of Edinburgh During its First Three Hundred Years*（2 vols，1884），i，第 224—225 页。

61. *HELS*，第 220 页。

62. Robert Chamber，*Notices of the Most Remarkable Fires in Edinburgh from 1385 to 1824...* (Edinburgh，1824)，第 13—15 页。

63. Alexander Reid，*Aye Ready? The History of Edinburgh Fire Brigade*，*the Oldest Municipal Brigade in Britain* (1974)。这催生了《委托组建遏制火势公司法案》（1703），成立的公司由 12 名消防员组成。有人说伦敦火灾保险公司建立的消防队是世界上最早的消防服务，这可能是事实（见第一章）。然而，这些是私人公司，而不是市政服务。根据 Arthur E. Cote，P. E.，and Percy Bugbee，*Principles of Fire Protection* (1988) 第 4 页，世界上第一个付费的城镇消防服务于 1679 年的一场大火后在波士顿成立，雇用 1 名消防队长和 12 名消防员，并配备了从英格兰进口的发动机。里德将英国首个市政消防队归功于 1824 年成立的爱丁堡消防队，因为其工作人员是带薪的，并非像 1703 年那样属于义务服务。布莱恩·阿拉威也在 James Braidwood 的 *On the Construction of Fire Engines and Apparatus* (1st edn，Edinburgh，1830) 一书的第二版（Edinburgh，2004）的序言中做了类似的论述。该书没有提到早期的消防队，其中原因据我推测，要么 18 世纪已经暂时搁置这种义务消防服务，要么就是按照 1824 年的标准来看，义务消防服务未能达到市政消防队的考核标准。

第三章　社会阶层

1. *SED*，第 775 页。
2. *PHE*，第 528—529 页。
3. *OCSH*，第 488 页。对于移民到波兰，请参见 *Global Crisis*，第 100 页。
4. 此处基于 17 世纪 80 年代初的数据。Wrigley et al.，*English Population History from Family Reconstitution*，第 267 页。另见 *WWHL*，第 132—133 页。
5. *Global Crisis*，第 93 页。
6. *Evelyn*，ii，第 140 页；*Pepys*，iii，第 297 页注释；iv，第 107 页。
7. 表中 1695 年的数据仅与英格兰和威尔士有关，来自格雷戈里·金，引自 *WWHL*，第 108 页；这些数据已经过调整，将 60 岁以上的老年人进行了细分。2011 年的数据针对整个英国，来自 2011 年人口普查。(http://www.ons.gov.uk/ons/dcp171778_270487.pdf，2016 年 1 月 4 日下载）。
8. *WWHL*，第 116 页。
9. *WCH*，第 66 页。
10. *Josselin*，第 169 页。
11. *Evelyn*，ii，第 153 页。

12. *Evelyn*, ii, 第 159、174 页。
13. *Josselin*, 第 160 页。
14. *Fiennes*, 第 146 页。
15. *WWHL*, 第 115—116 页。描述爱丽丝时通常将其称为乔治母亲, 本姓为盖斯。雷金纳德·莱恩·普尔夫人在沃德姆学院绘画目录［R. Lane, *Catalogue of Portraits in the Possession of the University, Colleges, City and County of Oxford*, vol. iii, part 2 (1925)］的第 218 页指出, 乔治母亲出生于 1582 年, 因为她本人经过认真回忆说自己 11 月 1 日星期四出生于伍斯特郡的"索尔特威奇"(即德罗伊特威奇), 而 11 月 1 日刚好是星期四的年份分别为 1571 年、1575 年、1582 年和 1593 年; 莱恩·普尔夫人选择了倒数第二个年份, 但没有解释原因。她补充说, 乔治母亲的父亲是休·盖斯, 母亲是布丽吉特·沃特金斯。确实有一个叫休·盖斯的人, 当时住在距离德罗伊特威奇一英里的哈德索尔, 但他娶了一个叫爱丽丝的女人。休和爱丽丝有三个孩子: 弗朗西斯 (1565 年 7 月受洗); 约翰尼 (1568 年 12 月) 和克里斯托弗·盖斯 (1575 年 1 月)。因此, 儿童生育记录在人们普遍认为爱丽丝·盖斯应该出生的年份 (约 1571 年) 却存在空档, 当然存在一种可能, 乔治母亲确实是休和爱丽丝的孩子, 但在其他地方受洗; 按当时的情况推测, 也有可能她的疑似母亲生过一个同名的孩子。然而, 应该指出的是, 该地区还有另一位休·盖斯, 他的儿子约翰于 1598 年 2 月在圣安德鲁的德罗伊特威奇受洗; 此外, 出生于 16 世纪 70 年代和 16 世纪 80 年代的孩子有: 哈德索尔的约翰·盖斯; 在德罗伊特威奇的圣安德鲁受洗的威廉·盖斯; 在德罗伊特威奇的圣彼得受洗的理查德·盖斯; 以及同一教区的托马斯·盖斯。这些人都不叫爱丽丝或玛丽 (与 1691 年乔治母亲的画像相关的另一个名字)。至于她的孩子, 洛克认为她的儿子约翰·乔治在 1681 年 3 月的年龄是 77 岁。虽然没有找到他的受洗记录, 但是在 1610—1616 年间, 三名姓乔治的孩子在圣吉尔斯教区受洗, 其中一人叫作布里奇特·乔治, 因此爱丽丝很有可能在 1610 年之前与理查德·乔治结婚。总之, 1565 年至 1575 年之间, 在德罗伊特威奇确实有关于休·盖斯的记录, 这可以视为爱丽丝声称自己出生于 16 世纪 70 年代初的证据, 并且三次牛津洗礼也可证明她在 1610 年之前结婚, 但她的确切年龄无法得到证实。如果她出生于 11 月 1 日星期四, 当洛克于 1681 年 3 月 1 日遇见她时, 她不可能是 108 岁, 但她可能是 105 岁或 109 岁。我们也无法确定她究竟生育了多少孩子。鉴于她此后又活了 10 年, 至少可以说, 像她这样真正极端长寿的例子确实罕见。
16. *Schellinks*, 第 72 页。
17. *SED*, 第 780—781 页。金没有按照社会阶层对地位等级进行分组——这些是我自己的推测——但考虑到他使用了诸如"高等级别""中等级别"和"低等级别"之类的术语, 他很明确这样的分组可以适用于 17 世纪 90 年代。
18. Thomas Blount, *Glossographia, or a Dictionary interpreting all such Hard Words of Whatsoever Language now used in our refined English Tongue* (2nd edn, 1661), 在"class"条目之下。关于近代早期阶级术语的演变, 请参阅 Keith Wrightson,

'Estates, Degrees and Sorts in Tudor and Stuart England', *History Today*, 37, 1 (1987)。
19. Daniel Defoe, *The Review*（1709 年 6 月 25 日）。
20. *Anglia Notitia*, i, 第 263—267 页。请注意，此数字相对来说是较新的发展，在 1603 年，没有公爵，只有 1 个侯爵，19 个伯爵，3 个子爵和 40 个领主，加起来总共是 63 个世俗领主。
21. 关于他职业生涯早期的财富，请参见 *Noble*，第 366 页。关于他在死亡时的财富，请参见 ODNB 的 Bedford 条目，引自 Thomson, *Russells in Bloomsbury*, 第 101 页。
22. *Noble*, 第 23—25, 124, 203 页。
23. *Pepys*, iv, 第 22 页。
24. *Evelyn*, ii, 第 111 页；D. C. Coleman, 'Banks, Sir John, baronet (*bap.* 1627, *d.* 1699)', ODNB。
25. *Evelyn*, ii, 第 152, 177 页；Michael J. Braddick, 'Fox, Sir Stephen (1627—1716)', ODNB ; Richard Grassby, 'Child, Sir Josiah, first baronet (*bap.* 1631, *d.* 1699)', ODNB。
26. Sir Henry Craik, *The Life of Edward, Earl of Clarendon, Lord High Chancellor of England* (1911), 第 222 页。
27. B. R. Mitchell, *British Historical Statistics*（1988，平装版，2011），第 166—169 页，我在 *Centuries of Change* 一书的第 312 页对 1670—1700 年期间的数据做了解析。另见 *BEG*, 第 60 页。
28. *DEEH*, 第 207 页（特洛布里奇），523 页（木匠的工资）。
29. 德文郡文化遗产中心：Z1/21/2/110March 1693，租约对应的到期年限，要么是 99 年，要么是等指定的三人死亡后。
30. *Essex*, 第 170—171 页。
31. *Barlow's Journal*, i, 第 251 页。
32. 这些例子出自 *Pepys*, i, 第 307 页；ii, 第 207 页；iii, 第 37—38, 105 页；iv, 第 109 页。
33. *SED*, 第 769 页。
34. *WCH*, 第 101 页；*DEEH*, 第 524 页。
35. *Hooke*, 第 23—24 页。
36. *Josselin*, 第 136 页。
37. *Pepys*, iii, 第 53 页；iv, 第 86 页。
38. *Pepys*, iv, 第 95 页。
39. *Evelyn*, ii, 第 116 页。
40. *DEEH*, 第 526 页，转引自 Daniel Defoe, *Giving Alms No Charity and Employing the Poor a Grievance to the Nation* (1704), 第 25—28 页。
41. Paul Slack, *The English Poor Law 1531—1782* (1990), 第 26—27, 30 页（表格）。
42. 比如亨廷顿郡 1676 年所采取的措施。参见 *DEEH*, 第 448—451 页。
43. Ian Mortimer, 'Baskerville, Hannibal (1597—1668), antiquarian dilettante', ODNB。

44. 此表述源自 1697 年《议会法案》的序言，允许在埃克塞特建立一个新的劳动救济所。
45. Ogg, *Charles II*, i, 第 124 页。
46. 有几人已指出，这个故事与历史日期不符。然而，这不是重点。关键是在佩皮斯生活的时代，人们相信它——确实，连佩皮斯本人也相信故事属实。参见 *Pepys*, ii, 第 114—115 页。
47. *Pepys*, i, 第 269 页。
48. *Evelyn*, ii, 第 104 页。
49. *Evelyn*, ii, 第 253 页。
50. *Pepys*, iii, 第 232—233 页。
51. *Misson*, 第 32 页。
52. John Miller, *James II*（第 3 版, 2000），第 38 页。
53. *Pepys*, iv, 第 132 页（解剖）；第 156 页（马粪）。
54. The marquess of Halifax, *Advice to a daughter*, 被 Ogg, *J. & W.*, 第 78—79 页转引。
55. ODNB.
56. *Anglia Notitia*, i, 第 291—296 页。
57. William Gouge, *Of Domesticall Duties* (1622), 第 337 页, 被 Elspeth Graham, Hilary Hinds, Elaine Hobby and Helen Wilcox (eds), *Her Own Life: Autobiographical Writings by Seventeenth-Century Englishwomen* (1989) 第 8 页转引。
58. *Pepys*, iv, 第 9—10 页。
59. *Anglia Notitia*, i, 第 293, 299 页。
60. *Cosmo*, 第 399—400 页。有关伦敦女性即使夜间也要人身自由的问题，另见第 314—315 页。
61. 例如，1661 年 4 月 4 日：佩皮斯将妻子留在聚会场所，独自一人回家。参见 *Pepys*, ii, 第 66 页。冒出想要勾引女仆的想法，见 *Pepys*, iii, 第 152 页。他知道这是非常丢人的事，他之后在书中第 157 页做出了这样的评价。
62. *Pepys*, ix, 第 337 页。
63. 此处以及后面法律裁决对女性有利的案例，出自 *Anglia Notitia*, i, 第 293 页。
64. Defoe, *Giving Alms No Charity*, 被 *DEEH* 第 526 页转引。
65. 离婚是非常罕见的，只有非常富有的人才有这种可能。复辟时期英国离婚有两种情况：婚姻本来就不应该被缔结或通奸已经发生。如果是后者，离婚的前提是伴侣在离婚后不得再婚。只有在 1700 年，专门通过了一项议会法案，特别允许因第二种情形离婚的诺福克公爵再婚。Ogg, *J. & W.*, 第 78 页。关于赡养费，参见 *WCH*, 第 77 页。
66. *Misson*, 第 129 页。
67. *WCH*, 第 71 页。
68. Edward Albert Parry, *Letters from Dorothy Osborne to Sir William Temple (1652—1954)* (1888), 第 19 封信。

第四章　精神风貌

1. *Barlow's Journal*，i，第 261 页。
2. *Misson*，第 358 页（头发），130 页（硬币）。
3. Alan Macfarlane, *The Family Life of Ralph Josselin: An essay in historical anthropology* (Cambridge, 1970)，第 190—191 页。
4. *HELS*，第 220 页。
5. John Aubrey, *Miscellanies* (1696)。
6. *EoaW*，第 224—225 页，转引自 John Glanville, *Saducismus Triumphatus*（修订版）。
7. *Evelyn*，ii，第 282 页。
8. 关于历书的例子，可参见 *Pepys*，i，第 289 页；算命天宫图，见 *Evelyn*，ii，第 92 页；看手相和吉普赛人，参见 *Pepys*, iv，第 234，284，296 页。
9. *Pepys*，iv，见第 339 页及注释。
10. *Pepys*，i，第 281 页。
11. *Evelyn*，ii，第 199 页。
12. Harold J. Cook, 'Sydenham, Thomas (*bap.* 1624, *d.* 1689)', *ODNB*; Michael Hunter, 'Boyle, Robert (1627—1691)', *ODNB*.
13. James Sharpe, *Instruments of Darkness: Witchcraft in Early Modern England* (Philadelphia, 1997). 该书第 23 页指出，17 世纪初前后几十年间，巫师受审的案例大幅增加。
14. Paula Hughes, 'Witch-hunting in Scotland 1649—1950', in Julian Goodare (ed.), *Scottish Witches and Witch-hunters* (2013)，第 86 页。
15. Owen Davies, 'Witches in the dock: 10 of Britain's most infamous witch trials', *BBC History Magazine* (2012 年 12 月)。
16. SSW，2016 年 1 月 25 日下载。
17. Robert Pitcairn, *Ancient Criminal Trials in Scotland* (3 vols, 1833), vol. 3, part 2, 第 602—616 页。
18. *SSW*，2016 年 1 月 25 日下载。
19. *Misson*，第 129—130 页。
20. 此处的例子可参见 Moses Pitt, *An Account of One Ann Jeffries Now Living in the County of Cornwall, Who Was Fed for Six Months by a Small Sort of Airy People Called Fairies* (1696)。
21. *Schellinks*，第 123 页。
22. *Baskerville*，第 268 页。
23. *Anglia Notitia*，i，第 34 页。
24. *Cosmo*，第 426—462 页。
25. Clark, *Later Stuarts*，第 27 页，提供的数据是 15 万—25 万。Ogg, *J. & W.*，第 93 页，给出了 1676 年自由不信教和持有信仰者之间的比例，其中信奉国教者

2477154 人，不从国教者 108676 人，罗马天主教徒 13856 人，但书中指出在北方教省天主教和异教徒的实际数量要比这些数字（基于坎特伯雷教省）更多一些。由于 1676 年的英格兰人口约为 5003488（数据来自 *PHE*，第 528 页），这一比例表明可能有超过 20 万人来自不从国教的家庭。

26. 1679 年"主教阴谋"案爆发之后，情况尤甚。参见 John Cordy Jeaffreson (ed.), 'Middlesex Sessions Rolls: 1679', in *Middlesex County Records, volume 4, 1667—1688* (1892), 第 113—142 页。

27. *Pepys*, iii, 第 266—267 页。

28. R. H., *The Clownish Hypocrite Anatomized* (1671).

29. Clark, *Later Stuarts*, 第 27 页（30000）; *Schellinks*, 第 40 页（贵格派入狱）; *Pepys*, iv, 第 271 页（100 人被捕）; *PL*, 第 144 页（罚款）。

30. *Cosmo*, 第 428 页。

31. Robert Beddard, 'Anti-popery and the London Mob, 1688', *History Today*, 38, 7 (1988).

32. *PL*, 第 16 页。米松估计 1697 年伦敦大约有 60 或 70 个犹太家庭。见 *Misson*, 第 144 页。

33. Famarez Dabhoiwala, *The Origins of Sex* (2012), 第 53 页。

34. Levack, 'Sexual Crimes in Early Eighteenth-century Scotland', *Scottish Historical Review*, 第 175 页，第 11 期。

35. *Barlow's Journal*, i, 第 286 页。

36. *Misson*, 第 311 页; *Thoresby*, i, 第 18 页。

37. *Pepys*, iii, 第 26 页 (music on a Sunday); i, 第 220, 239 页。

38. *Misson*, 第 60 页。

39. *Pepys*, viii, 1667 年 7 月 29 日。

40. *Pepys*, iv, 第 1, 30 页。

41. *Pepys*, ii, 第 209 页。

42. *Misson*, 第 287 页。

43. *Cosmo*, 第 397 页。此处为方便理解，对法语原文的语序做了改动。

44. *Pepys*, iii, 第 268 页。

45. *Evelyn*, ii, 第 351 页。仆人说的也不是毫无道理，他们入住后房子被折腾得面目全非。

46. *Evelyn*, i, 第 378 页。

47. *EoaW*, 第 49 页，转引自 *A Trip to Barbarous Scotland by an English Gentleman* (1709)。

48. *Schellinks*, 第 75 页。

49. 德文郡的情况确实如此。关于 18 世纪初的例子，参见贝雷费勒斯和埃格巴克兰两地的国民卫队评估报告（文字版见 http://www.foda.org.uk/militia/documentindex.htm，2016 年 11 月 1 日下载）。

50. Ogg, *Charles II*, ii, 第 492 页。

51. *Misson*，第 81—82 页。
52. *Misson*，第 81—82, 232—233 页；*Schellinks*，第 61—62 页；*PL*，第 208 页。
53. Susan Dwyer Amussen, *Caribbean Exchanges: slavery and the transformation of English society 1640—1700* (2007), 第 221 页。
54. *Anglia Notitia*, i, 第 299 页。
55. 米兰达·霍夫曼指出，霍尔特爵士在 Chamberlain vs Harvey (1696), Smith vs Brown & Cooper (1701) 和 Smith vs Gould (1706) 的审判中表达了这一观点。参见 http://www.mirandakaufmann.com/common-law.html,2016 年 3 月 14 日下载。
56. Amussen, *Caribbean Exchanges*，第 219—220 页。
57. Devon Heritage Centre: Bishopsteignton parish register，3/4/1708.
58. W. J. Hardy (ed.), *Middlesex County Records: Calendar of Sessions Books 1689—1709* (1905), 第 41 页。
59. *Pepys*, iii, 第 95 页。
60. *Pepys*, vi, 1665 年 9 月 7 日的日记。
61. Manuel Eisner, 'Long-Term Historical Trends in Violent Crime', *Crime and Justice*, 30 (2003), 第 83—142 页，此处引自第 85, 99 页。
62. Manuel Eisner, 'Long-Term Historical Trends in Violent Crime', *Crime and Justice*, 30 (2003), 第 83—142 页，此处引自第 99 页。奇怪的是，比利时的暴力倾向一直持续到今天：在撰写本文时，比利时的谋杀率为每 10 万人中 1.8 人被杀，是英国的两倍。
63. *Misson*, 第 305—306 页。
64. Keith M. Brown, 'Gentlemen & Thugs in 17th-Century Britain', *History Today*，40（1990 年 10 月）。
65. 下面提及的决斗大多出自 Markku Peltonen, *The Duel in Early Modern England: civility, politeness and honour* (Cambridge, 2003)。关于这一时期是决斗的黄金时代的说法，参见第 202 页。
66. *Pepys*, i, 第 20 页（切斯特菲尔德）；*ODNB*（坦克维尔）；*Evelyn*, ii, 第 230 页（塔尔博特）；*Pepys*, ii, 第 32—33 页（白金汉）；*Evelyn*, ii, 第 355 页（西摩）；J. Kent Clark, *Whig's progress: Tom Wharton between revolutions* (2004), 第 218 页（沃顿）；*Pepys*, viii, 第 363 页。
67. Peltonen, *The Duel in Early Modern England*, 第 206—208 页。
68. 持剑决斗的致死率是手枪决斗的三倍。用剑致使 20% 以上的决斗者死亡，而手枪决斗仅杀死 6.5%。原因是捍卫荣誉的满足感可通过射击（无论是否击中）获得，而用剑，则必须流血才能获得满足感。参见 Robert B. Shoemaker, 'The Taming of the Duel', *The Historical Journal*, 45, 3 (2002), 第 525—545 页，此处引自第 528 页。
69. *Misson*, 第 216 页。
70. *Schellinks*, 第 62 页。这种做法稍早些时候在克伦威尔统治时期就已经开始了。

71. John Cordy Jeaffreson (ed.),'Middlesex Sessions Rolls, 1670', 收录于 *Middlesex County Records, volume 4, 1667—1688* (1892),第 17—24 页。
72. John Cordy Jeaffreson (ed.),'Middlesex Sessions Rolls, 1657' 收录于 *Middlesex County Records, volume 3, 1625—1667* (1888),第 256—268 页。
73. *Pepys*,iv,iii,第 116 页（乳清）。
74. *Pepys*,iii,iv,第 8 页（巴巴多斯）。
75. *Schellinks*,第 73 页。
76. *Pepys*,ii,第 214 页。
77. E. S. de Beer (ed.), *The Diary of John Evelyn* (Oxford, 1959),第 540 页,被 *PL* 第 59 页引用。
78. *Anglia Notitia*,i,第 52—53 页。
79. *Pepys*,ii,第 17 页（猴子）；*Diary*,ii,第 23 页（金丝雀）；*Diary*,iv,第 150—152 页（黑鸟）。
80. *Fiennes*,第 32 页。
81. D. B. Horn, *British Diplomatic Representatives 1689—1789*, Camden Third Series, xlvi (1932), *passim*.
82. *Anglia Notitia*,ii,第 284—285 页。
83. 你可以在这一时期买到地球仪。佩皮斯 1663 年 9 月买地球仪花了 3 英镑 10 先令。参见 *Pepys*,iv,第 302 页。
84. *Pepys*,ii,第 33—34 页（阿尔及尔奴隶）；*Evelyn*,ii,第 149,195 页（中国和日本）；*Pepys*,iv,1663 年 12 月 11 日（柯尼斯堡）。
85. *Pepys*,iii,第 172,298 页；iv,第 189,315,350 页。佩皮斯家中有中文和俄文藏书。见 *PFR*,第 34 页。
86. 佩皮斯 1663 年 6 月 25 日记录的有关阿梅西亚尔的新闻,见刊于 6 月 29 日的 *The Kingdom's Intelligencer*,参见 *Pepys*,iv,第 198,202—203 页。有关利马的新闻,参见 *Evelyn*,ii,第 278 页。
87. Michael Hunter,'Boyle, Robert (1627—1691)', *ODNB*, quoting Hunter, *Boyle by Himself* (1994), xlii.
88. 此部分的大部分细节源自 Jeremy Lancelotte Evans,'Tompion, Thomas (*bap.* 1639, *d.* 1713)', *ODNB*。
89. *Pepys*,i,第 264 页。
90. *Fiennes*, 第 205 页；*Baskerville*, 第 291 页；*Evelyn*, ii, 第 28, 180 页；Alan Marshall,'Morland, Sir Samuel, first baronet (1625—1695)', *ODNB*。
91. Richard Nicholls, *The Diaries of Robert Hooke* (1994),第 65 页。空气密度通常按照每立方米约 1.29 千克计算。
92. Paul Pettitt, Mark White, *The British Palaeolithic: Hominin Societies at the Edge of the Pleistocene World* (2012),第 145 页；J. S. Cockburn, H. P. F. King and K. G. T. Mcdonnell (eds), *A History of the County of Middlesex: volume one* (London,

1969),第 11—21 页。*British History Online,* http://www.british-history.ac.uk/vch/middx/vol1/pp11—21，2016 年 10 月 13 日获取。
93. William Petty, *Political Arithmetick*，引自 *DEEH*，第 61 页。
94. *Evelyn*，第 134—135 页。
95. *Noble*，第 93—94 页。
96. R. A. Houston, 'The Development of Literacy: Northern England, 1640—1750', *The Economic History Review*, New Series, 35, 2 (1982)，第 199—216 页，此处引自第 206 及 208 页；Houston, 'The Literacy Myth? Illiteracy in Scotland 1630—1760', *Past & Present*, 96 (1982)，第 81—102 页，此处引自第 92, 95, 97 页。
97. *GFS*，第 2—3 页。
98. Houston, 'The Development of Literacy'，第 199—216 页，此处引自第 204 页；Houston, 'The Literacy Myth?'，第 81—102 页，此处引自第 90 页。
99. *Evelyn*, ii, 第 267 页。
100. *Anglia Notitia*, i, 第 320—321 页。
101. Dewey D. Wallace, jun., 'Morton, Charles (*bap.*1627, *d.* 1698)', *ODNB*.
102. MacFarlane, *Family Life of Ralph Josselin*，第 165—166 页。
103. *Evelyn*, ii, 第 217—221 页，重点参见第 219 页。
104. *Pepys*, i, 第 167 页；ii, 第 43, 71, 73, 164, 169 页。
105. George de Forest Lord (ed.), *Poems on Affairs of State: Augustan Satirical Verse, 1660—1714* (7 vols, 1963—1975), i, 第 146 页。
106. George de Forest Lord (ed.), *Poems on Affairs of State*, i, 第 424 页。
107. *Pepys*, vii, 第 371 页。
108. 转引自 Keith Brown, 'Gentlemen and Thugs in 17th century Britain', *History Today*, 40 (1990)。
109. 转引自国家肖像艺术馆的网站 http://www.npg.org.uk/collections/search/portrait/mw01903/Catherine-Sedley-Countess-of-Dorchester。
110. *Evelyn*, ii, 第 251 页。
111. *Evelyn*, ii, 第 100 页。

第五章　生活必需

1. *Thoresby*, i, 第 10 页。
2. *Pepys*, iii, 第 32, 35 页。
3. *Evelyn*, ii, 第 304 页。
4. Gordon Manley, 'Central England temperatures: monthly means 1659 to 1973', *Quarterly Journal of the Royal Meteorological Society*, 100 (1974), 第 389—405 页，此处引自第 393 页。1674 年 3 月的平均气温为 1.2℃（在现代世界中，平均值长期保持在 5.4℃）；1694 年 9 月的平均温度为 10.5℃（现代世界为 12.7℃）；1695 年

7月平均温度为13.4℃（现代世界为15.1℃）；1698年5月的平均温度为8.6℃（现代世界为10.4℃）。白天持续高温（当月平均温度为17℃或以上）仅在1666年7月和8月、1667年7月、1669年7月、1677年7月、1679年8月和1699年7月出现过。

5. *Baskerville*，第299页（赛伦塞斯特）；*Pepys*，ii，第239页（举杯）。
6. Ronald Hutton, *The Rose and Fall of Merry England: the ritual year 1400—1700* (Oxford)，第242页。
7. *Misson*，第34—35页。
8. Chris Durston, 'The Puritan War on Christmas', *History Today*, 35, 12 (1985).
9. Durston, 'Puritan War'，援引 Edward Fisher, *A Christian Caveat to the Old and New Sabbatarians* (1649)。
10. *Pepys*, ii，第44, 192页；*Pepys Companion*，第377—378页；*Schellinks*，第73页；*Misson*，第330—331页。
11. *Pepys Companion*，第164页。
12. *Bristol*，第66页。
13. *Misson*，第36—37页。
14. *Pepys*, i，第19页。
15. 佩皮斯在1662年9月3日指出，"现在白昼开始变短，所以虽然我过去常常在4点左右起床，但现在直到5点钟之后天才大亮，所以我在5点之前起床。"*Pepys*, iii，第185页。他又在1663年1月7日写道："起得早：7点钟之前，那时天还未大亮。"*Diary*, iv，第7页。
16. *Cosmo*，第210页。有关早上3点起床的记载，见*Pepys*, i，第125页；ii，第135, 149页。后面两个关于闹钟的例子都在长途旅行出发之前。
17. *Thoresby*, i，第72页。
18. John Aubrey, *Brief Lives: A Modern English Version Edited by Richard Barber* (Woodbridge, 1982)，第204页。
19. *Pepys*, i，第186页。
20. 对英语进行计算机比对后显示，84%的《新约》和76%的詹姆斯国王版《旧约》逐字逐句摘自廷代尔译本。参阅 Jon Nielson and Royal Skousen, 'How much of the King James Bible is William Tyndale's? An Estimation based on Sampling', *Reformation*, 3 (1998)，第49—74页。此外，当大卫·克里斯特尔阅读詹姆斯国王版《圣经》时，统计出日常使用的习语共计257个，他发现其中只有18个由制作该版本的团队成员原创，几乎所有剩下的习语都出自廷代尔。参见 David Crystal, 'King James Bible: How are the Mighty Fallen?', *History Today*, 61, 1 (2011年1月)。
21. Mark Stoyle, *West Britons: Cornish Identities and the Early Modern British State* (Exeter, 2002)，第15页；Clark, *Later Stuarts*，第409—410页。
22. *Fiennes*，第186页。

23. Clark, *Later Stuarts*, 第 410 页; *HELS*, 第 165 页。
24. *Pepys*, i, 第 260—261 页。
25. *Evelyn*, i, 第 357 页; *Cosmo*, 第 222, 224 页。
26. 关于纸张的价格, 参见 *Bristol* 第 60—61 页 1674 年的库存清单。
27. *Pepys*, iv, 第 263—264 页。
28. *Anglia Notitia*, ii, 第 218—219 页; *SED*, 第 367—369 页。
29. *Anglia Notitia*, ii, 第 219 页。
30. *Misson*, 第 222 页; *Anglia Notitia*, ii, 第 218—219 页; Joan Day, 'Dockwra, William (*bap.* 1635?, *d.* 1716)', *ODNB*; Sir William Petty, *Several Essays in Political Arithmetick* (first published 1690; 4th edn, 1755), 第 171 页。
31. *Josselin*, 第 136 页。
32. *Evelyn*, ii, 第 311 页。
33. *Evelyn*, ii, 第 278 页; *Pepys*, iv, 第 240 页 (丹吉尔港)。
34. *Pepys*, ii, 第 56 页; iii, 第 35—36 页。
35. Clifford, *Diary*, 第 232 页; *Evelyn*, ii, 第 198 页 (大量的新闻), 349 页 ("演讲之夜")。
36. Asa Briggs & Peter Burke, *A Social History of the Media: from Gutenberg to the Internet* (Cambridge, 2002), 第 76 页。
37. Briggs & Burke, *Media*, 第 76 页。
38. *Misson*, 第 283 页。
39. *Pepys*, i, 第 281—282 页; iii, 第 163, 221 页; *Evelyn*, ii, 第 2, 90 页。
40. *Evelyn*, i, 第 366 页; 佩皮斯提到牛津伯爵的情人时也用了 "Miss" 一词, 并指出伯爵 "拥有" 她。*Pepys*, iii, 第 32, 58, 86 页。在 1666 年, 伊夫林再次提及领主的情妇们, 并将她们称为 "Misses"。*Evelyn*, ii, 第 19, 67 页 (书中原文: "a miss as they call these unhappy creatures")。
41. *Pepys*, ii, 第 199 页, 215 页; iii, 第 207 页。
42. *Pepys Companion*, 第 100, 103 页。
43. *Cosmo*, 第 193 页。
44. *London Spy*, 第 31 页。
45. *Pepys*, i, 第 287 页。
46. *Fiennes*, 第 64—65, 175 页。
47. J. P. B. Karslake, 'Further notes on the Old English Mile', *The Geographical Journal*, 77, 4 (1931), 第 358—360 页。
48. *AHEW*, i, 第 8 页。
49. Thomas Keith, *The Complete Practical Arithmetician* (1824), 第 23 页。
50. 苏格兰英寸是英格兰英寸的 1.0016 倍。参见苏格兰档案网络页面的数据, http://www.scan.org.uk/measures/distance.asp, 2016 年 3 月 14 日下载。
51. *Pepys*, iii, 第 266 页。

52. *PL*，第 165—166 页。
53. *Evelyn*, ii, 第 345 页。
54. *SED*，第 707 页。
55. Richard S. Westfall, 'Newton, Sir Isaac (1642—1727)', *ODNB*.
56. *Pepys Companion*，第 132 页。
57. 此处的例子现存于苏格兰皇家银行遗产档案馆，参见其网站 91 号展品，http://heritagearchives.rbs.com/rbs-history-in-100-objects/going-the-extra-mile/cheque-1659—60.html，2016 年 3 月 16 日下载。
58. 例如，*Noble*，第 104 页。
59. *PL*，第 170 页。
60. 预算的正式名称为"特定基金账单记录，已支付款项，以及剩余本金" Ogg, *J. & W.*, p. 412。
61. 我认为这一说法即使在 17 世纪还未流传开，但 18 世纪初却可以算是普遍共识了。尽管经常把这句话与本杰明·富兰克林联系在一起，但它最早出现在克里斯托弗·布洛克的《普雷斯顿的鞋匠》(1716) 一书中，书中原文为"除了死亡和税收之外无法确定任何东西"。这句话还在富兰克林之前的其他几个文本中出现过，包括：Edward Ward, *Dancing Devils* (1724)，第 43 页；Daniel Defoe, *The History of the Devil* (1728)，第 302 页。还有一种类似的表述，"有谁不在与死亡和税收抗争呢？"出自 *The Gentleman's Magazine* (1733)，第 152 页。
62. 12 Charles II, cap. 4, cap. 23；Owen Ruffhead (ed.), *Statutes at Large*, vol. 3 (1786)，第 147—162, 172 页。
63. Ogg, *Charles II*, ii, 第 435 页。
64. 有关自由兼自愿捐献的礼物，具体细节来自国家档案网站，http://www.nationalarchives.gov.uk/e179/notes.asp?slctgrantid=188&action=3，2016 年 3 月 13 日下载。
65. Anne L. Murphy, 'Lotteries in the 1690s: Investment or Gamble?', *Financial History Review*, 12, 2 (2005)，第 227—246 页；10 & 11 William III, c. 17。
66. Ogg, *J. & W.*，第 414 页。
67. *Baskerville*，第 310 页。
68. 'Guilds, markets and fairs', 收录于 *A History of the County of York: the City of York*, ed. P. M. Tillott (1961)，第 481—491 页，http://www.british-history.ac.uk/vch/yorks/city-of-york/pp481—491，2016 年 3 月 9 日访问。
69. Mitchell (ed.), *British Historical Statistics*，第 719, 754 页。
70. Daniel Defoe, *A Tour thro' the Whole Island of Great Britain* (3 vols, 1724—1727), vol. 1, letter 1, part 3, http://www.visionofbritain.org.uk/travellers/Defoe/4，2016 年 3 月 15 日下载。
71. Edward Ward, *Step to Stir-Bitch-Fair with Remarks upon the University of Cambridge* (1700)，第 3, 14 页。
72. *Baskerville*，第 272—273 页。

73. 这些细节大多来自笛福的 *Tour*。关于牛顿的细节来自 http://www.cam.ac.uk/research/features/stirbitch-mapping-the-unmappable，2016 年 3 月 15 日下载。
74. Ward, *Step to Stir-Bitch-Fair*，第 15 页。
75. *Pepys*，iv，第 84 页（讲价）；*Diary*，i，第 284 页（一英寸长的蜡烛）。
76. *London Spy*，第 57 页。
77. 这六家停业的市场包括毕晓普斯盖特、伊斯特奇普、鱼街山、旧鱼街、圣尼古拉斯香博思和圣保罗教堂庭院。
78. 到了 1700 年，沙德韦尔和沃平（位于城市东部）、斯皮塔菲尔德（在城市东北部）和萨瑟克（在城市南部）都有综合食品市场。在城市西边，你可以去布鲁姆斯伯里市场、布鲁克市场（靠近格雷旅馆街）、克莱尔市场、考文特花园广场、亨格福德市场（查令十字街附近）、纽波特市场，圣詹姆斯市场和威斯敏斯特市场。此外，在海马克、怀特查珀尔、萨瑟克和查珀尔街（威斯敏斯特）都能找到干草市场，还能在塔山的旧货市场买到二手服装。参见 *Markets*，第 216 页。
79. *Markets*，第 27 页。
80. *Markets*，第 28，102 页。

第六章　衣着

1. Christopher Dyer, *Standards of Living in the Later Middle Ages*（revised edn, Cambridge, 1998），第 316—317 页。苏格兰男性和女性的身高也大致相同：男性身高在 5 英尺 5 英寸至 5 英尺 7 英寸之间（165—170cm），女性身高在 5 英尺 1 英寸到 5 英尺 3 英寸之间（155cm—160cm）。参见 *OCSH*，第 285 页。
2. Tim Allen, 'The Forgotten Chemical Revolution', *British Archaeology*, 66 (2002), http://www.archaeologyuk.org/ba/ba66/feat2.shtml, 2016 年 5 月 22 日下载。
3. *Lincoln*，第 8 页。
4. 此处例子可参见 *Fashion*，第 194 页。
5. C. Willett and Phillis Cunnington, *The History of Underclothes* (1951)，第 56—60 页。
6. 13 条新衬裤在 1680 年的估价 1 英镑 2 先令 6 便士；1 条二手衬裤 1685 年的估价是 1 先令 6 便士。见 *Bristol*，第 112，139 页。
7. *HECSC*，第 133—134 页。
8. *Fashion*，第 80，96 页。
9. *Noble*，第 339 页（平纹细布）；*HECSC*，第 147 页（威尼斯蕾丝花边）。
10. *Pepys*，iv，第 80 页。
11. 例如，"3 打男用羊毛短袜的价格是 2 英镑 2 先令"，出自 *Bristol*，第 102 页。
12. *Pepys*，iii，第 204 页，217 页，224 页。关于 9 先令的长靴，见 *Bristol*，第 67 页。
13. *HECSC*，第 154 页（红色高跟鞋）。
14. *Pepys*，i，第 26 页；*HECSC*，第 156 页。
15. *Buckinghamshire*，第 258—259 页。

16. *Pepys Companion*，第 101 页。
17. *Pepys*，iv，第 343、350、357—358、380 页。
18. *Pepys*，ix，第 217 页。
19. *Noble*，第 341—342 页。
20. *PFR*，第 125 页。关于狗皮手套，参见 *Lincoln*，第 110 页。
21. *Noble*，第 341 页。
22. *Noble*，第 343—344 页。
23. *Lincoln*，第 110 页。
24. *Lincoln*，第 xlviii 页。
25. 1785 年 3 月，《爱丁堡杂志》收到了 20 年前写的一封信，声称短褶裙是由英国工程师托马斯·罗林森在 18 世纪 30 年代发明的。这封信的作者与罗林森相识。还有其他关于短褶裙起源的故事，包括跟此来源相关的其他版本，但这封信作为第一手资料，是最主要的依据。
26. *HELS*，第 141、156 页。
27. *EoaW*，第 48 页，转引自 *A Trip to Barbarous Scotland by an English Gentleman* (1709)。
28. William Cleland, *A Collection of Several Poems and Verses* (1697)，第 12—13 页。
29. *Fashion*，第 190 页。
30. Julia Allen, *Swimming with Dr Johnson and Mrs Thrale: sport and exercise in eighteenth-century England* (2012)，第 163—164 页。
31. 我没有找到相关年份的罩衫婚礼的案例，但之前和之后的年份里都有记载。1547 年，在马奇温洛克，铁匠托马斯·蒙斯洛结婚时，新娘爱丽丝·尼克尔斯就穿着罩衫，头上什么也没戴（Cunnington, *Underclothes*，第 47 页）。1714 年，在奇尔特恩万圣节，约翰·布里德莫尔结婚时，新娘安·舍伍德只穿了罩衫，"未穿其他任何衣服，也没戴任何头饰"（William Andrews, *Old Church Lore* (1891)，第 186 页）。后者还提及了更多的罩衫婚礼，分别于 1723 年、1738 年、1771 年、1776 年、1797 年、1808 年以及 1838—1844 年之间举办。Amy Louise Erickson, *Women and Property in Early Modern England* (2002)，第 146 页指出，"罩衫婚礼的想法至少在象征意义上代表从 17 世纪初开始丈夫就不再从新娘那里得到任何钱。约翰·维利尔斯爵士抗议说，他愿意跟爱德华·科克爵士的女儿及女继承人弗朗西斯·科克举行'罩衫婚礼'，（似乎）暗示着他爱她本人，而不是她的钱财。"
32. *Pepys Companion*，第 102 页与此相反的暗示是种误导。他提到的"大量文学证据"实际上仅仅只有一处，出现在一段民谣里：John Ashton (ed.), *A Century of Ballads Illustrative of the Life, Manners and Habits of the English Nation During the Seventeenth Century* (1887)，其中提到，女性为了寻求刺激，穿着男性内裤跑来跑去。
33. *Pepys*，iv，第 172 页。考虑到女性在其他场合穿内裤的"调皮"意图，此处佩皮斯的用意似乎是，他想通过观察夫人是否穿着内裤——即马镫内裤——来断定她是否能够坚守妇道。佩皮斯于1668年5月发现，刚刚结婚的劳瑟夫人在她父亲位于伦敦的家中穿着内裤，因为当他帮她换鞋并试图触摸她的大腿时，发现内裤挡住了他手的去路。参见 *Pepys*，ix，第194页。

34. Ashton (ed.), *Ballads*, 第277—279页; Allen, *Swimming with Dr Johnson and Mrs Thrale*, 第164页。
35. Thomas Mace, *Musick's Monument* (1676), 第232页。
36. *Pepys*, iii, 第77页; *Pepys Companion*, 第101页。
37. *Rugg*, 第105页。
38. John Bulwer, *Artificial Changeling* (1653), 被 *HECSC* 第170页转引。
39. *Fashion*, 第212—213页（彩色穗子，洒有香水的鞋），第214—215页（有装饰的天鹅绒软底鞋）。
40. Misson, *Memoirs*, 第214页。
41. *Fiennes*, 第207页。
42. *Bristol*, 第54页。
43. *Pepys Companion*, 第102页。
44. *Pepys*, i, 第299页。
45. *HECSC*, 第181—183页。
46. *Pepys*, v, 第78页。
47. *Pharmacopoeia*, 第146页。
48. 引自 *HECSC*, 第187页。
49. *Pepys*, iii, 第239页。
50. Misson, 第214页; *HECSC*, 第187页。
51. *Schellinks*, 第43页; Iris Brooke, *English Costume of the Seventeenth Century* (2nd edn, 1950), 第68页。
52. *Essex*, 第125页。
53. *Fiennes*, 第173页。
54. *EoaW*, 第49页, 转引自 *A Trip to Barbarous Scotland by an English Gentleman* (1709)。
55. Hannah Woolley, *The Gentlewoman's Companion* (3rd edn, 1682), 第294, 303页。
56. *Pepys*, i, 第19页。
57. *Pepys*, i, 第296页。
58. *Noble*, 第214页。
59. 例如，1689年，在布里斯托尔，两只"平滑烙铁"的估价是2先令。见 *Bristol*, 第179页。
60. 见 *OED*, "iron" 和 "ironing" 条目。

第七章　出行方式

1. *Schellinks*, 第46, 48页。

2. *Fiennes*，第 22 页。
3. *Fiennes*，第 40—41 页。
4. *Fiennes*，第 203 页。
5. *Thoresby*，i，第 295 页。
6. *Fiennes*，第 214 页。
7. *Baskerville*，第 271—272 页。
8. *Pepys*，iv，第 139 页。
9. *Travel in England*，第 14 页。
10. *Travel in England*，第 8—11 页；*HELS*，第 253 页。
11. *Travel in England*，第 27 页；*King's Highway*，第 22—23 页。
12. *King's Highway*，第 147 页。
13. 关于肯特郡伊丽莎白时期的路标，参见 *King's Highway*，第 156 页。
14. *King's Highway*，第 157 页。
15. *Fiennes*，第 164 页。
16. *Travel in England*，第 27 页。
17. *DEEH*，第 65 页；*Fiennes*，第 135 页。
18. *Baskerville*，第 296 页。
19. *Cosmo*，第 402 页；*Misson*，第 172 页；Lettie S. Multhauf, 'The Light of Lamp-Lanterns: Street Lighting in 17th-Century Amsterdam', *Technology and Culture*, 26, 2 (1985)，第 236—252 页，此处引自 251—252 页。另见 E. S. de Beer, 'The Early History of London Street-lighting', *History*, new series, 25, 100（1941 年 3 月），第 311—324 页。
20. 要照亮 20 所房屋前面的空地需要 1 英镑 15 先令。参见 Ogg, *J. & W.*，第 133 页。
21. *Pepys*，viii，第 174 页。
22. 1636 年，伦敦有 6000 辆客运马车；根据威廉·配第爵士的估算，1676 年的数量大幅增加。参见 J. H. Markland, 'Some Remarks on the Early Use of Carriages in England', *Archaeologia*, xx (1824)，第 443—476 页，此处引自第 468 页。如果 1636—1670 年间的人口增长——从大约 30 万到 47.5 万——导致客运马车数量相应增加，我们可推算出 1670 年的客运马车数量将有大约 9500 辆。
23. 1662 年 12 月 15 日，佩皮斯乘自己的客运马车从纽盖特市场杂乱摆放的路边摊中间穿过时，不小心撞掉了摊上的两块牛肉。屠夫们不依不饶，他被迫向其支付了 1 先令作为赔偿金。*Pepys*，iii，第 283 页。1660 年 11 月 27 日，他乘坐马车在国外大街上遭遇了一次客运马车大拥堵，是由一个货运马车车夫和一个仆人吵架而引发的。*Pepys*，i，第 303 页。
24. *Travel in England*，第 79 页；*SED*，第 381 页。
25. *Travel in England*，第 80 页；*Pepys Companion*，第 451 页。
26. *Travel in England*，第 71—72 页。
27. 两轮轻便马车首次出现在 *OED* 的一个条目中，日期为 1701 年。

28. 关于双驾马车与四驾马车的竞赛，参见 *Pepys*, ii, 1661 年 5 月 29 日。
29. *Pepys*, i, 第 286 页；*Pepys Companion*, 第 453 页；*Misson*, 306 页。
30. *Lincoln*, lxxiii, 第 75 页。
31. J. H. Markland, 'Some Remarks on the Early use of Carriages in England', *Archaeologia*, xx (1824), 第 443—476 页, 此处引自第 463 页。
32. *Noble*, 第 208 页。尽管这里实际上将其描述为"双轮马车"，但因装了玻璃窗，加上昂贵的造价，它似乎更像一辆客运马车。在总价中，基本车架和驾驶室耗费 53 英镑 10 先令；装衬驾驶室的天鹅绒用去 24 英镑；窗户需付给玻璃制造商 10 英镑 14 先令；装饰品需要付给花边制造商 14 英镑 10 先令；车内装饰还要付给画家 25 英镑。
33. 贝德福德伯爵在 1641 年为每匹马支付了 25 英镑（*Noble*, 第 54 页）。1680 年，桑德兰伯爵夫人购置两匹拉客运马车的马用掉了 100 英镑，参见 *Travel in England*, 第 76 页。
34. *Lincoln*, 第 75 页。格雷戈里·金估算，1688 年牧场和草地每英亩出租的价值为 9 先令。
35. *Noble*, 第 203 页, 206—207 页。
36. *Pepys Companion*, 第 453 页。
37. *Evelyn*, ii, 第 280 页。
38. *Pepys*, iv, 第 430 页。
39. *Evelyn*, ii, 第 221 页。
40. *Misson*, 第 39 页。
41. *Anglia Notitia*, ii, 第 219 页。
42. 乔治旅馆的载客马车也前往韦克菲尔德、利兹和哈利法克斯（每人 2 英镑，周五启程）；还去达勒姆和纽卡斯尔（3 英镑，每周一发车）；以及前往巴斯或布里斯托尔（1 英镑，每周一和周四发车）。去往爱丁堡每三周发车一次，费用为 4 英镑 10 先令。参见 *EoaW*, 第 202 页, 转引自 *Mercurius Politicus* (1658)；Markland, 'Some Remarks on the Early Use of Carriages in England', 第 474 页；*SED*, 第 384—385 页。
43. Schellinks, *Journal*, 第 65 页。
44. *SED*, 第 383—385 页。
45. *Travel in England*, 第 86 页。
46. *PL*, 第 164 页；另见 *Pepys's Companion*, 第 451 页。
47. Edward Ward, *Step to Stir-Bitch-Fair with Remarks upon the University of Cambridge* (1700), 第 3—4 页。
48. 1663 年 1 月, 佩皮斯夫人的一件西服背心就是这样失窃的。见 *Pepys*, iv, 第 28 页。
49. *SED*, 第 388—389 页。
50. *Evelyn*, ii, 第 20 页。
51. *Pepys*, ix, 第 474 页；*Josselin*, 第 159 页。

52. *Travel in England*，第 70 页；*Evelyn*，ii，第 41，274 页。
53. *Schellinks*，第 93 页。
54. *London Spy*，第 87 页。
55. *Noble*，第 206 页。
56. *Buckinghamshire*，第 181 页。
57. *Lincoln*，第 88 页。
58. *Bristol*，第 151，175 页。
59. 许多不同的消息来源证明了这一点，尤其是伯克希尔遗嘱认证账户，见 Ian Mortimer（ed.），*Berkshire Probate Accounts 1573—1712*，Berks Rec. Soc. (Reading, 1999)。在本书的 162 个账户中，84 个涉及 1630 年之前的记录；然而，只有其中一个账户提到马匹租赁，1608 年租马的那个例子中，会计师住在伦敦，有可能在那里雇用的马。其余 78 个账户中有 16 个提及马匹租赁，发生在 1631—1651 年和 1663—1712 年间。在 1631 年至 1651 年，提及马匹租赁的频率与复辟之后基本相同。早年绝大多数租赁马匹的都是大城镇会计师。也许还有一点很重要，出租马车的业务在 17 世纪 20 年代也在伦敦开始。
60. 每英里 1 便士的费率可参见 Mortimer (ed.)，*Berkshire Probate Accounts*，第 159，199，215 页。租马匹的费用从庞伯恩到沃尔汉普顿（单程 9 英里）是 1 先令 6 便士（1681）；从蒂莱霍斯特到伦敦（84 英里），7 先令；从蒂莱霍斯特到牛津（25 英里），4 先令。第一项从庞伯恩到沃尔汉普顿的费率表上也提供了三次 3 先令的价格，那就意味着每次 1 先令的费率。1680 年的资料直接提及弗里福德的会计师"一日租马费用"为 1 先令 (*Berkshire Probate Accounts*，第 214 页）。
61. *Schellinks*，第 178 页。
62. *Pepys*，ii，第 15，133 页。
63. *Thoresby*，i，第 12—13 页。他的路线是在第一天到罗伊斯顿（41 英里）；第二天到斯坦福德（58 英里）；第三天到达塔克斯福德（48 英里）；第四天到利兹（57 英里）。1680 年 7 月，他再次沿该路线骑行，所用时间相同，第一天途经剑桥（54 英里）；第二天途经拉特兰的卡斯特顿（48 英里）；第三天途经巴恩比穆尔（58 英里）；在第四天到达利兹（43 英里）（*Thoresby*，i，第 49 页）。
64. *Schellinks*，第 65 页；*Baskerville*，第 276 页。
65. *Misson*，第 11—12 页。
66. *Schellinks*，第 58 页。*Pepys*，i，第 287 页；ii，第 12 页。有关这艘游艇的规格，参见国家海事博物馆里"玛丽"号的模型，http://collections.rmg.co.uk/collections/objects/66330.html，2016 年 6 月 9 日下载。
67. *PN*，第 63 页。
68. *Misson*，第 21 页。
69. *Schellinks*，第 70 页。
70. *Pepys*，i，第 311 页。
71. *Rugg*，第 72 页。

72. *Travel in England*，第 102—103 页。

73. *Schellinks*，第 69 页。

74. 这发生在 1699 年 11 月。*Evelyn*，ii，第 357 页。

75. *Fiennes*，第 203 页。

76. *SED*，第 370 页（活桅船），第 420 页。

77. Carew Reynel，*The True English Interest* (1674)，第 42—43 页，转引自 *SED*，第 386—387 页。

78. T. S. Willan, 'The River Navigation and Trade of the Severn Valley, 1600—1750', *Economic History Review*, 8 (1937)，第 68—79 页；*idem*, 'Yorkshire River Navigation 1600—1750', *Geography*, 22 (1937)，第 189—199 页；*PN*，第 116 页（贝德福德）。

79. Mitchell (ed.), *British Historical Statistics*，第 534 页；*PN*，第 114 页。

80. Ogg, *J. & W.*，第 294—295 页。

81. *PN*，第 114 页。

82. *PN*，第 33 页。

83. *Anglia Notitia*，ii，第 155—157 页。

84. *PN*，第 38 页。

85. *PN*，第 115 页。

86. *Pepys*，iv，第 256—257 页。

87. *SED*，第 352 页。

88. *Cosmo*，第 95—97 页。

89. *PN*，第 146 页。

90. Elizabeth Baigent, 'Collins, Greenvile (*d.* 1694)', *ODNB* (2004).

91. *Thoresby*，i，第 17，25—27 页。

92. *SED*，第 582 页。

93. *Barlow's Journal*，i，第 228 页。

94. *PN*，第 154 页。

95. *Schellinks*，第 41 页。

96. *PN*，第 76 页。

97. *PN*，第 156 页。

98. *PN*，第 156 页。

99. *PN*，第 152 页。

100. Henry Teonge, *Diary* (1825)，第 27—28 页。

101. Joe J. Simmons, *Those Vulgar Tubes*（2nd edn, 1997），第 7 页。

102. Simmons, *Tubes*，第 43，52 页。

第八章 居住条件

1. *Pepys*，ix，第 231 页。

2. 自 1393 年开始情况即是如此。Jacob Larwood and John Camden Hotten, *English Inn Signs* (1951), 第 8 页。
3. Larwood & Hotten, *English Inn Signs*, 第 11 页。
4. *Baskerville*, 第 265 页。
5. *Pepys Companion*, 第 452 页; *Baskerville*, 第 307 页。
6. *Lincoln*, 第 105 页。
7. *Bristol*, 第 82 页。
8. *Pepys*, i, 第 150 页。
9. Lawrence Wright, *Warm and Snug* (1962), 第 125 页。
10. Wright, *Warm and Snug*, 第 128 页。
11. *Pepys*, iii, 第 70 页。
12. *Pepys*, iii, 第 70 页。
13. John Summerson, *Architecture in Britain 1530—1830* (9th edn, 1993), 第 141 页。
14. *Fiennes*, 第 106 页。
15. *Fiennes*, 第 47 页。
16. *Fiennes*, 第 105 页。
17. *Evelyn*, ii, 第 243 页。
18. *WCH*, 第 59 页。
19. *Fiennes*, 第 171 页。
20. *Evelyn*, ii, 第 235 页。
21. *Noble*, 第 280—301 页; *WCH*, 第 43, 45 页。
22. Katherine Gibson, 'Gibbons, Grinling', *ODNB*, 转引自 Vertue, Note books, 4.11。
23. *Evelyn*, ii, 第 82 页。
24. *WCH*, 第 19 页。
25. Kathryn Barron, 'Verrio, Antonio', *ODNB*.
26. Peter Thornton, *Seventeenth-Century Interior Decoration in England, France and Holland* (1978), 第 56 页。
27. *Pepys*, i, 第 269 页 (装饰), 298 页。
28. *WCH*, 第 30, 39 页; *Buckinghamshire*, 第 269 页 (吸烟室); *Evelyn*, ii, 第 117 页。
29. *WCH*, 第 38 页。
30. *WCH*, 第 24 页。
31. *WCH*, 第 161 页。
32. *Lincoln*, 第 73—75 页。注：据我推测，这是一处老式房屋，因为它有一个大厅，上面未设作为卧室的房间（这暗示着大厅很有可能自地面一直到屋顶，因此比较古老）。另外，在会客厅里没有提到挂画或挂毯，这表明它们安装了护壁板。
33. Hentie Louw and Robert Crayford, 'A constructional history of the sash-window c. 1670—1725', *Architectural History*, 41 (1998), 第 82—130 页。
34. 佩皮斯 1662 年 11 月买了一只新门环。*Pepys*, iii, 第 263 页。

35. 比如，"本想从国外为我的办公室购置可以烧木炭的炉篮，不过我在纽盖特市场找到了一只合我心意的。"*Pepys*, iv（1663年12月9日）。
36. 关于引燃炉火的过程和购置好烟囱的必要性，参见 *Misson*，第37—38页。
37. Mitchell, *British Historical Statistics*，第244页。
38. *HELS*，第11页。
39. *Pepys*, i, 第302页。
40. *Bristol*，第78页。
41. *Bristol*，第35页。
42. *Lincoln*，第120页。
43. *Lincoln*，第32—33页。
44. Margaret Cash (ed.), *Devon Inventories*, Devon & Cornwall Record Society, NS 11 (Torquay, 1966), 第174—175页。
45. *Pepys*, i, 第269页。
46. *Pepys*, iv, 第155页。
47. 转引自 Picard, *Restoration London*，第14页。
48. *Pepys*, iv, 第252—253页。
49. James Ayres, *The Shell Book of the Home in Britain* (1981), 第34页。
50. 由于该房屋的最早库存可以追溯到1634年并且没有出现在1597年的调查中，我认为它是在这两个日期之间建造的，因此有竖框窗户。参见 N. W. Alcock, *Living in a Warwickshire Village 1500—1800* (Chichester, 1993), 第85，215页。
51. Cash (ed.), *Devon Inventories*，第162页。
52. *Fiennes*，第40，144页；Ayres, *The Home in Britain*，第31页。
53. *Baskerville*，第298页。
54. *HELS*，第11页；Ayres, *The Home in Britain*，第34页。

第九章　饮食烟酒

1. *Anglia Notitia*, i, 第6页。
2. *Misson*，第314页。
3. *Pepys Companion*，第148页。
4. 该数值基于熟练木工的总薪水为25000英镑，其中包括五周带薪假期（每周532英镑）。那么按照占周工资比例计算，鸡肉和梨的价格高出现在14倍。
5. *Schellinks*，第33页。
6. *Pepys*, ii, 第112—113页。
7. 该数据来自《埃克塞特记录》第433条关于玉米市场的记录。参见 Mitchell, *British Historical Statistics*，第754页。
8. *OCSH*，第286页；Stana Nenadic, 'Necessities: food and clothing in the long 18th century'，载于 *HELS*，第137—163页。

9. Henry Buttes, *Dyet's Dry Dinner Consisting of Eight Seuerall Courses* (1599), section 4, 参见"牡蛎"条目。
10. *Evelyn*, ii, 第 143 页。
11. *Pepys*, i, 第 291 页。
12. *Pepys*, ii, 第 3 页。
13. Charles R. Geisst, *Beggar Thy Neighbour: A history of usury and debt* (2013), 第 102 页。这一数值是 21 世纪英格兰和威尔士死于食物中毒的人数的六到七倍。
14. *HELS*, 第 138 页。
15. *Fiennes*, 第 39—40 页（螃蟹、龙虾），61 页（苹果酒），64 页（三文鱼），166 页（鲑鱼），204 页（奶油）。
16. *Baskerville*, 第 268 页（鲱鱼），294 页（鳗鱼），299 页（奶酪），310 页（甘草）。
17. *Baskerville*, 第 274—276 页。
18. *Noble*, 第 141 页（贝德福德伯爵）；*Pepys*, ii, 第 44—45，52，55，60 页。
19. *GFS*, 第 218—219 页。
20. *Pepys*, ii, 第 119 页；iii, 第 10 页。
21. *Baskerville*, 第 263 页（啤酒），297 页。
22. *Pepys*, i, 第 9 页；ii, 第 208，228 页。
23. *Misson*, 第 313 页。
24. *ToH*, 第 201 页。
25. *Pepys*, iv, 第 354 页。
26. *Cosmo*, 第 377—378 页。
27. 西莉亚·法因斯在布雷特比就餐时就是如此。见 *Fiennes*, 第 155 页。
28. *ToH*, 第 196 页。
29. *EoaW*, 第 43 页。
30. *Noble*, 第 165—166 页。
31. *Noble*, 第 144 页。
32. *FDB*, 第 58 页。
33. *FDB*, 第 105，111 页。
34. *FDB*, 第 101 页。
35. *ToH*, 第 204 页。
36. *Evelyn*, ii, 第 143 页。
37. *FDB*, 第 56 页。
38. *Pepys*, iv, 第 14 页。
39. *Pepys*, iv, 第 95 页。
40. *Pepys*, i, 第 223 页。
41. *Pepys*, i, 第 263 页；iii, 第 234 页。
42. Ward, *Stir-Bitch-Fair*, 第 7 页。
43. *Schellinks*, 第 91 页。

44. *Pepys*，iv，第 192 页。
45. *Misson*，第 146—147 页。
46. *London Spy*，第 187 页。
47. *Pepys Companion*，第 417—418 页。
48. *Pepys*，iv，第 301 页。
49. *Pepys Companion*，第 417 页；*Misson*，第 147 页。
50. *Noble*，第 218—220 页。
51. *Fiennes*，第 207 页。
52. 尽管土豆用处很大，但是在 1801 年，土豆的种植面积不足总耕地面积的 2%。见 AR，第 102 页。
53. *ToH*，第 193 页。
54. *Anglia Notitia*，i，第 51 页。
55. *PL*，第 13 页；*Fiennes*，第 136 页（诺威奇），146 页（莱斯特），186 页（施鲁斯伯里），198 页（埃克塞特）。
56. *FDB*，第 385 页。
57. Ward，*Stir-Bitch Fair*，第 8 页。
58. *Baskerville*，第 293 页（麦芽）；*Pepys*，i，第 283 页（诺恩道麦芽酒）；*London Spy*，第 179 页（药西瓜）。
59. *Schellinks*，第 38，40 页。
60. *Baskerville*，第 308 页。
61. *Fiennes*，第 182 页；*Pepys Companion*，第 105 页。
62. *Baskerville*，第 292 页（斯库达莫尔苹果），293 页（红纹苹果），295 页（价格）；*Fiennes*，第 41 页；*Pepys*，iv，第 254 页；*Noble*，第 181 页（瓶装苹果酒）。
63. *Pepys*，i，第 317 页。
64. 1663 年 10 月 23 日，佩皮斯购买了 6 瓶印有自己族徽的葡萄酒，用以珍藏。见 *Pepys*，iv，第 346 页。
65. *Noble*，第 189 页。
66. *OCW*，第 97 页。
67. *OCW*，第 511 页。
68. *Noble*，第 192—193 页；*OCW*，第 151 页。1676 年，沙德韦尔在他的剧作《学者》（第一幕，第二场）中写道，斯巴克斯走进剧院时，"一身香槟酒气，喋喋不休，头脑糊涂"。
69. Charles Ludington, 'The Politics of Wine in 18th-century England', *History Today*, 63, 7 (July 2013), http://www.historytoday.com/charles-ludington/politics-wine-18th-century-england，2016 年 9 月 1 日下载。
70. *Pepys*，iv，第 100 页。
71. 理查德·艾姆斯在他的长诗《寻访红酒》（'The Search after Claret'，1691）中，称奥比昂葡萄酒为"令人精神振奋的波塔克"。

72. *FDB*，第 391 页。

73. *Pepys*，iv，第 235 页。

74. *Baskerville*，第 295 页。注：这里指的是在伍斯特的价格。

75. *Baskerville*，第 308 页。

76. *Noble*，第 197 页。

77. Tim Unwin, *Wine and the Vine* (1991)，第 243 页。

78. *SED*，第 86 页。

79. *Noble*，第 200 页。

80. *FDB*，第 400，403 页。

81. *LSCCS*，第 19 页（不孕）；Clarke, *Later Stuarts*，第 358 页。

82. *LSCCS*，第 50—51 页。

83. *Bristol*，第 118—119 页。

84. *LSCCS*，第 23 页。

85. *Misson*，第 39—40 页。

86. *Noble*，第 168 页。

87. *LSCCS*，第 24 页。

88. *Pepys*，i，第 253 页。

89. *FDB*，第 411—412 页。

90. *Noble*，第 170 页。

91. *Pepys*，ii，第 88 页（加冕后的第二天早上）；iii，第 227 页；iv，第 5 页。

92. *FDB*，第 408—410 页。

93. *Cosmo*，第 398 页。

94. *Schellinks*，第 121 页。

95. *Misson*，第 311—313 页；*Fiennes*，第 204 页；*Baskerville*，第 303 页。

96. *Misson*，第 313 页。

97. *HELS*，第 224 页。

98. Jorevin de Rocheford，转引自 *Fiennes* 第 204 页。

99. *Noble*，第 345—346 页。

第十章　卫生与健康

1. 艾丽斯·桑顿的自传，转引自 *Sufferers*，第 227 页。

2. *Sufferers*，第 164 页。

3. *Barlow's Journal*，i，第 178 页。

4. Edward Jorden, *A Discourse of Naturall Bathes and Mineral Waters* (3rd edn, 1683)，第 132，134 页。

5. Jorden, *Naturall Bathes*，第 138 页。

6. *Fiennes*，第 45 页。

7. *Schellinks*，第 106 页；*Fiennes*，第 46 页。
8. *Fiennes*，第 93 页。
9. *Fiennes*，第 94 页。
10. *Thoresby*，i，第 54, 86, 234 页。
11. *Baskerville*，第 314 页。
12. *Fiennes*，第 125—127 页。
13. *Schellinks*，第 87—88 页。
14. *Pepys*，ix，第 233 页。
15. *HELS*，第 224 页，引自 E. W. Marwick, *The Folklore of Orkney and Shetland* (1975)，第 92 页。
16. Virginia Smith, *Clean: A History of Personal Hygiene and Purity* (Oxford, 2007)，第 220 页。
17. *WCH*，第 39 页；*Pepys Companion*，第 103 页。
18. Joseph Pitts, *Faithful Account of the Religion and Manners of the Mahometans* (4th edn, 1738)，第 69—70 页。
19. *Pepys*，i, 第 298 页。
20. Jorden, *Naturall Bathes*，第 134 页。注：乔登书中的受众是受到良好教育且十分富有的读者，而不是一群洗衣妇，这反而表明，他认为大多数绅士和受教育的女性都知道用肥皂洗手后手指会变成什么样子。
21. 有关佩皮斯与跳蚤，参见 *Pepys*，iv，第 38 页。
22. 1660—1700 年间记录的死亡总人数为 890361 人。鼠疫死亡总人数为 70735 人（7.94%），其中 1665 年占 68596。如果将 1660—1664 年的平均死亡人数（17019 人）从 1665 年的死亡总人数（97306 人）中减去，并且考虑到 1665 年鼠疫记录严重失真，那么死亡人数为 80287 人（9.02%）。加上 1665 年外的鼠疫死亡人数，总数最多为 82426 人（9.26%）。在这期间，141982 人（15.9%）被记录为死于肺病（不包括瘰疬），119496 人（13.4%）死于痉挛，111499 人（12.5%）死于瘟疫和高烧，85984 人（9.66%）死于肠痉挛。
23. Paul Slack, *The Impact of Plague in Tudor and Stuart England* (1985)，第 151 页。虽然死于 1665 年大瘟疫的人数更多，但死亡人数在总人口中所占的比例要小一些。
24. Walter George Bell, *The Great Plague of London* (1924)，第 23—24 页。
25. *Evelyn*，i，第 404 页。
26. *Pepys*，vi，第 268 页。
27. Bell, *Great Plague*，第 143 页。
28. Slack, *Impact of Plague*，第 317 页。
29. Bell, *Great Plague*，第 140 页。
30. A. G. E. Jones, *The Great Plague in Ipswich*, *Proceedings of the Suffolk Institute for Archaeology and History*, xxviii, 1 (1958)，第 78—89, 88 页。Charles Creighton, *History of Epidemics in Britain* (1894), ii，第 687—690 页；Slack, *Impact of*

Plague，第 16 页（科尔切斯特），138 页（诺威奇）。

31. Bell, *Great Plague*，第 296 页。伊姆村当时的人口数常被说成是 360 人，但伊姆村博物馆网站上的一份详细分析表明，当时的人口数正好是 700 人，其中已知的有 433 人幸存下来。参见 http://www.eyam-museum.org.uk/assets/files/eyam-population-1664—1667.pdf，2016 年 9 月 4 日下载。
32. Evelyn，转引自 Vanessa Harding, 'Housing and Health in Early Modern London'，收录于 V. Berridge and M. Gorsky (eds), *Environment, Health and History* (2012)，第 23—44, 38 页。
33. *Pharmacopoeia*，第 24, 70, 92 页。
34. F. N. L. Poynter, *A Seventeenth-Century Doctor and His Patients: John Symcotts, 1592?—1662*, Bedfordshire Historical Record Society, xxxi (1951)，第 49 页。
35. *Pharmacopoeia*，第 56, 58, 61 页。
36. Richard Tomlinson, *A Medicinal Dispensatory* (1657)，第 589 页。
37. Nichols, *Hooke*，第 26—27 页。
38. *Evelyn*, ii，第 236 页。
39. *Mercurius Politicus* (20 Dec. 1660)，转载于 *EoaW*，第 140 页。
40. *Pepys*, ii，第 53 页。
41. *Pharmacopoeia*，第 64 页；*Sufferers*，第 141 页。
42. *Pharmacopoeia*，第 10, 30, 67 页。
43. Roy Porter, 'Madness and its institutions'，转载于 Andrew Wear (ed.), *Medicine and Society*，第 279, 285 页。
44. *PHE*，第 256 页 (1.7%)；*Global Crisis*，第 93 页 (4%)。
45. 张伯伦医生的助产钳于 1813 年发现于 Woodham Mortimer Hall，关于产钳设计，参见 Peter M. Dunn, 'The Chamberlen Family (1560—1728) and Obstetric Forceps', *Archives of Disease in Childhood Fetal & Neonatal Edition*, 81 (1999), F232—235。
46. Eric Jameson, *A Natural History of Quackery* (1961)，第 29 页。
47. Andrew Wear, *Medicine in Society: historical essays* (Cambridge, 1992)，第 127 页。
48. Lord Ruthven, *The Ladies Cabinet Enlarged and Opened* (4th edn, 1667)，第 63—65 页（温泉水），70—71 页（牙疼），86 页（蛇），127 页（痛风）。
49. Barry Till, 'Stillingfleet, Edward (1635—1699)', *ODNB*。
50. *D&D*，第 154—155 页。
51. *D&D*，第 78, 112—115 页；*Noble*，第 40 页（天花治疗一个疗程收费 20 英镑）。
52. Jonathan Barry, 'John Houghton and Medical Practice in William Rose's London. The Medical World of Early Modern England, Wales and Ireland, 1500—1715: Working Paper Two' (2015 年 4 月), http://practitioners.exeter.ac.uk/wp-content/uploads/2014/11/EMP_WP2_Barry_Houghton.pdf，2016 年 9 月 6 日下载。
53. Harold J. Cook, 'Sydenham, Thomas (*bap.* 1624, *d.* 1689)', *ODNB*。

54. *PFR*，第 39 页；Patrick Wallis，'Exotic Drugs and English Medicine: England's Drug Trade c. 1550—1800'，LSE Working Papers 143/10 (2010)，表 1，图 2。

55. *D&D*，第 58—59 页（坎特伯雷）。在伊丽莎白统治的 45 年间，埃克塞特郡有 8 位药剂师获得了自由民的身份：他们平均职业生涯长达 26 年，这表明该统治时期平均每年有 4.6 个药剂师。1660—1700 年间，有 39 人获得了自由民的身份，这表明这一时期平均每年有 24.7 个药剂师。据推测，埃克塞特药剂师与坎特伯雷药剂师的工作时长相当。

56. *Pharmacopoeia*，第 64—65 页。

57. Richard Sugg, *Mummies, Cannibals and Vampires: the History of Corpse Medicine from the Renaissance to the Victorians* (2011)，第 58—59 页。

58. Thomas Brugis, *The Marrow of Physick* (1669)，第 65 页，转引自 P. Kenneth Himmelman, 'The Medicinal Body: an Analysis of Medical Cannibalism in Europe, 1300—1700', *Dialectical Anthropology*, 22, 2 (1997)，第 183—203，此处引自 197 页。有关该药方的一般性问题，见 Richard Sugg, *Mummies, Cannibals and Vampires: the History of Corpse Medicine from the Renaissance to the Victorians* (2011)。

59. *Pepys*，iii，第 77 页。

60. *D&D*，第 86 页。在肯特郡，放血的费用低至 6 便士，2.5 先令的收费很常见；在伯克郡和萨塞克斯也有记录为 3.5 先令和 4 先令。

61. *Sufferers*，第 63 页。

62. *Sufferers*，第 61，74 页。

63. *PFR*，第 38 页。

64. *Evelyn*，ii，第 42，48，98 页。

第十一章　法律与混乱

1. Michael J. Galgano, 'Lisle, Lady Alice (c. 1614—1685)', *ODNB*.

2. Melinda Zook, 'Gaunt, Elizabeth (d. 1685)', *ODNB*.

3. J. M. Beattie, 'The Pattern of Crime in England 1660—1800', *Past and Present*, 62 (1974)，第 47—95 页。

4. *Old Bailey*, ref: t16931206—14.

5. *Old Bailey*, ref: t16760510—1.

6. *Old Bailey*, ref: t16940524—20.

7. *Old Bailey*, ref: t16770711—1.

8. *Barlow's Journal*, ii，第 451—453 页。

9. *Evelyn*，ii，第 133 页；http://www.historyofParliamentonline.org/volume/1660—1690/member/evelyn-george-i-1617—99, 2016 年 9 月 13 日下载。

10. Ogg, *J. & W.*，第 64 页。

11. Luttrell Collection of Broadsides, 1683—1684, 转引自 *EoaW*, 第 24—25 页。
12. John Brydall, *Camera Regis* (1676), 第 43—58, 73—75 页。
13. J. A. Sharpe, *Crime in Early Modern England* (1984), 第 22 页。
14. Kenneth Pennington, 'Innocent until proven guilty: the origins of a legal maxim', 载于 *The Jurist*, 63 (2003), 第 106—124 页。
15. Pennington, 'Innocent', 第 106—124 页, 摘自第 119 页。
16. Ogg, *Charles II*, i, 第 408 页。
17. *Schellinks*, 第 86 页。
18. *Misson*, 第 324—325 页; *Old Bailey*, ref: s16901015—1。
19. *Schellinks*, 第 82—83 页。
20. *Misson*, 第 124 页。
21. *Old Bailey*, refs: t17000115—19; s17000115—1.
22. *Pepys*, ii, 第 71 页。
23. *Old Bailey*, refs: t16830418—7, s16830418—1.
24. *Old Bailey*, ref: t16820224—15.
25. Andrea McKenzie, '"This Death Some Strong and Stout Hearted Man Doth Choose": The Practice of Peine Forte et Dure in Seventeenth- and Eighteenth-Century England', *Law and History Review*, 23, 2 (Summer, 2005), 第 279—313 页, 此处引自第 280 页。
26. McKenzie, 'Peine Forte et Dure', 第 302 页。
27. *Baskerville*, 第 295 页; N. M. Herbert (ed.), *A History of the County of Gloucester: Volume 4, the City of Gloucester* (1988), 第 245—247 页。
28. *Schellinks*, 第 34 页。
29. Brian P. Levack, 'The Prosecution of Sexual Crimes in Eighteenth-century Scotland', *The Scottish Historical Review*, 89, 288 (2010), 第 174—176 页。
30. Faramerz Dabhoiwala, *The Origins of Sex* (2012), 第 55—56 页。
31. Dabhoiwala, *Origins of Sex*, 第 58—60 页。
32. Timothy Curtis and J. A. Sharpe, 'Crime in Tudor and Stuart England', *History Today*, 38, 2 (Feb. 1988).
33. *Old Bailey*, ref: t16771010—6.
34. 之所以这么说，是因为 1685 年约有 14730 场洗礼仪式，1686 年有 14694 场。如果流产的妇女占 5%，那么意味着每年育龄妇女中有约 15500 人怀孕。据估计，当时的人口总数为 520000，近半数的人在 15 岁到 45 岁之间。假设这些人中一半是女性，那么每年育龄妇女中怀孕的人就会低于 12%。然而，胎动是在怀孕第四个月左右才开始的，所以怀孕五个月应该才能被发现。因此，如果法庭上所有育龄妇女都被查出怀孕，那么数值应该是 (5/12 × 15500)/130000，低于 (5%. × 15500)/130000，低于 5%。

第十二章　娱乐休闲

1. *London Spy*，第 181 页；*Pepys*，ii，第 166 页。
2. *London Spy*，第 182 页。
3. Philip H. Highfill, Kalman A. Burnim, Edward A. Langhans, *A Biographical Dictionary of Actors, Actresses, Musicians, Dancers, Managers and Other Stage Personnel in London, 1660—1800* (Carbondale and Edwardsville, 1982), 第 7 卷，第 23—25 页。
4. *Evelyn*，i，第 345 页。
5. *Evelyn*，i，第 325 页。
6. *EoaW*，第 134 页。
7. *Evelyn*，ii，第 83 页。
8. *Evelyn*，i，第 325 页（毛茸茸的女人）。
9. Henry Morley, *Bartholomew Fair* (1859)，第 315—332 页。
10. *Evelyn*，ii，第 196—197 页；*Travel in England*，第 105 页；*PL*，第 27 页；*Misson*，第 318—319 页。
11. *Misson*，第 25—27 页。
12. *Gamester*，第 196 页。
13. *Cosmo*，第 313 页。
14. *Anglia Notitia*，i，第 52—53 页。
15. 350 人次的射箭来自 1675 年芬斯伯里菲尔兹的数据（http://www.bowyers.com/bowyery_finsburyMarks.php，2016 年 10 月 19 日下载）。1676 年在苏格兰成立了射箭团体，后来更名为皇家弓箭手协会。从 1603 年开始，每年人们都会角逐马瑟尔堡银箭奖，这是世界上最古老的体育奖杯。在英格兰，从 1673 年开始，每年选手们都会在约克郡角逐斯考顿银箭奖。
16. *Cosmo*，第 145—146 页。
17. R. Cotgrave, *Dict. French & Eng. Tongues* (1611)，在"billiard"条目下。
18. *Noble*，第 238 页。
19. *Gamester*，第 223 页。
20. *Schellinks*，第 60 页。
21. *Schellinks*，第 71 页。
22. *Baskerville*，第 263，265，271，285 页。
23. *Pepys*，ii，第 90 页。
24. *Gamester*，第 224 页。
25. *Gamester*，第 17 页。
26. 上面描述的场景在弗朗西斯·海顿早期记录板球运动的画作中大都比较模糊，他最早描绘板球的作品可以追溯到 1743 年。有一点需要特别注意，球在画中投下了阴影，所以不是贴地的，不过画中的球杆也成弯曲状。因此，虽然人们经常看到记载说使用弯曲球棒的年代，球都是沿着地面滚动的，这种说法可能并不准确。至于女子打板球，1745 年的《信使》周刊记录了布拉姆利和汉布尔顿各有 11 名少女进行了一场板球比赛（注：这发生在 1744 年伦敦规则制定之后）。之前没有人提到过女子板球。

27. *Schellinks*，第 83 页。
28. *Pepys*，iv，1663 年 6 月 1 日。
29. Christopher Rowley，*The Shared Origins of Football, Rugby and Soccer* (2015)，第 86 页。
30. *Misson*，第 307 页。
31. Morris Marples，*A History of Football* (1954)，第 83 页。
32. 比赛装备的价格参考了苏格兰国家图书馆的文献记载：MS.1400，f.253: http://digital.nls.uk/golf-in-scotland/assets/images/content/st-andrews/morice-accounts.jpg，2016 年 10 月 20 日下载。
33. 苏格兰国家图书馆，文献号：Acc.13144: http://digital.nls.uk/golf-in-scotland/international/werden-pocket-book.html，2016 年 10 月 20 日下载。
34. John Aubrey，*Natural History of Wilts* (1847)，第 117 页。
35. *Misson*，第 231 页。
36. *Noble*，第 229 页。
37. *Pepys*，i，第 218 页；iv，第 255 页。
38. *Schellinks*，第 36—37 页。
39. Aubrey，*Natural History of Wilts*，第 117 页；出自金勋爵的 *The Life and Letters of John Locke* (1830)，i，第 248 页。
40. *Schellinks*，第 51 页。
41. *Evelyn*，ii，第 23 页。
42. *Evelyn*，ii，第 297 页。
43. *Misson*，第 282 页。
44. *Schellinks*，第 134 页；*Cosmo*，第 149 页。
45. http://www.ashmolean.org/ash/amulets/tradescant/tradescant03.html，2016 年 10 月 21 日下载。
46. *Cosmo*，第 326 页；*Evelyn*，ii，第 69 页；*Fiennes*，第 184 页；*Thoresby*，i，第 245，298 页；*Misson*，第 27，280—281 页；Marjorie Swann，*Curiosities and Texts: the Culture of Collecting in Early Modern England* (Philadelphia，2001)，第 196 页。
47. *Evelyn*，ii，第 113，132，152，327—328 页；*Schellinks*，第 60—61 页。
48. Diana Dethloff，'Lely, Sir Peter (1618—1680)'，*ODNB*；Ellis Waterhouse，*The Dictionary of 16th and 17th Century British Painters* (1988)，第 171 页。贝德福德伯爵在 1675 年请莱利绘制四分之三身画像的费用是 31 英镑，相框另加 3 英镑；第二年的全身画像的费用为 60 英镑，框架另加 9 英镑，装箱后运送到沃本庄园的费用为 15 英镑。*Noble*，第 294—295 页。

49. *Evelyn*，第 243，301 页。
50. *Pepys*，iii，第 113 页；*Evelyn*，ii，第 89 页。
51. *Thoresby*，i，第 9 页。
52. *Pepys*，ix，1669 年 2 月 1 日。
53. Waterhouse，*Dictionary*，第 18 页。
54. William Sanderson，*Graphice* (1658)，第 20 页。
55. 这是一个非常粗略的估计，仅仅基于埃塞克斯提到的《圣经》数量。
56. *Josselin*，第 7 页；M. Perceval-Maxwell，'Annesley, Arthur, first earl of Anglesey (1614—1686)'，*ODNB*。
57. Kees van Strien，'Browne, Edward (1644—1708)'，*ODNB*；*WCH*，第 163—164 页。相比来说，贝德福德伯爵在沃本修道院有 152 本书，在伦敦的房子里有 247 本书。*Noble*，第 262 页。
58. William Bray (ed.)，*Memoirs of John Evelyn…Comprising His Diary, from 1641—1705—1706, and a Selection of His Familiar Letters* (5 vols, 1827)，iv，第 316 页。
59. A. C. Snape，'Seventeenth-century Book Purchasing in Chetham's Library, Manchester'，*Bulletin of the John Rylands University Library of Manchester*, 67 (1985)，第 783—796 页，此处引自第 790 页。
60. Bray (ed.)，*Memoirs*，iv，第 315 页。
61. *Lincoln*，第 36 页；*Essex*，第 99 页（对开本《圣经》10 先令）。
62. Robert Clavel，*A Catalogue of All the Books Printed in England since the Dreadful Fire of London, 1666. To the end of Michaelmas Term 1672* (1673)。
63. Richard Landon，'The Antiquarian Book Trade in Britain 1695—1830: The Use of Auction and Booksellers' Catalogues'，*The Papers of the Bibliographical Society of America*，vol. 89，no. 4 (1995)，第 409—417 页，此处引自第 410 页。
64. 这些数据来自英国图书馆维护的"英文简明目录"（English Short Title Catalogue）：http://estc.bl.uk/（2016 年 10 月 17 日下载）。统计数据包括在两地出版的所有语言的书籍。
65. 根据出版商协会的《2015 年的英国图书行业》一书，英国国家书目中当年包含 139394 册书的题目，其中 35918 册是"文学"类。根据尼尔森的说法，同年销售的小说作品占英国市场的 27%。
66. *Pepys*，i，第 312 页及注释。
67. *Misson*，第 210—211 页。
68. Agostino Lombardo，'Shakespeare in Italy'，*Proceedings of the American Philosophical Society*，141，4 (1997)，第 454—462 页，此处引自第 454 页。
69. Gordon Campbell，'Milton, John (1608—1674)'，*ODNB*。
70. Campbell，'Milton, John'，*ODNB*。
71. John Spitzer and Neal Zaslaw，*The Birth of the Orchestra: History of an Institution 1650—1815* (2004)，第 268 页。

72. *Pepys Companion*，第 266—267 页。
73. *Evelyn*，ii，第 141 页。
74. Spitzer and Zaslaw, *Birth of the Orchestra*，第 274 页。
75. Peter Walls, 'Banister, John (1624/5—1679)', *ODNB*; Richard Crewdson, *Apollo's Swan and Lyre: Five Hundred Years of the Musicians' Company* (Woodbridge, 2000), 第 117—120 页。
76. *Pepys*，i，第 171 页。
77. *Pepys Companion*，第 434—438 页。
78. *Pepys Companion*，第 438—441 页。
79. *Thoresby*，i，第 48 页。
80. *Pepys*，ii，第 18 页（价格）；iv，第 8 页（最便宜的座位）。佩皮斯 30 岁生日当天去了两次剧院；*Pepys*，iv，第 55—57 页。
81. *Pepys Companion*，第 444 页。
82. *Pepys*，ii，第 190—191 页；iii，第 208 页；iv，第 6 页。
83. Kate Bennett, 'Wycherley, William (*Bap.* 1641, *d.* 1716)', *ODNB*.
84. *Pepys*，i，第 297 页；ii，第 47 页。
85. *Pepys*，i，第 224 页。
86. *Pepys*，ii，第 5, 35, 203 页。
87. *Evelyn*，i，第 366 页；ii，第 19 页。
88. J. Milling, 'Bracegirdle, Anne (*Bap.* 1671, *d.* 1748)', *ODNB*.
89. S. M. Wynne, 'Gwyn, Eleanor (1651?—1687)', *ODNB*.

后记

1. 一百年前，我有 12 位祖先在世。150 年前，我父亲一方的直系血亲有 20 位在世，所以我假设总计有 40 位。两百年前，我父亲一方有 36 位直系祖先在世，那么两倍就是 72 位。除此之外，我不知道所有祖先的名字和具体日期，但我估计 1766 年在我父亲那边有 130 人，所以总共就是 260 人。如果他们中每个人在一百年前至少有六位祖先在世的话（根据是一百年前的 12 人和两百年前的 72 人之间的比值为 1∶6，而且 150 年前的 40 人和 250 年前的 260 人之间的比值也相差不大），那么 1666 年在这一地区我的祖先就有 1560 位在世。

2. 参见 Ian Mortimer, *The Perfect King* (2006), 附录八；另见 'Physics News Update', no. 428 (American Institute of Physics, 1999)。我可以想象的唯一可能例外的群体是欧洲皇室家族特别稀薄的血统：与我们相比，目前的英国君主和她的孩子身上的英国血统相对有限，只是他们遗传基因的一小部分。但需要注意的是，这种情况不适用于下一代的威廉和哈利王子。

3. 2013 年和 2014 年统计的数字分别为每百万有 120 人和 108 人。参见 Ogg, *J. & W.*, 第 35 页；Kyla Thomas and David Gunnell, 'Suicide in England and Wales 1861—

2007: a time-trends analysis', *International Journal of Epidemiology, 39* (2010),第1464—1475页,引处引自第1465页; http://www.ons.gov.uk/peoplepopulationandcommunity/birthsdeathsandmarriages/deaths/bulletins/suicidesintheunitedkingdom/2014registrations,2016年10月29日下载。

图书在版编目(CIP)数据

漫游复辟时期的英国 /（英）伊安·莫蒂默著；邢春丽，夏历译. —北京：商务印书馆，2022
ISBN 978 - 7 - 100 - 21065 - 2

Ⅰ.①漫… Ⅱ.①伊… ②邢… ③夏… Ⅲ.①英国—近代史—研究 Ⅳ.①K561.42

中国版本图书馆 CIP 数据核字（2022）第 066109 号

权利保留，侵权必究。

漫游复辟时期的英国
〔英〕伊安·莫蒂默　著
邢春丽　夏历　译

商 务 印 书 馆 出 版
（北京王府井大街36号　邮政编码100710）
商 务 印 书 馆 发 行
北京中科印刷有限公司印刷
ISBN 978 - 7 - 100 - 21065 - 2

2022 年 8 月第 1 版　　　　开本 787×960　1/16
2022 年 8 月北京第 1 次印刷　印张 29½　插页 8
定价：98.00 元